肌肉链

脊柱的螺旋稳定

[捷克] 理查德·施米西科　　凯瑟琳·施米西科娃　　苏珊·施米西科娃　/著

隋鸿锦　　于胜波　　李哲　等 /译

电子工业出版社·
Publishing House of Electronics Industry
北京·BEIJING

译者名单

主　译:

隋鸿锦	大连医科大学
于胜波	大连医科大学
李　哲	广东医科大学

副主译:

朱炜楷	大连医科大学
张志宏	大连医科大学
李菲菲	大连医科大学
郑　楠	大连医科大学
付　媛	广东医科大学
迟彦艳	大连医科大学
焦　琳	沈阳师范大学

译者序

2017年，"人体的奥秘"巡回展览在捷克布拉格举办。其后不久，我便收到了署名为理查德·施米西科的来信。在信中理查德提到他参观了"人体的奥秘"展览，对展出的人体标本非常欣赏；希望能够与我建立合作关系，并且希望我授权他使用展览中的一些图片。因为经常收到此类来信，我并没有太在意，只是客气地回信表示感谢，同时希望能对他的工作有更多的了解。

随后，理查德便通过邮件发来了他的PPT，简要地介绍了他的工作。为了展示合作计划，他还专门附上了用"人体的奥秘"展览中的标本图片做出的螺旋肌肉链理论说明。

他的PPT让我睁大了眼睛。"上工治未病"，健康对人生的重要是不言而喻的。理查德独创的螺旋稳定理论是一种全新的健身理论，有科学性，同时又简易可行，在现今的中国社会一定会有巨大的需求，对于中国的全民健康事业一定会有很大的促进作用。

所以我立即向理查德发出了邀请，希望他能尽快到大连访问，当面交流。

2017年12月，理查德借出访韩国之机，顺路来到了大连，并在12日下午在大连医科大学的解剖学教研室做了学术报告。这是他在中国的首场学术报告。

谈起肌肉链，谈起螺旋稳定，理查德滔滔不绝，甚至让人难以插话。原定40分钟的报告，理查德一口气讲了2个小时。当讲到康复训练治疗脊椎侧弯的时候，理查德展示了几个案例的照片。这时，专程从深圳飞到大连的著名康复培训师、广东医科大学解剖学教研室的李哲老师情不自禁地鼓起掌来。

康复疗法是近年来在国际上备受瞩目和认可的一种治疗手段，国内也开始了这方面的探索。通过康复手法对背痛、脊柱侧弯甚至椎间盘突出进行治疗，是针对患者自身的肌肉进行重塑。这不仅避免了过度医疗，减轻了患者的痛苦和经济负担；更重要的是它治本而非治标，是一项彻底治疗。它可以让患者过上正常的生活，重新走入社会。

12日当晚，我们三名主译便和理查德达成共识，会尽快翻译他的作品并在中国出版，推广这项技术。我们确信理查德的理论及康复方法一定会在中国得到广泛的应用，并一定会为中国的全民健康做出巨大贡献。

隋鸿锦

于 CA8933（大连—深圳）航班上

2017.12.13

螺旋肌肉链——运动稳定

Serratus Anterior（SA）——前锯肌
Pectoralis Major（PM）——胸大肌

Trapezius（TR）——斜方肌
Latisimus Dorsi（LD）——背阔肌

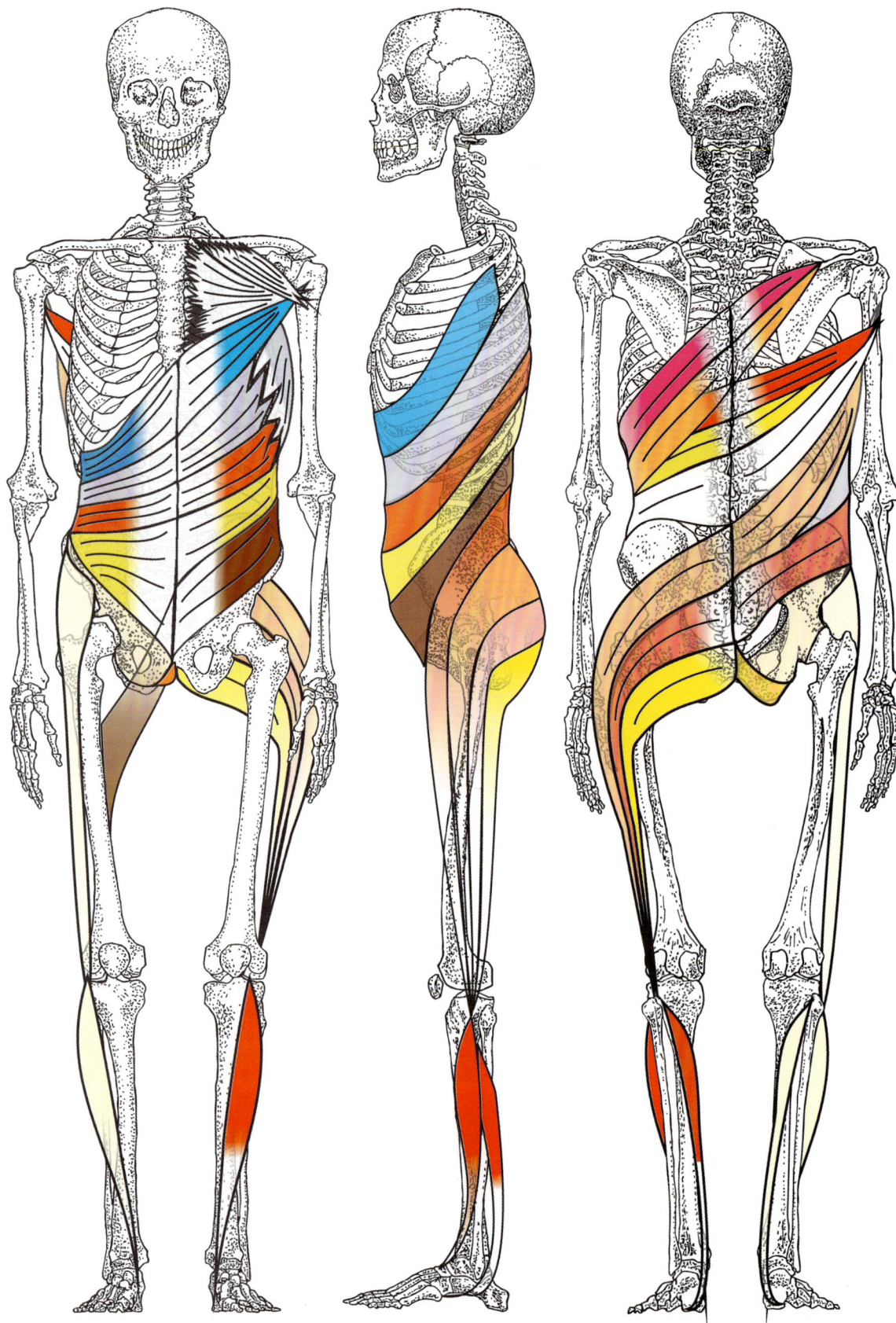

垂直肌肉链——放松稳定

Rectus Abdominis（RA）——腹直肌
Iliopsoas（IP）——髂腰肌

Erector Spinae（ES）——竖脊肌
Quadratus Lumborum（QL）——腰方肌

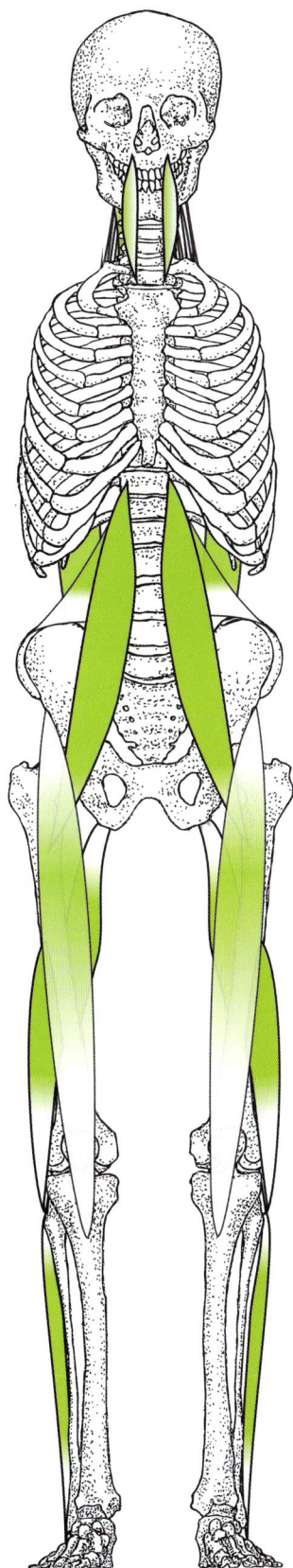

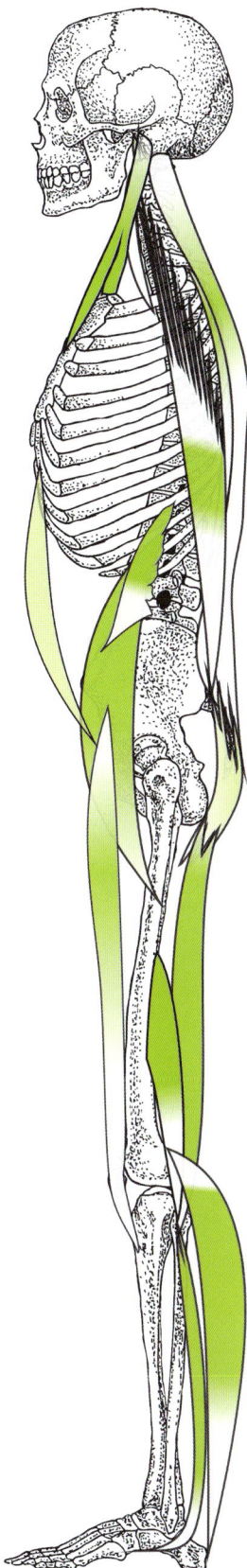

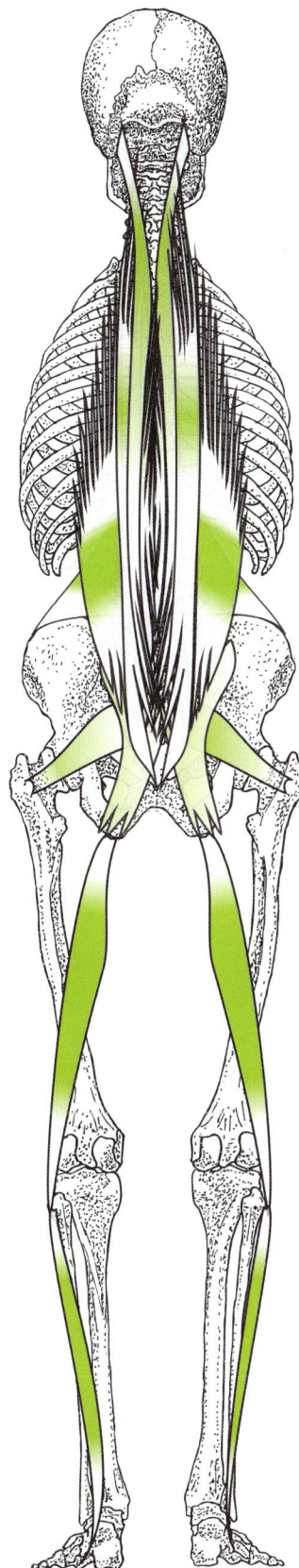

背痛病因

垂直肌肉链紧张　　　螺旋肌肉链肌力减弱

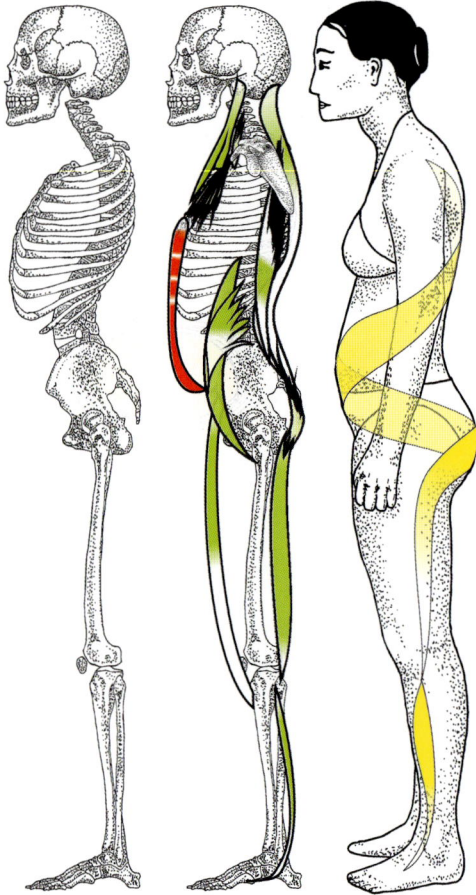

背痛治疗方法

放松垂直肌肉链　　　加强螺旋肌肉链

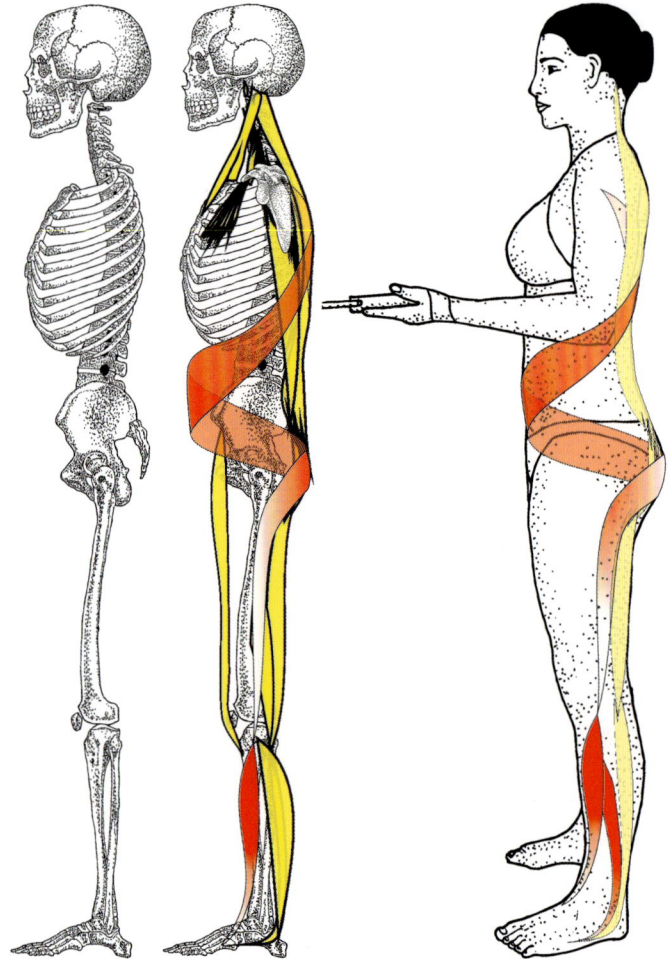

康复途径

一般原则

◎ 恢复主动肌功能，并将其整合到螺旋肌肉链中；

◎ 抑制拮抗肌；

◎ 增加运动幅度至步行所需的生理幅度；

◎ 步行训练；

◎ 将运动训练模式融入日常生活。

特殊原则

◎ 通过螺旋肌肉链调动腹斜肌与腹横肌；

◎ 最大限度地激活斜方肌和背阔肌肌肉链；

◎ 在交互抑制和放松情况下牵伸肩带的前部和上部肌群；

◎ 在交互抑制状态下放松椎旁肌，然后进行放松；

◎ 通过螺旋肌肉链调动臀大肌；

◎ 在放松和交互抑制情况下牵伸骨盆带肌前群；

◎ 通过斜方肌、背阔肌、前锯肌和胸大肌肌肉链的稳定，训练步态的协调和稳定性；

◎ 步行时保持正确的协调性和稳定性；

◎ 将最佳的运动模式融入日常生活。

椎间盘破裂举例

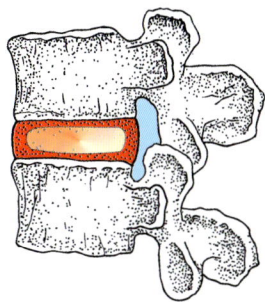

正常椎间盘

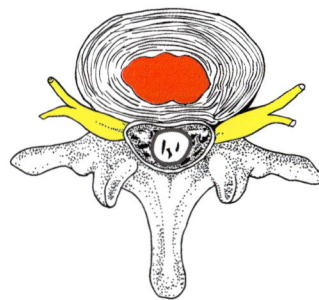

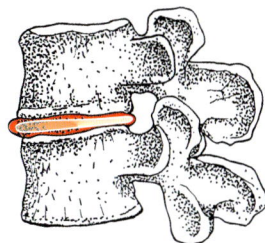

圆形膨出型椎间盘突出症

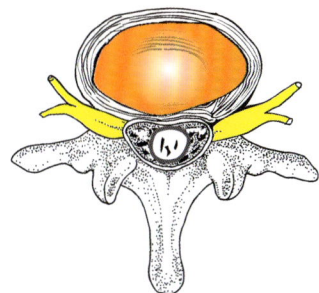

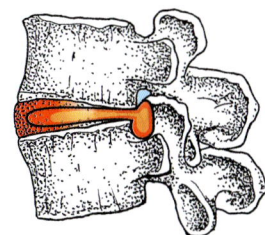

椎间孔型椎间盘突出症

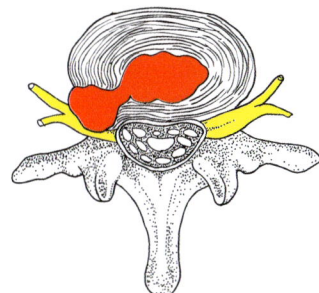

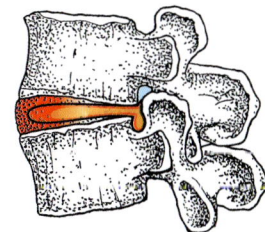

椎间盘背外侧突出

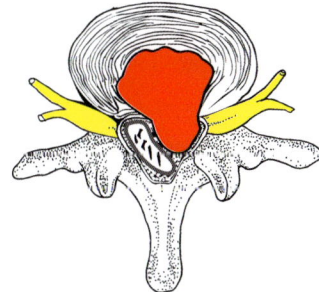

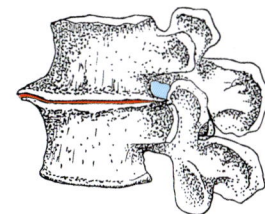

椎管狭窄
椎关节强硬
脊椎关节病

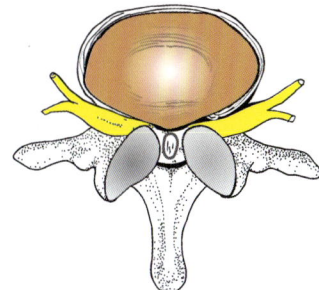

目　录

注：本书中的"训练"序号为作者自创技术的编号，并非动作的顺序号。所有技术未在本书全部体现，特此说明。

第一章
腰椎间盘突出症

腰椎间盘突出症分期治疗

急性期手法治疗技术和训练

要　　点	
手法治疗技术的主要原则	**训练的主要原则**
◎ 放松压缩脊柱肌肉	◎ 激活脊椎牵伸肌群
◎ 脊柱简单牵引术	◎ 脊柱的简单牵引术
禁忌	**禁忌**
◎ 屈曲技术	◎ 脊椎压缩训练
◎ 伸展技术	◎ 屈曲训练
◎ 旋转技术	◎ 伸展训练
◎ 侧屈技术	◎ 旋转训练
◎ 冲击技术	◎ 侧屈训练
◎ 运动技术	◎ 运动训练

侧卧位手法治疗技术（一侧下肢悬吊）

腰髂肋肌——推拿，放松，被动牵伸。

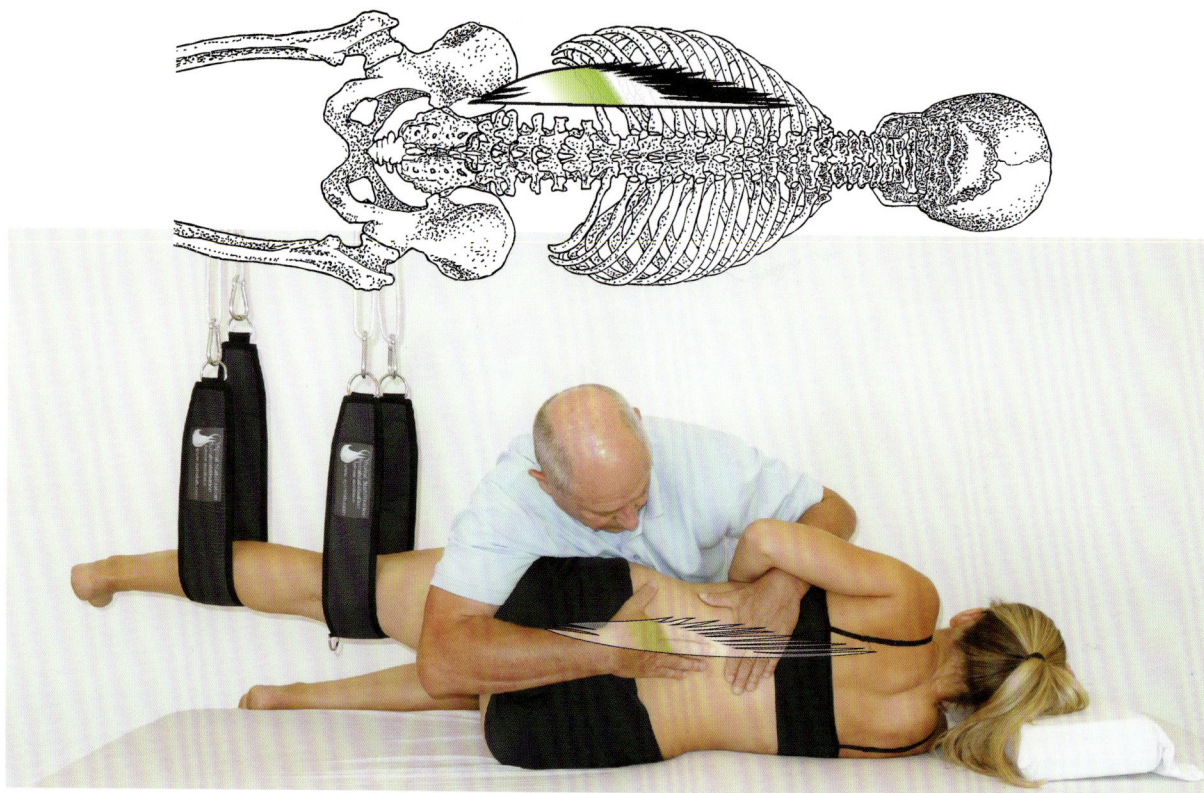

胸最长肌——推拿，放松，被动牵伸。

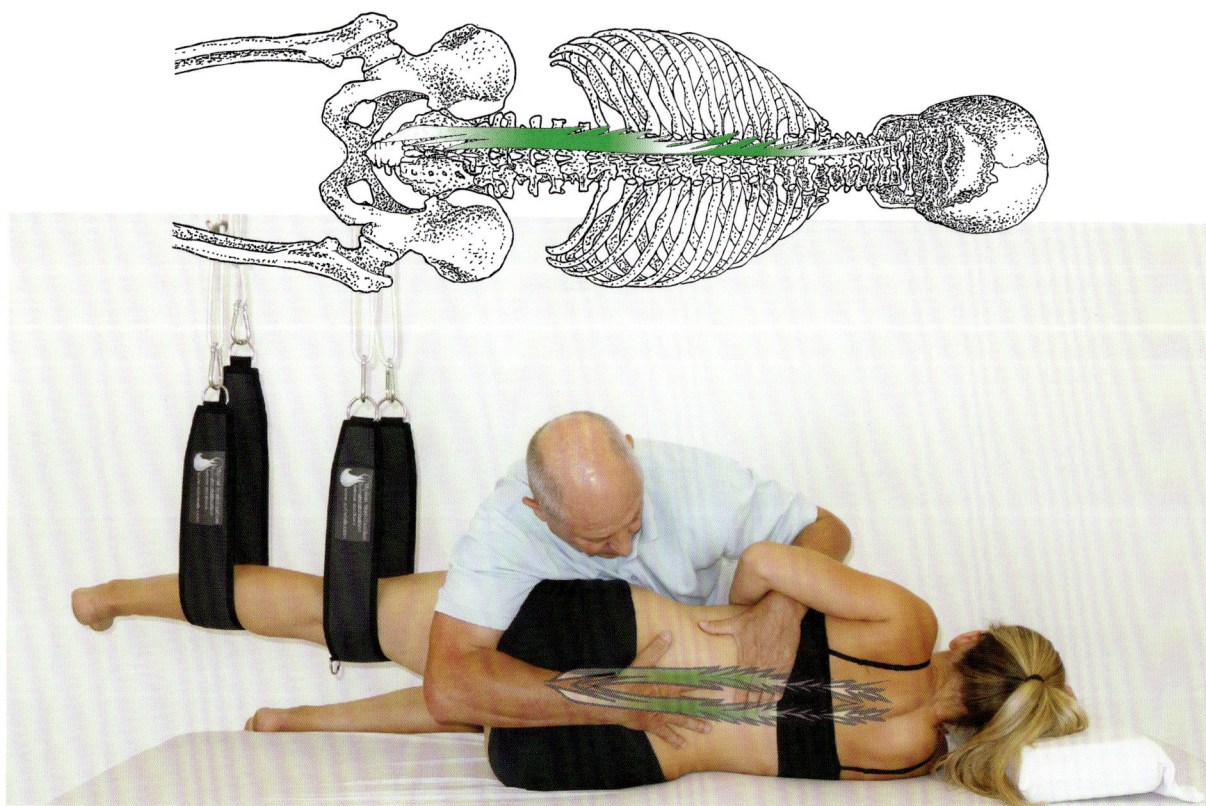

侧卧位手法治疗技术（一侧下肢悬吊）

腰方肌——按摩，放松，被动牵伸。

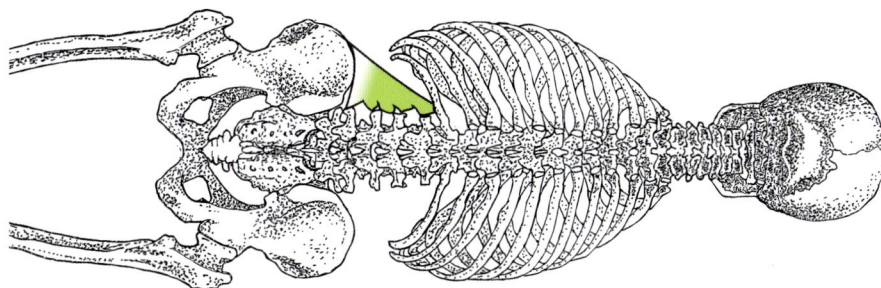

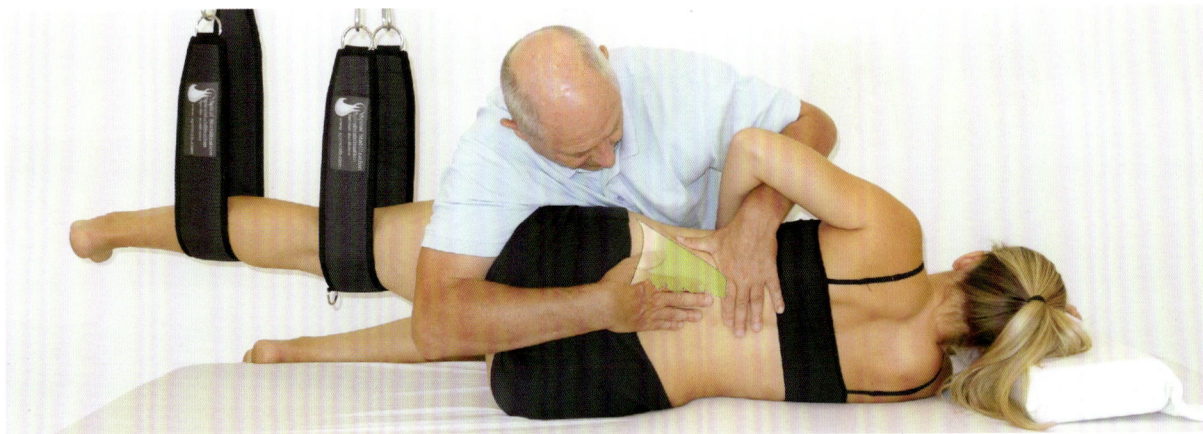

多裂肌——推拿，松弛，被动牵伸。

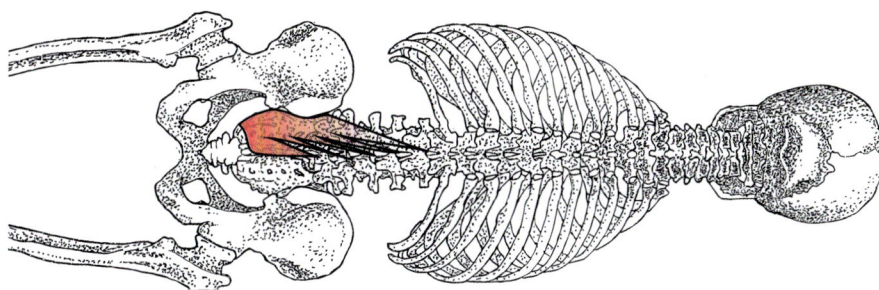

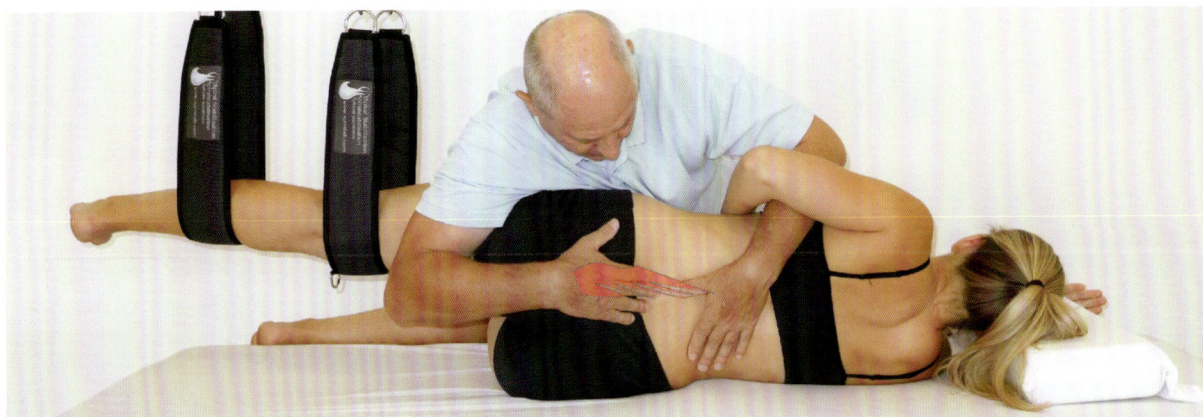

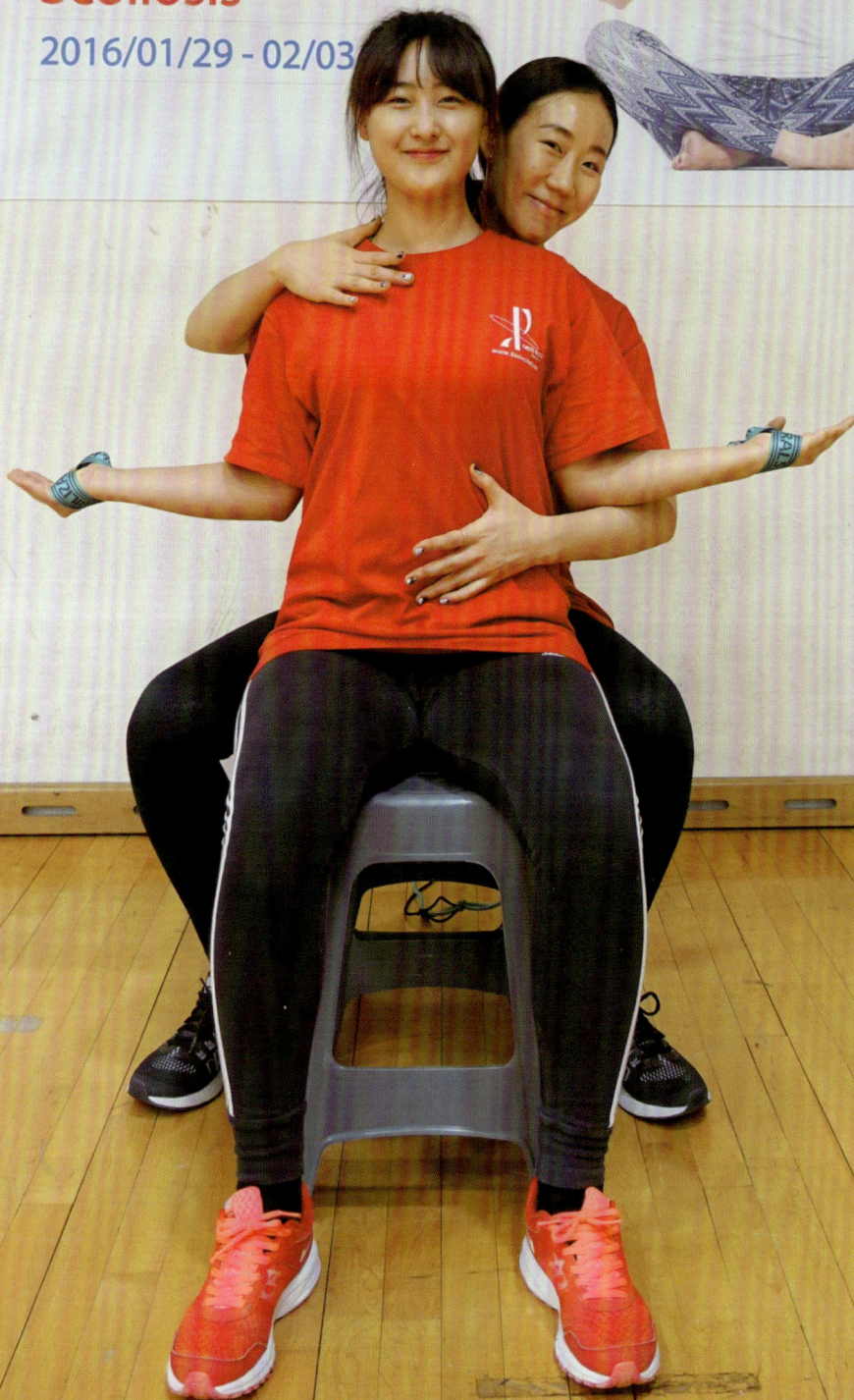

训练

训练 1* 基本动作

双腿站立，双臂向后拉弹力绳。

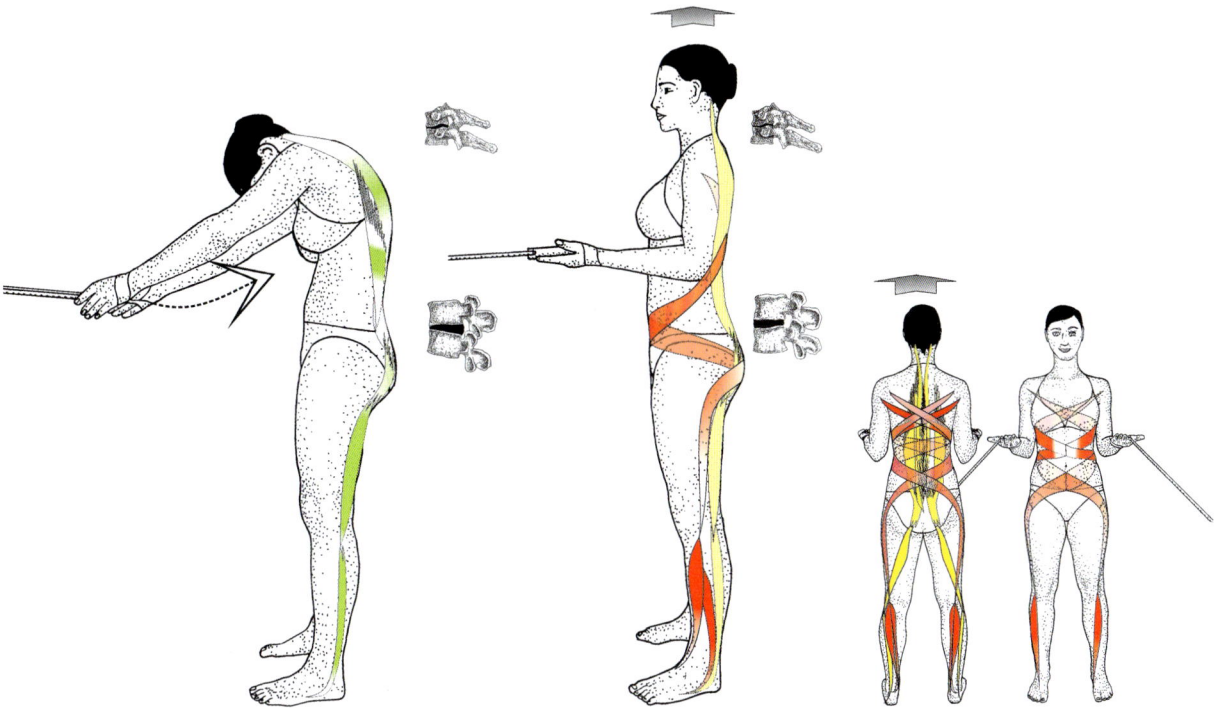

通过斜方肌和背阔肌维持稳定

训练 2 基本动作

双腿站立，一侧手臂向侧方牵拉弹力绳。

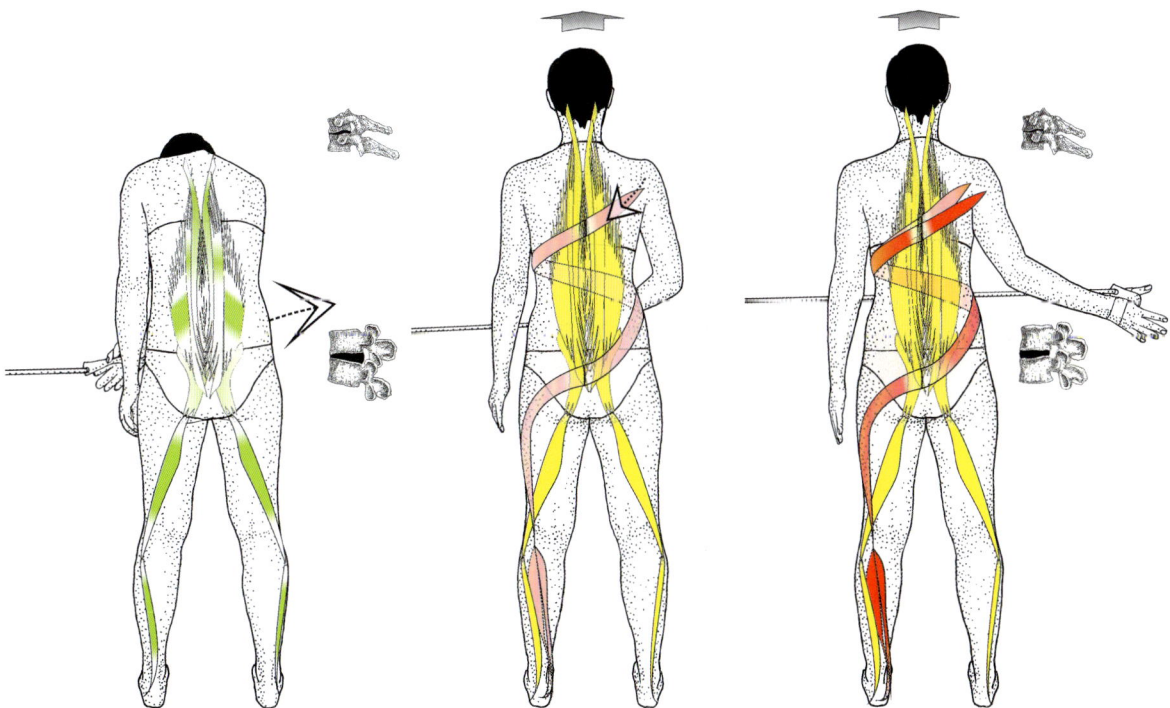

通过斜方肌和背阔肌维持稳定

注：本书中的"训练"序号为作者自创技术的编号，并非动作的顺序号。所有技术未在本书全部体现，特此说明。

腰椎间盘突出症分期治疗

亚急性期训练

要　点
训练的主要原则 ◎ 脊柱牵引 ◎ 在交互抑制状态轻微牵伸椎旁肌群 **禁忌** ◎ 脊柱压缩训练 ◎ 伸展运动训练 ◎ 旋转运动训练 ◎ 侧屈运动训练

训练

训练 3　基本动作

双腿站立，向后张开手臂，然后牵拉肩胛骨相互靠近。

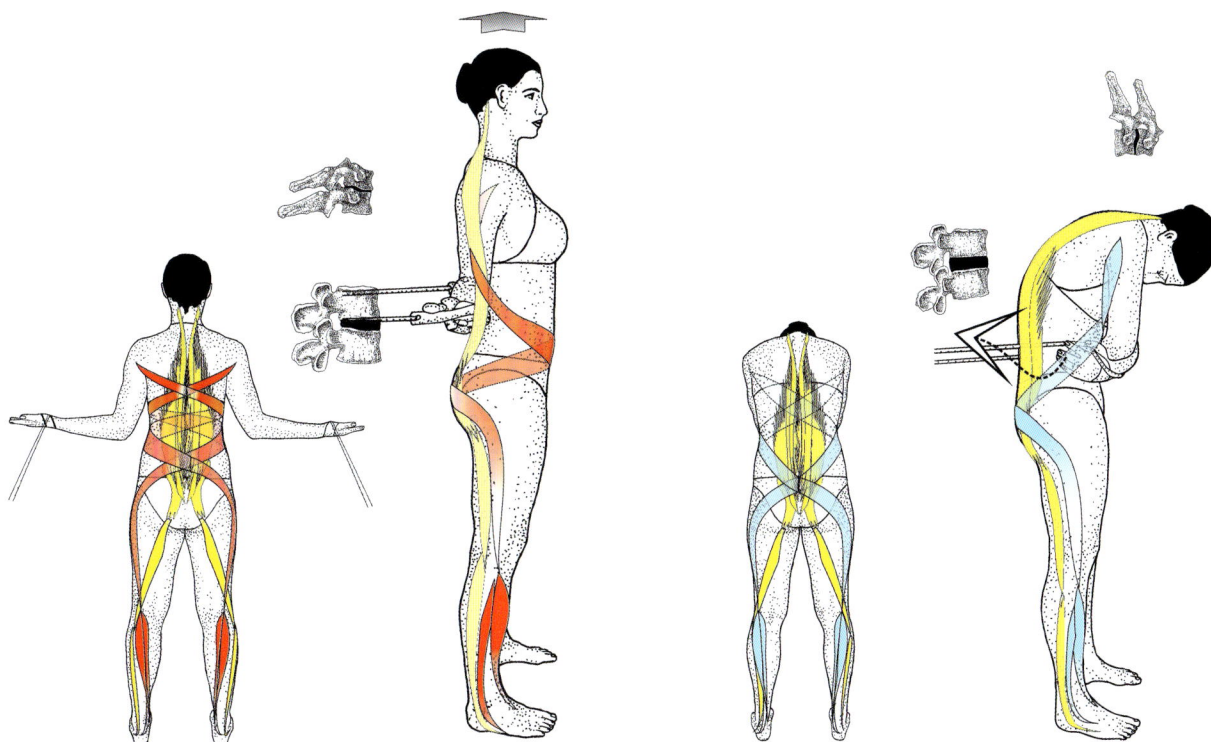

通过斜方肌和背阔肌维持稳定

通过胸大肌维持稳定

训练 4　基本动作

双膝跪地，向后张开手臂，然后牵拉肩胛骨靠拢，并将骨盆前移。

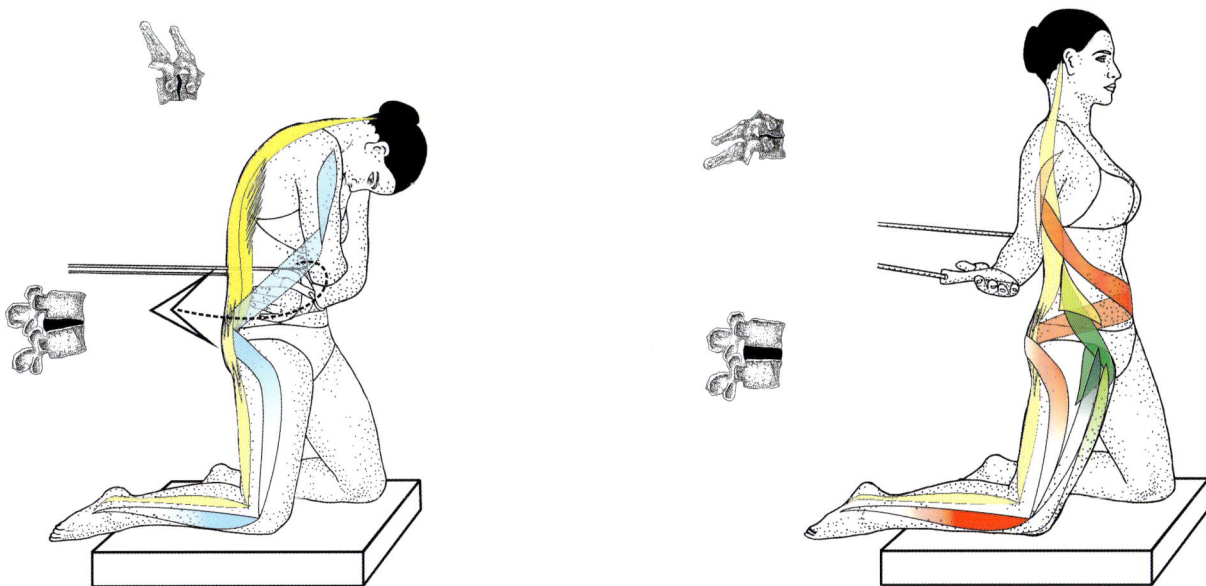

通过胸大肌维持稳定

通过斜方肌和背阔肌维持稳定

腰椎间盘突出症分期治疗

恢复期训练

要　　点
训练的主要原则 ◎ 脊柱牵引 ◎ 在交互抑制状态下强力牵伸椎旁肌群 **禁忌** ◎ 脊椎压缩训练 ◎ 伸展运动训练 ◎ 旋转运动训练 ◎ 侧屈运动训练

训练

训练 1　进阶动作

站立位，一腿向前踏着垫子，双臂后拉。

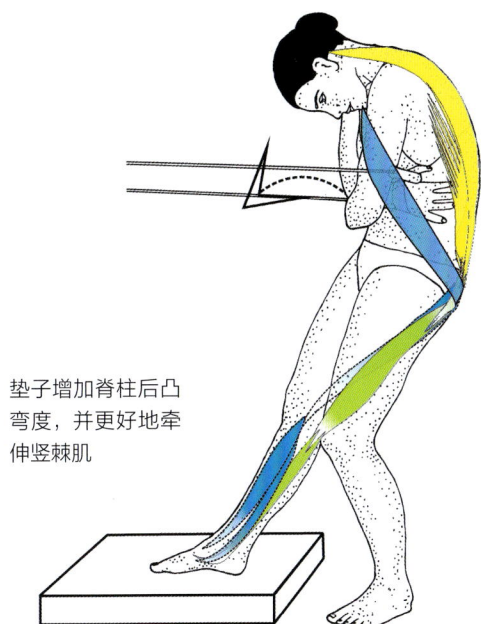

垫子增加脊柱后凸弯度，并更好地牵伸竖棘肌

使用垫子会增加站立时腿部的足底压力，从下肢传入的本体感觉使起稳定作用的腹斜肌更有力地收缩

通过胸大肌维持稳定

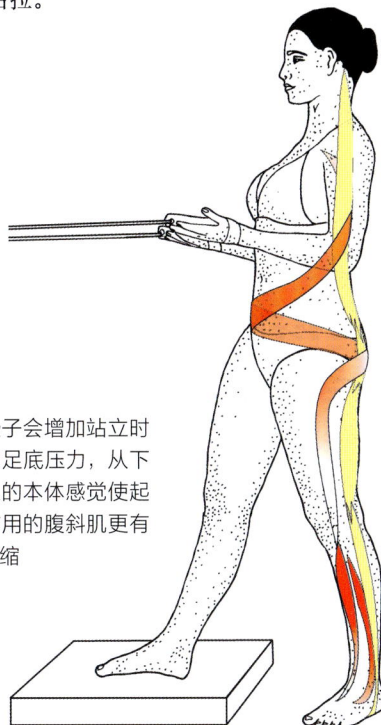

通过斜方肌和背阔肌维持稳定

训练 2　进阶动作

站立位，一腿向前踏着垫子，单臂向一侧拉弹力绳。

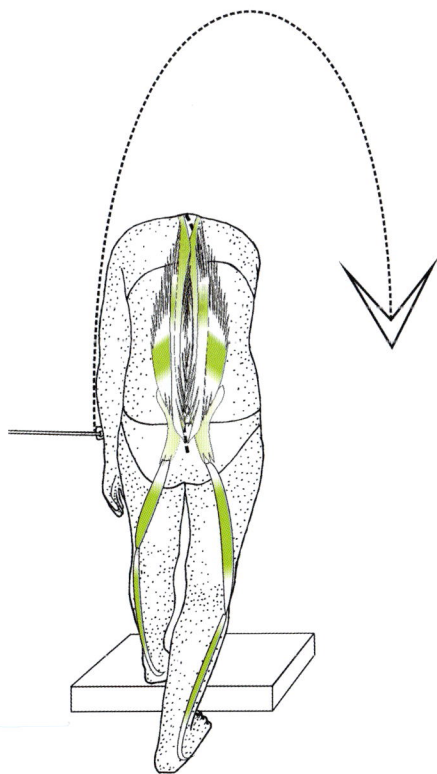

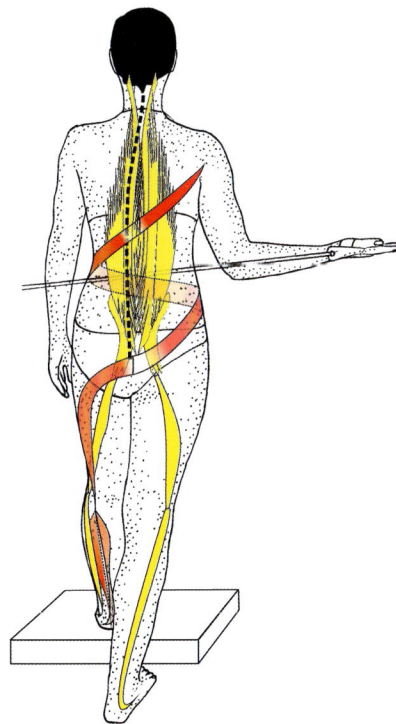

通过斜方肌和背阔肌维持稳定

训练3　进阶动作

站立位，一腿向前踏着垫子，手臂向后张开，然后牵拉靠拢肩胛骨。

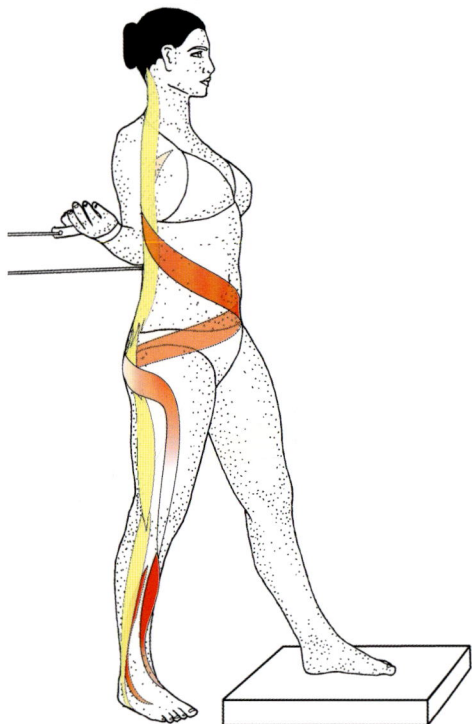

通过斜方肌和背阔肌维持稳定

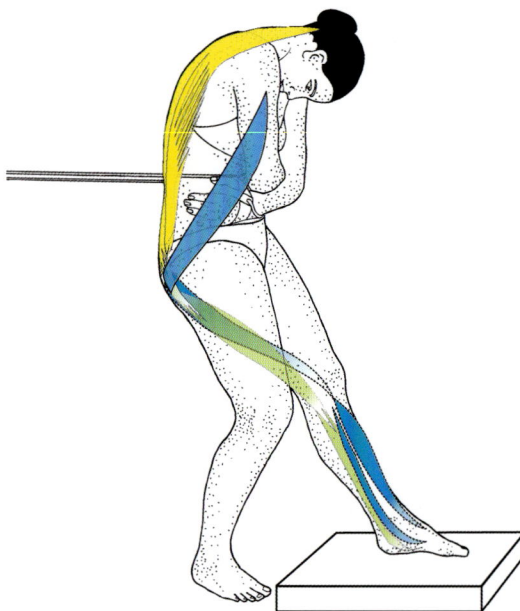

通过胸大肌维持稳定

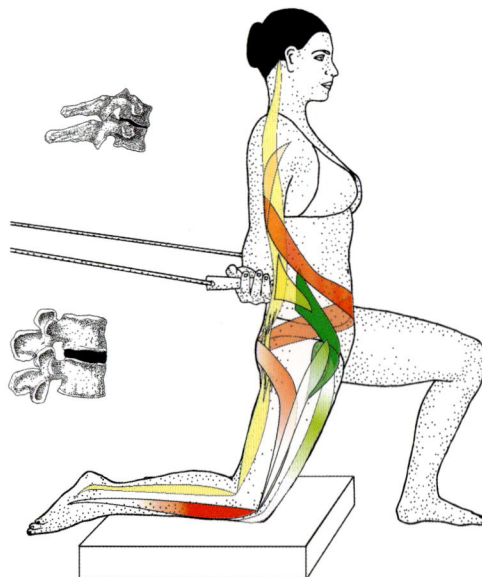

训练4　进阶动作

跪姿，一腿在前，手臂向后张开，然后牵拉靠拢肩胛骨，前推骨盆。

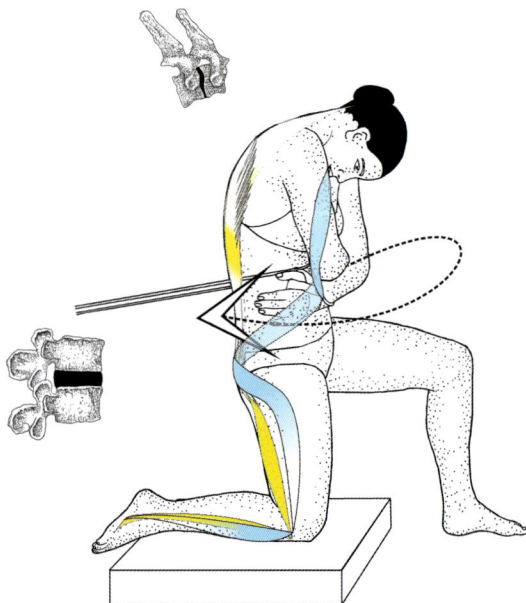

通过胸大肌维持稳定

通过斜方肌和背阔肌维持稳定

训练 11　进阶动作

单腿站立，手扶扶手杠站稳，双后伸（以肩为轴牵伸手臂，以髋为轴牵伸腿）。

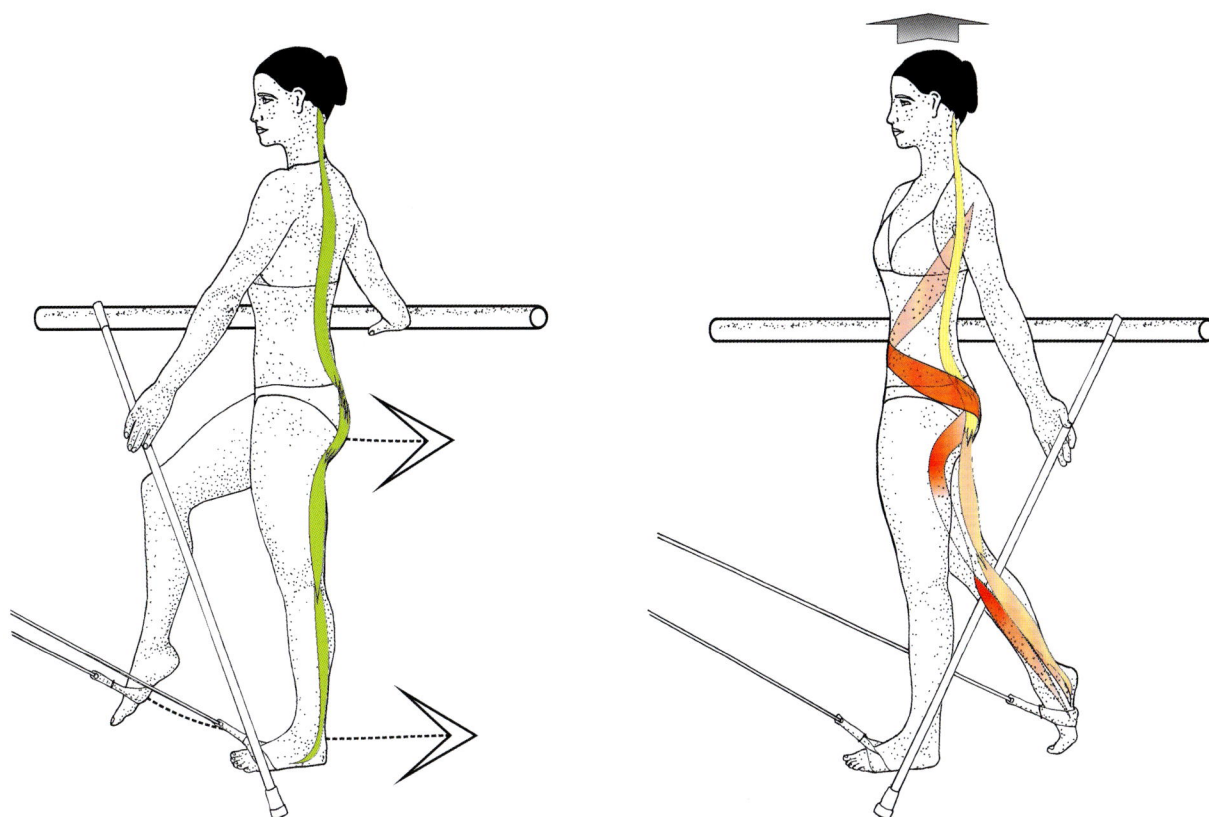

腰椎间盘突出症分期治疗

吸收期训练

> **要　点**
>
> **训练的主要原则**
> ◎ 脊柱牵引
> ◎ 在交互抑制状态下强力牵伸椎旁肌群
> ◎ 向上牵伸运动过程中旋转脊柱
>
> **禁忌**
> ◎ 脊柱压缩训练
> ◎ 伸展运动训练
>
> **螺旋稳定步态**

训练

训练 1　旋转运动进阶训练

站立位，一腿向前踏着垫子，一手向后拉弹力绳，旋转躯干。

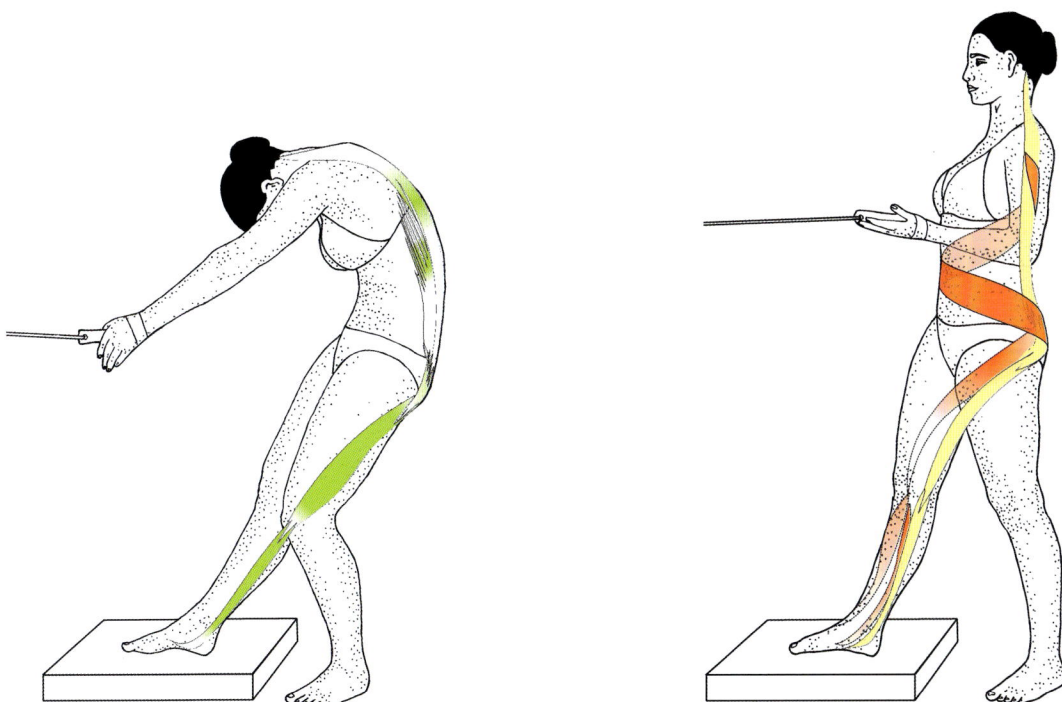

通过斜方肌和背阔肌维持稳定

训练 2　旋转运动进阶训练

站立位，一腿向前踏着垫子，一侧手臂侧方拉动弹力绳，然后斜向后下方牵拉，并转动躯干。

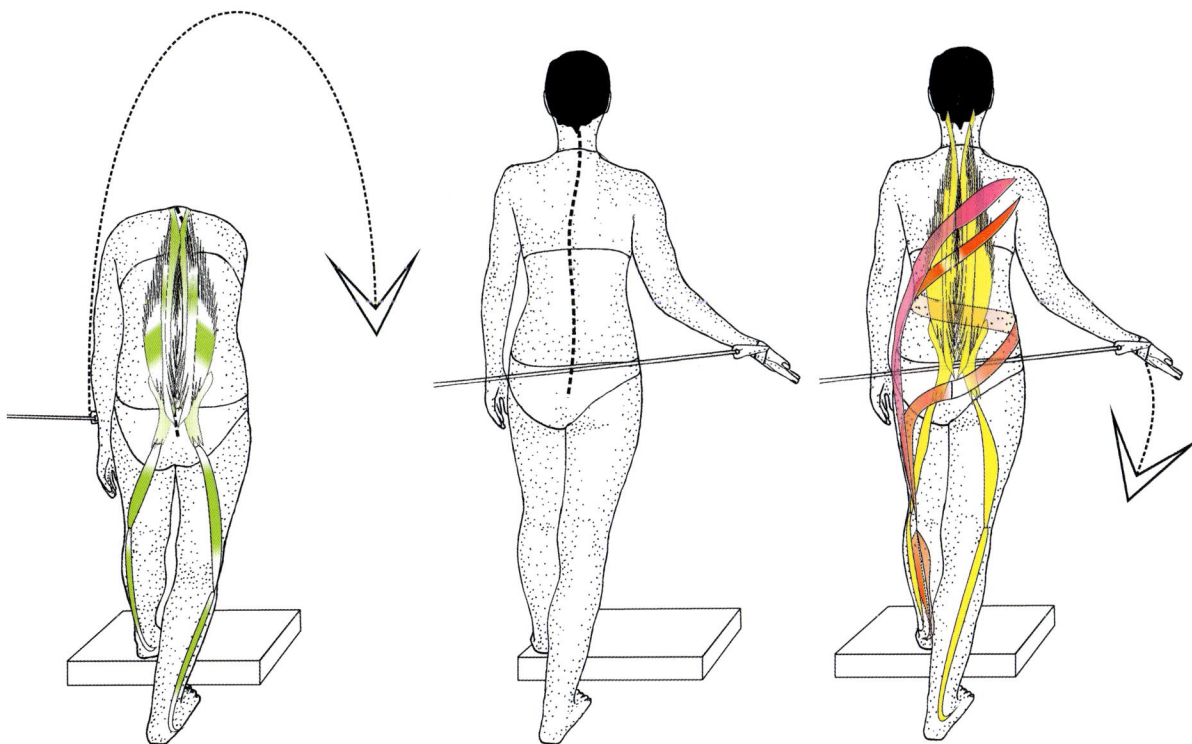

通过斜方肌和背阔肌维持稳定

训练 6　旋转运动进阶训练

站立位，一腿向前踏着垫子，一侧手臂向前环绕，旋转躯干。

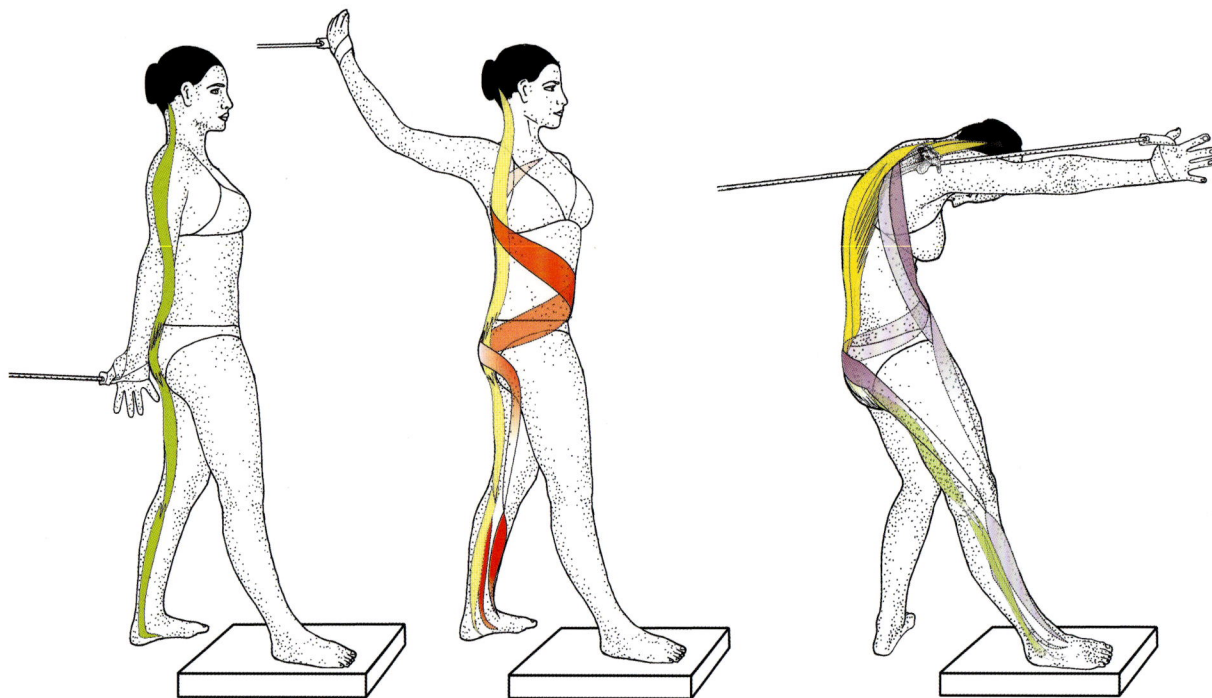

通过斜方肌和背阔肌维持稳定

通过前锯肌维持稳定

训练 10　旋转运动进阶训练

一腿向前，在垫子上站着，一侧手臂牵拉弹力绳至腹部中央，旋转躯干。

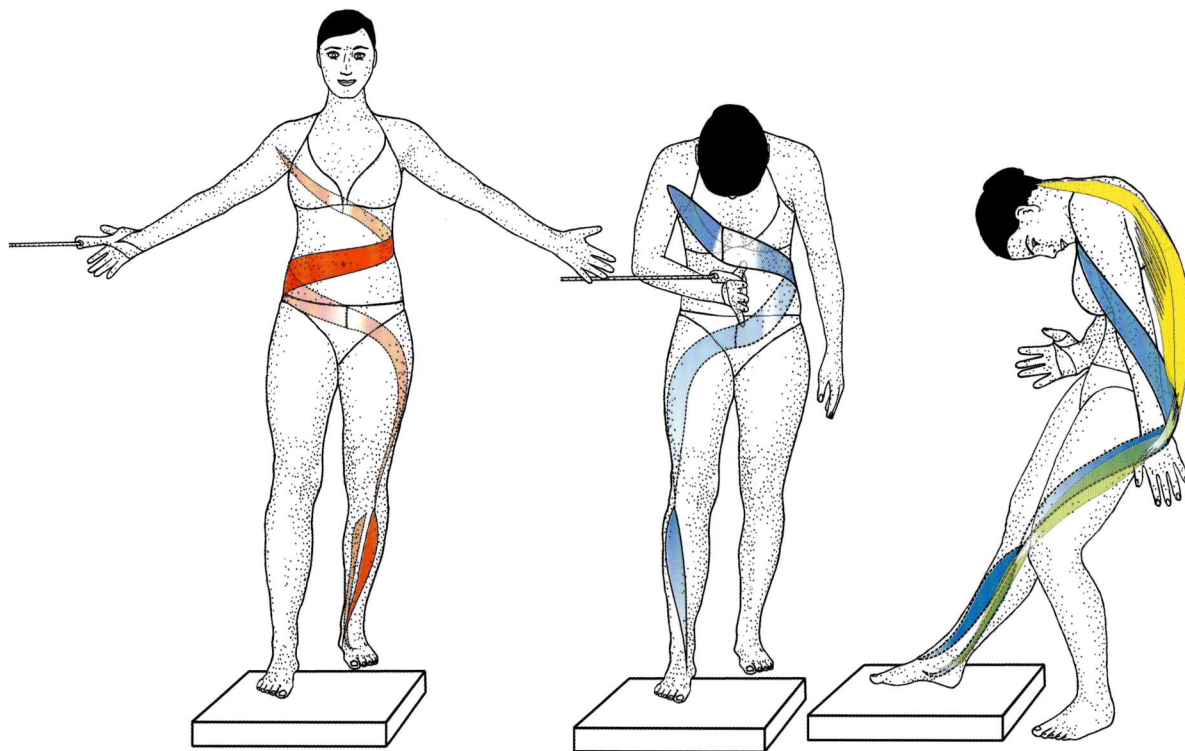

通过斜方肌和背阔肌维持稳定

通过胸大肌维持稳定

训练 11　旋转运动进阶训练

站立，双臂与双腿交替后伸，并配合躯干旋转。

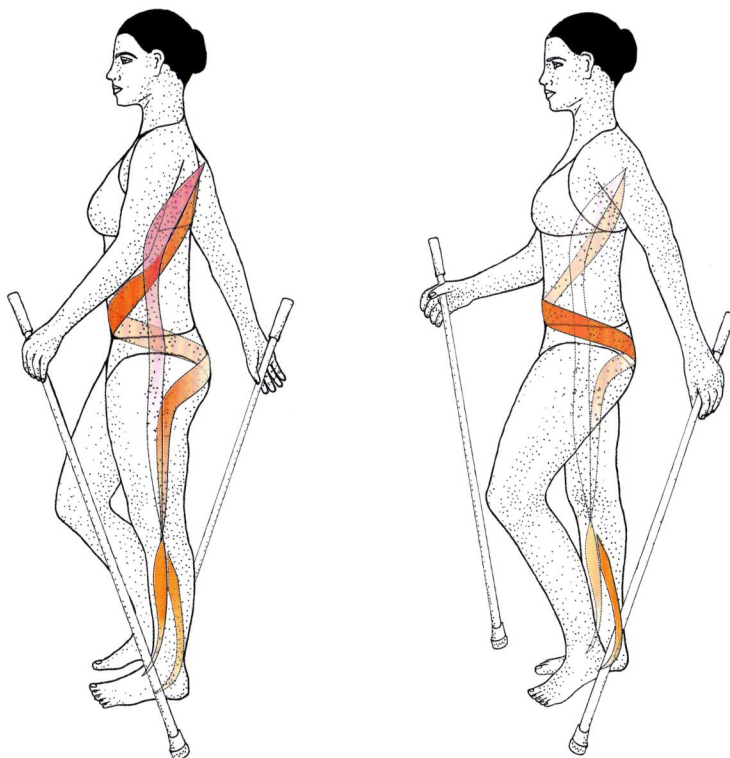

单腿站立，借助手杆移动支撑身体，双臂和双腿伸展的同时，骨盆与躯干反向旋转运动。

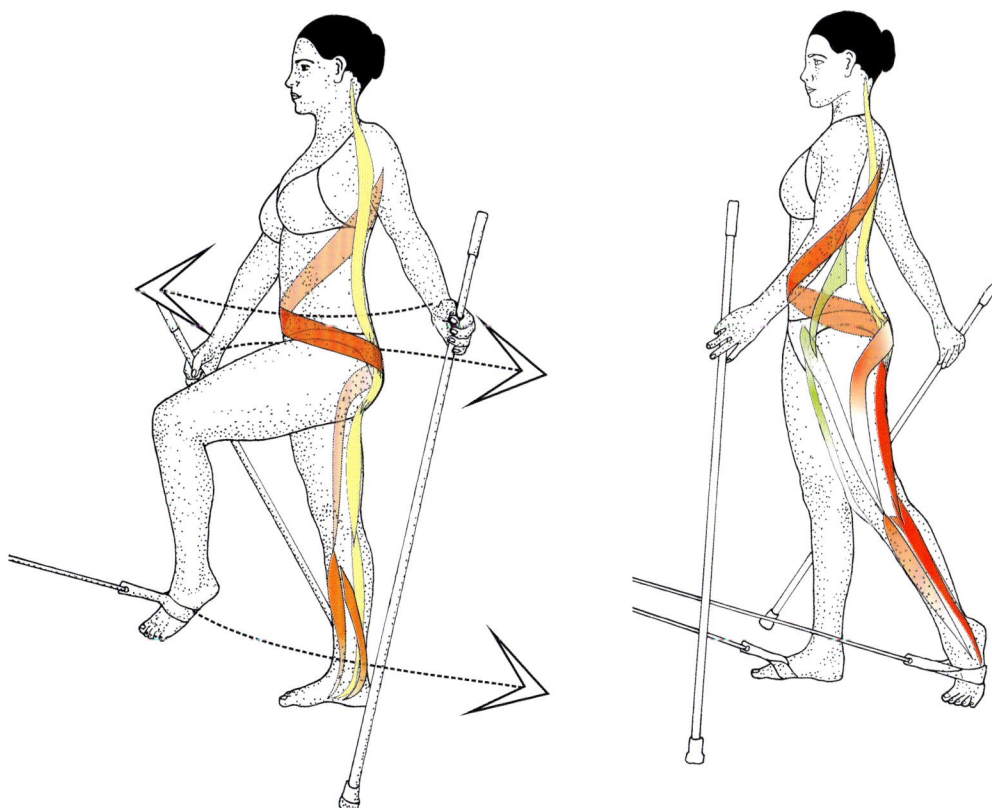

骨盆和躯干反向旋转运动的螺旋稳定步态

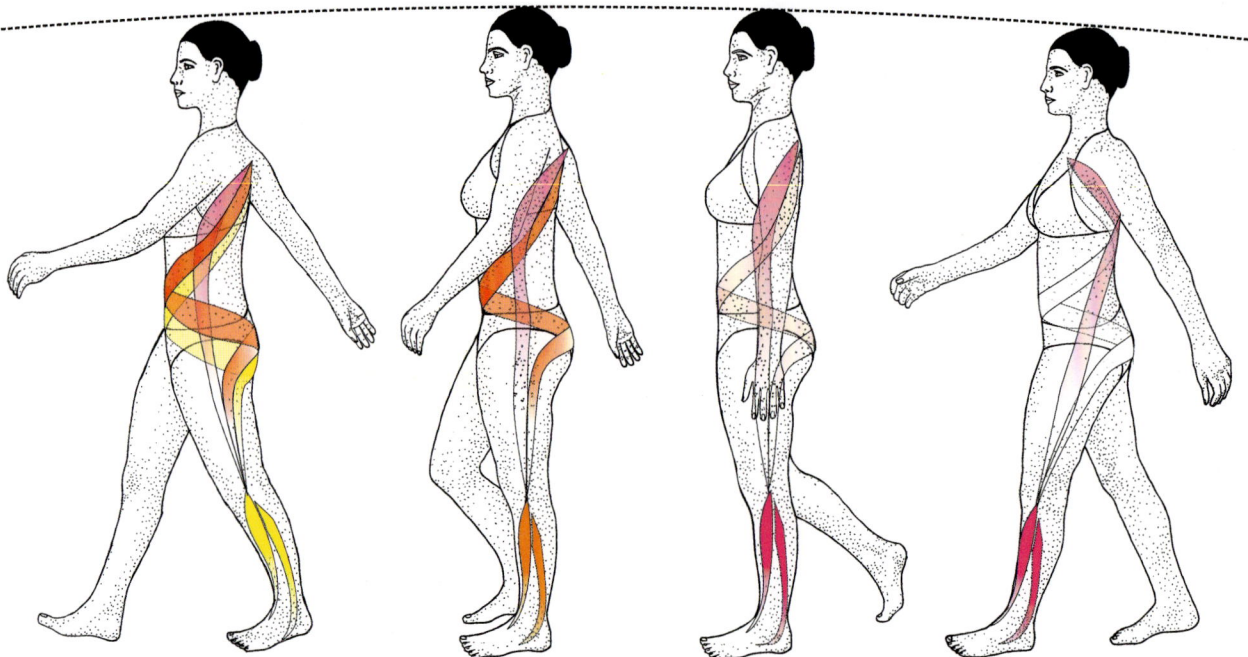

通过斜方肌 -C、D 维持稳定
通过背阔肌 -B、C 维持稳定

通过斜方肌 -C 维持稳定
通过背阔肌 -B 维持稳定

通过斜方肌 -B 维持稳定
通过背阔肌 -A 维持稳定

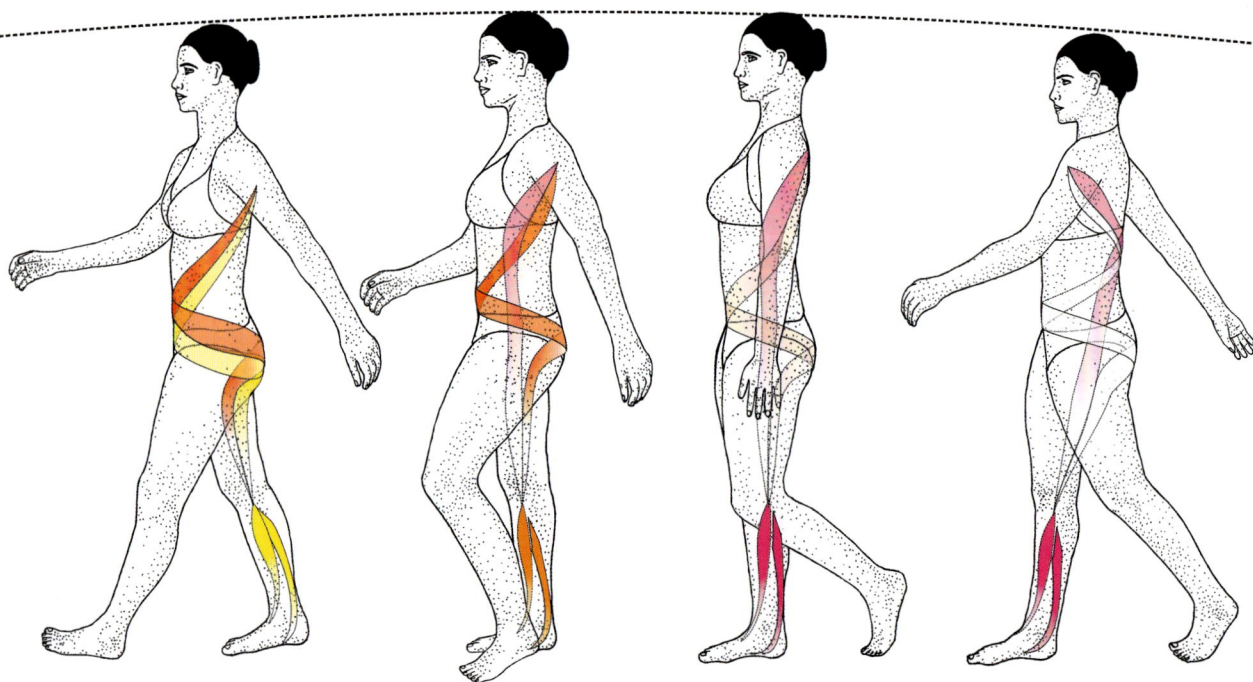

腰椎间盘突出症治疗
成功案例

腰 3/4 椎间盘突出症治疗成功案例

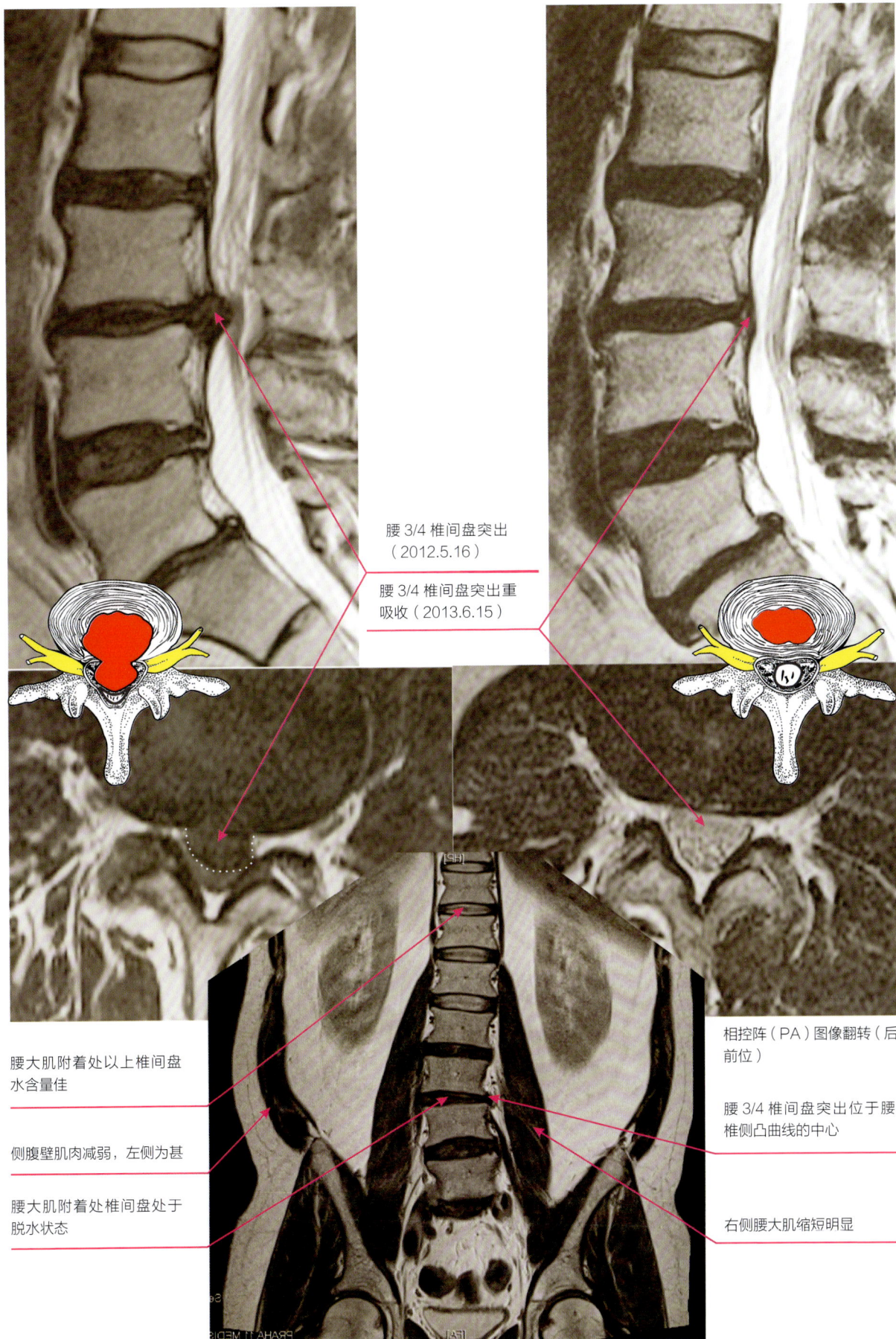

腰 3/4 椎间盘突出
（2012.5.16）

腰 3/4 椎间盘突出重
吸收（2013.6.15）

腰大肌附着处以上椎间盘
水含量佳

侧腹壁肌肉减弱，左侧为甚

腰大肌附着处椎间盘处于
脱水状态

相控阵（PA）图像翻转（后
前位）

腰 3/4 椎间盘突出位于腰
椎侧凸曲线的中心

右侧腰大肌缩短明显

稳定侧腹壁

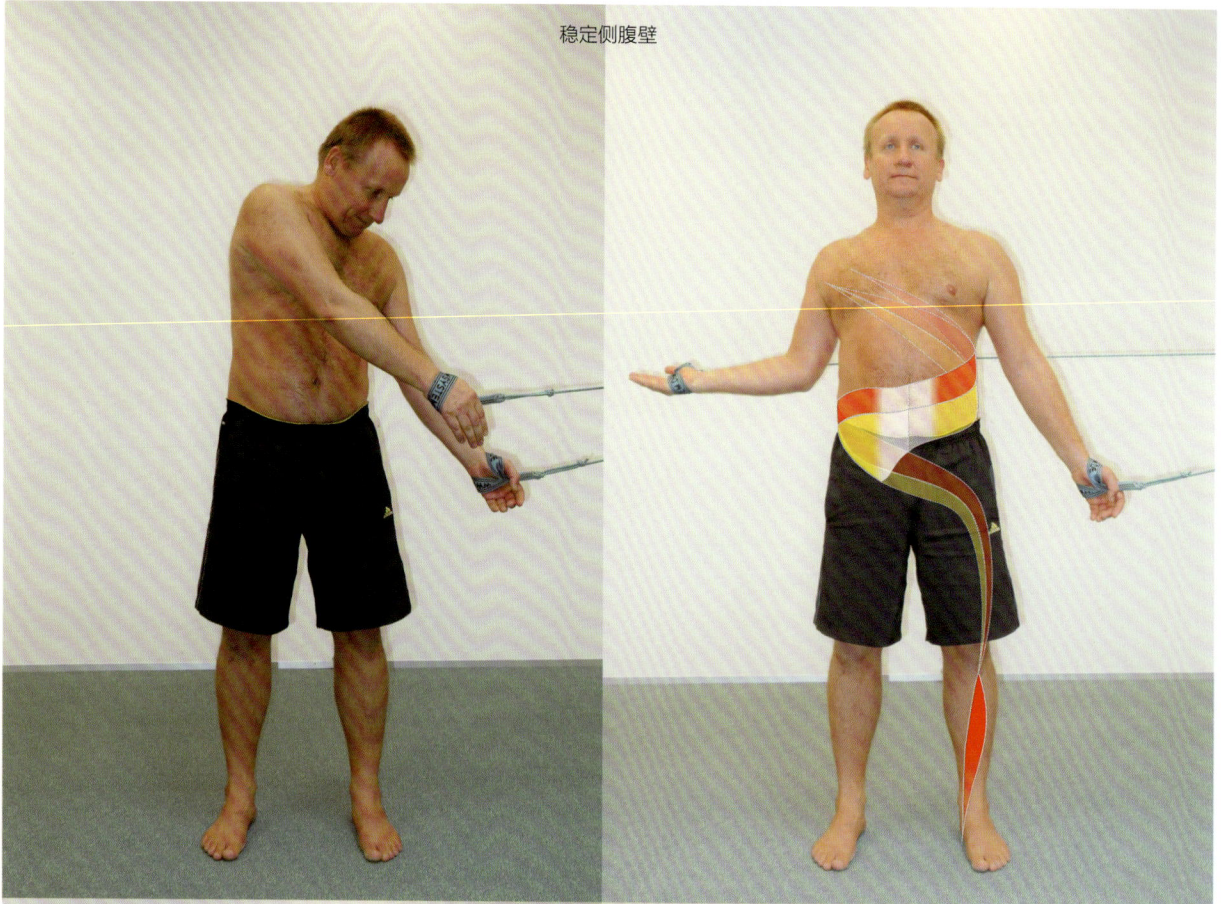

通过斜方肌与背阔肌肌肉链维持身体螺旋稳定，牵伸髂腰肌、股直肌和阔筋膜张肌

腰 4/5 椎间盘突出症治疗成功案例

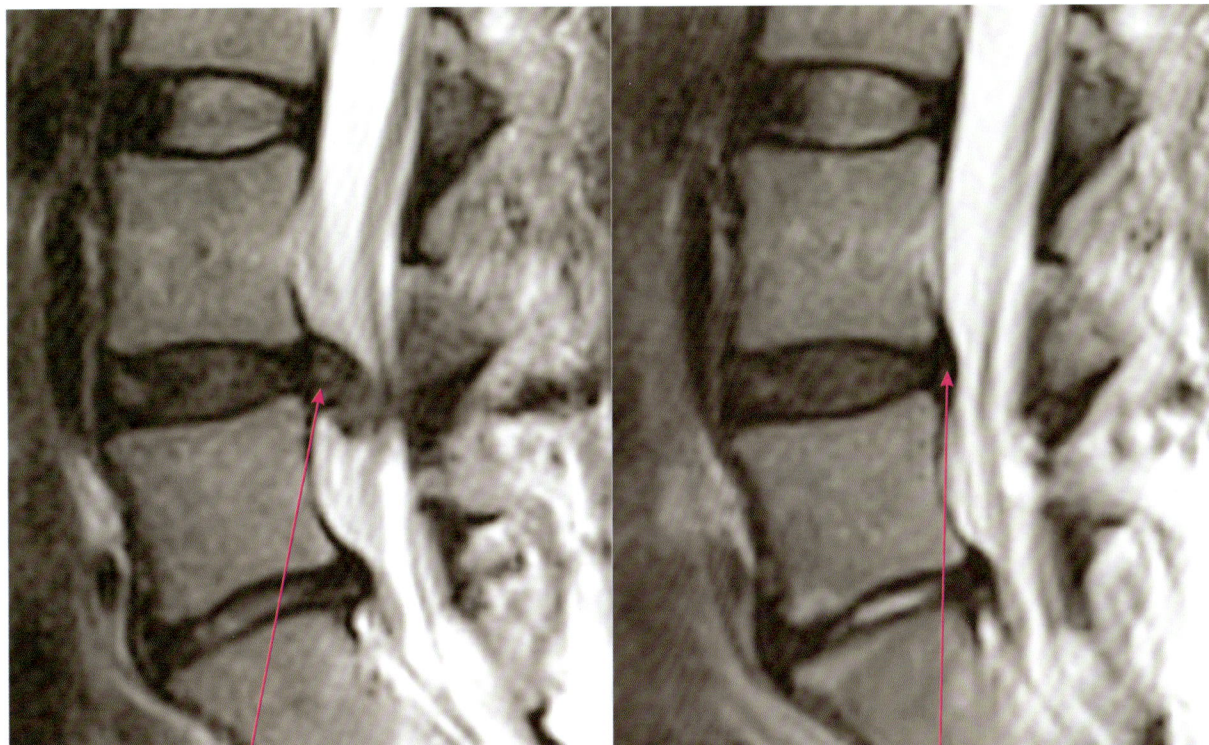

腰 4/5 椎间盘突出
（2010.8.24）

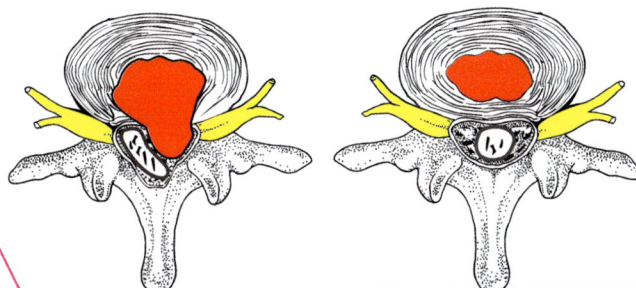

腰 4/5 椎间盘突出重吸收
（2011.5.23）

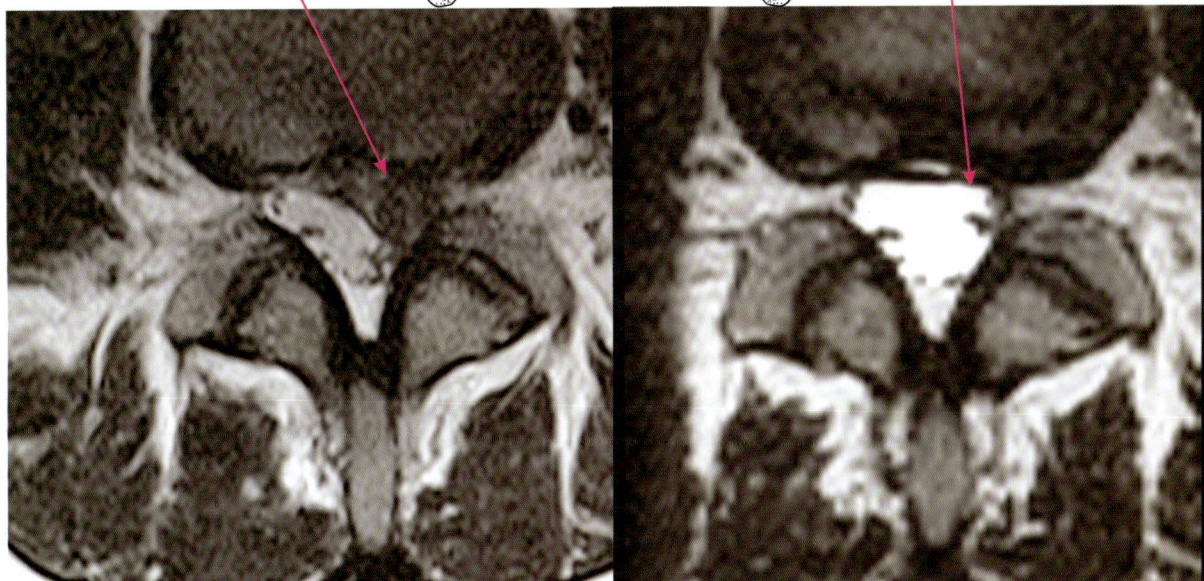

通过斜方肌和背阔肌肌肉链螺旋维持腹壁稳定性

通过斜方肌和背阔肌肌肉链螺旋稳定躯干，牵伸髂腰肌

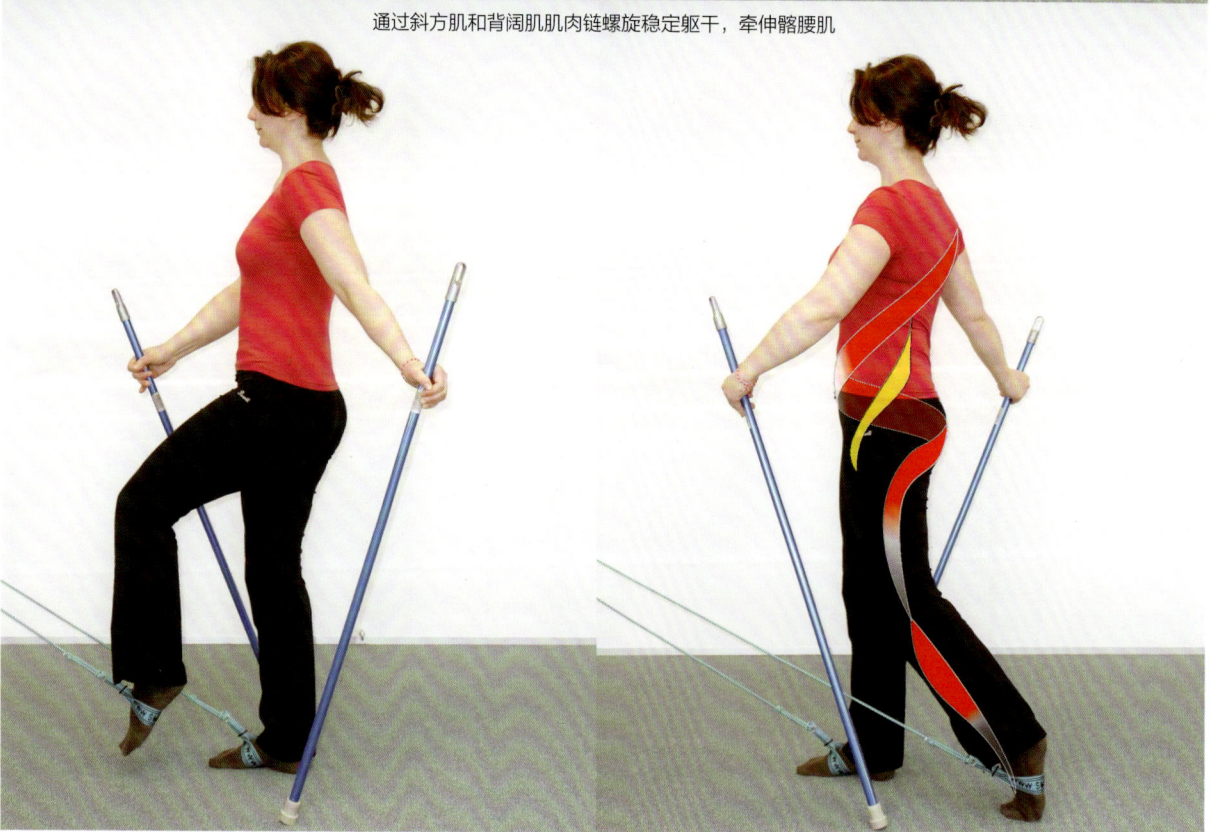

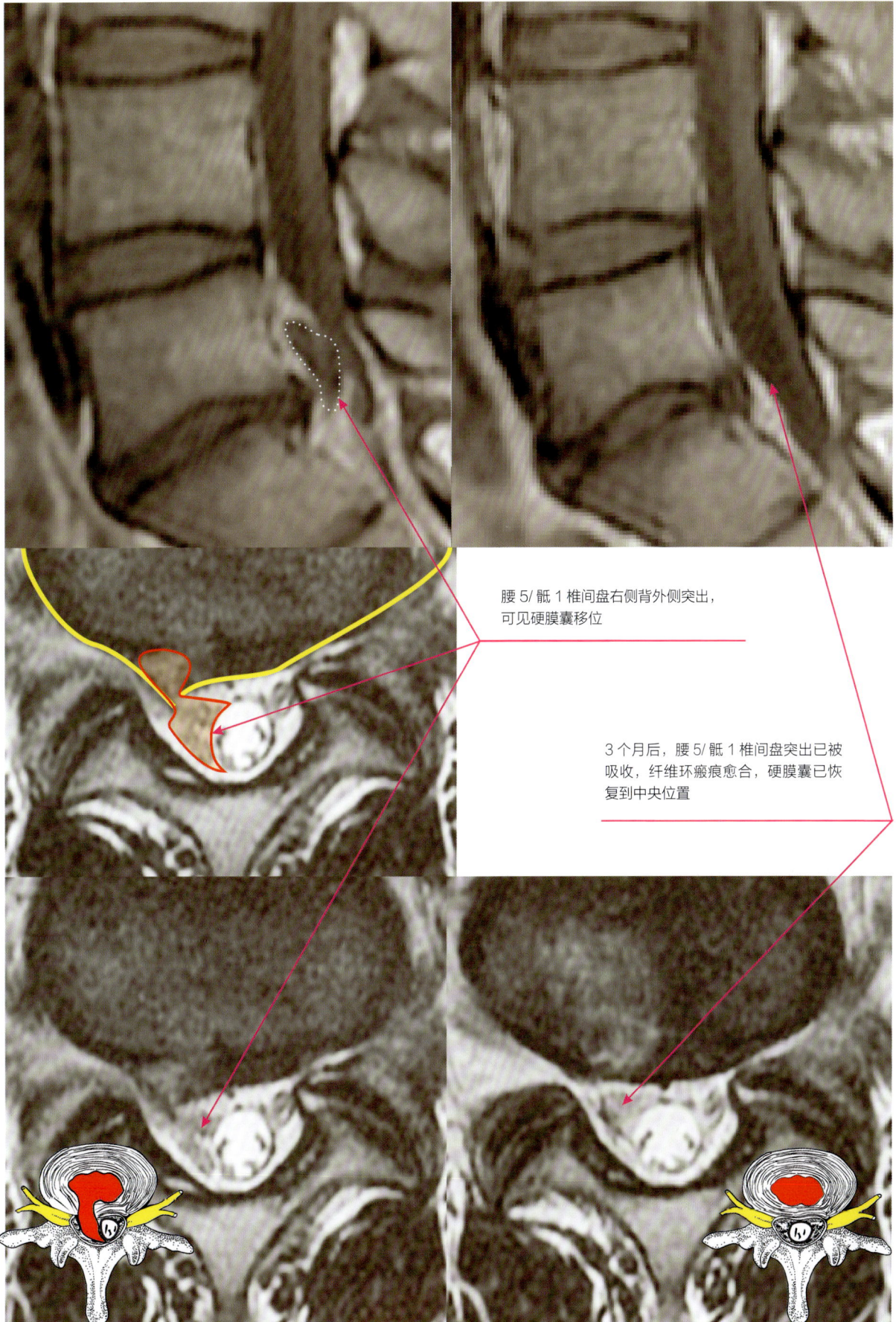

腰 5/ 骶 1 椎间盘右侧背外侧突出，可见硬膜囊移位

3 个月后，腰 5/ 骶 1 椎间盘突出已被吸收，纤维环瘢痕愈合，硬膜囊已恢复到中央位置

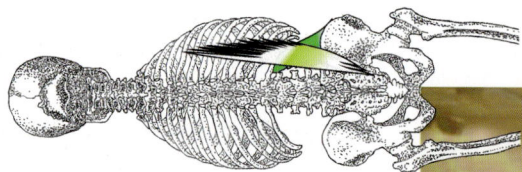

牵伸脊柱和椎旁肌肉

腰方肌
腰髂肋肌

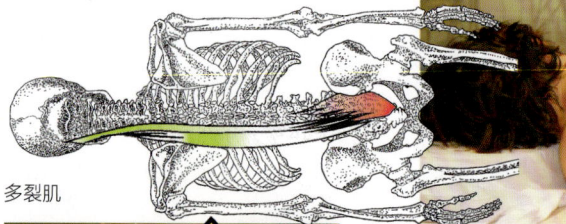

多裂肌

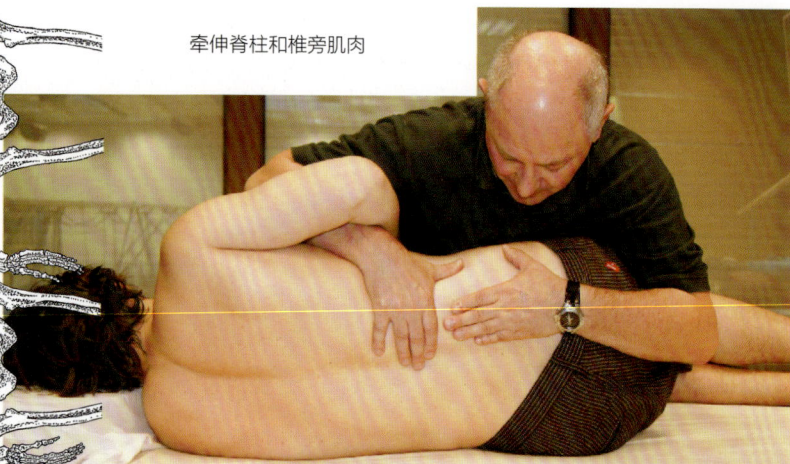

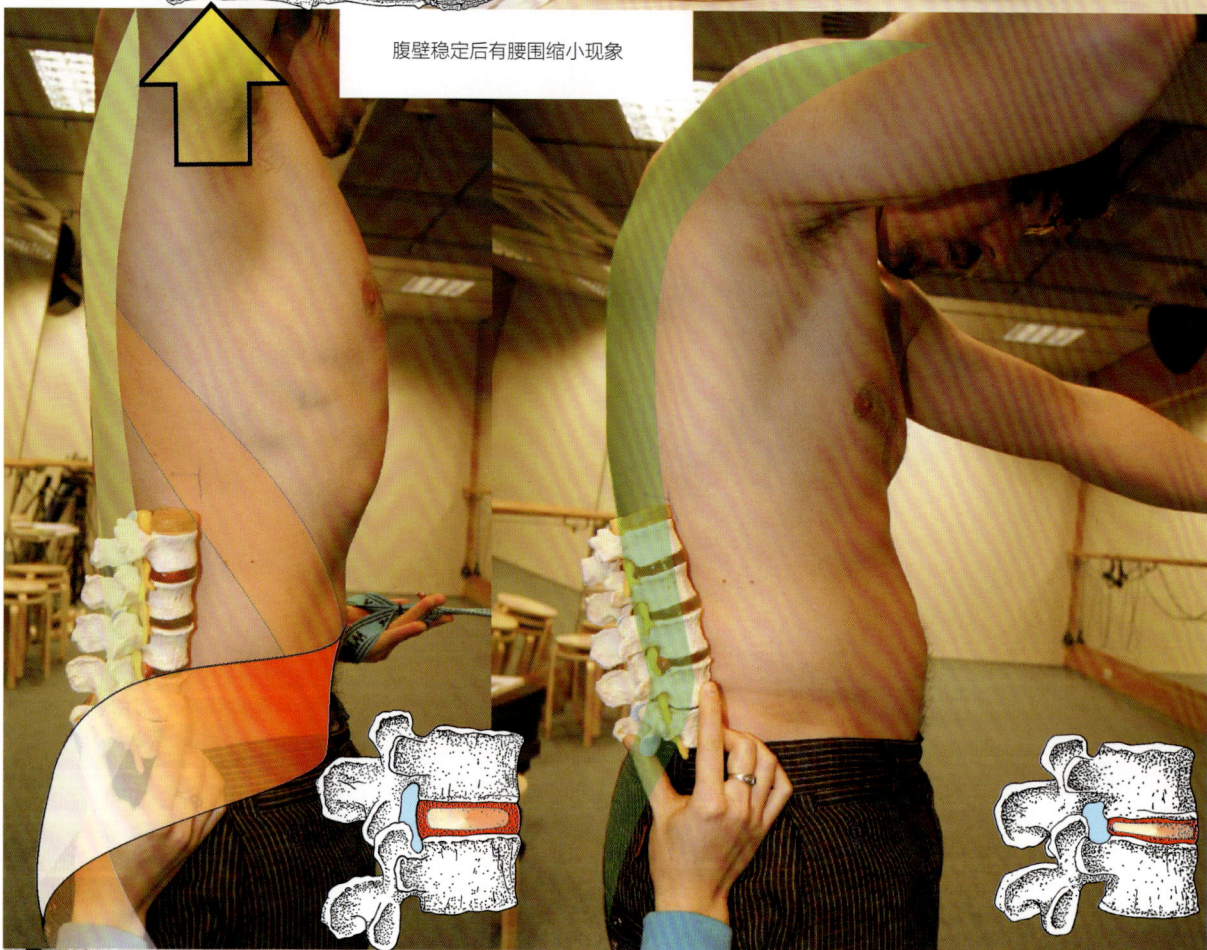

腹壁稳定后有腰围缩小现象

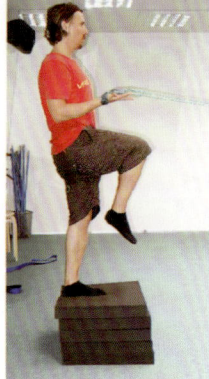

腰 5/ 骶 1 椎间盘突出症治疗成功案例

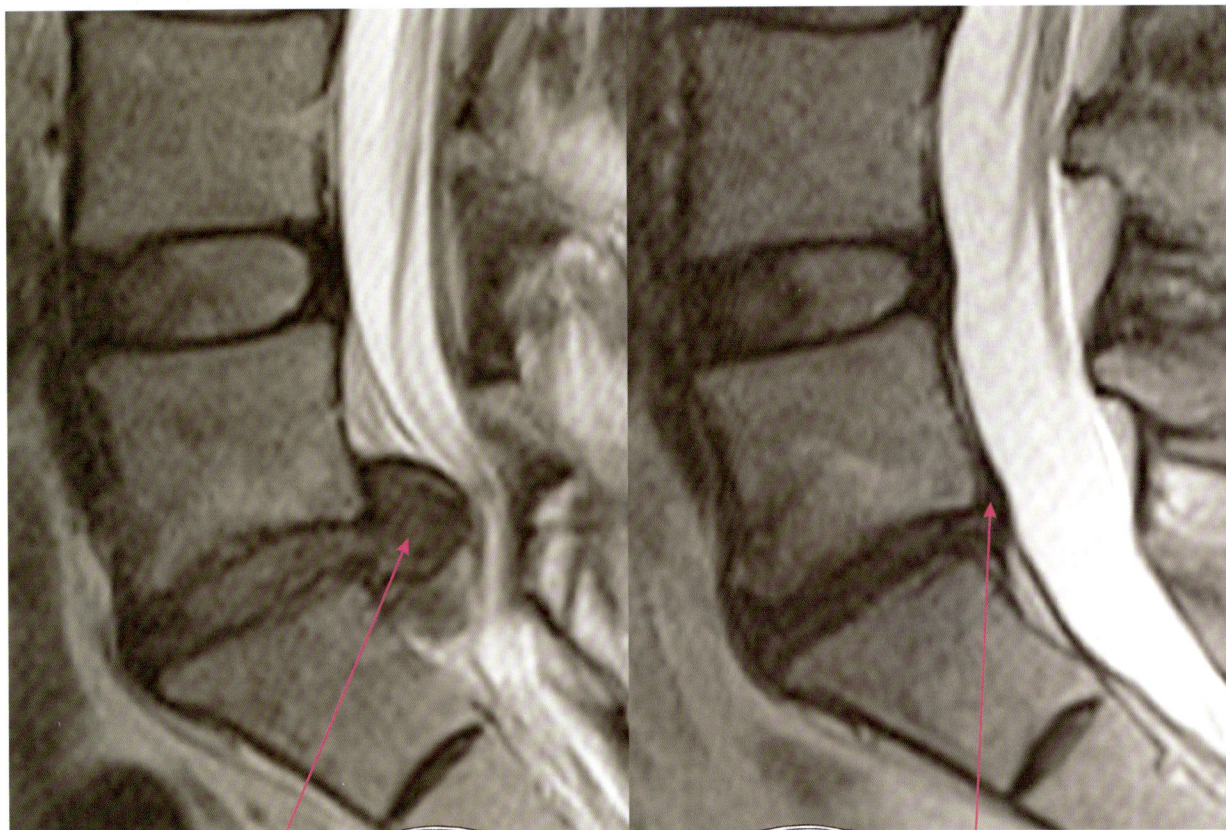

腰 5/ 骶 1 椎间盘突出
（2011.9.18）

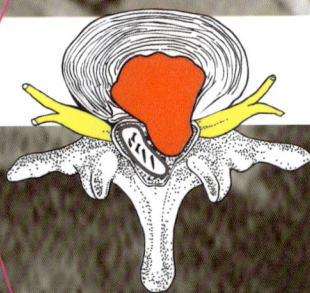

腰 5/ 骶 1 椎间盘突出重
吸收（2012.9.26）

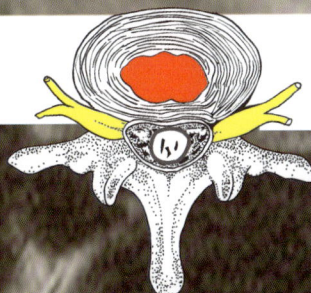

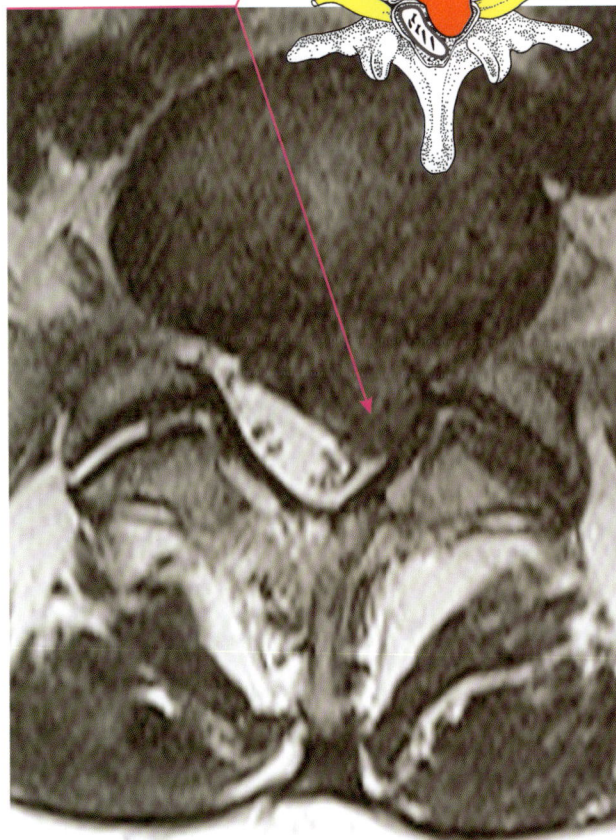

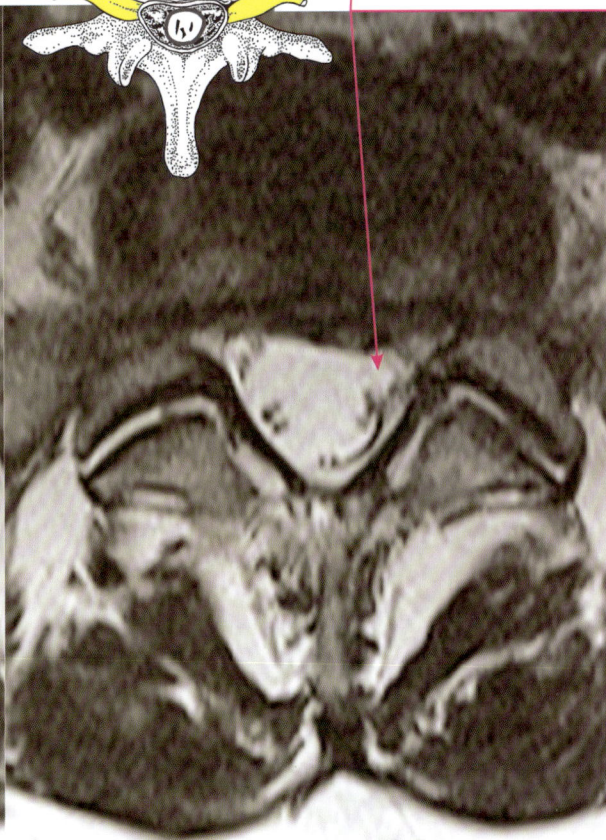

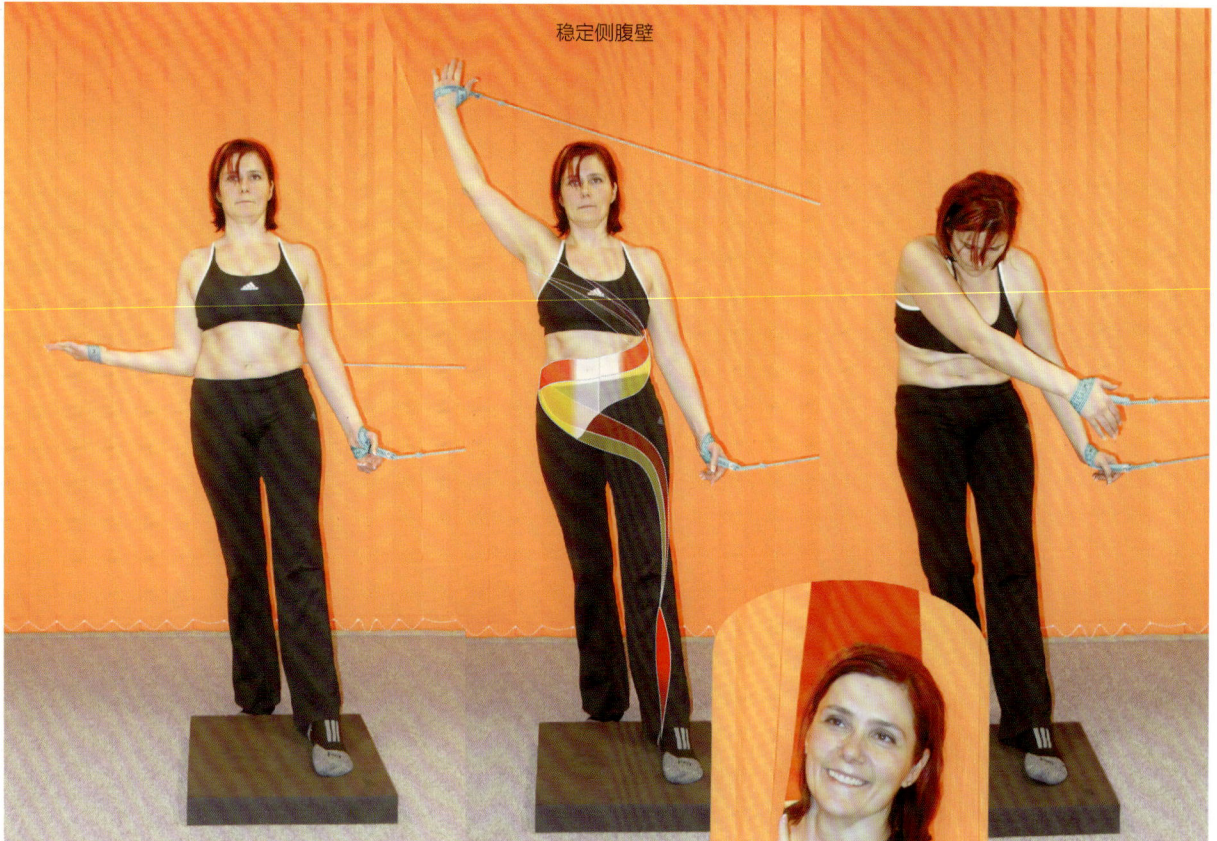

稳定侧腹壁

稳定侧腹壁

腰 5/ 骶 1 椎间盘突出导致椎旁肌肉组织减少

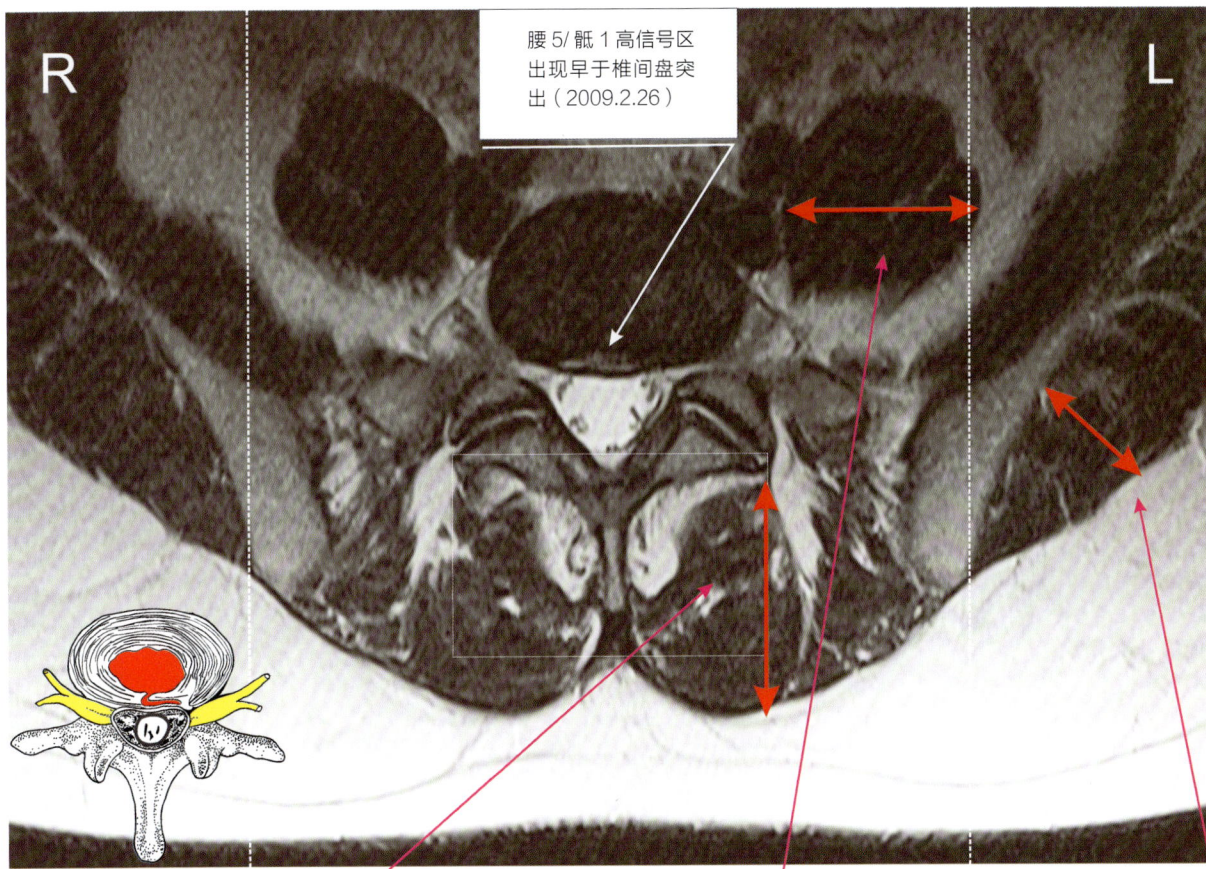

腰 5/ 骶 1 高信号区出现早于椎间盘突出（2009.2.26）

双侧多裂肌萎缩（2011.9.18） 双侧腰大肌萎缩（2011.9.18） 左侧臀大肌萎缩（2011.9.18）

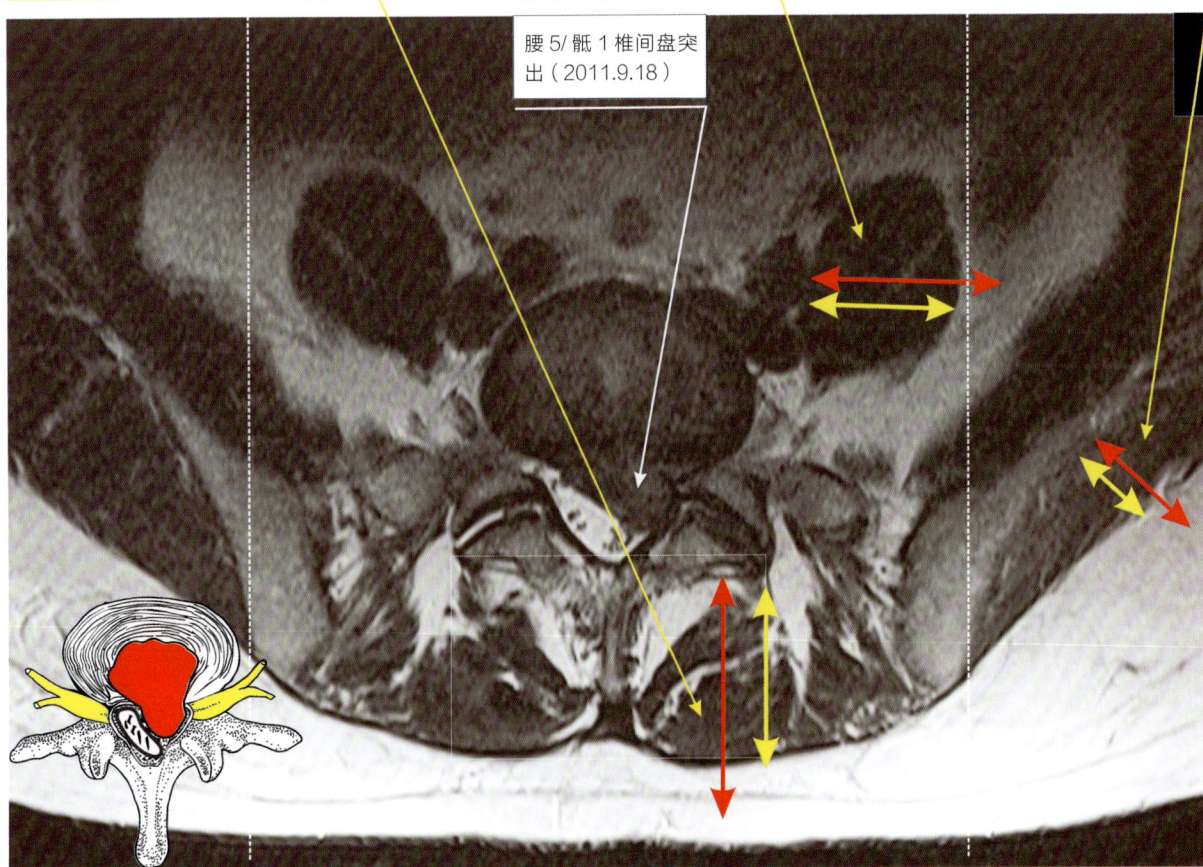

腰 5/ 骶 1 椎间盘突出（2011.9.18）

腰 5/ 骶 1 椎间盘突出症治疗成功案例

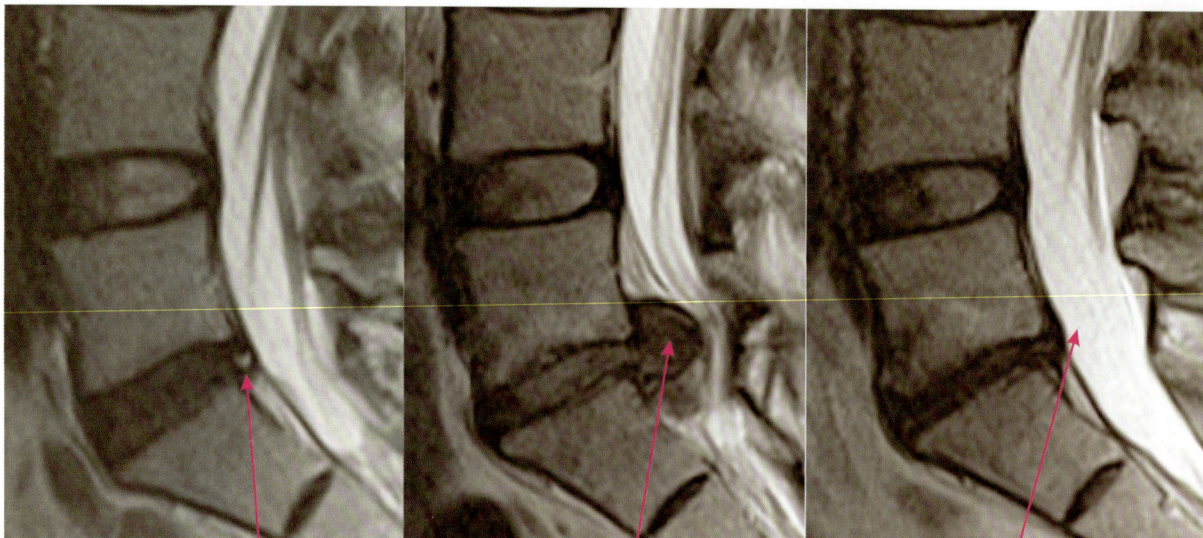

腰 5/ 骶 1 高信号区出现早于椎间盘突出
（2009.2.26）

腰 5/ 骶 1 椎间盘突出
（2011.9.18）

腰 5/ 骶 1 椎间盘突出重吸收（2012.9.26）

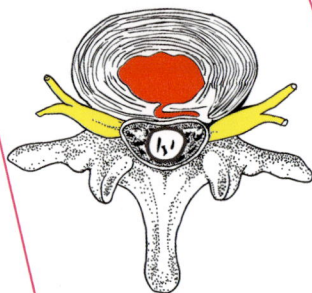

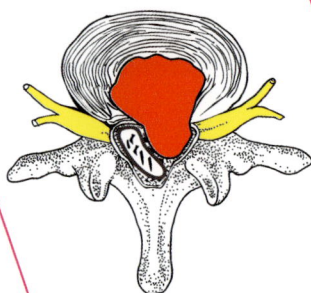

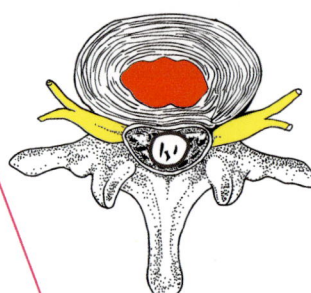

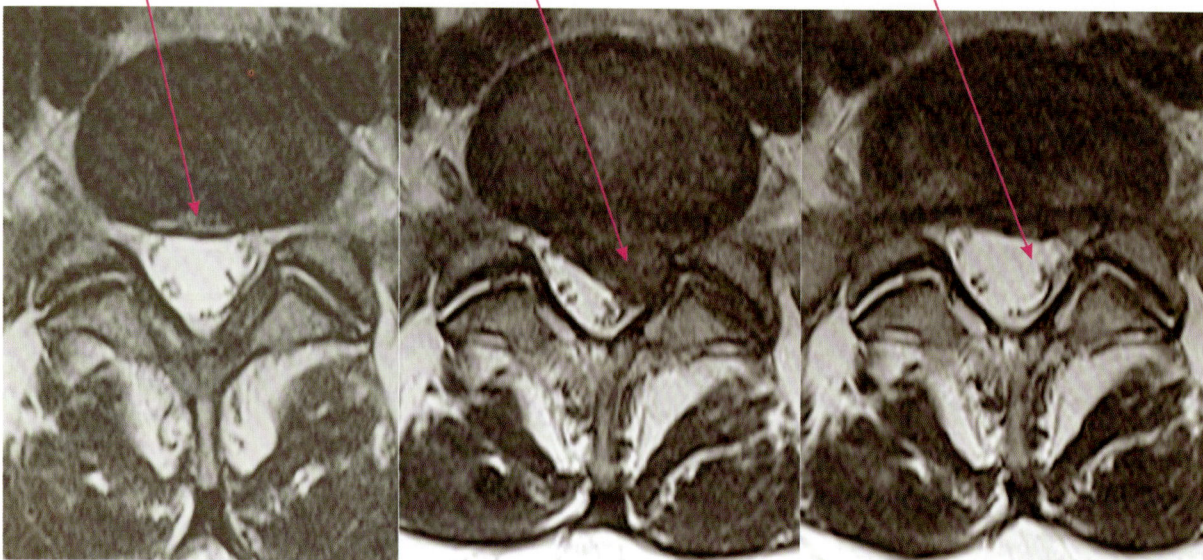

腰 5/ 骶 1 高信号区出现早于椎间盘突出

必须在出现高信号时予以积极治疗，避免椎间盘突出。

椎间盘高信号期常常被非特异性腰痛掩盖。

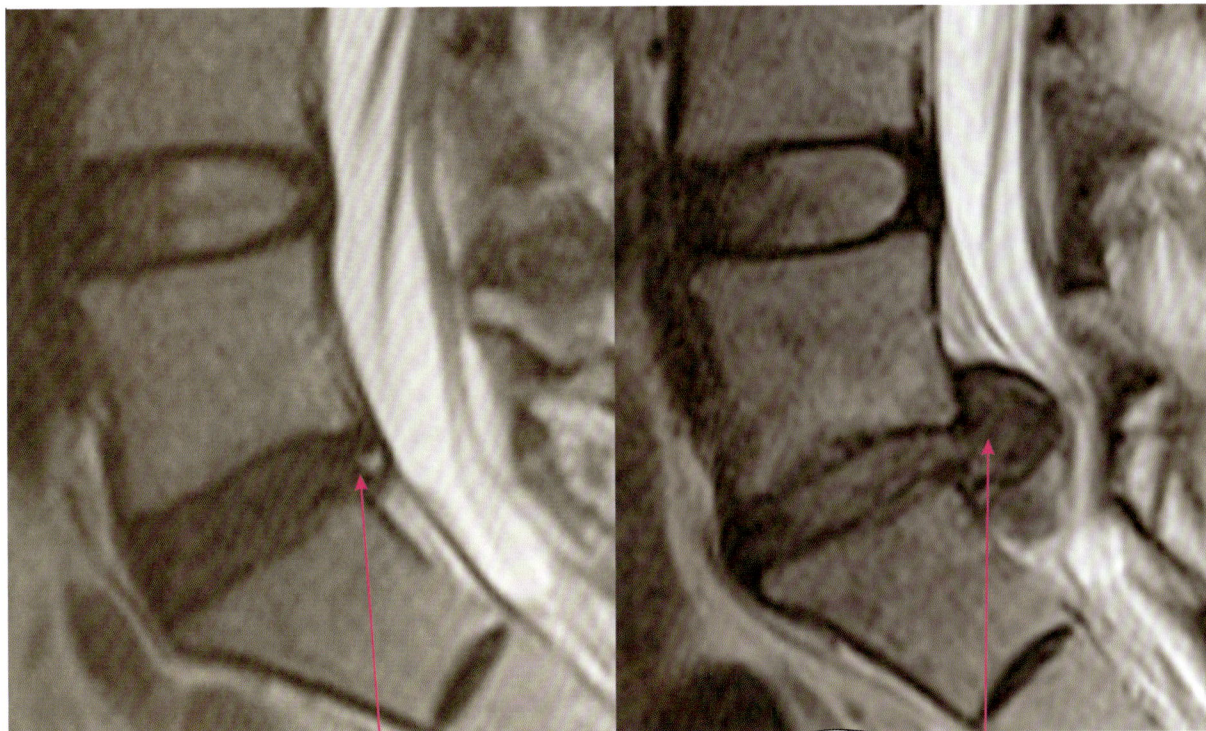

腰 5/ 骶 1 高信号区出现早于椎间盘突出（2009.2.26）

腰 5/ 骶 1 椎间盘突出（2011.9.18）

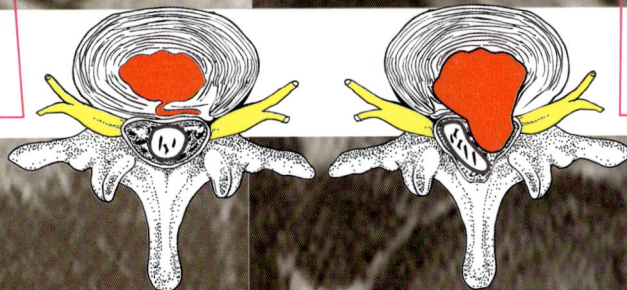

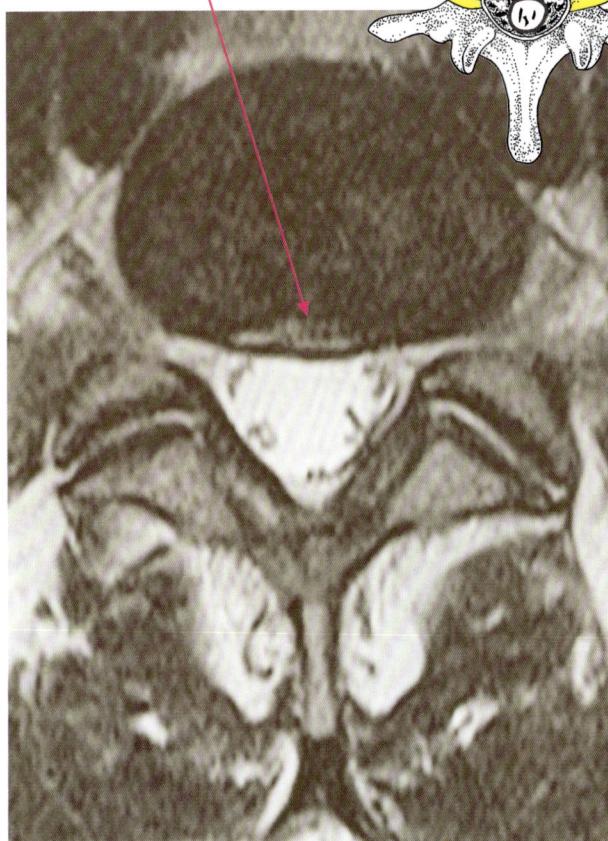

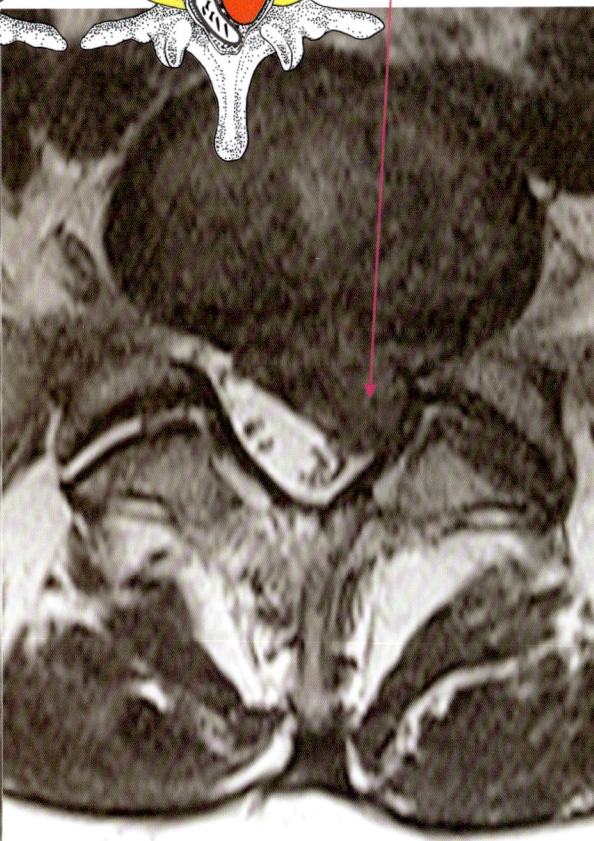

第二章
运动和放松状态下的
肌肉检查方法

肌张力和肌力减弱检查

疼痛强度：
1 ~ 10 级

持续时间：
年（Y）月（M）
日（D）

胸锁乳突肌
前斜角肌
锁骨下肌

胸大肌锁骨部
胸小肌
胸大肌
腹部

头后大直肌
头下斜肌
颈半棘肌
肩胛提肌
三角肌
上后锯肌
冈下肌

头最长肌
颈最长肌
胸最长肌
腰髂肋肌

腰方肌

大圆肌
背阔肌

腹外斜肌和
腹内斜肌

臀中肌
臀大肌上部
梨状肌
股二头肌
半腱肌
大收肌

臀大肌

腹外斜肌和
腹内斜肌

腹外斜肌和
腹内斜肌

中斜角肌
前斜角肌
后斜角肌
前锯肌上部
前锯肌下部
背阔肌外侧部
髂腰肌
阔筋膜张肌
梨状肌

拇长屈肌
小腿三头肌
趾长屈肌

胫骨前肌
趾长伸肌
拇长伸肌

拇展肌
拇收肌斜头

日期	
姓氏	
名字	
身份证号	
电话	

街道	
城市	
邮政编码	
国家	

疼痛、肌紧张、肌力减弱、
感觉减弱、活动减少、外形改变

肌张力和肌力减弱检查

疼痛强度：
1～10级

持续时间：
年（Y）月（M）
日（D）

胸锁乳突肌
前斜角肌
锁骨下肌
胸大肌锁骨部
胸小肌
胸大肌
腹部

头后大直肌
头下斜肌
颈半棘肌
肩胛提肌
三角肌
上后锯肌
冈下肌
头最长肌
颈最长肌
胸最长肌
腰髂肋肌
腰方肌

大圆肌
背阔肌
腹外斜肌和
腹内斜肌

5　1Y

7　2M

9　3D

腹外斜肌和
腹内斜肌
腹外斜肌和
腹内斜肌

臀中肌
臀大肌上部
梨状肌
股二头肌
半腱肌
大收肌

臀大肌

𧿹长屈肌
小腿三头肌
趾长屈肌

中斜角肌
前斜角肌
后斜角肌
前锯肌上部
前锯肌下部
背阔肌外侧部
髂腰肌
阔筋膜张肌
梨状肌

𧿹展肌
𧿹收肌斜头

胫骨前肌
趾长伸肌
𧿹长伸肌

日期	
姓氏	
名字	
身份证号	
电话	

街道	
城市	
邮政编码	
国家	

肌张力：
1～10级

肌力减弱：
1～6级

疼痛程度：
5级
持续时间：
1年

疼痛程度：
7级
持续时间：
2个月

疼痛程度：
9级
持续时间：
3天

肌力减弱：
不能脚尖站立
持续时间：
3天

感觉减弱
持续时间：
3天

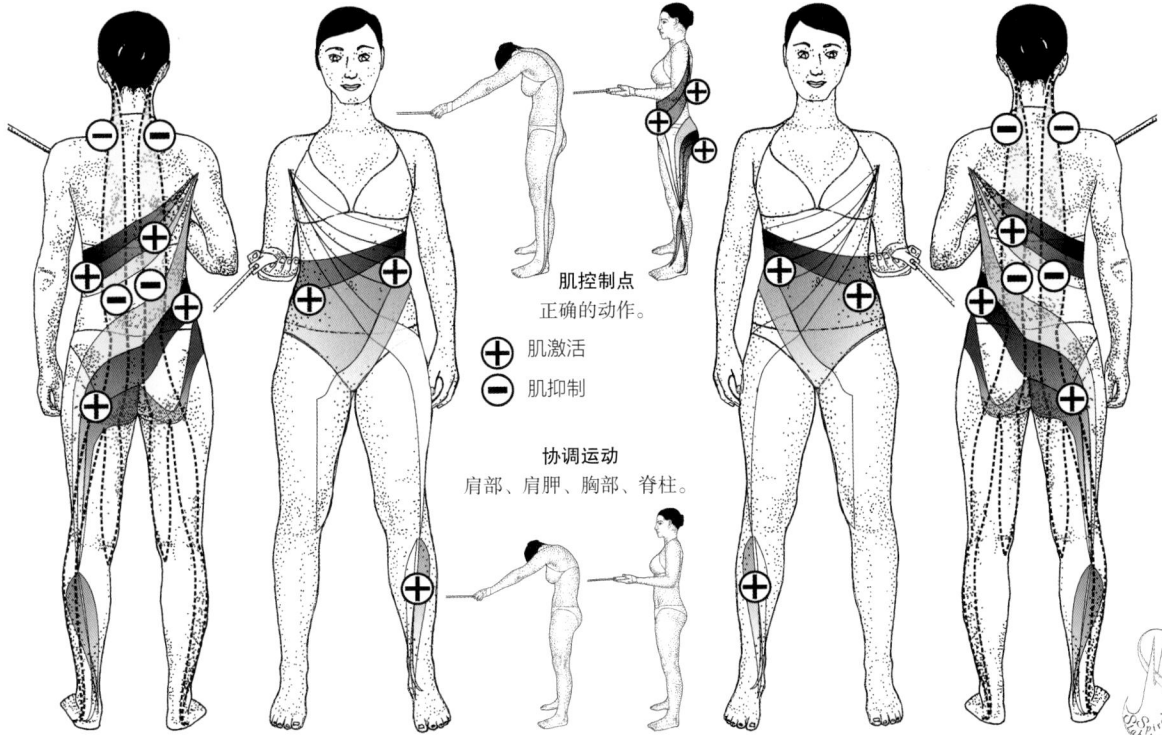

后伸运动检查

肩带后伸（手臂向后移动）

肌控制点
正确的动作。

⊕ 肌激活
⊖ 肌抑制

协调运动
肩部、肩胛、胸部、脊柱。

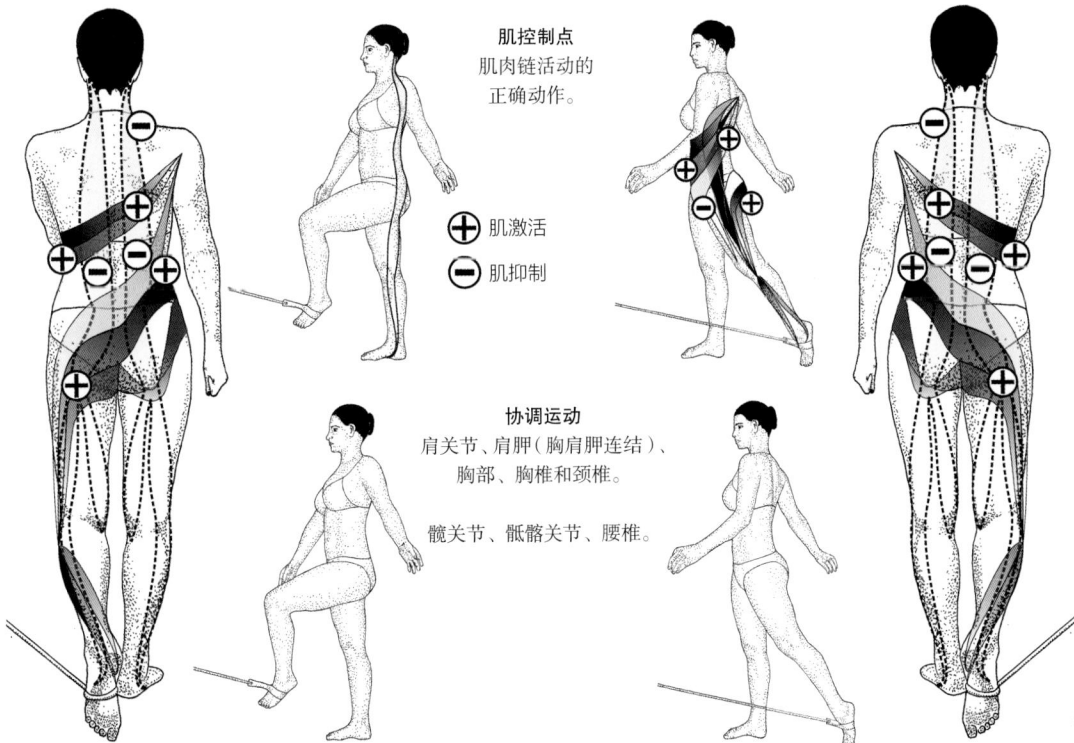

后伸运动检查

肩带和盆带后伸（手臂和腿向后移动）

肌控制点
肌肉链活动的
正确动作。

⊕ 肌激活
⊖ 肌抑制

协调运动
肩关节、肩胛（胸肩胛连结）、
胸部、胸椎和颈椎。

髋关节、骶髂关节、腰椎。

后伸运动检查

肩带后伸（手臂向后移动）

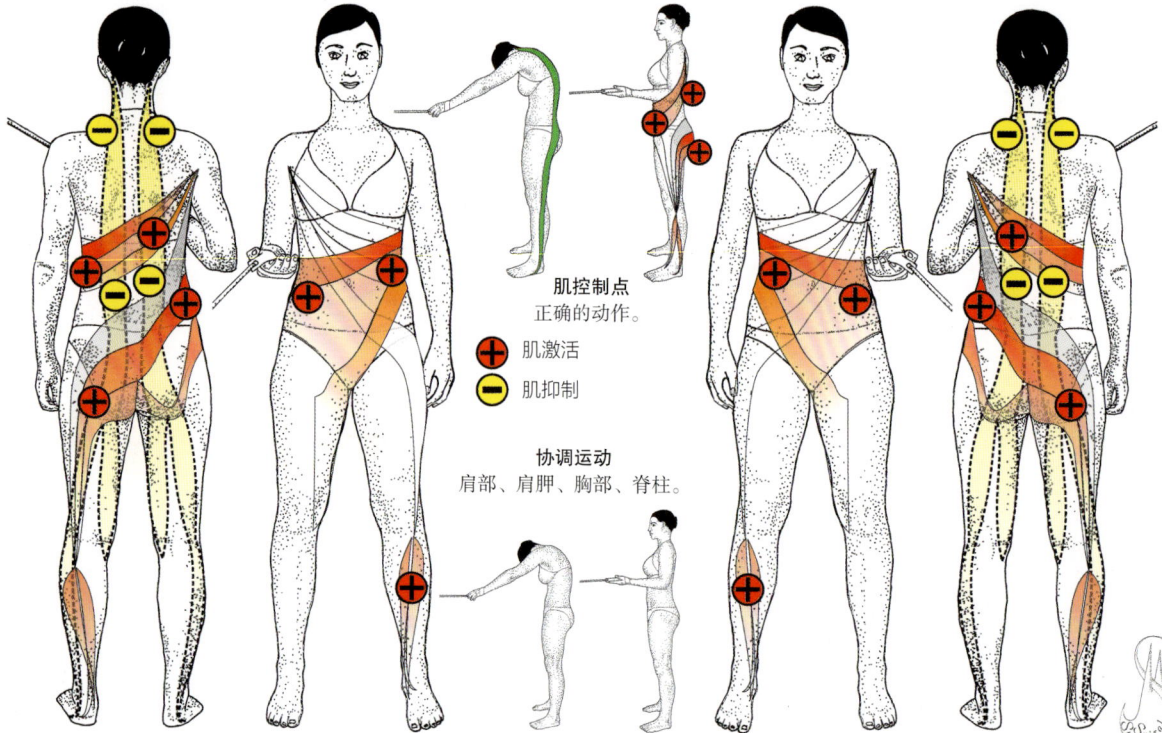

肌控制点
正确的动作。

➕ 肌激活
➖ 肌抑制

协调运动
肩部、肩胛、胸部、脊柱。

后伸运动检查

肩带和盆带后伸（手臂和腿向后移动）

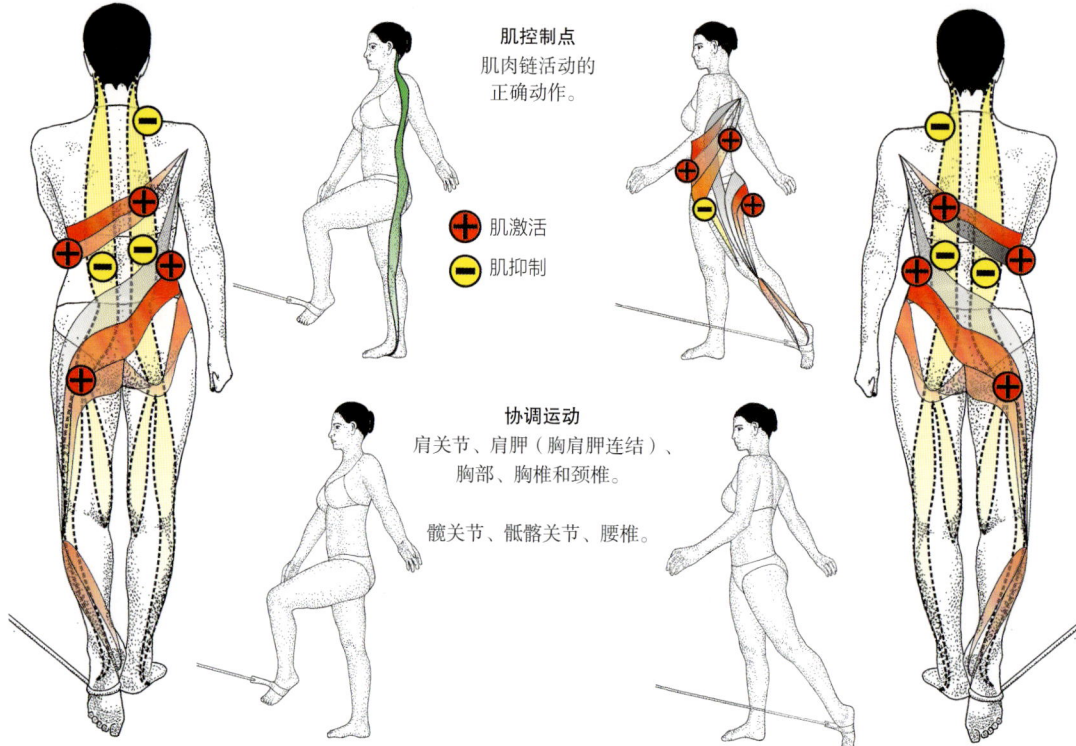

肌控制点
肌肉链活动的
正确动作。

➕ 肌激活
➖ 肌抑制

协调运动
肩关节、肩胛（胸肩胛连结）、
胸部、胸椎和颈椎。

髋关节、骶髂关节、腰椎。

第三章
垂直肌肉链中具有
紧张和缩短倾向的肌肉

躯干后肌群

椎旁肌后下肌群（躯干与骨盆）

要 点
◎ 竖脊肌
◎ 髂肋肌
◎ 胸最长肌
◎ 颈最长肌
◎ 头最长肌
◎ 腰方肌
◎ 多裂肌

竖脊肌

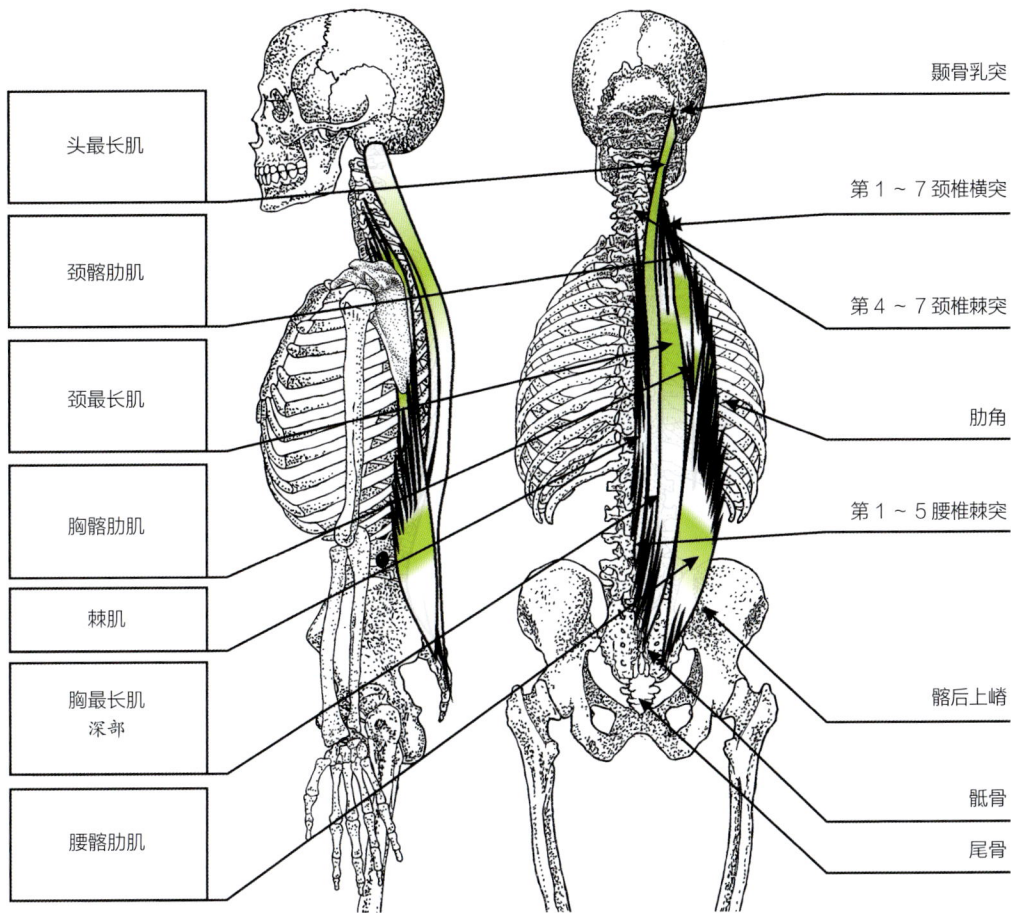

头最长肌	
颈髂肋肌	
颈最长肌	
胸髂肋肌	
棘肌	
胸最长肌 深部	
腰髂肋肌	

颞骨乳突

第 1～7 颈椎横突

第 4～7 颈椎棘突

肋角

第 1～5 腰椎棘突

髂后上嵴

骶骨

尾骨

具有紧张
和缩短倾
向的肌肉

这些肌肉
需要放松
和牵伸

放松

牵伸

强化

固定

竖脊肌

髂肋肌：颈髂肋肌、胸髂肋肌、腰髂肋肌。

最长肌：头最长肌、颈最长肌、胸最长肌。

棘肌。

解剖

髂肋肌

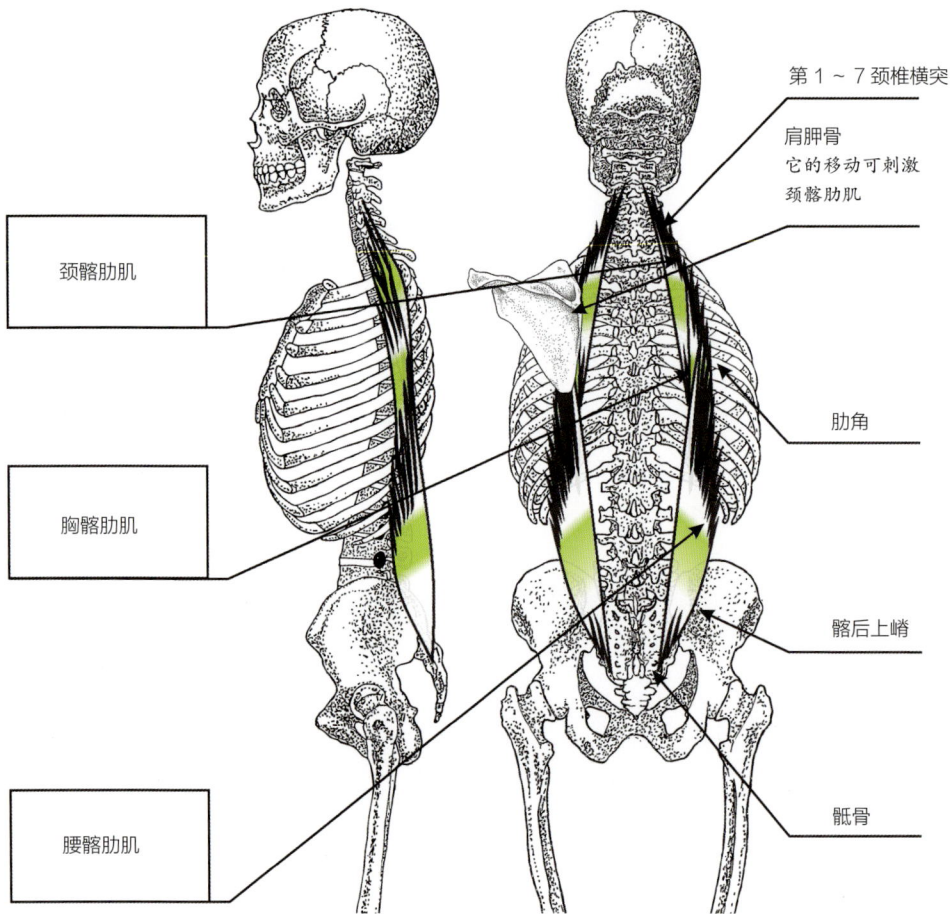

颈髂肋肌

胸髂肋肌

腰髂肋肌

第 1 ~ 7 颈椎横突

肩胛骨
它的移动可刺激
颈髂肋肌

肋角

髂后上嵴

骶骨

具有紧张
和缩短倾
向的肌肉

这些肌肉
需要放松
和牵伸

放松

牵伸

强化

固定

髂肋肌

功能：
◎ 使前屈的躯干后伸（双侧收缩）；
◎ 侧屈（单侧收缩）。

神经支配：
◎ 第8颈神经至第1腰神经后支的外侧支。

腰髂肋肌：
◎ 起点——髂嵴、髂后上嵴、骶骨。
◎ 止点——第6 ~ 12肋角。

胸髂肋肌：
◎ 起点——第7 ~ 12肋角。
◎ 止点——第1 ~ 6肋角。

颈髂肋肌：
◎ 起点——第3 ~ 7肋角。
◎ 止点——第4 ~ 6颈椎横突。

肌肉链

垂直肌肉链——竖脊肌（ES）

放松状态下 ES 链激活。

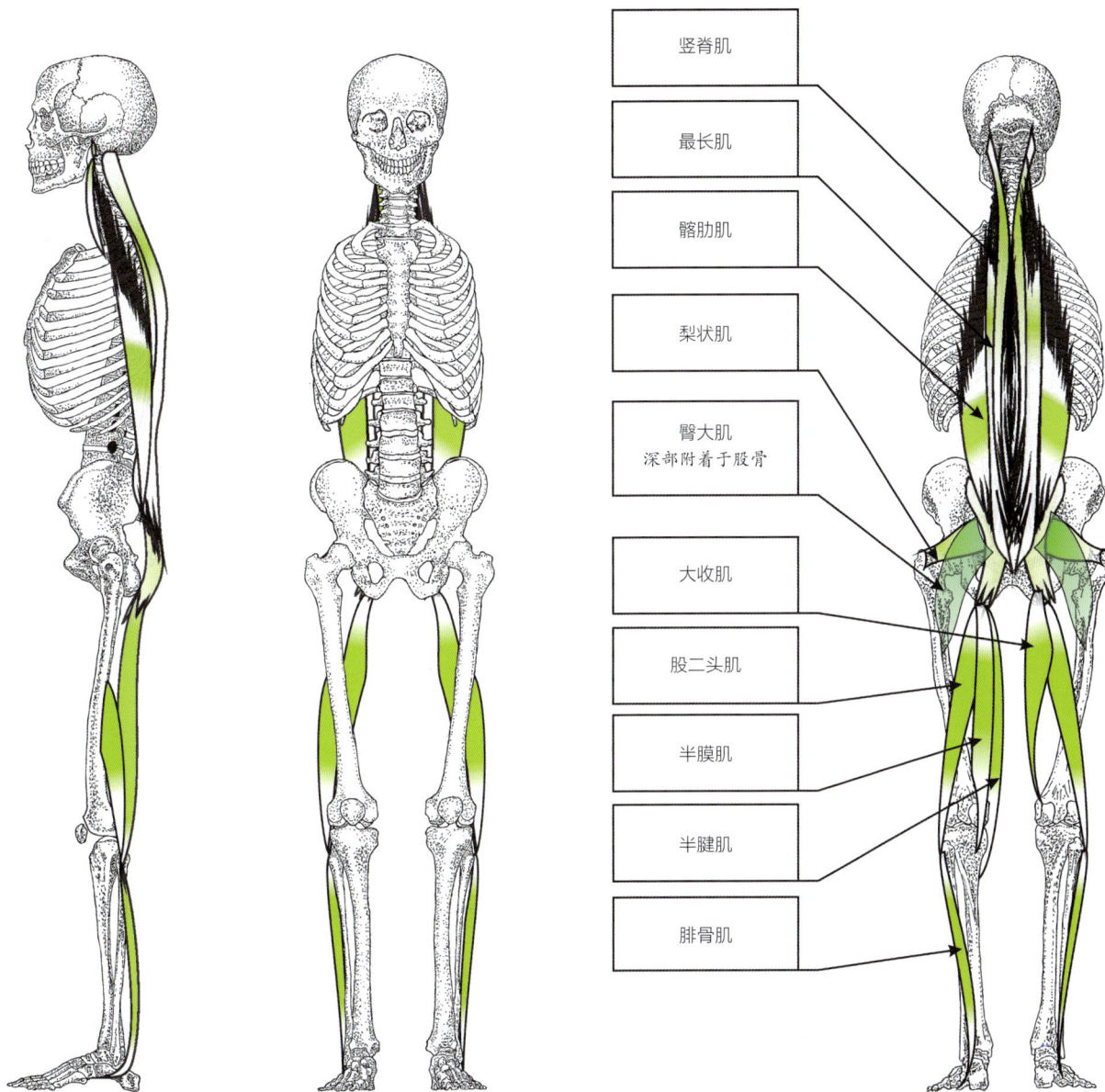

| 竖脊肌 |
| 最长肌 |
| 髂肋肌 |
| 梨状肌 |
| 臀大肌
深部附着于股骨 |
| 大收肌 |
| 股二头肌 |
| 半膜肌 |
| 半腱肌 |
| 腓骨肌 |

侧卧位手法治疗技术

腰髂肋肌——按摩，放松，被动牵伸。

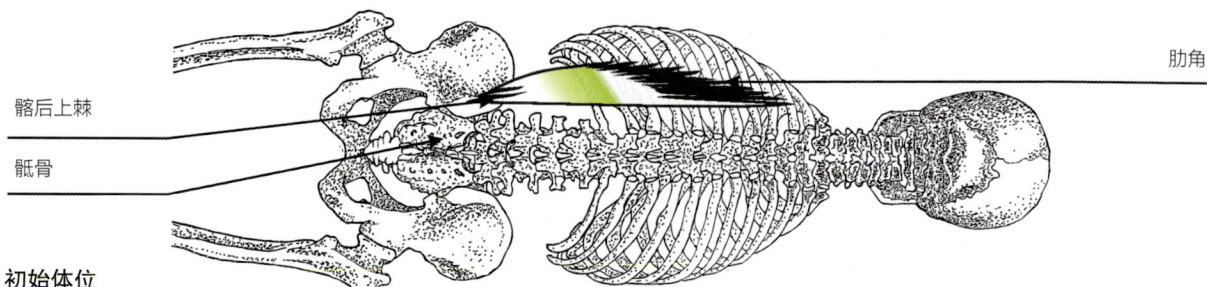

髂后上棘

骶骨

肋角

初始体位

用靠近患者头侧的手臂固定患者，手指张开，覆于椎骨突起之上。前臂顺贴在身体上，臂部用来平衡患者胸部的体位。

用胸部抵住患者的大腿，从而固定住患者的骨盆。治疗师的腋窝从上方顺贴在患者骨盆上，前臂放在骶骨上，手指轻轻地放在腰髂肋肌的表面。

当治疗师的小指放于椎骨棘突的位置时，中指处即为扳机点（Trigger Point，TP），扳机点的肌纤维朝向肩胛骨。手指不要弯曲。患者吸气。

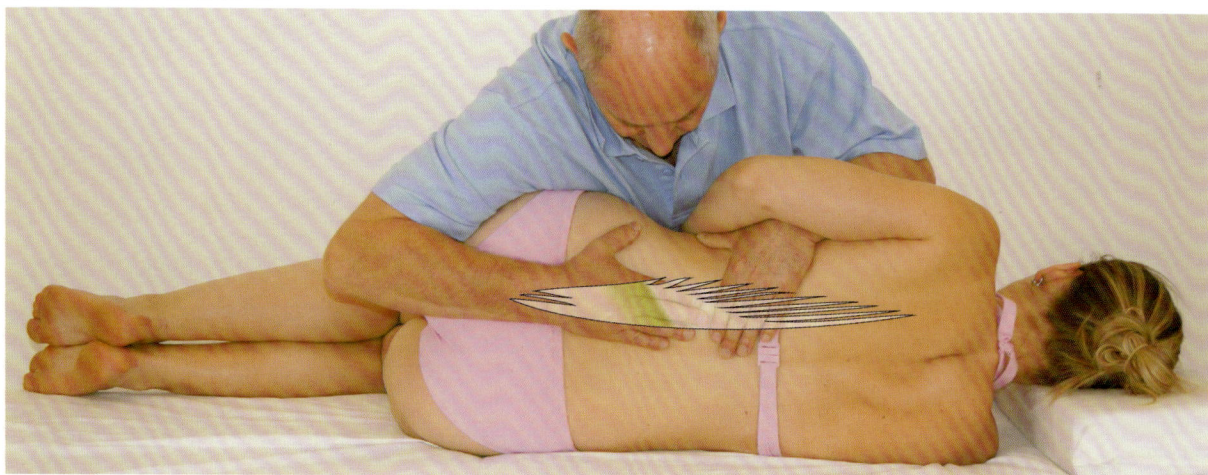

治疗过程

靠近患者头部的手臂固定住，保持原位不动（固定点）。治疗师把体重传递到患者的骨盆，均匀地向足侧推动骨盆（移动点）。治疗师通过伸展小腿为推动骨盆加力。患者骨盆保持住，不要前后倾斜，不要旋转。通过向足侧推移骨盆，开始对腰髂肋肌按摩。患者缓慢呼气。牵拉，放松，再次牵拉，重复6次。以上操作手法结束后暂停大约3秒。

等长收缩后放松（Post Isometric Relaxation，PIR）。患者身体保持伸展位，吸气。此动作可产生反压。患者呼气的同时使身体放松，然后进行下一步的牵伸过程。整个过程需重复3次。以上的治疗手法可牵伸腰椎间盘、椎间关节及打开椎间孔。

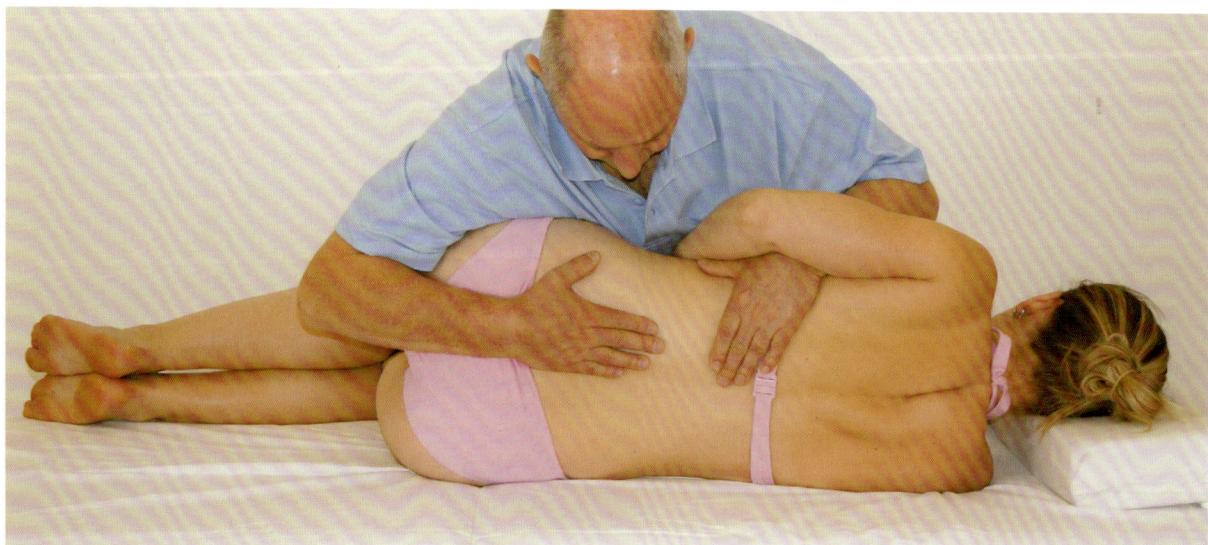

侧卧位手法治疗技术（一侧下肢悬吊）

腰髂肋肌——按摩，放松，被动牵伸。

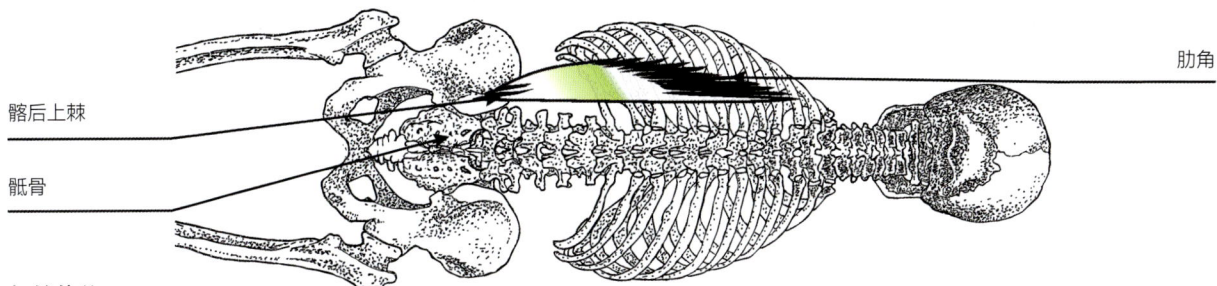

肋角

髂后上棘

骶骨

初始体位

用靠近患者头侧的手臂固定患者，手指张开，覆于椎骨突起之上。前臂顺贴在身体上，臂部用来平衡患者胸部的体位。

用胸部抵住患者的大腿，从而固定住患者的骨盆。治疗师的腋窝从上方顺贴在患者骨盆上，前臂放在骶骨上，手指轻轻地放在腰髂肋肌的表面。

当治疗师的中指放于椎骨棘突的位置时，中指处即为扳机点，扳机点的肌纤维朝向肩胛骨。手指不要弯曲。患者吸气。

治疗过程

靠近患者头部的手臂固定住，保持原位不动（固定点）。治疗师把体重传递到患者的骨盆，均匀地向足侧推动骨盆（移动点）。治疗师通过伸展小腿为推动骨盆加力。患者骨盆保持住，不要前后倾斜，不要旋转。通过向足侧推移骨盆，开始对腰髂肋肌按摩。患者缓慢呼气。牵拉，放松，再次牵拉，重复6次。以上操作手法结束后暂停大约3秒。

等长收缩后放松。患者身体保持伸展位，吸气。此动作可产生反压。患者呼气的同时使身体放松，然后进行下一步的牵伸过程。整个过程需重复3次。以上的治疗手法可牵伸腰椎间盘、椎间关节及打开椎间孔。

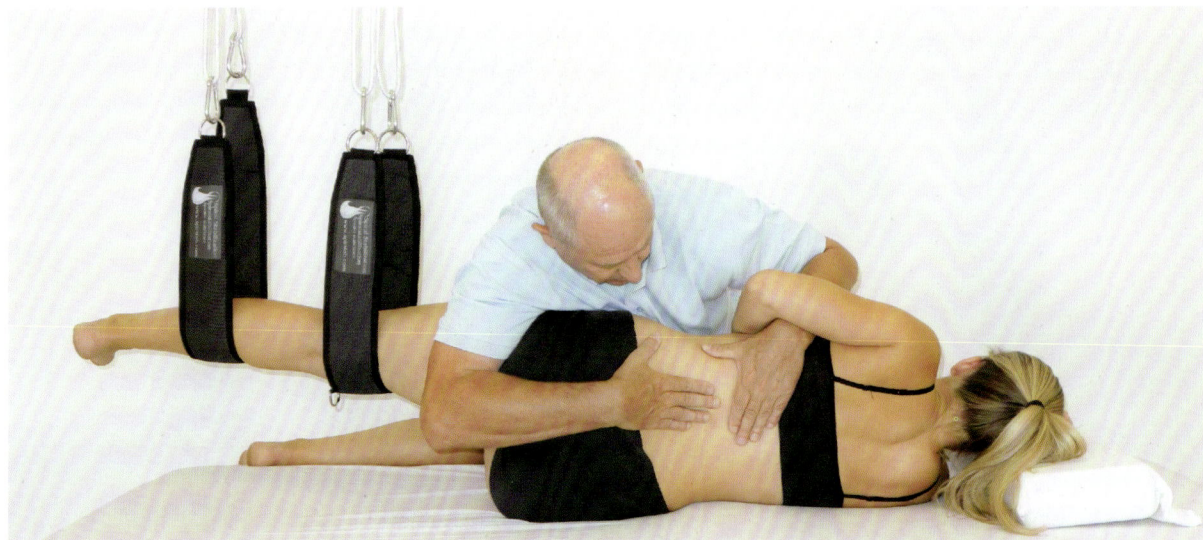

侧卧位手法治疗技术（一侧下肢悬吊）

腰髂肋肌——按摩，放松，被动牵伸。

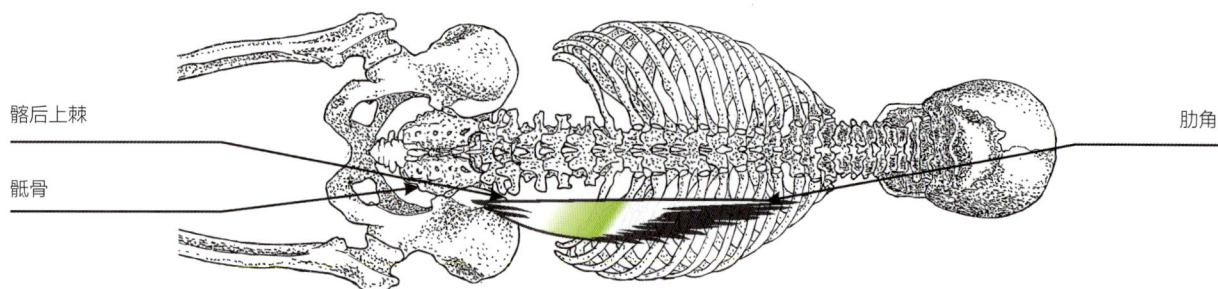

髂后上棘 ————————————————————————————————————— 肋角

骶骨

初始体位

用靠近患者头侧的手臂固定患者，手指张开，覆于椎骨突起之上。前臂顺贴在身体上，臂部用来平衡患者胸部的体位。

用胸部抵住患者的大腿，从而固定住患者的骨盆。治疗师的腋窝从上方顺贴在患者骨盆上，前臂放在骶骨上，手指轻轻地放在腰髂肋肌的表面。

当治疗师的中指放于椎骨棘突的位置时，中指处即为扳机点，扳机点的肌纤维朝向肩胛骨。手指不要弯曲。患者吸气。

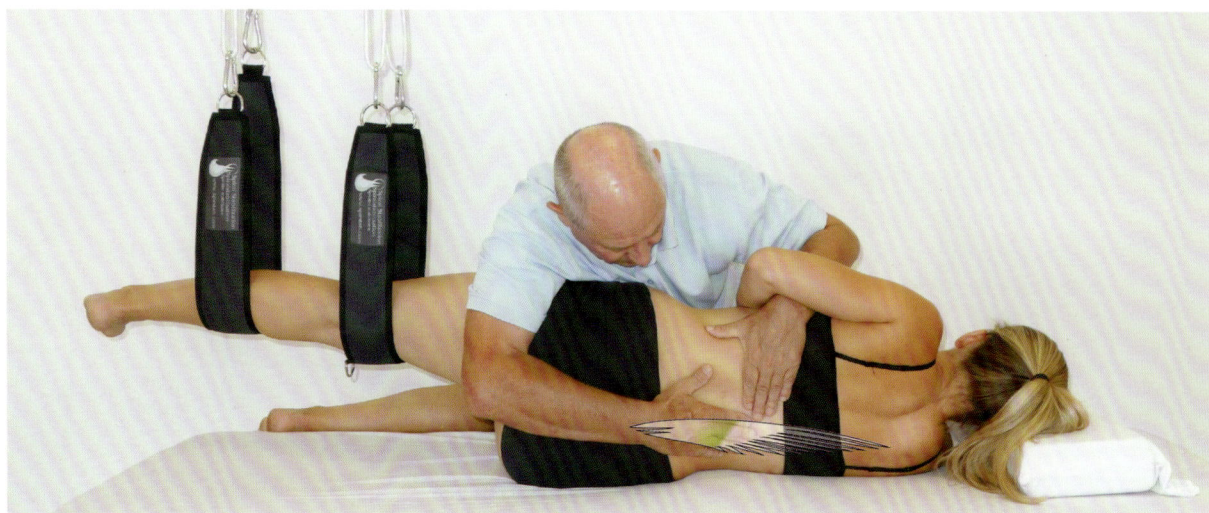

治疗过程

靠近患者头部的手臂固定住，保持原位不动（固定点）。治疗师把体重传递到患者的骨盆，均匀地向足侧推动骨盆（移动点）。治疗师通过伸展小腿为推动骨盆加力。患者骨盆保持住，不要前后倾斜，不要旋转。通过向足侧推移骨盆，开始对腰髂肋肌按摩。患者缓慢呼气。牵拉，放松，再次牵拉，重复 6 次。以上操作手法结束后暂停大约 3 秒。

等长收缩后放松。患者身体保持伸展位，吸气。此动作可产生反压。患者呼气的同时使身体放松，然后进行下一步的牵伸过程。整个过程需重复 3 次。以上的治疗手法可牵伸腰椎间盘、椎间关节及打开椎间孔。

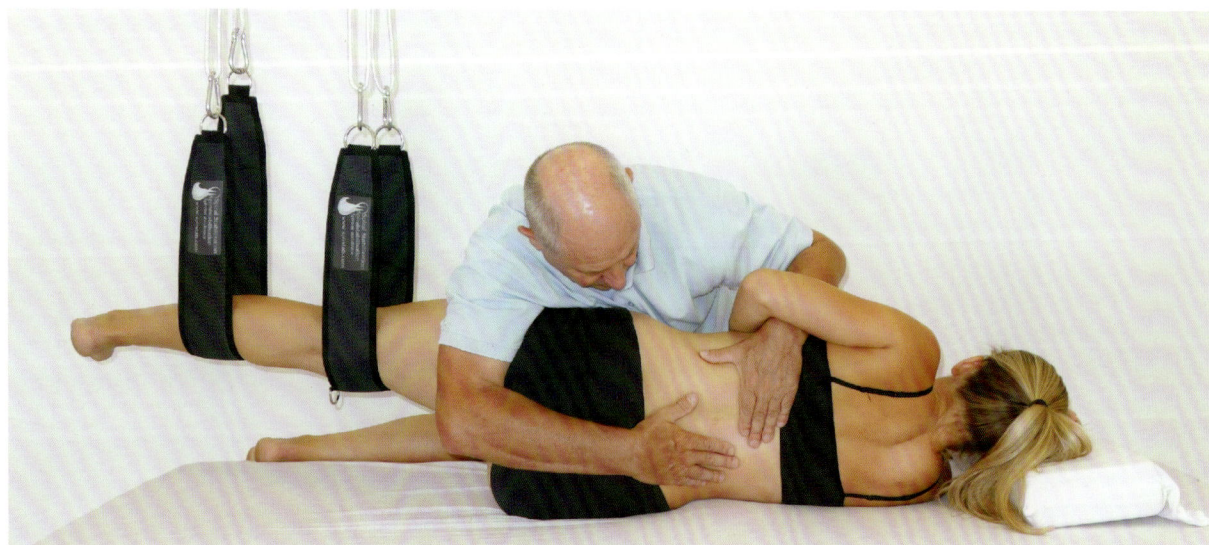

侧卧位手法治疗技术（一侧的上下肢悬吊）

腰髂肋肌——按摩，放松，被动牵伸。

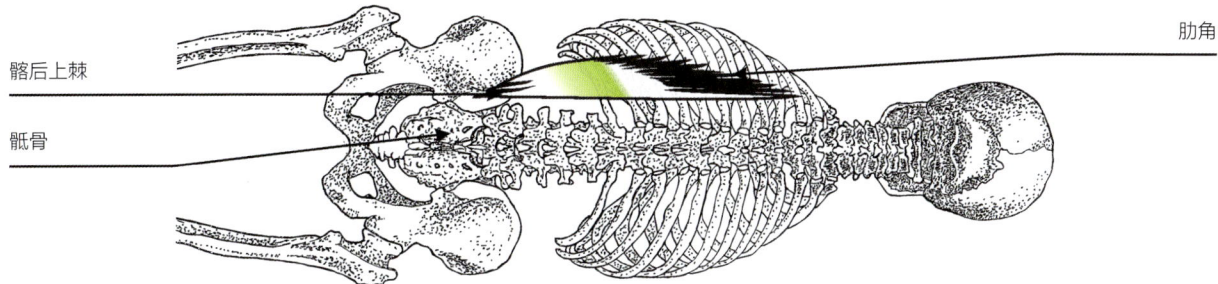

髂后上棘

骶骨

肋角

初始体位

治疗师于患者身后采取膝跪位，面向患者头侧，用大腿和骨盆从后方固定住患者的骨盆。患者脊柱后弯。

治疗师左手手指支撑胸骨，手掌固定不动，左手拇指放在第 10 肋的位置。右手沿第 10 肋向背侧脊柱移动，第 10 胸椎棘突正对掌心，拇指支撑肋骨。患者吸气。

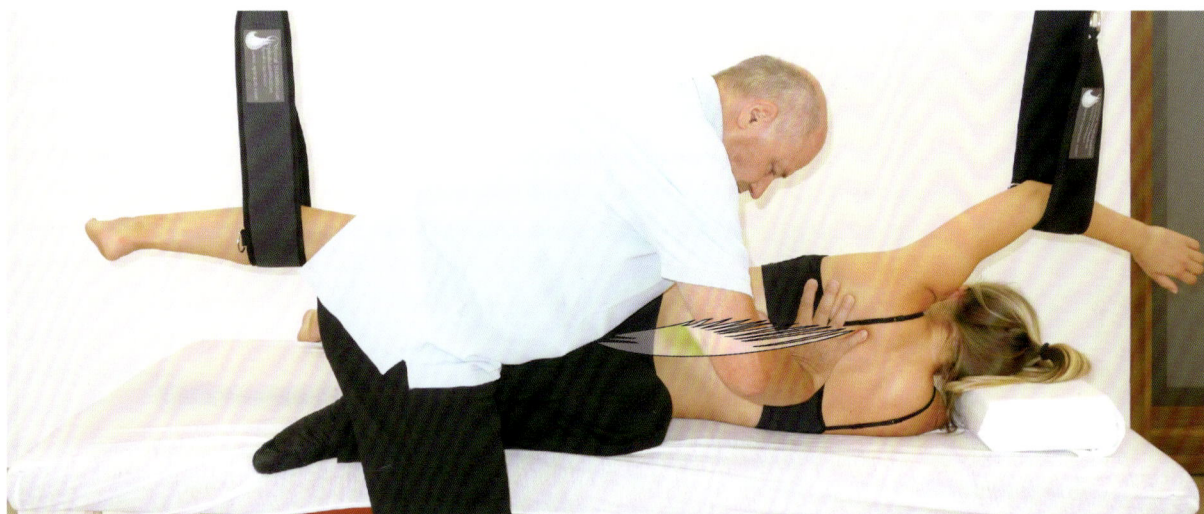

治疗过程

治疗师的臂部和躯干力量指向第 10 肋，首先朝向背侧，然后再朝向头侧，进行手法操作。患者慢慢呼气。牵拉，放松，再次牵拉，重复 6 次。操作结束后暂停大约 3 秒。

等长收缩后放松。身体伸展，患者吸气。此动作可产生反压。患者呼气的同时放松，然后进行下一步的牵伸。整个过程重复 3 次。此操作手法可牵伸髂肋肌，并活动肋骨。所有肋骨均重复以上的操作手法。

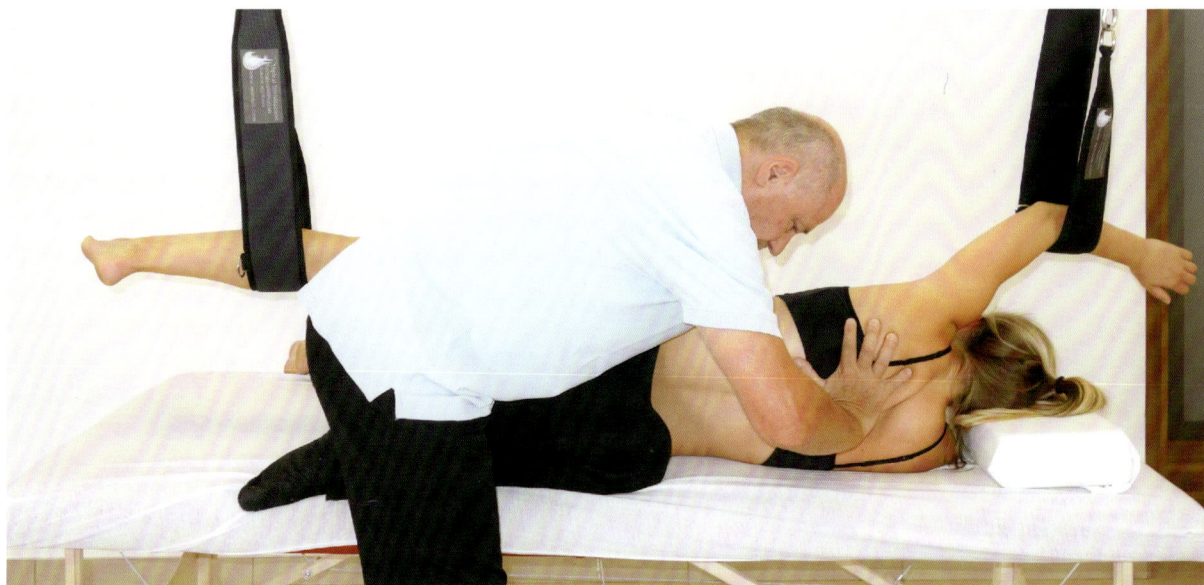

解剖

胸最长肌

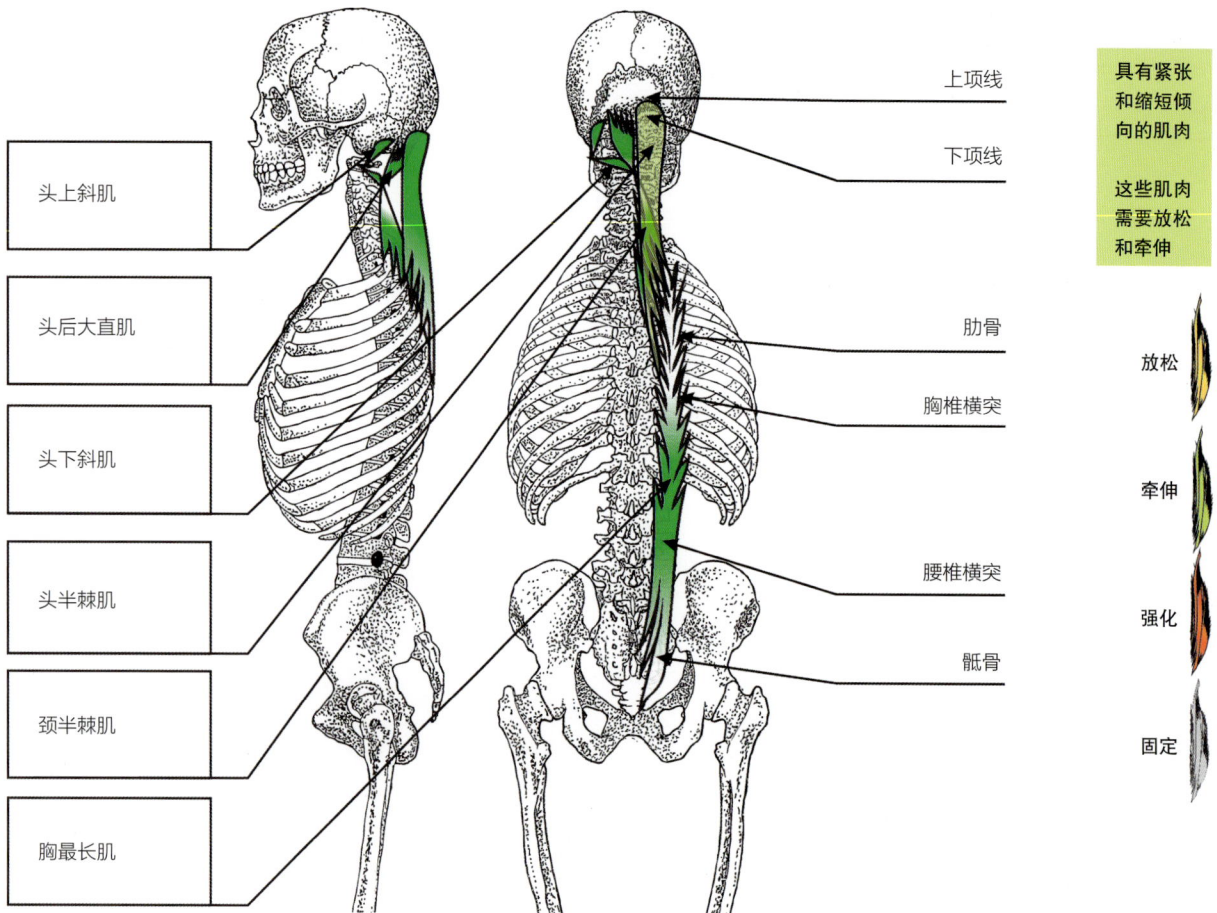

头上斜肌

头后大直肌

头下斜肌

头半棘肌

颈半棘肌

胸最长肌

上项线

下项线

肋骨

胸椎横突

腰椎横突

骶骨

具有紧张和缩短倾向的肌肉

这些肌肉需要放松和牵伸

放松

牵伸

强化

固定

胸最长肌

起点：
◎ 骶骨；
◎ 第1~5腰椎棘突；
◎ 第6~12胸椎横突。

止点：
◎ 外侧——第2~12肋的近脊柱部；
◎ 内侧——第2~12胸椎的横突。

功能：
◎ 使前屈的躯干后伸（双侧收缩）；
◎ 侧屈（单侧收缩）。

侧卧位手法治疗技术（一侧下肢悬吊）

胸最长肌——按摩，放松，被动牵伸。

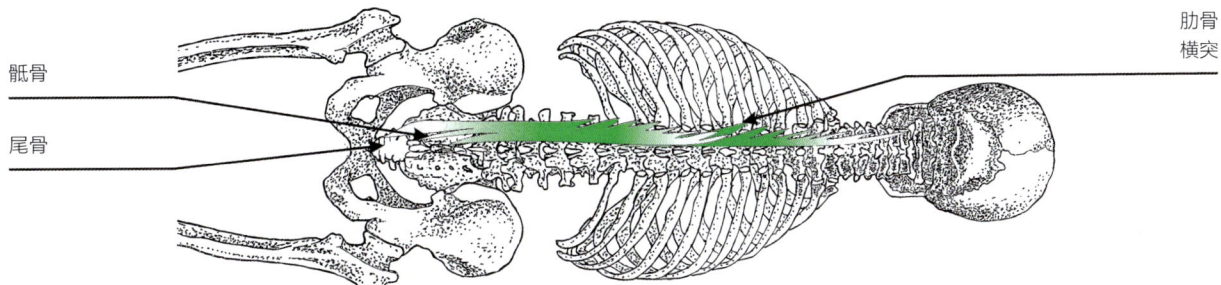

肋骨
横突

骶骨

尾骨

初始体位

手臂在头侧方固定住患者的躯干。手指张开，覆于椎骨突起之上，前臂贴在身体的表面。用臂部使胸部的体位保持平衡，用胸部抵住患者的大腿，固定住骨盆。治疗师的腋窝贴于骨盆上，前臂放在骶骨的位置，手指轻轻放于棘突两侧的胸最长肌的表面。手指不要弯曲，不要按压在棘突上。患者吸气。

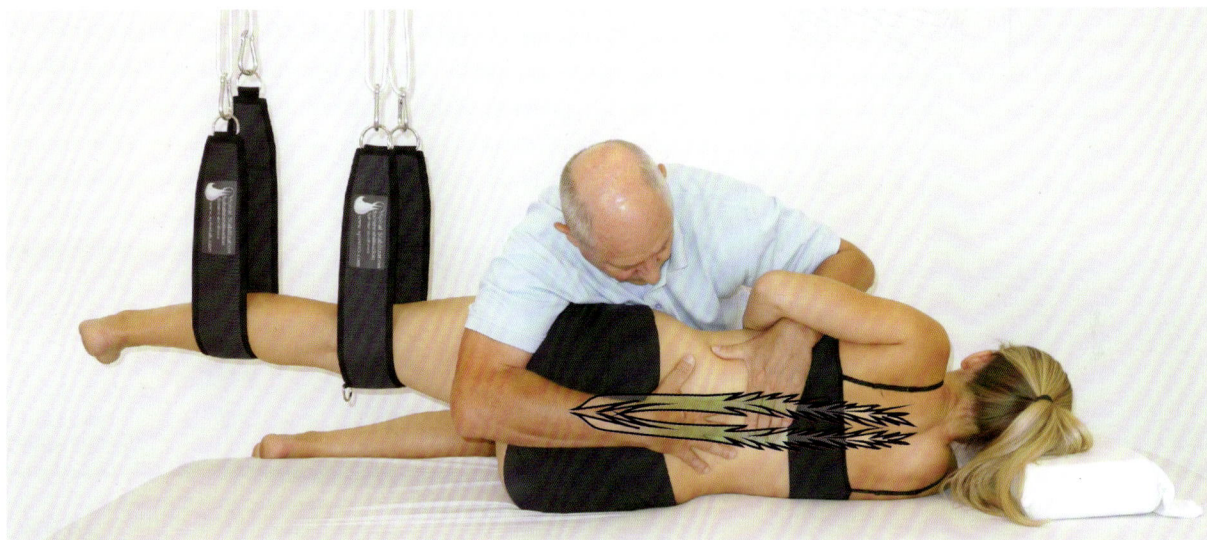

治疗过程

位于患者头侧的手臂保持原位固定不动(固定点)。治疗师用体重推患者的大腿，继而向足侧均匀地推骨盆(移动点)。治疗师可以通过蹬左腿加强推力。骨盆不要前后弯曲，不要旋转，向足侧推骨盆的同时开始按摩胸最长肌。患者慢慢呼气。牵拉，放松，再次牵拉，重复6次。整个手法结束后，按摩师暂停大约3秒。

等长收缩后放松。身体伸展，患者吸气。此动作可产生反压。患者呼气的同时进行下一次的牵伸。整个过程重复3次。此手法可牵伸腰椎间盘、椎间关节及打开椎间孔。

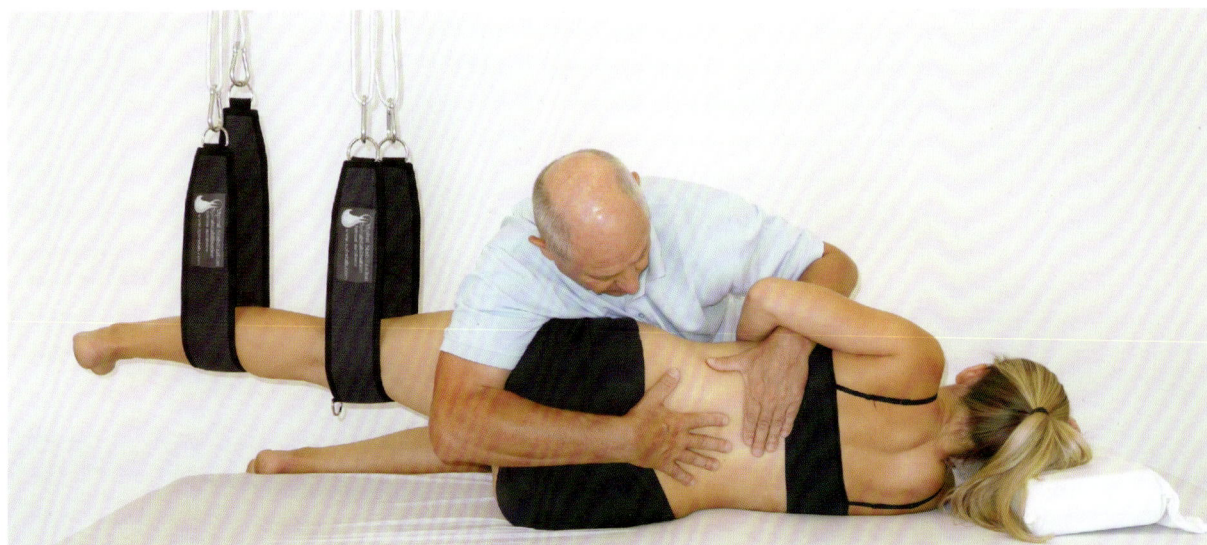

解剖

腰方肌、髂肌

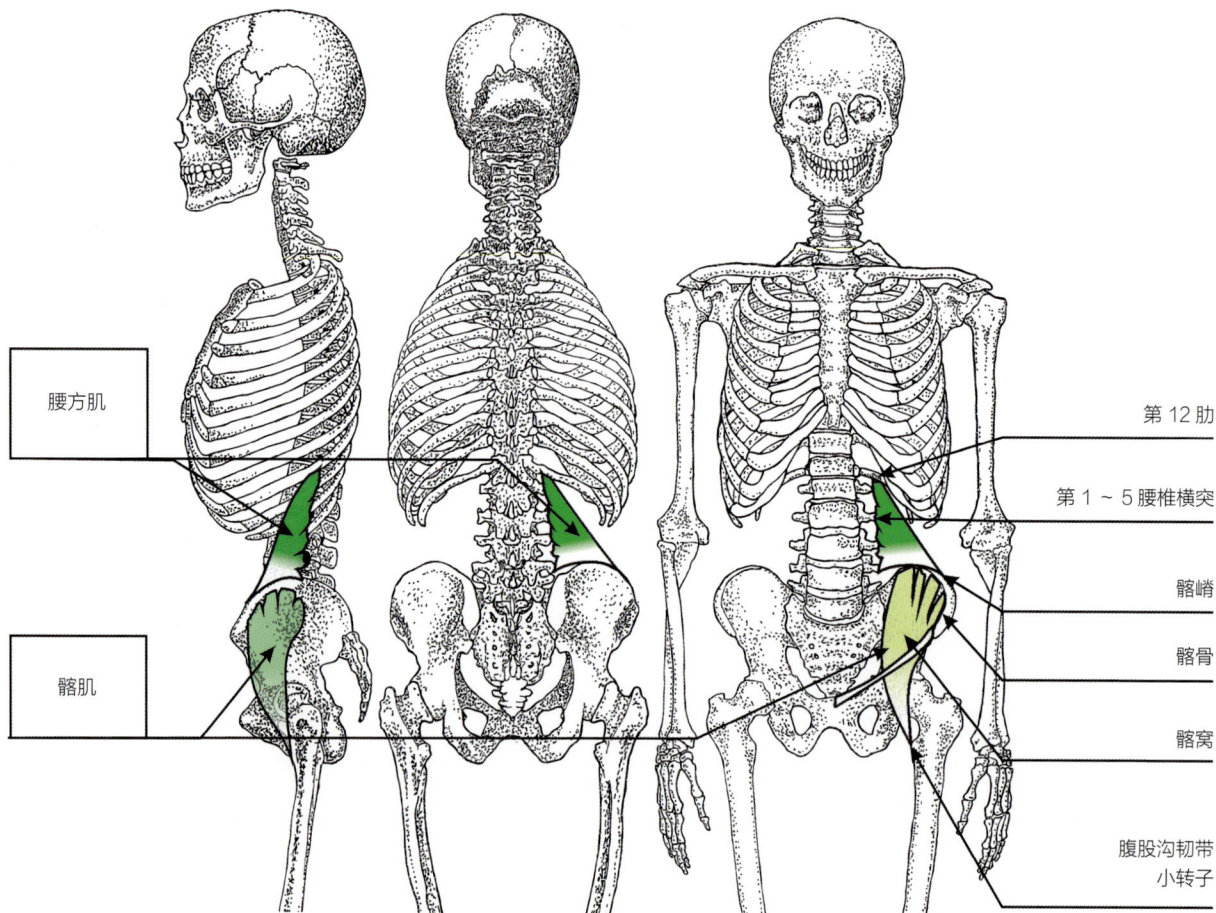

第 12 肋

第 1 ～ 5 腰椎横突

髂嵴

髂骨

髂窝

腹股沟韧带
小转子

腰方肌

起点：
◎ 髂嵴内侧唇；
◎ 髂腰韧带。

止点：
◎ 第 12 肋；
◎ 第 1 ～ 5 腰椎横突。

功能：
◎ 双侧作用——伸（牵伸）、吸气时固定第 12 肋、产生脊柱前凸；
◎ 单侧作用——侧屈（向一侧弯曲）。

神经支配：
◎ 肋下神经（第 12 肋间神经）；
◎ 腰丛。

髂肌

起点：
◎ 髂窝。

止点：
◎ 小转子。

功能：
◎ 屈（弯曲）髋关节；
◎ 使大腿外旋；
◎ 使脊柱弯曲；
◎ 努力伸直脊柱，会造成脊柱前凸过度；
◎ 仰卧位伸直躯干。

神经支配：
◎ 股神经（第 2 ～ 4 腰神经）；
◎ 来自腰丛的肌支。

具有紧张和缩短倾向的肌肉

这些肌肉需要放松和牵伸

放松

牵伸

强化

固定

肌肉链

垂直肌肉链——腰方肌（QL）

放松状态下 QL 链的激活。

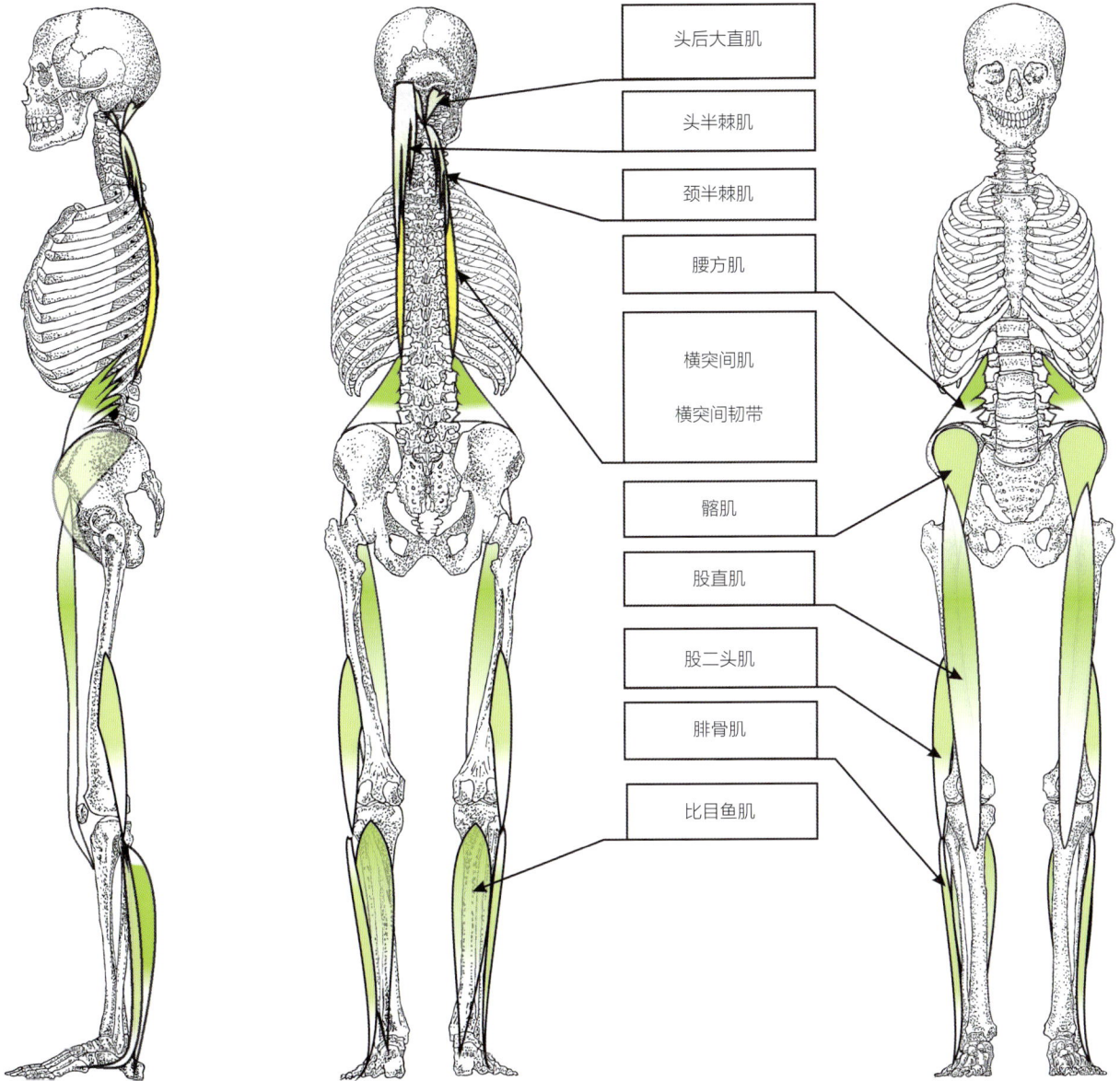

头后大直肌
头半棘肌
颈半棘肌
腰方肌
横突间肌 横突间韧带
髂肌
股直肌
股二头肌
腓骨肌
比目鱼肌

侧卧位手法治疗技术

腰方肌——按摩，放松，被动牵伸。

髂嵴

第 1～5 腰椎横突

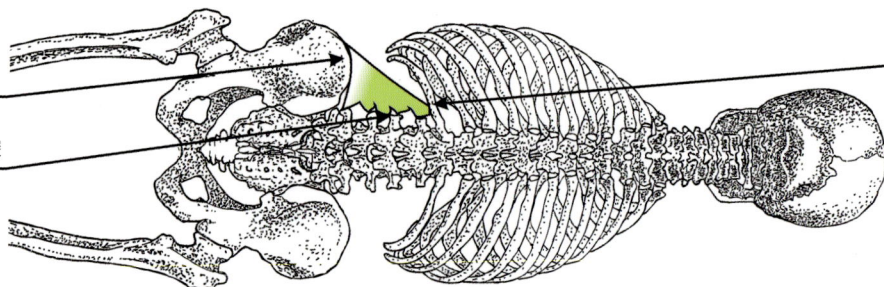

第 12 肋

初始体位

足侧固定。治疗师用胸部抵住患者的大腿，固定住患者的骨盆。治疗师的腋窝从上方贴于患者骨盆的表面，右前臂放在骶骨的位置，手指轻轻放于髂肋肌的表面，不要弯曲。患者吸气。

治疗师左手拇指张开，移到髂嵴的下方，鱼际部贴于患者身体表面。左手慢慢向内上方移动，直到手掌到达肋部。

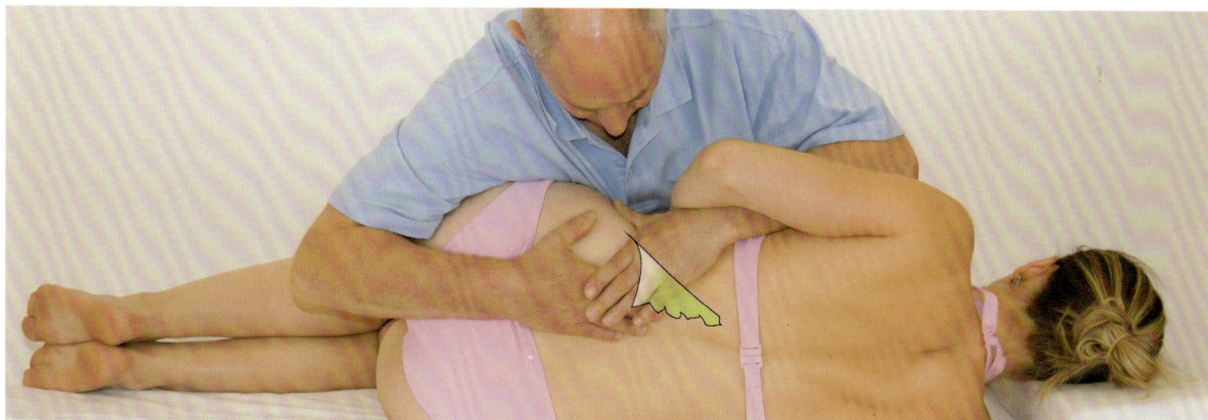

治疗过程

治疗师用靠近患者头侧的手臂抵住肋骨，固定不动（固定点）。治疗师将体重压到患者的骨盆上，均匀地向足侧推动骨盆（移动点），并通过伸展小腿来加强移送的力量。患者骨盆不要前后弯曲，不要旋转。左手拇指放在腰方肌的位置，不要弯曲。骨盆向足侧移动时按摩腰方肌。患者慢慢呼气。牵拉，放松，再次牵拉，重复操作 6 次。手法治疗结束后暂停大约 3 秒。

等长收缩后放松。身体伸展，患者吸气。此动作可产生反压。患者呼气的同时进行下一步的牵伸。此过程重复 3 次。该治疗手法可牵伸腰椎间盘、椎间关节及打开椎间孔。

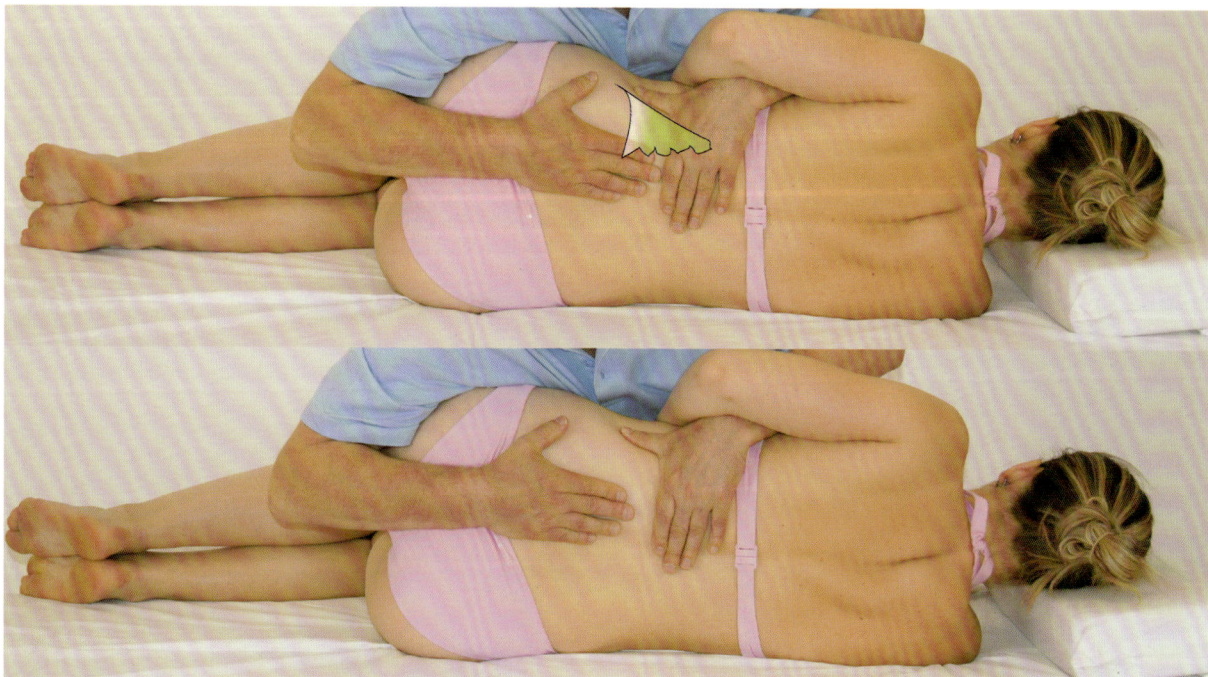

侧卧位手法治疗技术（一侧下肢悬吊）

腰方肌——按摩，放松，被动牵伸。

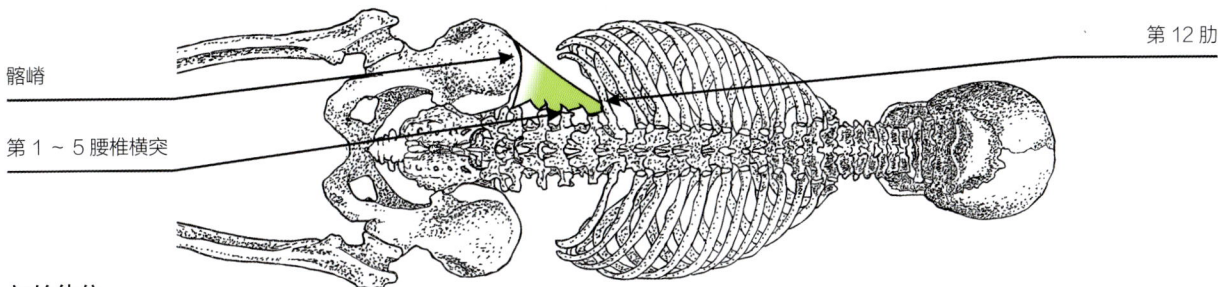

髂嵴

第 1～5 腰椎横突

第 12 肋

初始体位

　　足侧固定。治疗师用胸部抵住患者的大腿，固定住患者的骨盆。治疗师的腋窝从上方贴于患者骨盆的表面，右前臂放在骶骨的位置，手指轻轻放于髂肋肌的表面，不要弯曲。患者吸气。

　　治疗师左手拇指张开，移到髂嵴的下方，鱼际部贴于患者身体表面。左手慢慢向内上方移动，直到手掌到达肋部。

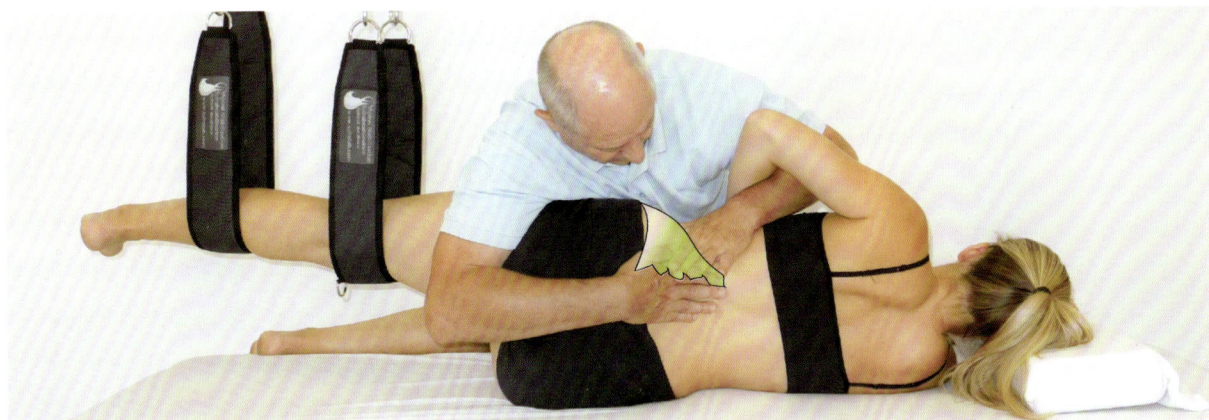

治疗过程

　　治疗师用靠近患者头侧的手臂抵住肋骨，固定不动（固定点）。治疗师将体重压到患者的骨盆上，均匀地向足侧推动骨盆（移动点），并通过伸展小腿来加强移送的力量。患者骨盆不要前后弯曲，不要旋转。左手拇指放在腰方肌的位置，不要弯曲。骨盆向足侧移动时按摩腰方肌。患者慢慢呼气。牵拉，放松，再次牵拉，重复操作 6 次。手法治疗结束后暂停大约 3 秒。

　　等长收缩后放松。身体伸展，患者吸气。此动作可产生反压。患者呼气的同时进行下一步的牵伸。此过程重复 3 次。该治疗手法可牵伸腰椎间盘、椎间关节及打开椎间孔。

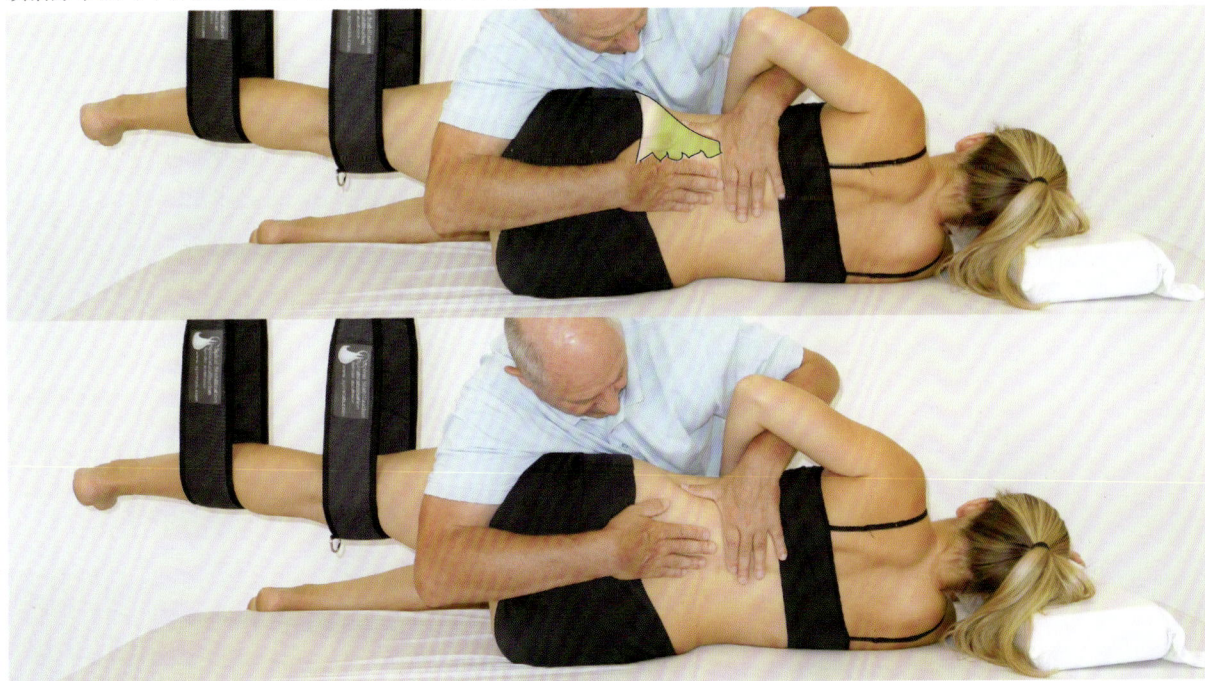

解剖

头最长肌、颈最长肌、多裂肌

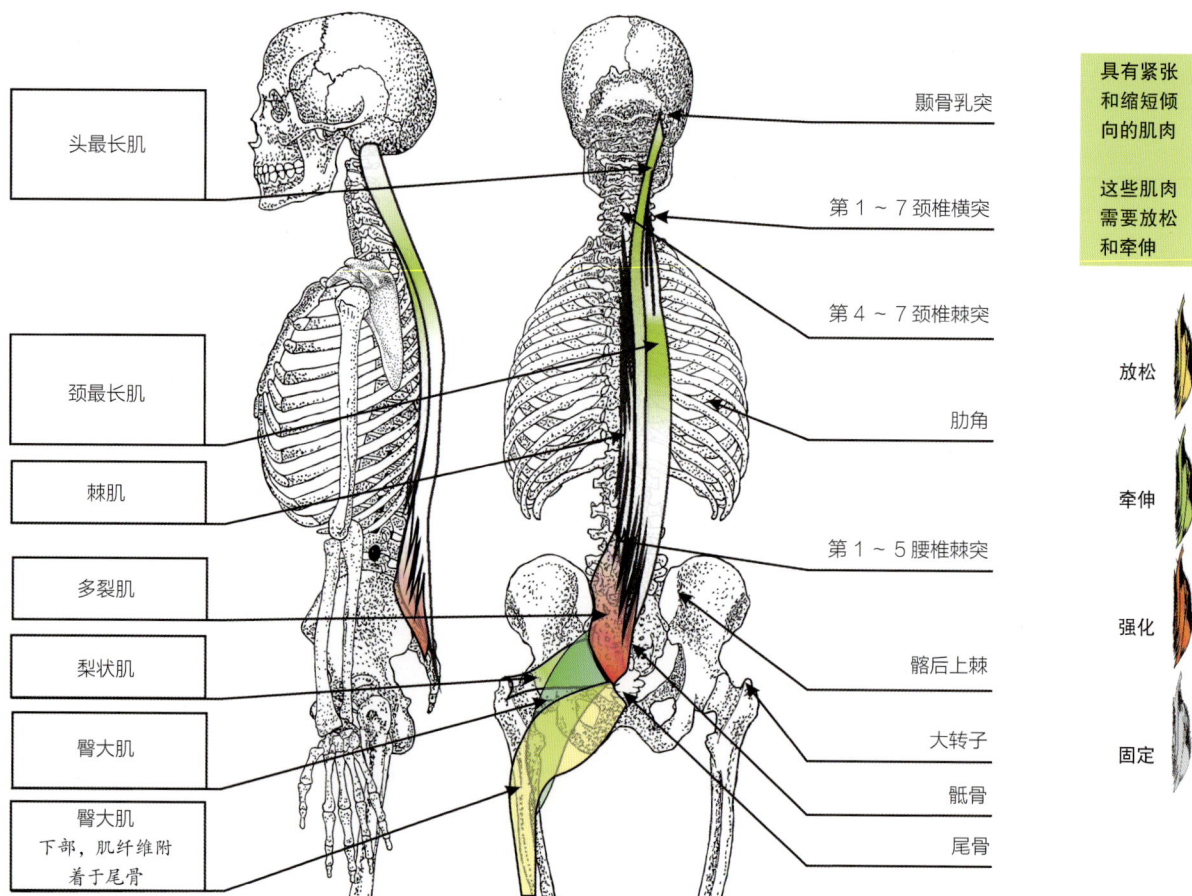

头最长肌

颈最长肌

棘肌

多裂肌

梨状肌

臀大肌

臀大肌
下部，肌纤维附
着于尾骨

颞骨乳突

第 1 ~ 7 颈椎横突

第 4 ~ 7 颈椎棘突

肋角

第 1 ~ 5 腰椎棘突

髂后上棘

大转子

骶骨

尾骨

具有紧张
和缩短倾
向的肌肉

这些肌肉
需要放松
和牵伸

放松

牵伸

强化

固定

颈最长肌

起点：
◎ 骶骨；
◎ 第 4 ~ 5 腰椎棘突。

止点：
◎ 第 2 ~ 5 颈椎横突。

头最长肌

起点：
◎ 第 1 ~ 3 腰椎棘突。

止点：
◎ 乳突。

功能：
◎ 伸头（单侧收缩）；
◎ 旋转（单侧收缩）；
◎ 向同侧倾斜（单侧收缩）。

神经支配：
◎ 第 1 颈神经至第 5 腰神经背支的外侧支。

棘肌

起点：
◎ 第 1 ~ 5 腰椎棘突。

止点：
◎ 第 2 ~ 5 胸椎、第 4 ~ 7 颈椎棘突。

功能：
◎ 伸躯干（双侧收缩）；
◎ 侧屈（单侧收缩）。

神经支配：
◎ 第 8 颈神经至第 1 腰神经背支的外侧支。

多裂肌

起点：
◎ 第 2 颈椎、胸椎、腰椎横突；
◎ 骶骨。

止点：
◎ 第 4 ~ 7 颈椎、第 2 ~ 5 胸椎棘突。

功能：
◎ 双侧收缩——伸躯干；
◎ 单侧收缩——向同侧屈、向
反方向旋转。

神经支配：
◎ 脊神经背支（颈神经 ~ 腰神
经）。

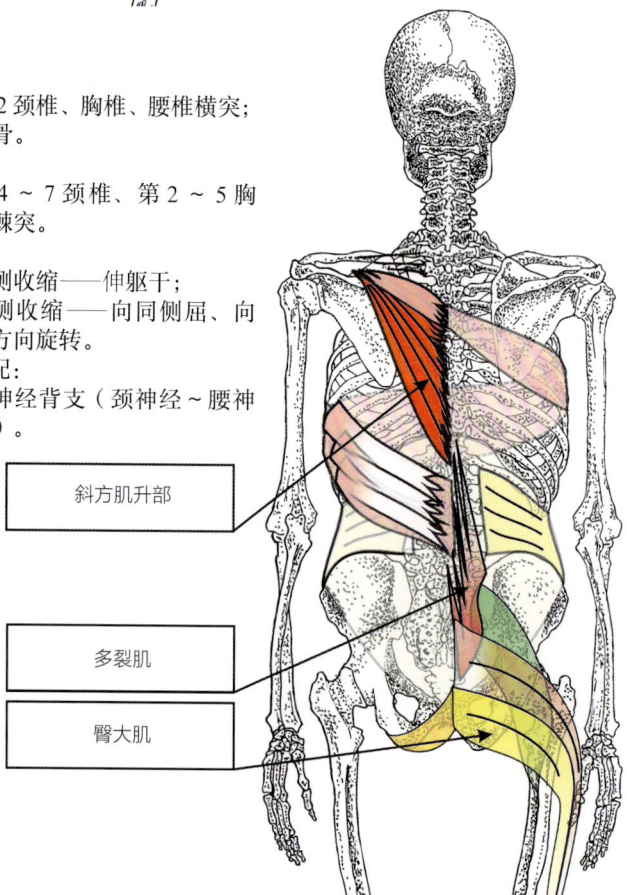

斜方肌升部

多裂肌

臀大肌

50 • 肌肉链——脊柱的螺旋稳定

侧卧位手法治疗技术

多裂肌——按摩，放松，被动牵伸。

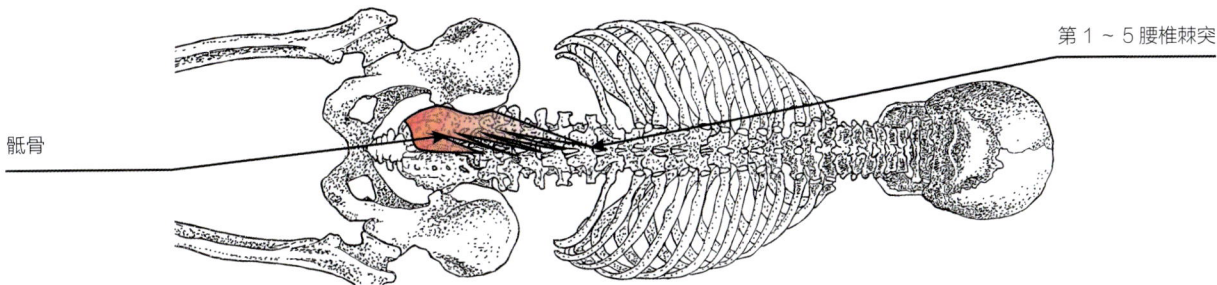

骶骨

初始体位

头侧固定。治疗师左手拇指和整个大鱼际从侧面放于棘突的位置。

足侧固定。治疗师用胸部抵住患者的大腿，从而固定住其骨盆；腋窝位于患者骨盆的上方，右前臂放在患者骶骨的位置。右手手指轻轻放在多裂肌的表面，不要弯曲，中指侧向按在足侧部棘突的位置。患者吸气。

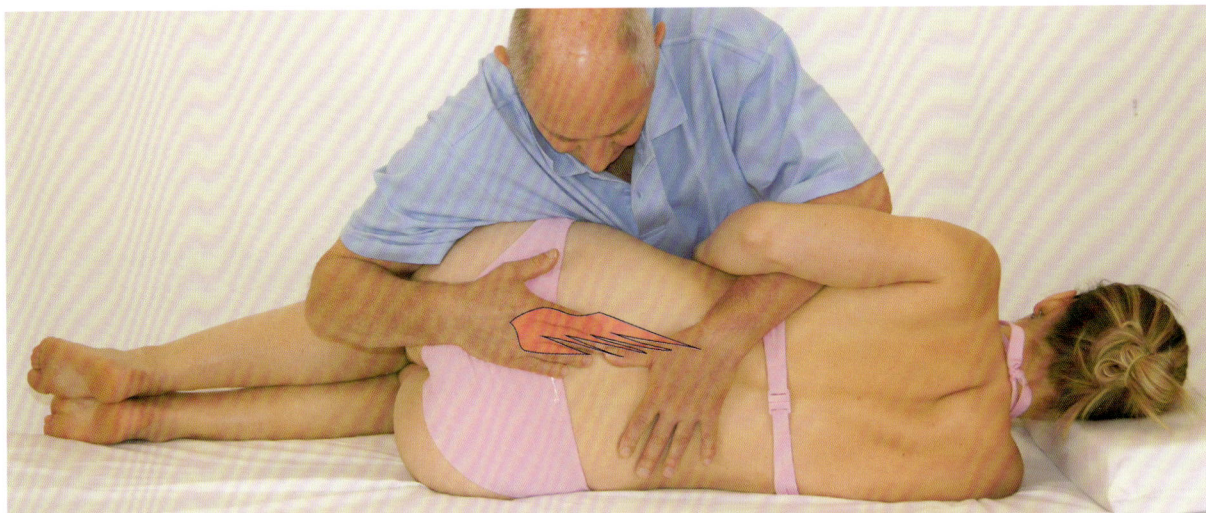

治疗过程

位于患者头侧的左臂固定不动（固定点）。治疗师将体重传递到患者的骨盆，均匀地向足侧推动骨盆（移动点），通过伸展小腿来加强移送的力量。患者骨盆不要前后弯曲，不要旋转。通过向足侧推动骨盆开始对多裂肌的按摩。首先牵伸腰 5/ 骶 1 段，经过轻微的前屈动作，前凸的脊柱会被轻轻拉直。患者慢慢呼气。牵拉，放松，再次牵拉，重复 6 次。当操作手法结束后，治疗师暂停大约 3 秒。

等长收缩后放松。身体伸展，患者吸气。此动作可产生反压。呼气时，进行下一步的牵伸动作。此过程重复 3 次。此手法可牵伸特定的椎间盘，同时也可牵伸椎间关节和打开椎间孔。

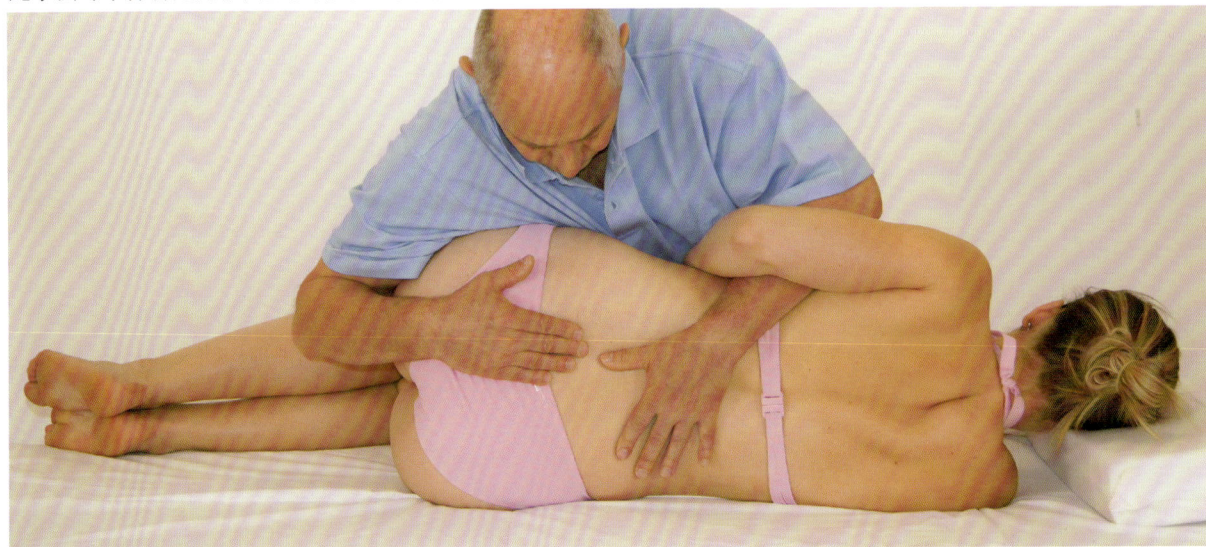

侧卧位手法治疗技术（一侧下肢悬吊）

多裂肌——按摩，放松，被动牵伸。

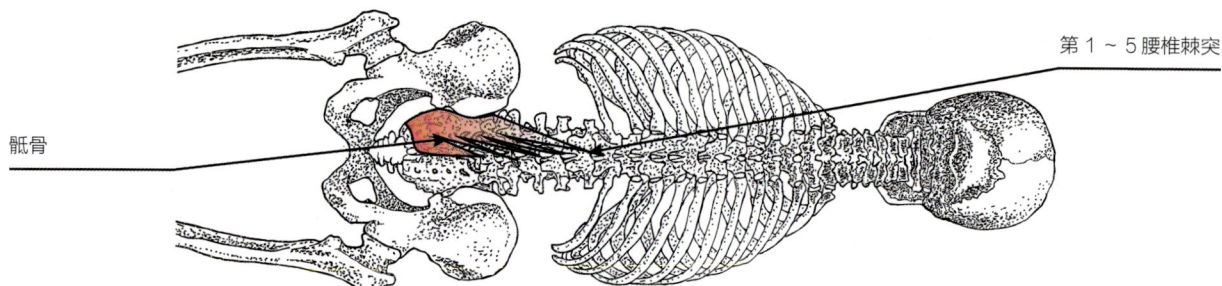

第 1 ~ 5 腰椎棘突

骶骨

初始体位

头侧固定。治疗师左手拇指和整个大鱼际从侧面放于棘突的位置。

足侧固定。治疗师用胸部抵住患者的大腿，从而固定住其骨盆；腋窝位于患者骨盆的上方，右前臂放在患者骶骨的位置。右手手指轻轻放在多裂肌的表面，不要弯曲，中指侧向按在足侧部棘突的位置。患者吸气。

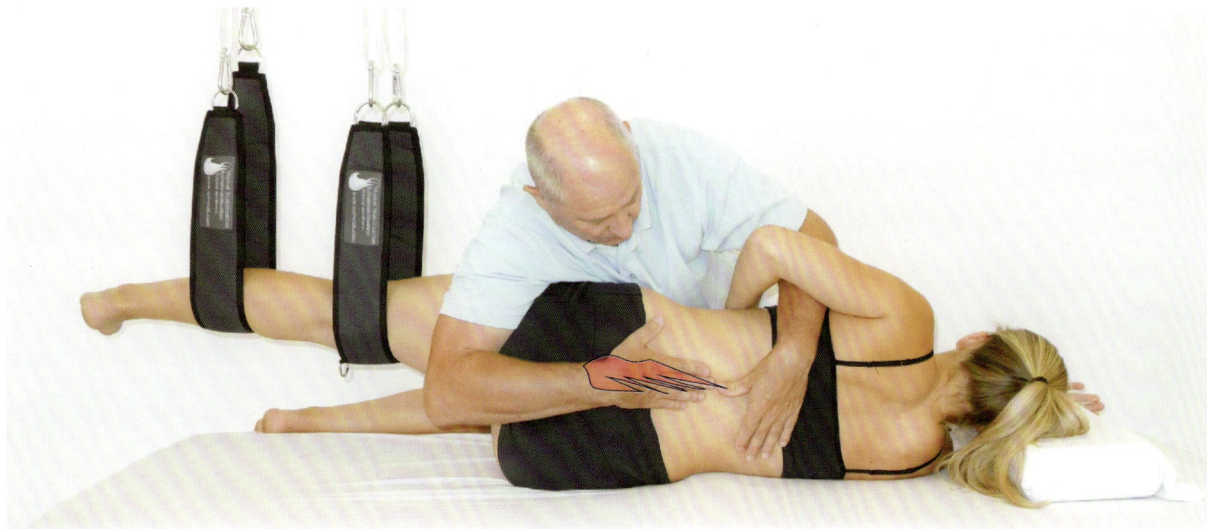

治疗过程

位于患者头侧的左臂固定不动（固定点）。治疗师将体重传递到患者的骨盆，均匀地向足侧推动骨盆（移动点），通过伸展小腿来加强移送的力量。患者骨盆不要前后弯曲，不要旋转。通过向足侧推动骨盆开始对多裂肌的按摩。患者慢慢呼气。牵拉，放松，再次牵拉，重复 6 次。按摩手法结束后，治疗师暂停大约 3 秒。

等长收缩后放松。身体伸展，患者吸气。此动作可产生反压。呼气时，进行下一步的牵伸动作。此过程重复 3 次。此手法可牵伸特定的椎间盘，同时也可牵伸椎间关节和打开椎间孔。

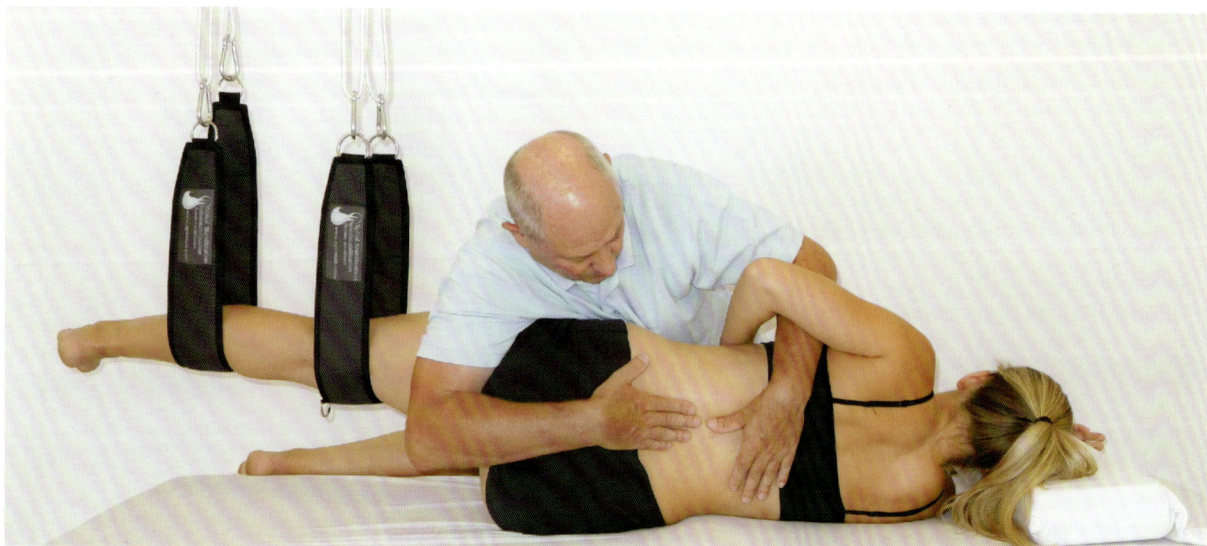

侧卧位手法治疗技术（一侧下肢悬吊）

多裂肌——按摩，放松，被动牵伸。

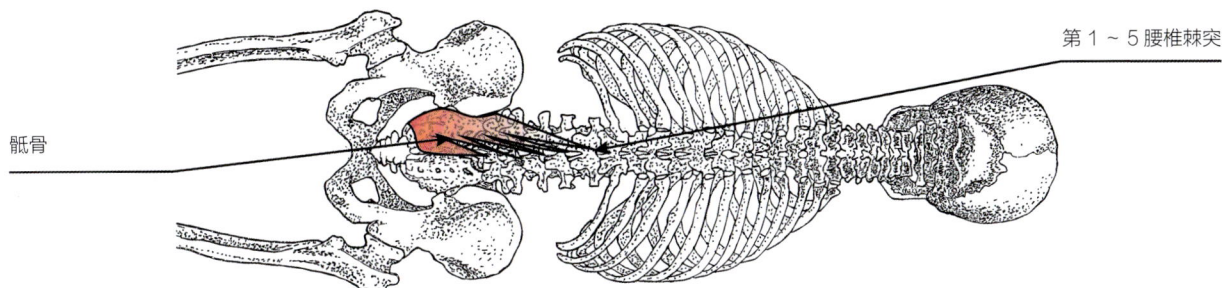

第 1～5 腰椎棘突

骶骨

初始体位：腰5/骶1

头侧固定。治疗师左手的拇指和整个大鱼际从侧面放在第 5 腰椎及其以上的椎骨棘突上。足侧固定。治疗师的胸部放在患者的大腿部，固定住其骨盆；腋窝从上方贴在患者的骨盆上，右前臂放在骶骨的位置。右手手指轻轻放在多裂肌的表面，中指从侧方压在骶骨上，手指不要弯曲。患者吸气。

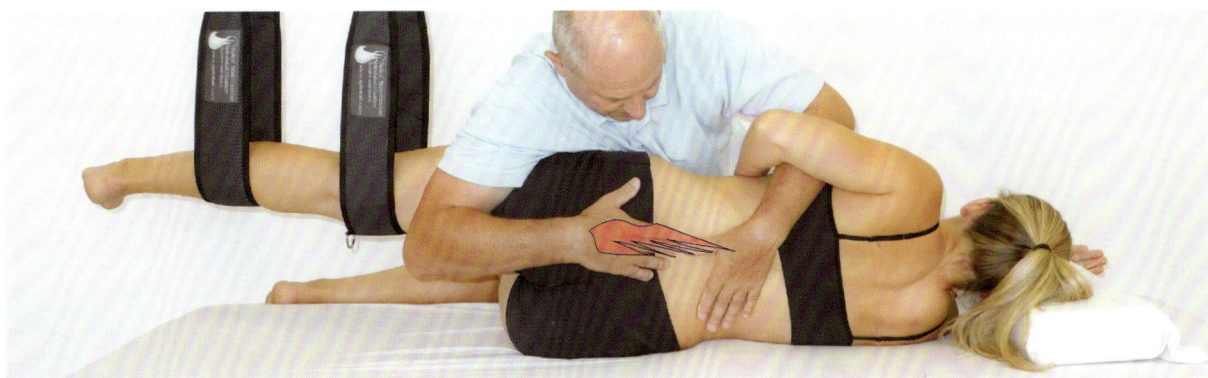

治疗过程

位于患者头侧的左臂固定不动（固定点）。治疗师将体重传递到患者的骨盆，均匀地向足侧推动骨盆（移动点），通过伸展小腿来加强移送的力量。患者骨盆不要前后弯曲，不要旋转。通过向足侧推动骨盆开始对多裂肌的按摩。首先牵伸腰5/骶1段，经过轻微的前屈动作，前凸的脊柱会被轻轻拉直。患者慢慢呼气。牵拉，放松，再次牵拉，重复 6 次。当操作手法结束后，治疗师暂停大约 3 秒。

等长收缩后放松。身体伸展，患者吸气。此动作可产生反压。呼气时，进行下一步的牵伸动作。此过程重复 3 次。此手法可牵伸特定的椎间盘，同时也可牵伸椎间关节和打开椎间孔。

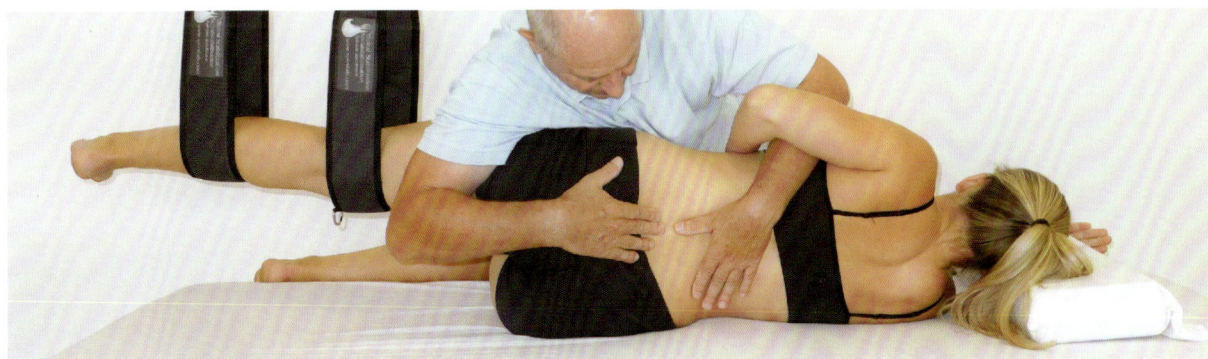

侧卧位手法治疗技术（一侧下肢悬吊）

多裂肌——按摩，放松，被动牵伸。

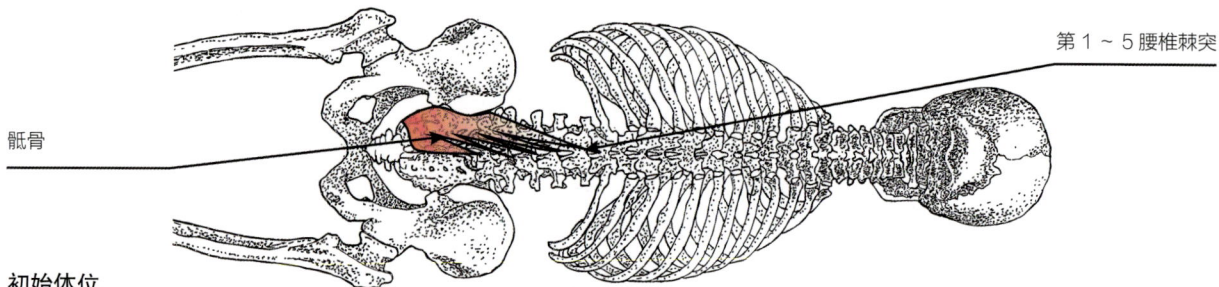

骶骨

初始体位

治疗师在患者身体的后方采取膝跪位，用大腿和骨盆顶住，使其骨盆保持固定不动。患者身体轴向保持伸直。治疗师的右手手掌从前面固定住患者的骨盆，掌心正对髂前上棘的部位；左手放在坐骨结节处。患者吸气。

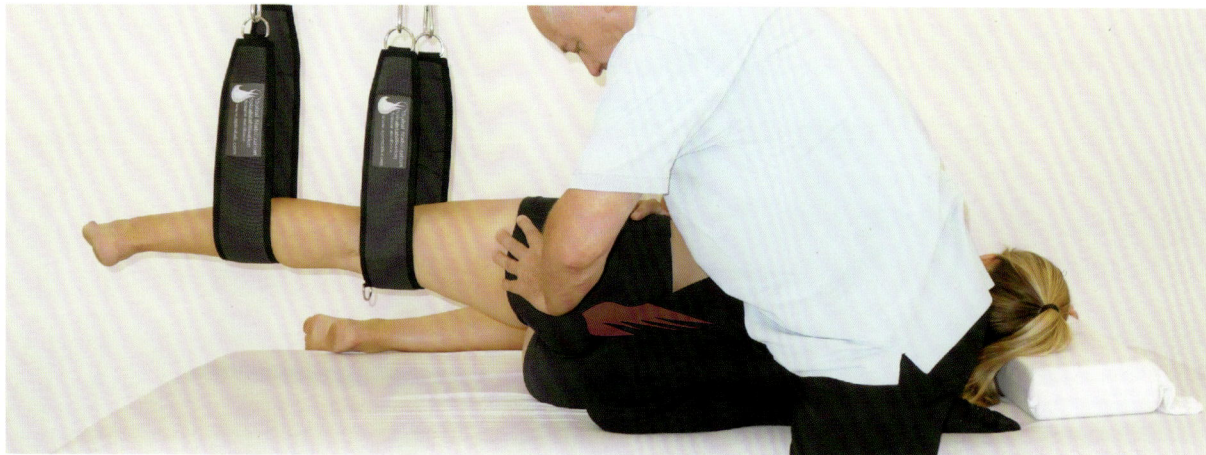

治疗过程

向足侧推骨盆。患者慢慢呼气。牵拉，放松，再次牵拉，重复 6 次。在操作结束后，暂停 3 秒。

等长收缩后放松。此动作可产生反压。在呼气的同时，对患者进行下一阶段的牵伸。整个过程重复 3 次。此手法可牵伸髂肋肌、腰方肌和腰椎。

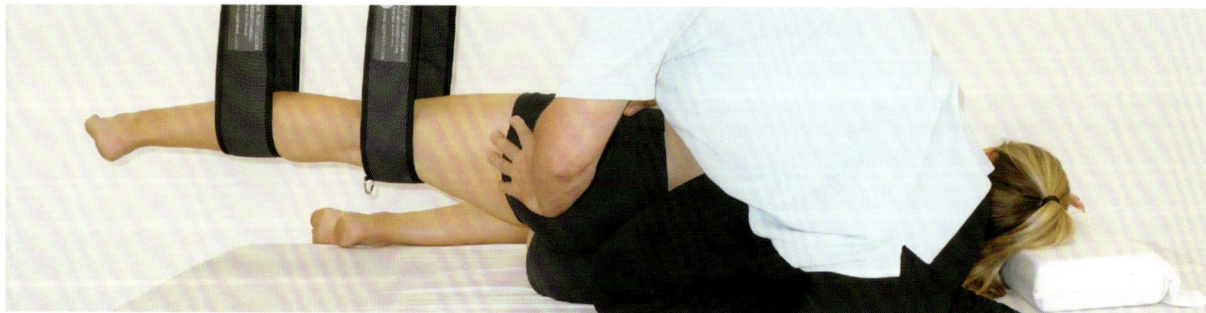

治疗过程

骨盆下部向前旋转，轴向旋转髋关节。

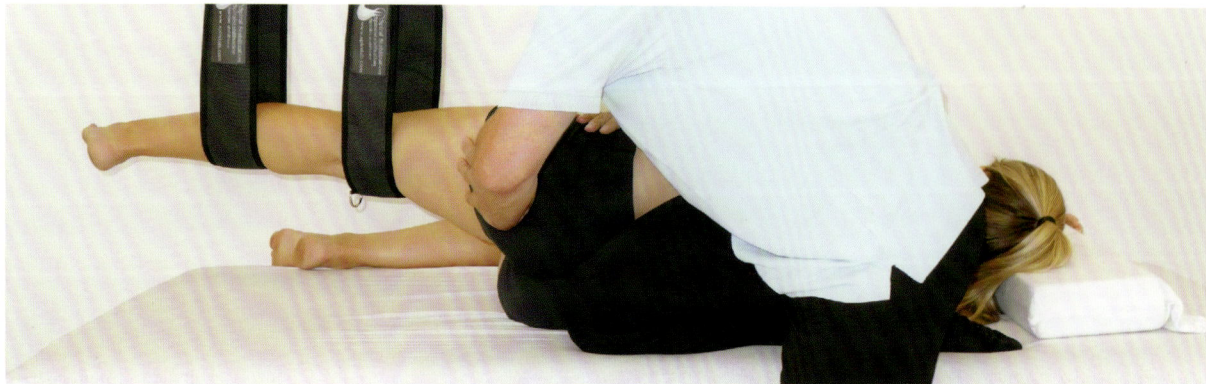

侧卧位手法治疗技术（一侧上下肢悬吊）

竖脊肌、腰方肌、多裂肌——被动牵伸。

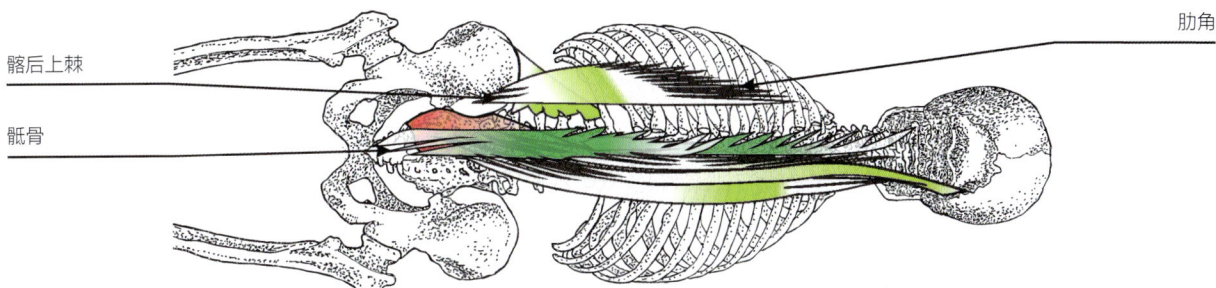

初始体位

　　治疗师朝向患者的头侧，膝跪于患者身体的后方，用大腿和骨盆固定住患者的骨盆。患者弓背。

　　治疗师用左手手掌固定住患者的下部肋骨，手指支撑在胸骨处，左手拇指放在第 10 肋的位置。右手沿着第 10 肋朝着脊柱的方向向背侧移动，手掌中部位于第 10 肋的突起位置，拇指顶住肋骨。患者吸气。

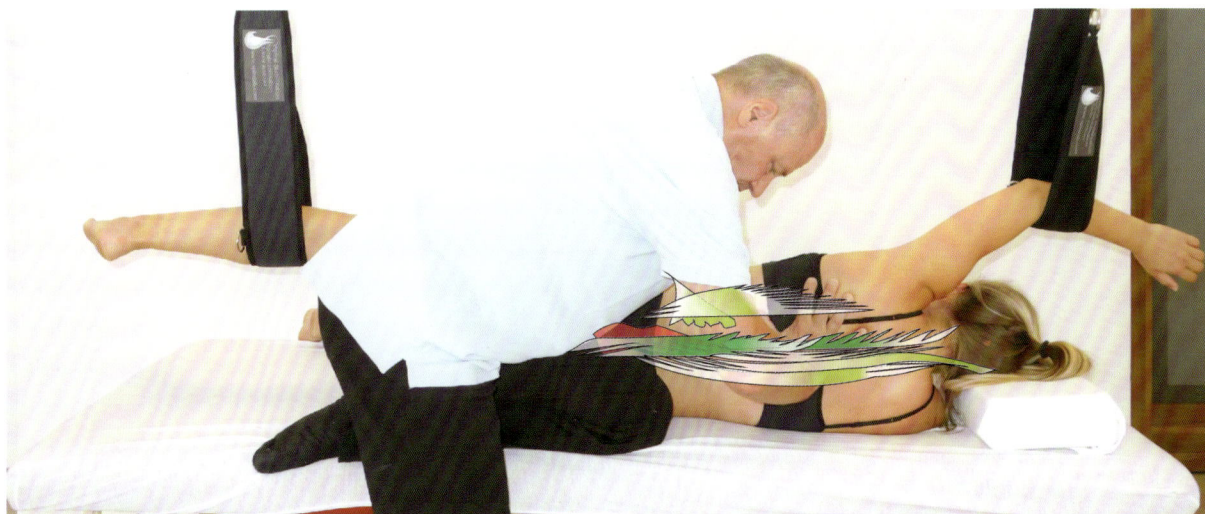

治疗过程

　　治疗师的手臂和躯干沿着第 10 肋先向背侧再向头侧移动。患者慢慢呼气。牵拉，放松，再次牵拉，重复 6 次。在操作动作结束后暂停大约 3 秒。

　　等长收缩后放松。身体伸展，患者吸气。此动作可产生反压。当呼气时，患者放松，然后进行下一阶段的牵伸。整个过程重复 3 次。此手法可牵伸髂肋肌，活动肋骨。按照此手法对所有肋进行同样的操作。

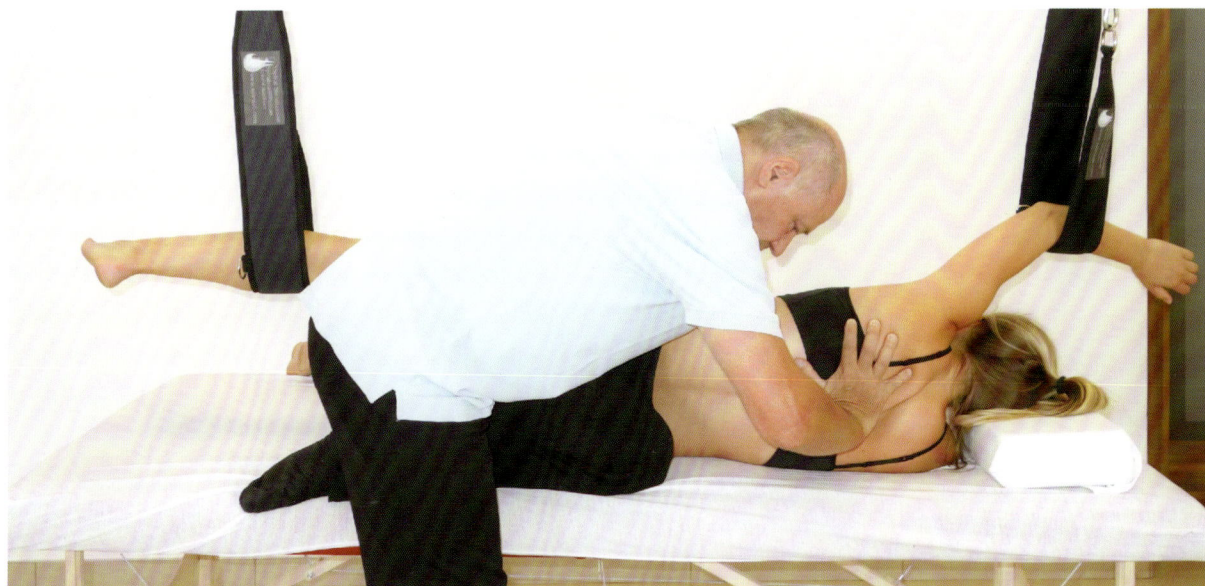

仰卧位手法治疗技术（悬吊）

竖脊肌、腰方肌、多裂肌——按摩，放松，被动牵伸。

悬吊状态下腰椎牵伸

　　头侧固定。患者仰卧于垫子上，固定点。

　　足侧固定。分别悬吊双侧小腿和骨盆，在足侧端进行腰椎重力牵引。

　　用绳索固定骨盆，并向足侧牵拉臀部，进而牵拉脊柱。

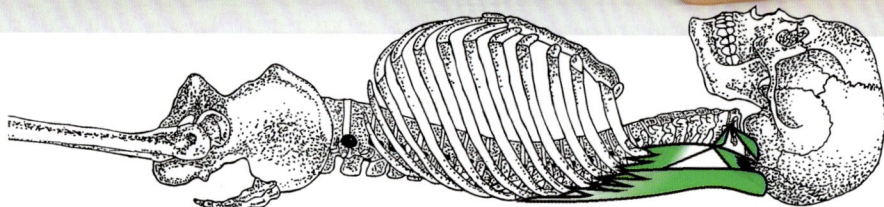

悬吊状态下牵伸颈椎

　　用绳索固定骨盆，并向足侧牵拉臀部，进而牵拉脊柱。头部悬吊，用同样的技术对颈椎进行牵伸。

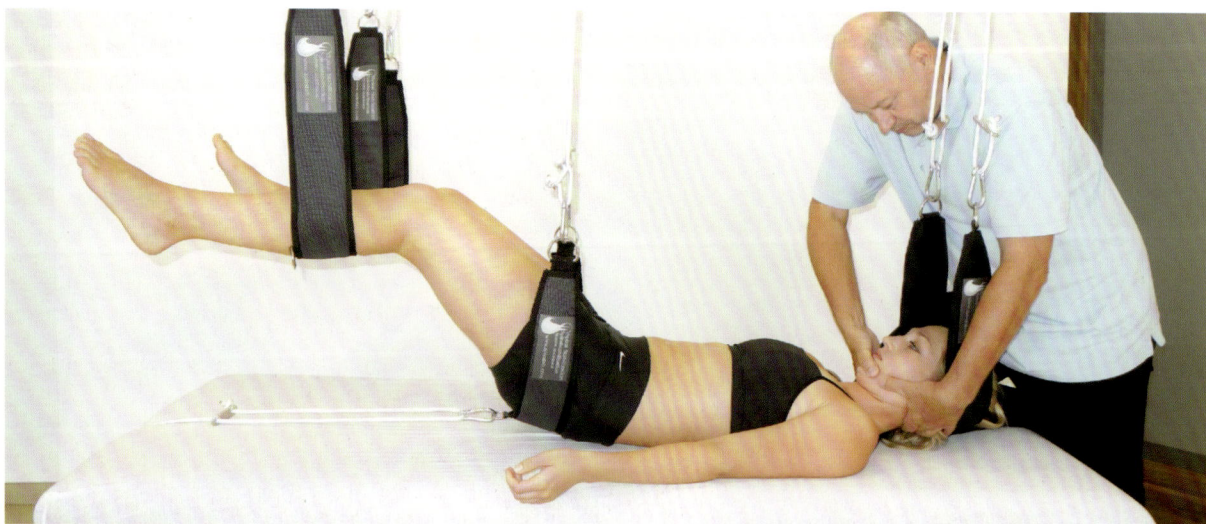

仰卧位手法治疗技术（悬吊）

腰方肌——按摩，放松，被动牵伸。

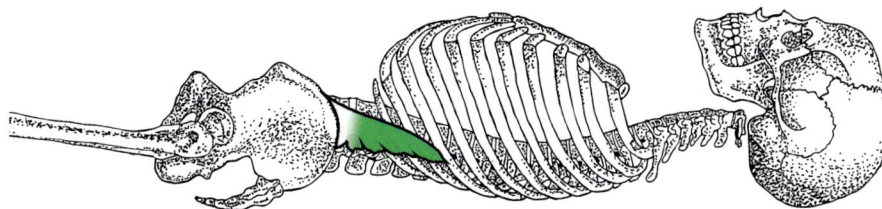

初始体位

头侧固定。患者仰卧于垫子上，固定点。

足侧固定。双侧小腿和骨盆下部分别悬吊，依靠重力牵伸腰椎。治疗师膝和身体侧面靠在患者髋关节的部位，用左手固定下部肋骨，右手和右前臂固定骨盆。

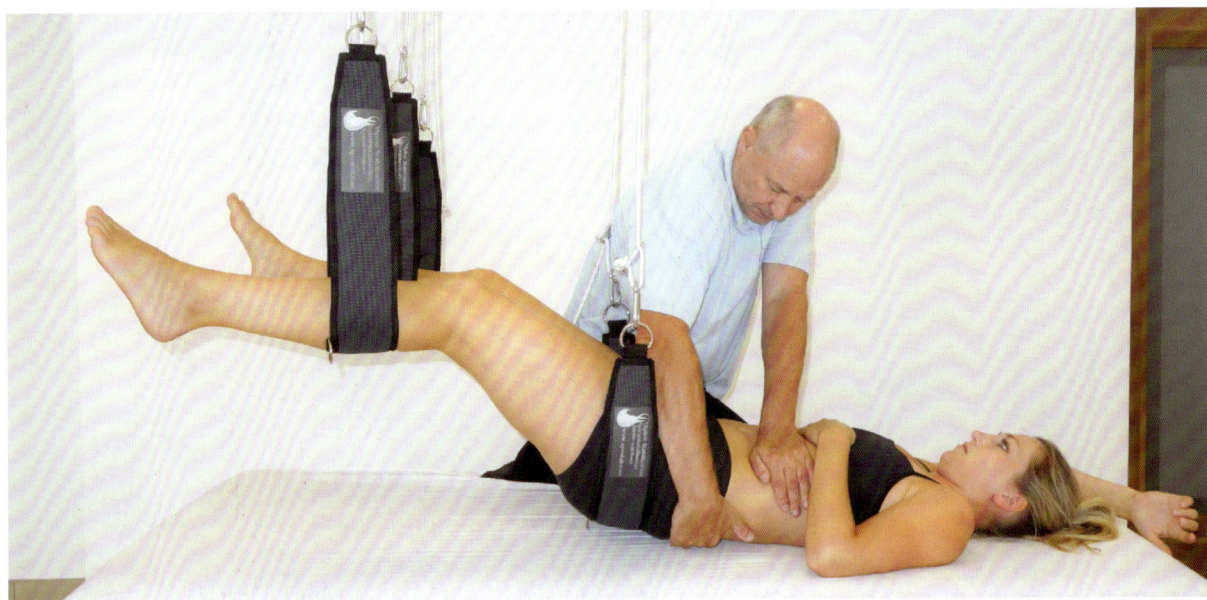

治疗过程

治疗师用右手和右前臂把患者的骨盆向足侧牵拉，并将骨盆向治疗师所在方向旋转。治疗师的身体侧面为移动提供支撑。

此操作手法可牵伸腰方肌、腰髂肋肌和多裂肌。

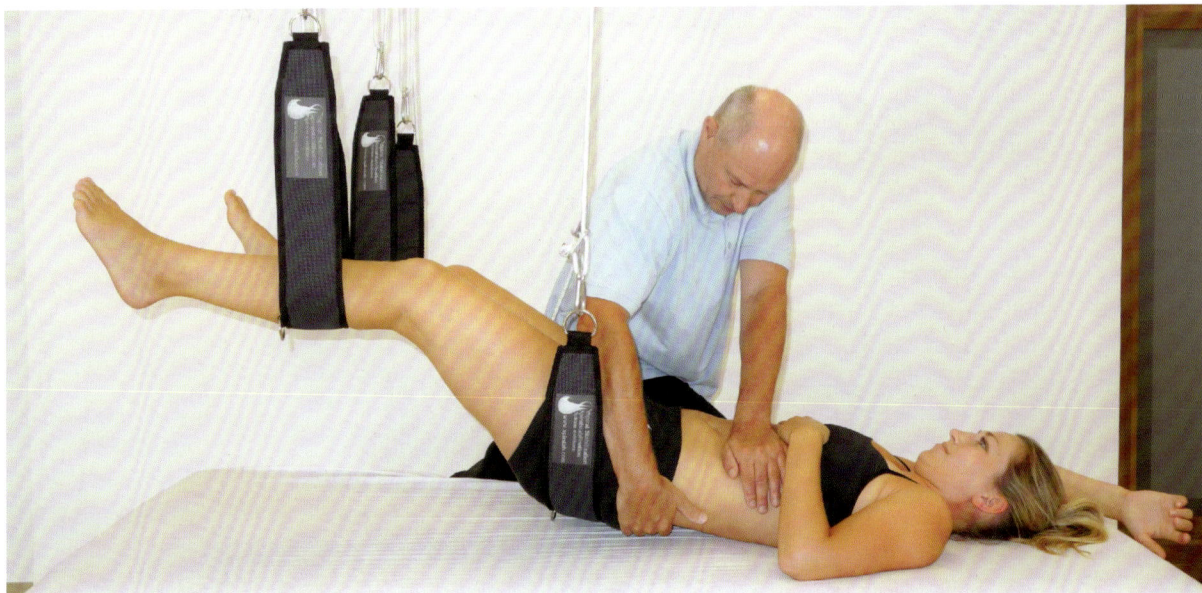

坐位手法治疗技术

竖脊肌——被动牵伸，主动放松。

训练 1　坐位，面向弹力绳的固定点，用双臂向后牵拉。

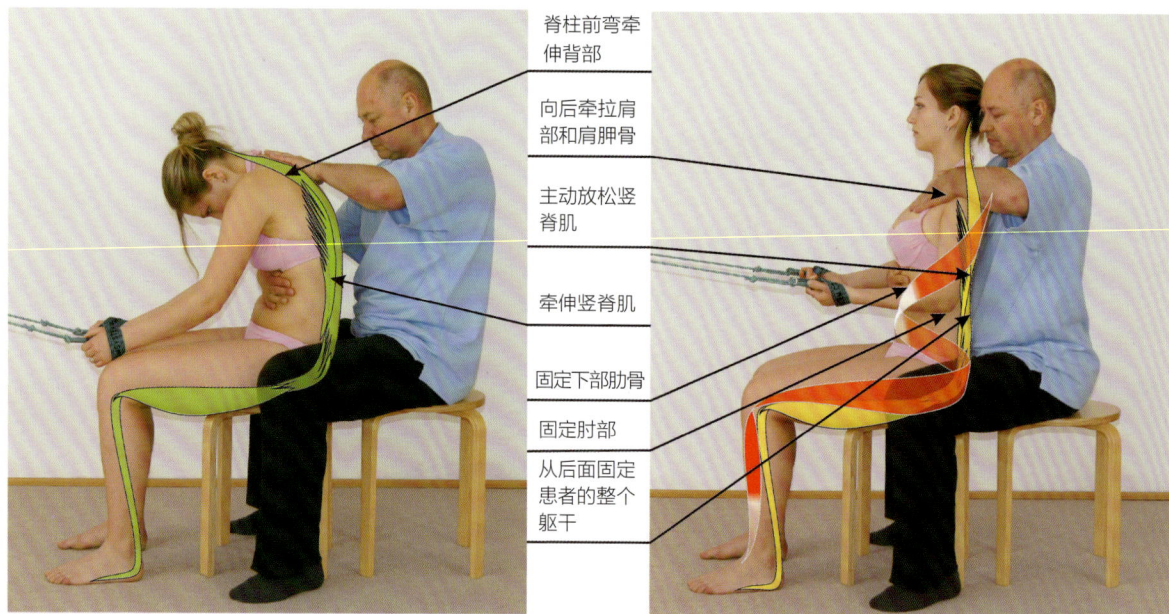

脊柱前弯牵伸背部

向后牵拉肩部和肩胛骨

主动放松竖脊肌

牵伸竖脊肌

固定下部肋骨

固定肘部

从后面固定患者的整个躯干

稳定 PM

交互抑制
（即主动放松）牵伸　　稳定 TR、LD

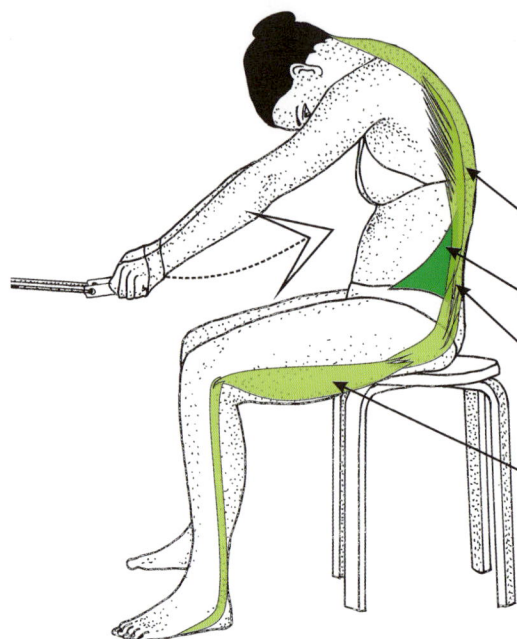

锁骨下肌

胸小肌

前锯肌

胸大肌

无放松牵伸

竖脊肌

腰方肌

多裂肌

股二头肌

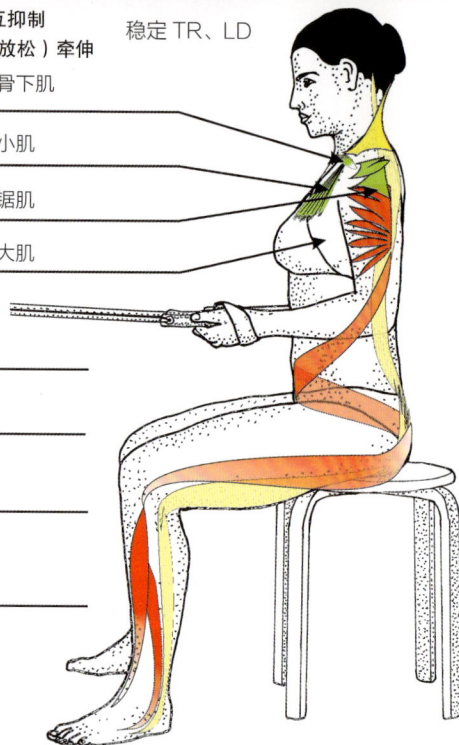

1. 初始体位——训练的主动部位

　　初始体位下被牵伸的背肌：

　　　◎ 竖脊肌；

　　　◎ 腰方肌；

　　　◎ 多裂肌。

　　被牵伸的大腿后群肌：

　　　◎ 股二头肌；

　　　◎ 半腱肌；

　　　◎ 半膜肌；

　　　◎ 大收肌。

2. 治疗过程——训练的主动部位

　　训练的主动部位中被牵伸的前部肩带肌：

　　　◎ 锁骨下肌；

　　　◎ 胸小肌；

　　　◎ 胸大肌；

　　　◎ 前锯肌。

　　放松的上部肩带肌：

　　　◎ 斜方肌降部；

　　　◎ 肩胛提肌；

　　　◎ 斜角肌；

　　　◎ 头半棘肌、颈半棘肌和其他肌。

坐位手法治疗技术

腰髂肋肌——主动放松，按摩，牵伸。

训练6　坐位，背对弹力绳的固定点，用双臂向前做圆形轨迹。

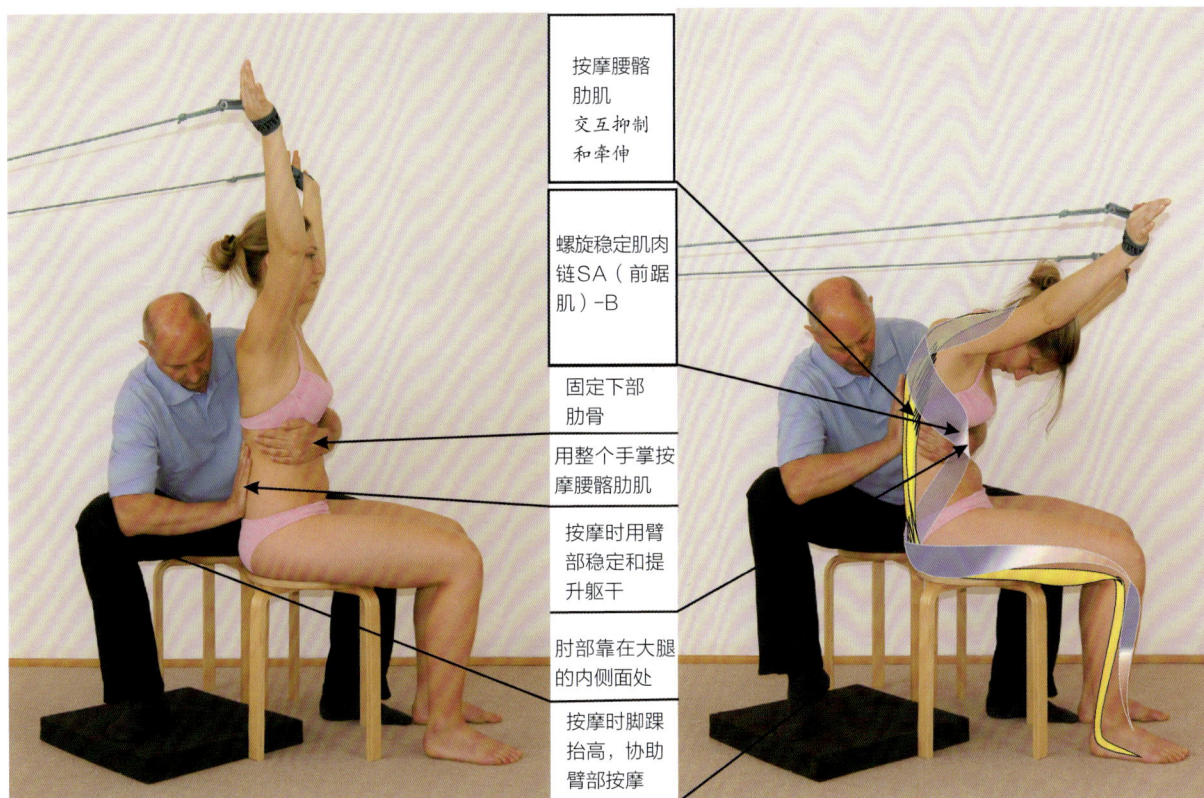

按摩腰髂
肋肌
交互抑制
和牵伸

螺旋稳定肌肉
链SA（前踞
肌）-B

固定下部
肋骨

用整个手掌按
摩腰髂肋肌

按摩时用臂
部稳定和提
升躯干

肘部靠在大腿
的内侧面处

按摩时脚踝
抬高，协助
臂部按摩

多裂肌——主动放松，牵伸。

训练6　坐位，背对着弹力绳的固定点，用双臂向前做圆形轨迹。

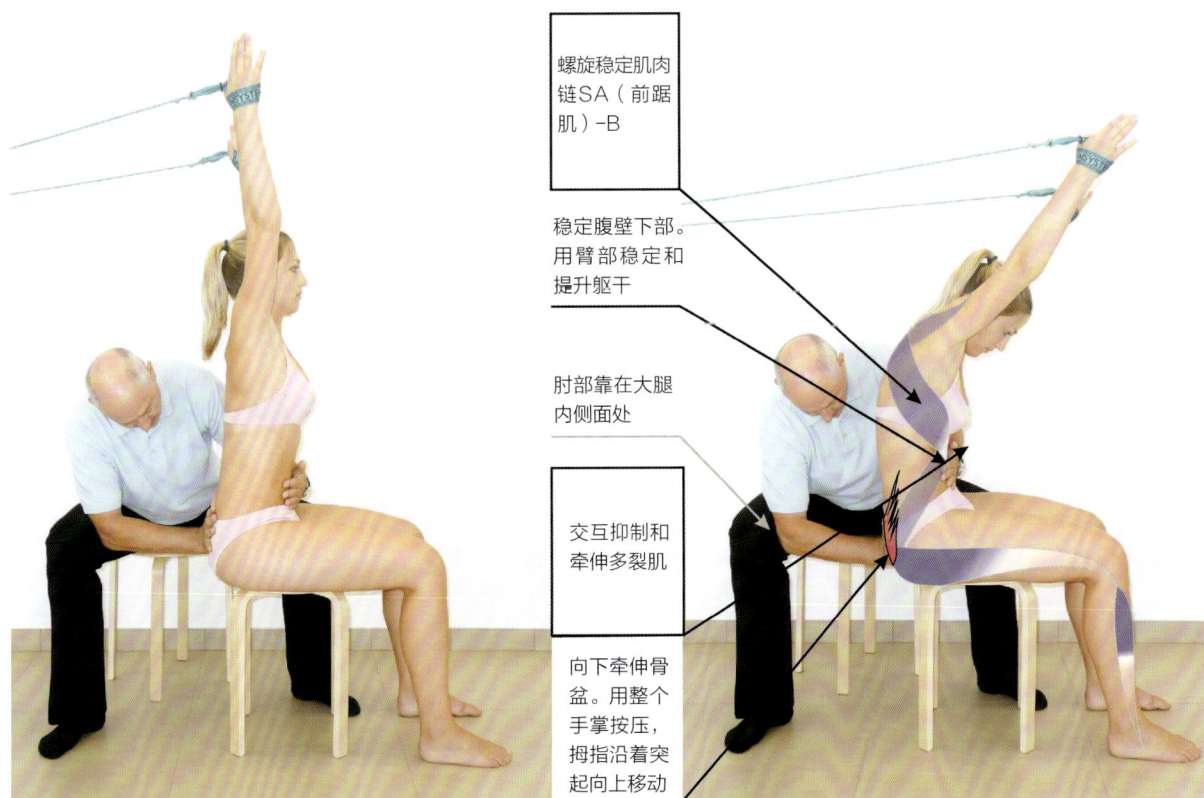

螺旋稳定肌肉
链SA（前踞
肌）-B

稳定腹壁下部。
用臂部稳定和
提升躯干

肘部靠在大腿
内侧面处

交互抑制和
牵伸多裂肌

向下牵伸骨
盆。用整个
手掌按压，
拇指沿着突
起向上移动

训练：固定，牵伸

竖脊肌、髂肋肌、胸最长肌、头最长肌、颈最长肌、腰方肌、多裂肌

——交互抑制性放松，牵伸。

SA（前锯肌）与PM（胸大肌）肌肉链在第1部分训练中是主动肌。

LD（背阔肌）与TR（斜方肌）肌肉链在第2部分训练中是主动肌。

训练1　站立位，面向弹力绳的固定点，一条腿前踏迈在垫子上。用双臂向后牵拉弹力绳，运动过程中双臂外旋打开，手掌朝上。

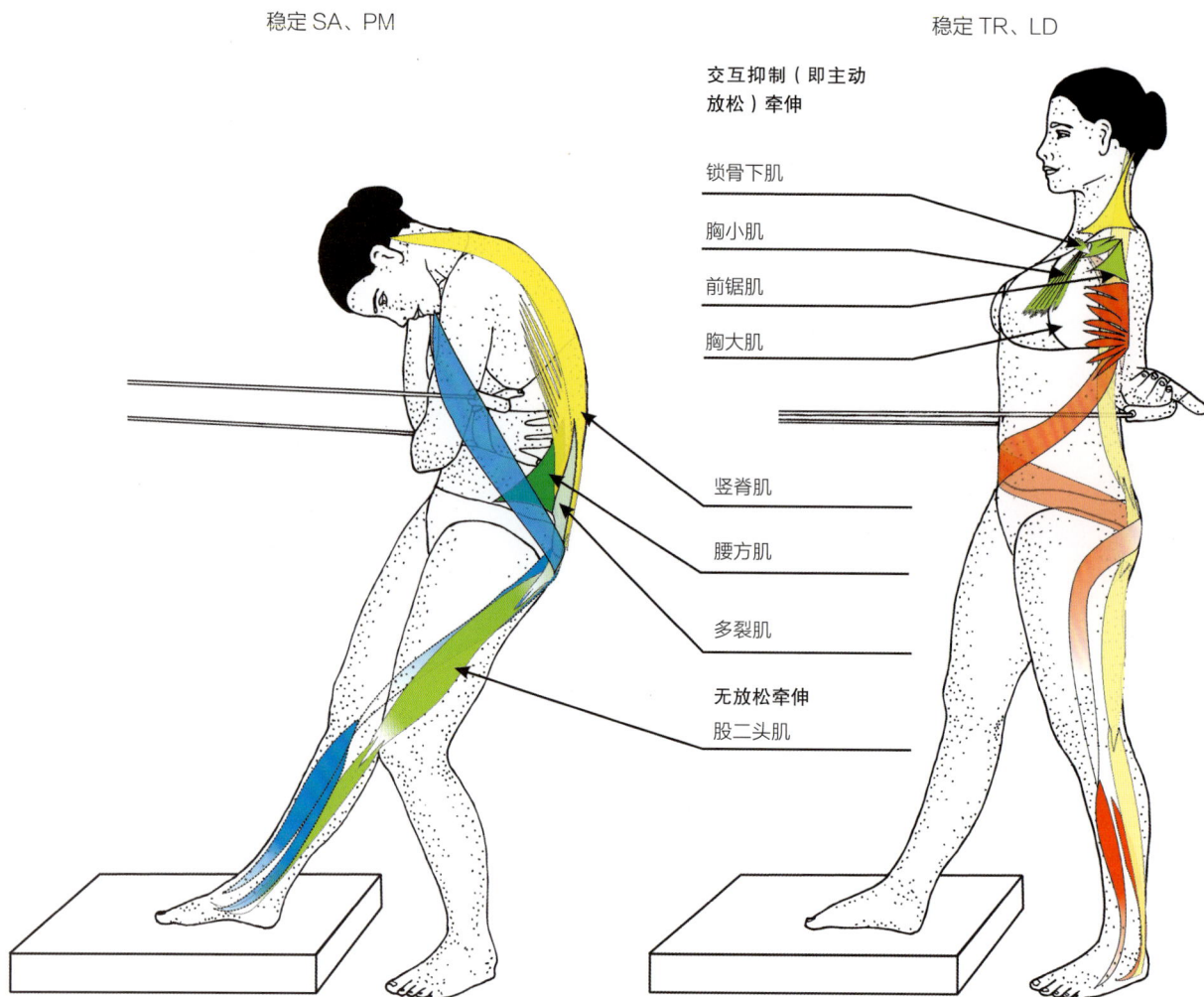

稳定 SA、PM

稳定 TR、LD

交互抑制（即主动放松）牵伸

锁骨下肌

胸小肌

前锯肌

胸大肌

竖脊肌

腰方肌

多裂肌

无放松牵伸

股二头肌

1. 初始体位——训练的主动部位

初始体位下被牵伸的背肌：

　◎ 竖脊肌；

　◎ 腰方肌；

　◎ 多裂肌。

被牵伸的大腿后群肌：

　◎ 股二头肌；

　◎ 半腱肌；

　◎ 半膜肌；

　◎ 大收肌。

2. 治疗过程——训练的主动部位

训练的主动部位中被牵伸的前部肩带肌：

　◎ 锁骨下肌；

　◎ 胸小肌；

　◎ 胸大肌；

　◎ 前锯肌。

被放松的上部肩带肌：

　◎ 斜方肌降部；

　◎ 肩胛提肌；

　◎ 斜角肌；

　◎ 头半棘肌、颈半棘肌和其他肌。

LD（背阔肌）与TR（斜方肌）肌肉链在第2部分训练中是主动肌。

训练 2 站立位，身体侧面正对着弹力绳的固定点，一条腿前踏迈在垫子上。用一侧手臂侧向牵拉弹力绳，手掌向上。

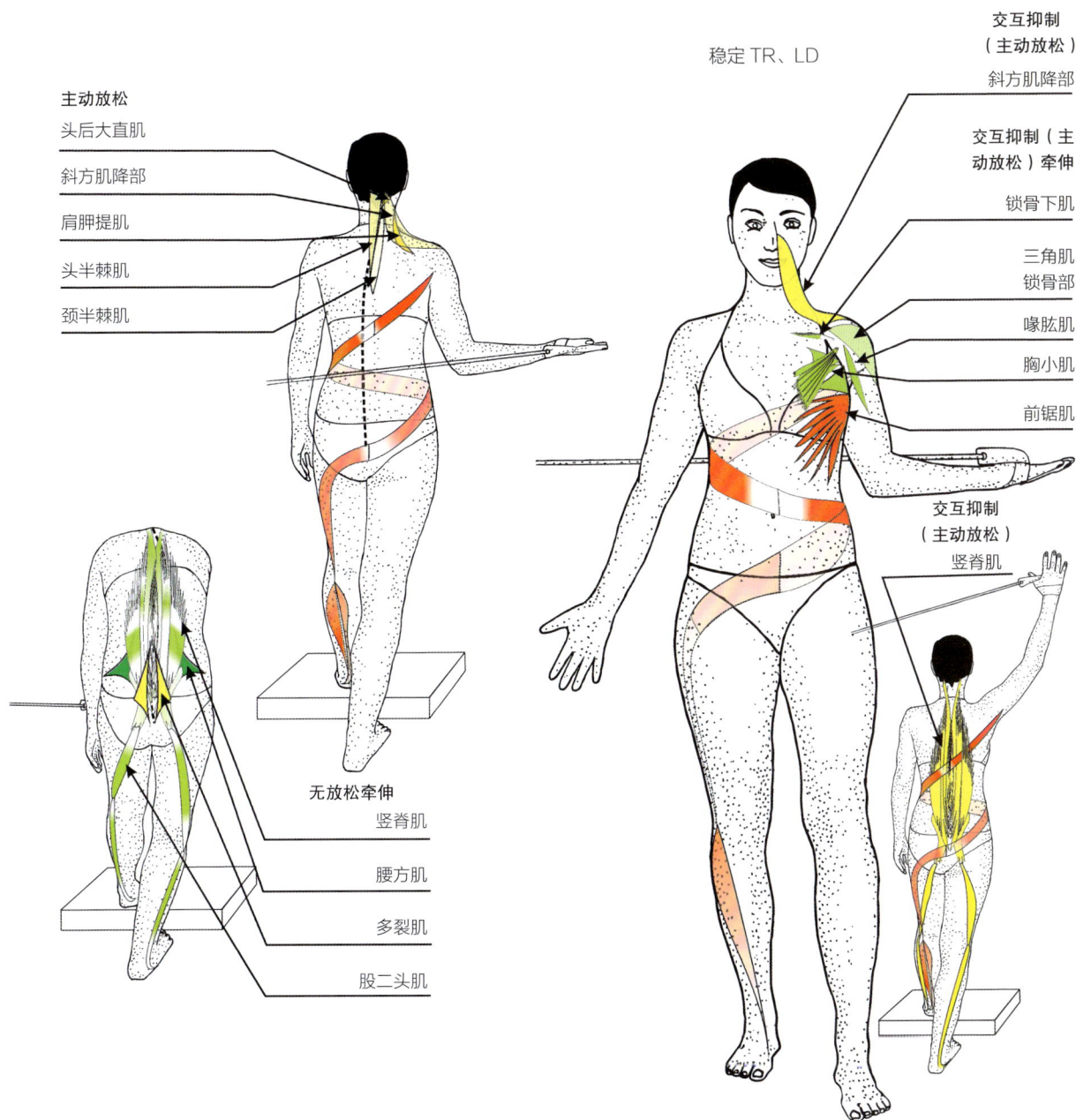

稳定 TR、LD

主动放松
头后大直肌
斜方肌降部
肩胛提肌
头半棘肌
颈半棘肌

交互抑制
（主动放松）
斜方肌降部

交互抑制（主
动放松）牵伸
锁骨下肌

三角肌
锁骨部
喙肱肌
胸小肌
前锯肌

交互抑制
（主动放松）
竖脊肌

无放松牵伸
竖脊肌
腰方肌
多裂肌
股二头肌

1.初始体位——训练的被动部位
　初始体位中被牵伸的背肌：
　　◎ 竖脊肌；
　　◎ 腰方肌。

2.治疗过程——训练的主动部位
　训练的主动部位中被牵伸的
前部肩带肌：
　　◎ 锁骨下肌；
　　◎ 胸小肌；
　　◎ 胸大肌；
　　◎ 前锯肌。

　训练的主动部位中被牵伸的上
部肩带肌：
　　◎ 斜方肌降部；
　　◎ 肩胛提肌；
　　◎ 斜角肌；
　　◎ 头半棘肌、颈半棘肌与其
　　　他肌。

竖脊肌——牵伸，主动放松。

训练 1　站立位，面向弹力绳的固定点，一条腿前踏迈在垫子上，用双臂向后牵拉弹力绳。

竖脊肌
交互抑制

竖脊肌
牵伸

螺旋稳定肌
肉链 LD（背
阔肌）-B、
TR（斜方
肌）-C

训练 2　站立位，身体一侧对着弹力绳的固定点，一条腿前踏迈在垫子上，用一侧手臂侧向牵拉弹力绳。

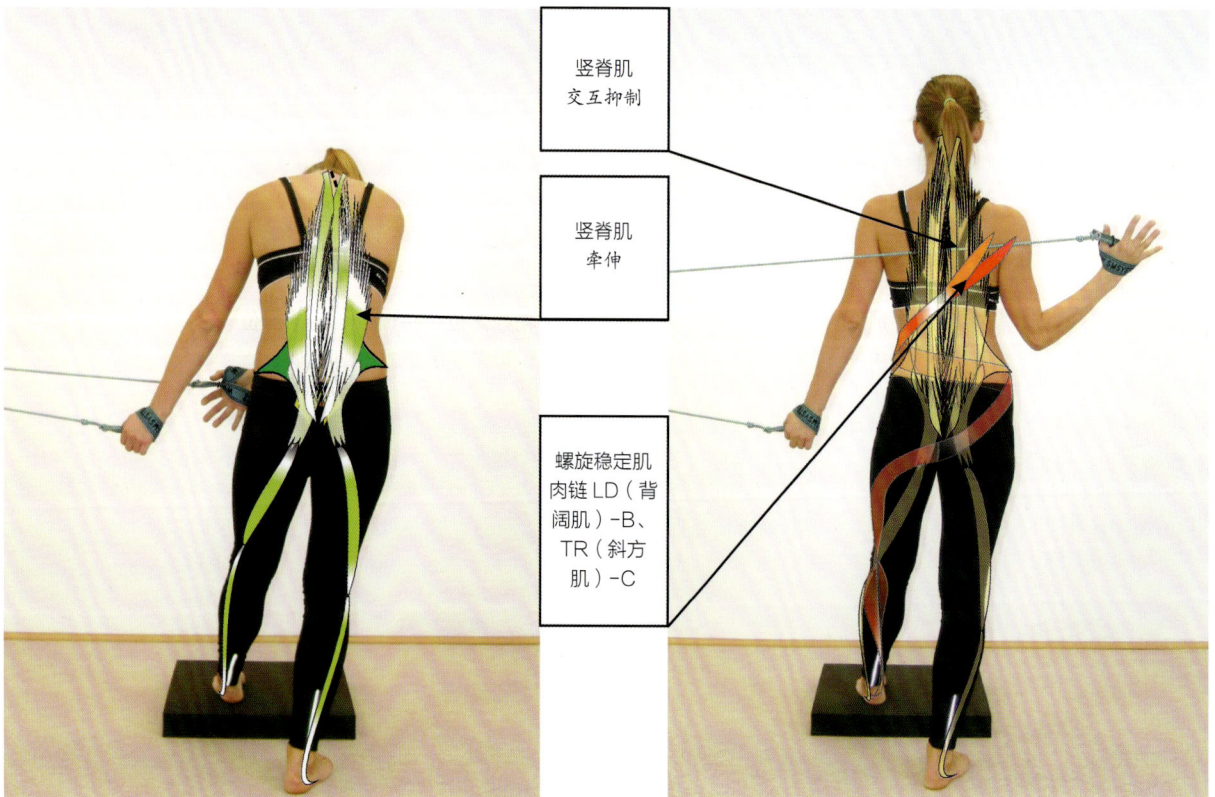

竖脊肌
交互抑制

竖脊肌
牵伸

螺旋稳定肌
肉链 LD（背
阔肌）-B、
TR（斜方
肌）-C

训练：固定，牵伸

竖脊肌、髂肋肌、胸最长肌、头最长肌、颈最长肌、腰方肌、多裂肌

——交互抑制性放松，牵伸。

PM（胸大肌）肌肉链是第1部分训练中的主动肌，

LD（背阔肌）肌肉链与TR（斜方肌）肌肉链是第2部分训练中的主动肌。

训练3　站立位，背对着弹力绳的固定点，一条腿前踏迈在垫子上。双臂向后打开，牵拉肩胛骨相互靠拢，手掌朝上。

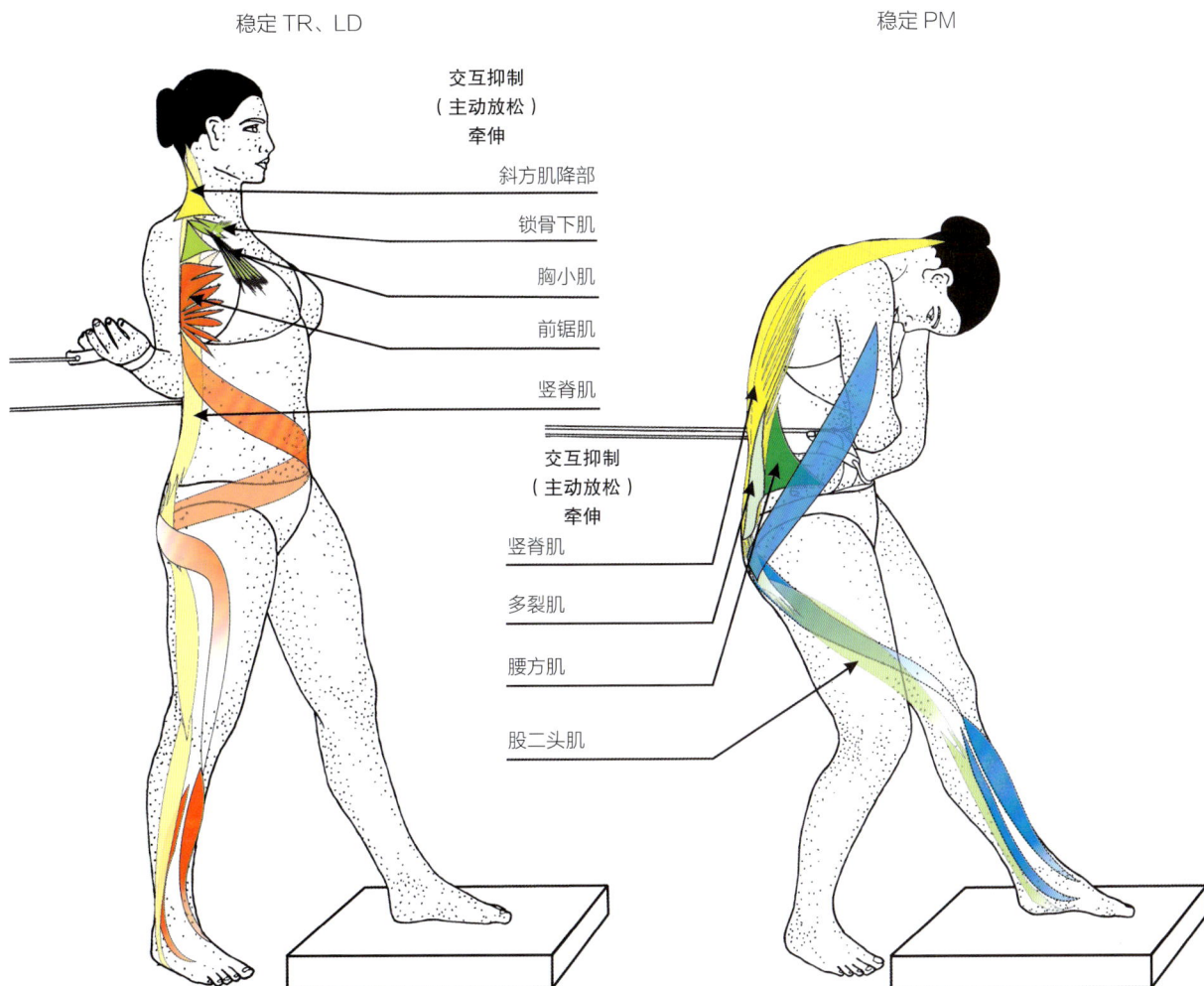

稳定 TR、LD   稳定 PM

交互抑制
（主动放松）
牵伸

斜方肌降部

锁骨下肌

胸小肌

前锯肌

竖脊肌

交互抑制
（主动放松）
牵伸

竖脊肌

多裂肌

腰方肌

股二头肌

2. 治疗过程——训练的主动部位

在训练的主动部位中被牵伸的前部肩带肌：

- ◎ 锁骨下肌；
- ◎ 胸小肌；
- ◎ 胸大肌。

上部肩带肌中被放松的颈肌：

- ◎ 斜方肌降部；
- ◎ 肩胛提肌；
- ◎ 斜角肌；
- ◎ 头半棘肌、颈半棘肌与其他肌。

1. 初始体位——训练的主动部位

初始体位中被牵伸的肌：

- ◎ 竖脊肌；
- ◎ 腰方肌；
- ◎ 多裂肌。

上述肌肉受到胸大肌肌肉链的主动限制而被牵伸，又因受到棘间韧带的张力而停止。

被牵伸的大腿后群肌：

- ◎ 股二头肌；
- ◎ 半腱肌；
- ◎ 半膜肌；
- ◎ 大收肌。

LD（背阔肌）与TR（斜方肌）肌肉链为第1部分训练中的主动肌。
SA（前锯肌）肌肉链为第2部分训练中的主动肌。

训练6　站立位，背对着弹力绳的固定点，一条腿前踏迈在垫子上。双臂向前做环形运动。

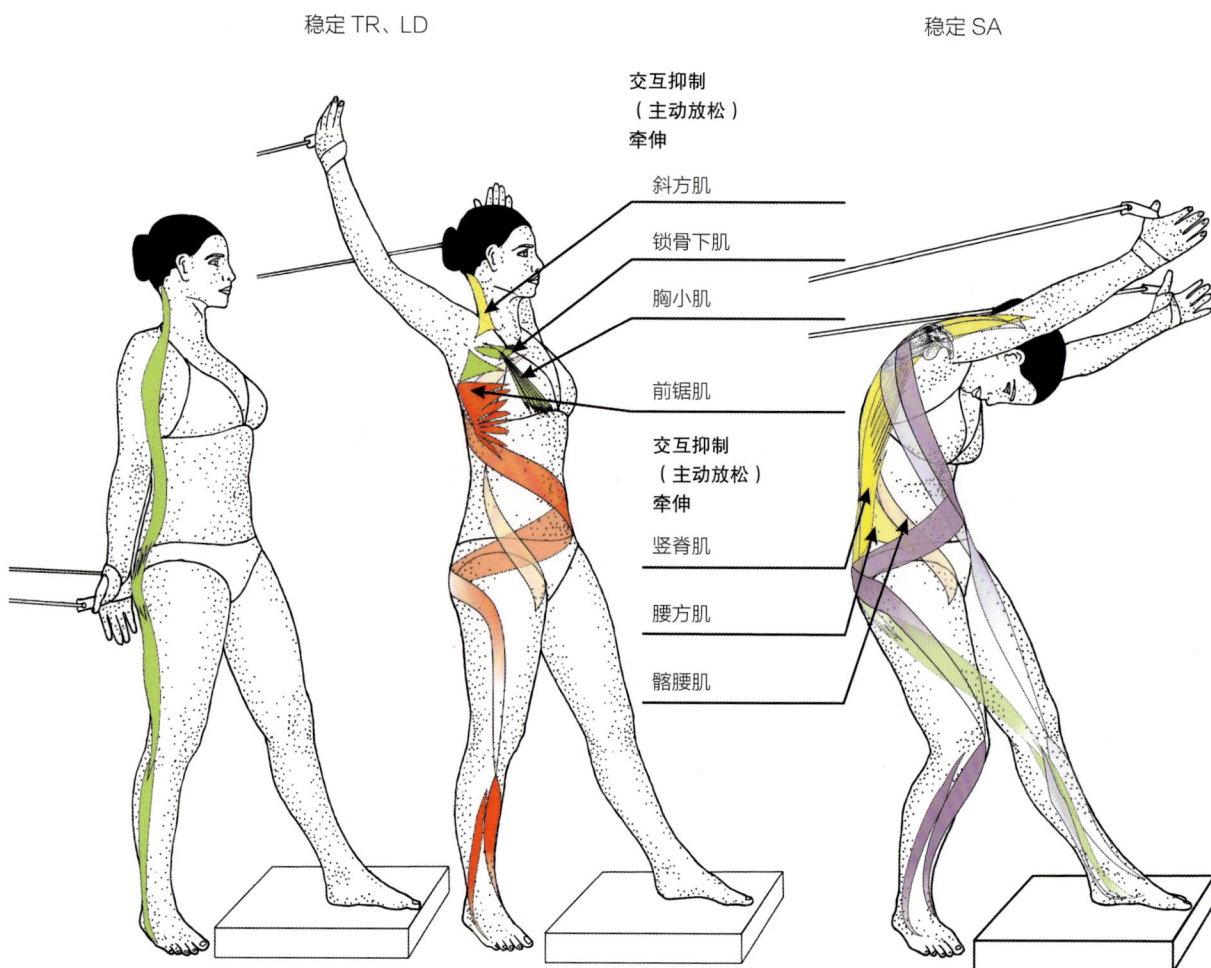

稳定 TR、LD   稳定 SA

交互抑制
（主动放松）
牵伸

斜方肌

锁骨下肌

胸小肌

前锯肌

交互抑制
（主动放松）
牵伸

竖脊肌

腰方肌

髂腰肌

1. 治疗过程的第1部分——训练的主动部位
　　被牵伸的前部肩带肌：
　　　◎ 锁骨下肌；
　　　◎ 胸小肌；
　　　◎ 胸大肌；
　　　◎ 前锯肌。

　　被放松的上部肩带肌：
　　　◎ 斜方肌降部；
　　　◎ 肩胛提肌；
　　　◎ 斜角肌；
　　　◎ 头半棘肌、颈半棘肌等。

2. 治疗过程——训练的主动部位
　　被牵伸的主动抑制的背肌：
　　　◎ 竖脊肌；
　　　◎ 腰方肌；
　　　◎ 髂腰肌。

示例

竖脊肌——牵伸，主动放松。

训练 3　站立位，背对着弹力绳的固定点，一条腿踏在垫子上。双臂向后打开，同时牵拉肩胛骨相互靠拢。

竖脊肌
交互抑制

竖脊肌
交互抑制
与牵伸

螺旋稳定肌
肉链 LD（背
阔肌）-B、
TR（斜方
肌）-C

螺旋稳定
肌肉链 PM
（胸大肌）

训练 6　站立位，背对着弹力绳的固定点，一条腿踏在垫子上，双臂向前做环形运动。

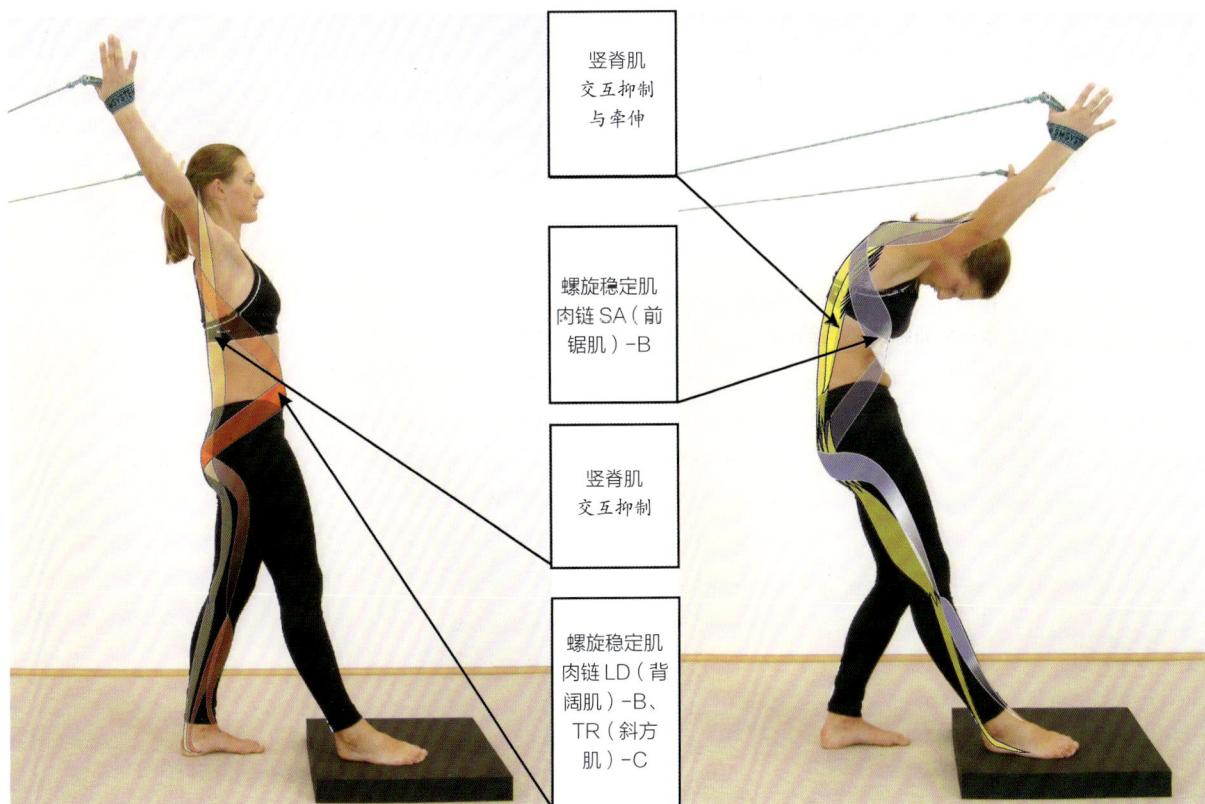

竖脊肌
交互抑制
与牵伸

螺旋稳定肌
肉链 SA（前
锯肌）-B

竖脊肌
交互抑制

螺旋稳定肌
肉链 LD（背
阔肌）-B、
TR（斜方
肌）-C

训练：固定，牵伸

竖脊肌、髂肋肌、胸最长肌、头最长肌、颈最长肌、腰方肌、多裂肌
——交互抑制性放松，牵伸。
LD（背阔肌）与TR（斜方肌）肌肉链为第2部分训练中的主动肌。

训练5　膝跪位，面向弹力绳的固定点，一条腿前伸。脊柱前凸体位下牵伸背部，拉直躯干，用双臂向后牵拉，手掌朝上。

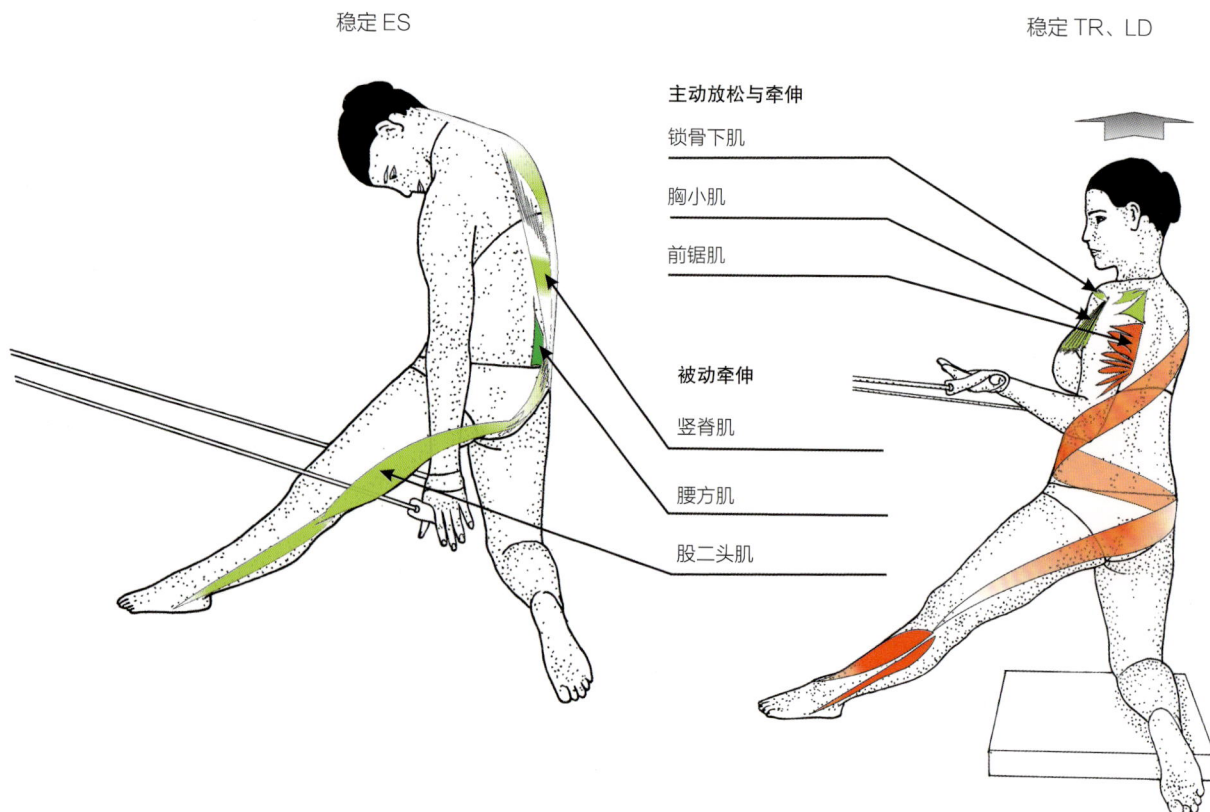

稳定 ES

稳定 TR、LD

主动放松与牵伸

锁骨下肌

胸小肌

前锯肌

被动牵伸

竖脊肌

腰方肌

股二头肌

1. 初始体位——训练的被动部位
在初始体位时被牵伸的背肌：
- ◎ 竖脊肌；
- ◎ 腰方肌；
- ◎ 多裂肌。

被牵伸的大腿后群肌：
- ◎ 股二头肌；
- ◎ 半腱肌；
- ◎ 半膜肌；
- ◎ 大收肌。

2. 治疗过程——训练的主动部位
在训练的主动部位中被牵伸的前部肩带肌：
- ◎ 锁骨下肌；
- ◎ 胸小肌；
- ◎ 胸大肌；
- ◎ 前锯肌。

被放松的上部肩带肌：
- ◎ 斜方肌降部；
- ◎ 肩胛提肌；
- ◎ 斜角肌；
- ◎ 头半棘肌、颈半棘肌与其他肌。

示例

竖脊肌——牵伸，主动放松。

训练5　坐位，面向弹力绳的固定点，一条腿前伸，脊柱前凸体位牵伸背部，用双臂向后牵拉弹力绳。

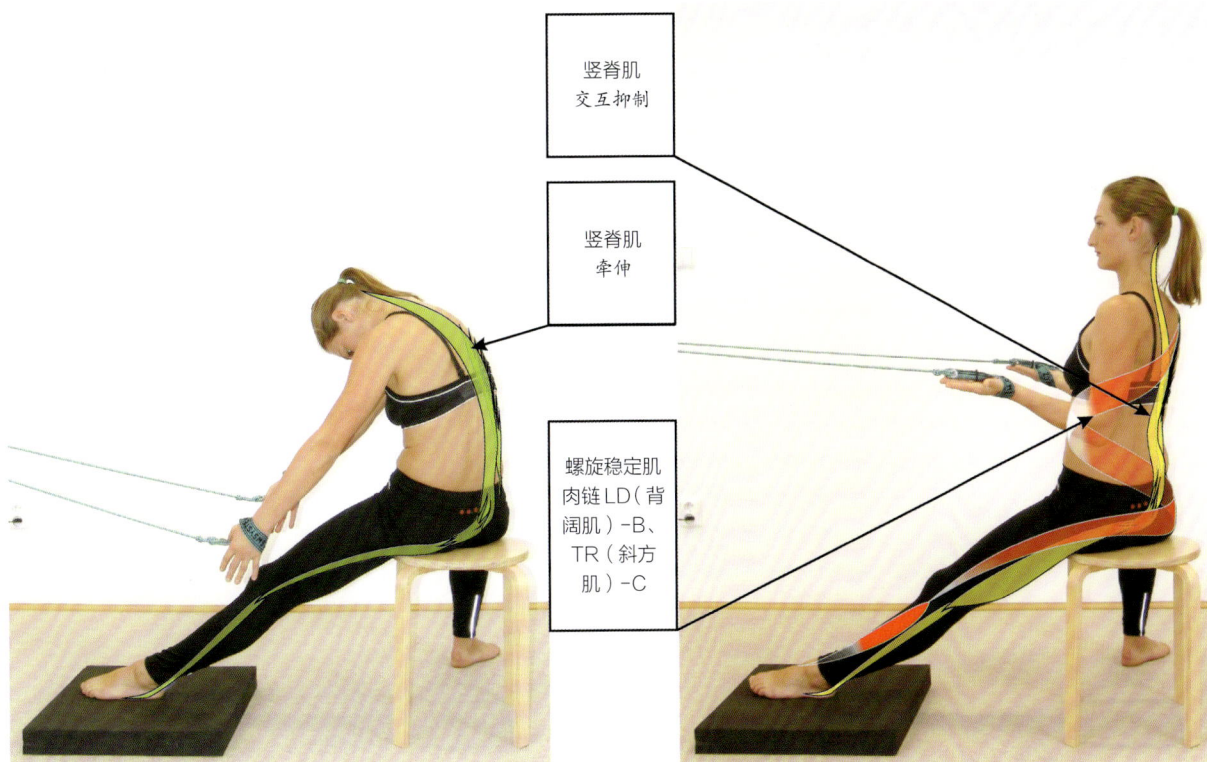

竖脊肌
交互抑制

竖脊肌
牵伸

螺旋稳定肌
肉链LD（背
阔肌）-B、
TR（斜方
肌）-C

训练5　膝跪位，面向弹力绳的固定点，一条腿前伸，脊柱前凸体位牵伸背部，用双臂向后牵拉弹力绳。

竖脊肌
交互抑制

竖脊肌
牵伸

螺旋稳定肌
肉链LD（背
阔肌）-B、
TR（斜方
肌）-C

躯干后肌群

椎旁肌后上肌群（躯干与颈部）

> **要 点**
>
> ◎ 头半棘肌
> ◎ 颈半棘肌
> ◎ 头后大直肌
> ◎ 头后小直肌
> ◎ 头上斜肌
> ◎ 头下斜肌

解剖

头半棘肌、颈半棘肌

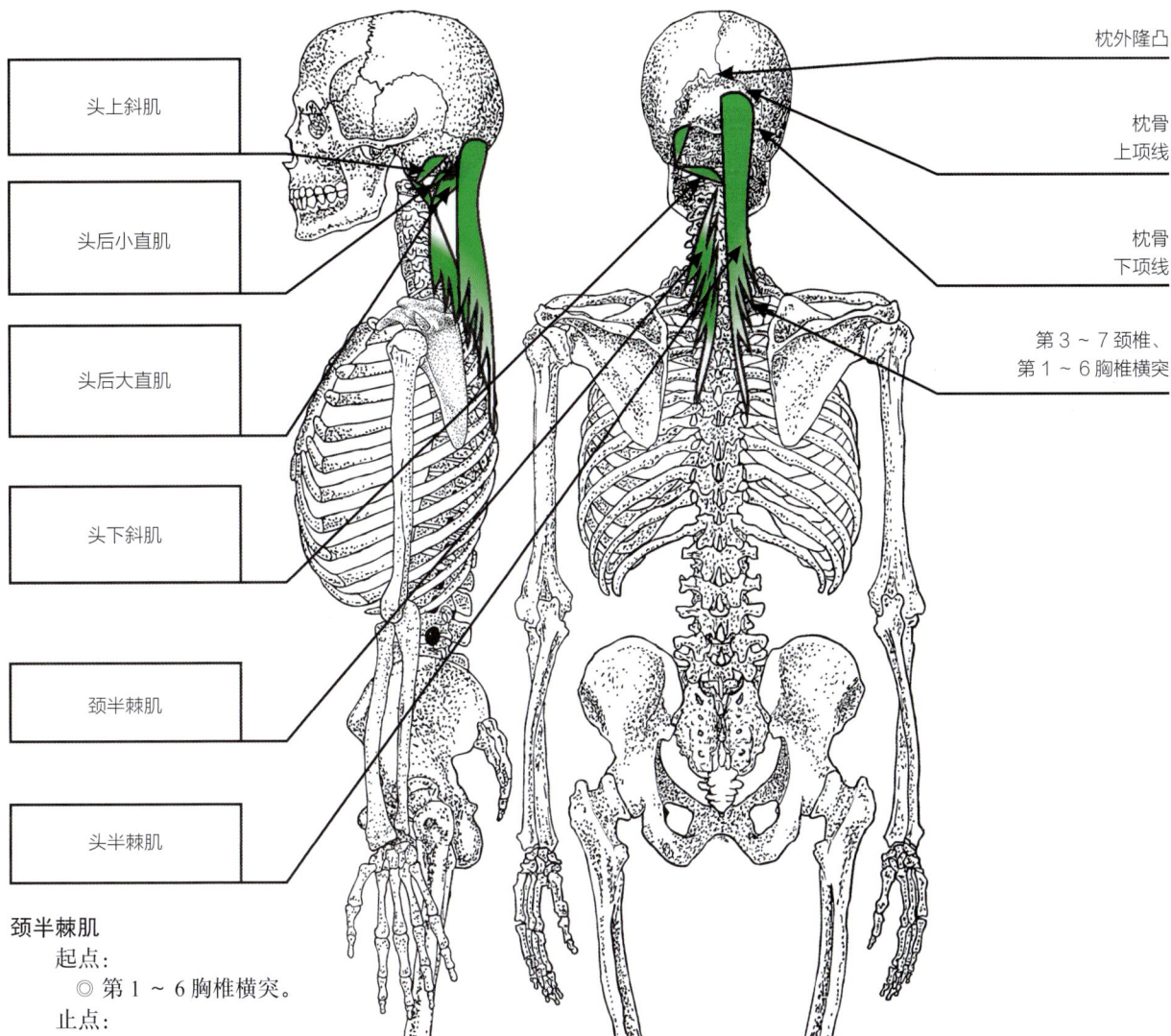

头上斜肌

头后小直肌

头后大直肌

头下斜肌

颈半棘肌

头半棘肌

枕外隆凸

枕骨
上项线

枕骨
下项线

第 3～7 颈椎、
第 1～6 胸椎横突

颈半棘肌
　起点：
　　◎ 第 1～6 胸椎横突。
　止点：
　　◎ 第 2～6 颈椎棘突。
　功能：
　　◎ 双侧收缩——伸颈；
　　◎ 单侧收缩——向同侧侧屈、
　　　向对侧旋转。
　神经支配：
　　◎ 脊神经背支（颈髓至胸髓过
　　　渡节段）。

头半棘肌
　起点：
　　◎ 第 3～7 颈椎、第 1～6 胸椎
　　　横突。
　止点：
　　◎ 上项线。
　功能：
　　◎ 双侧收缩——伸颈；
　　◎ 单侧收缩——向同侧侧屈、
　　　向对侧旋转（头、颈、胸）。
　神经支配：
　　◎ 脊神经背支（颈髓至胸髓过
　　　渡节段）。

头后大直肌
　起点：
　　◎ 枢椎棘突。
　止点：
　　◎ 下项线中 1/3。

头后小直肌
　起点：
　　◎ 寰椎后结节。
　止点：
　　◎ 下项线内 1/3。
　功能：
　　◎ 双侧收缩——使头后伸；
　　◎ 单侧收缩——向同侧侧屈、
　　　向对侧旋转。
　神经支配：
　　◎ 第 1 颈神经背支（枕下神经）。

头上斜肌
　起点：
　　◎ 寰椎横突。
　止点：
　　◎ 下项线外 1/3，头后大直肌附
　　　着处的上方。
　功能：
　　◎ 双侧收缩——使头后伸；
　　◎ 单侧收缩——向对侧旋转。
　神经支配：
　　◎ 第 1 颈椎背支（枕下神经）。

头下斜肌
　起点：
　　◎ 枢椎棘突。
　止点：
　　◎ 寰椎横突。
　功能：
　　◎ 双侧收缩——使头后伸；
　　◎ 单侧收缩——向同侧旋转。
　神经支配：
　　◎ 第 1 颈神经背支（枕下神经）。

肌肉链

垂直肌肉链——竖脊肌（ES）

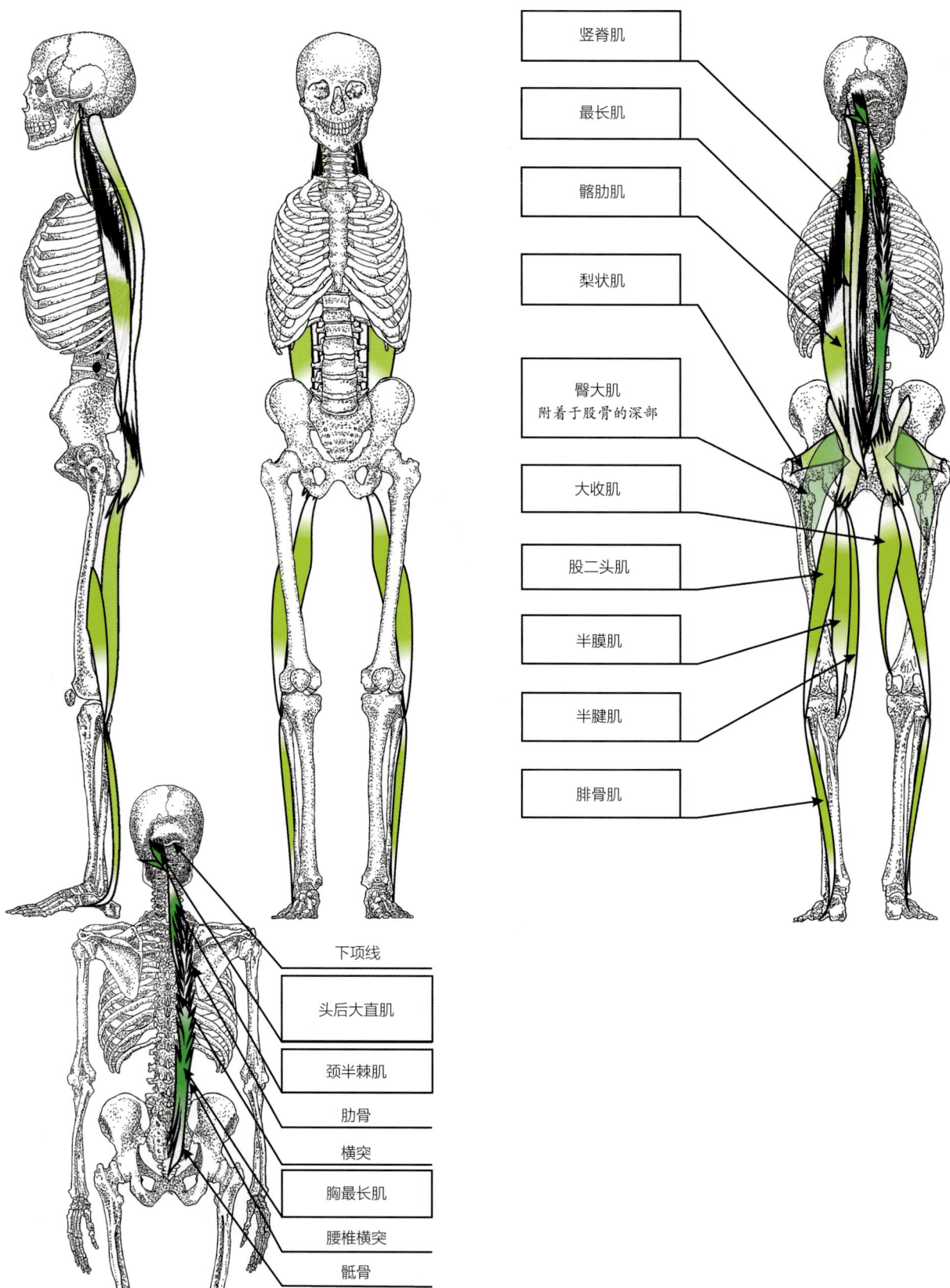

竖脊肌
最长肌
髂肋肌
梨状肌
臀大肌 附着于股骨的深部
大收肌
股二头肌
半膜肌
半腱肌
腓骨肌

下项线
头后大直肌
颈半棘肌
肋骨
横突
胸最长肌
腰椎横突
骶骨

侧卧位手法治疗技术

头半棘肌、颈半棘肌——牵伸按摩。

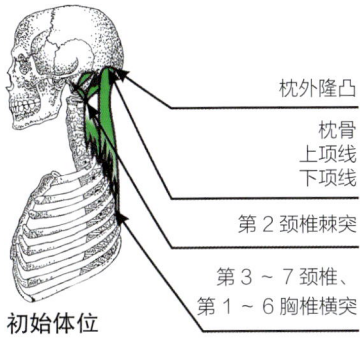

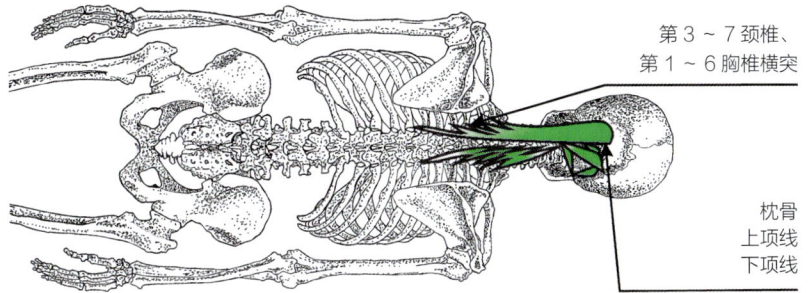

枕外隆凸

枕骨
上项线
下项线

第2颈椎棘突

第3～7颈椎、
第1～6胸椎横突

初始体位

第3～7颈椎、
第1～6胸椎横突

枕骨
上项线
下项线

治疗师膝跪位，在患者身后用左侧下肢固定其躯干（固定点）。左手掌放在肩上，手指朝后；右手拇指和鱼际部按在上胸椎突起旁。患者吸气。

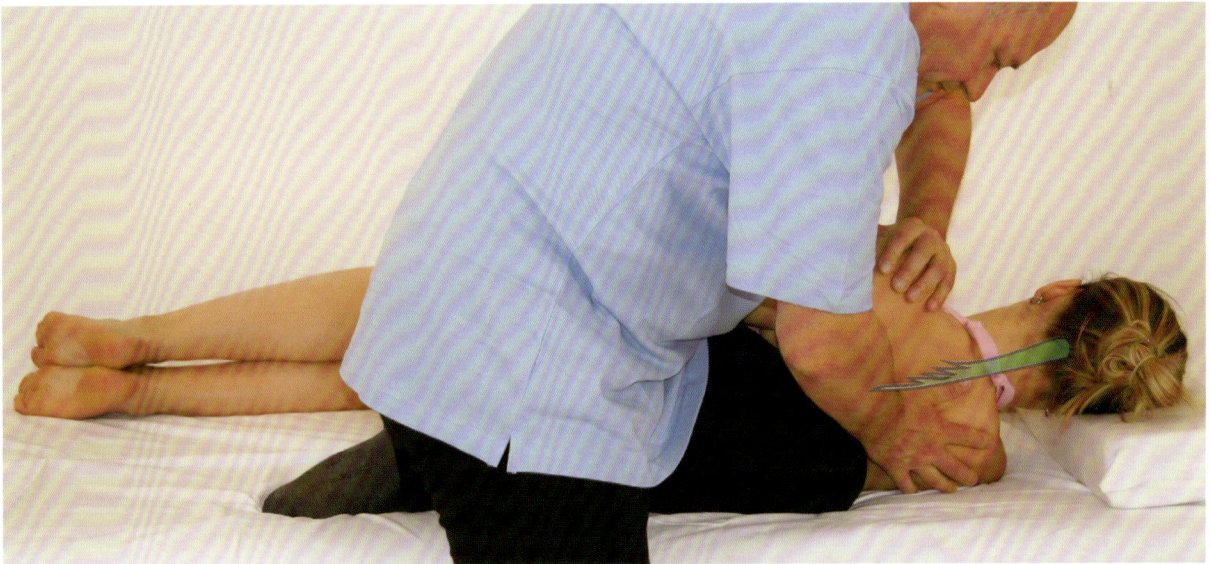

治疗过程

治疗师的右手慢慢向患者头侧移动（移动点），按摩头半棘肌和颈半棘肌。当按摩至枕骨部位时患者伸展身体，慢慢呼气。牵拉，放松，再次牵拉，重复6次。在操作手法结束后，暂停大约3秒。

等长收缩后放松。身体伸展，患者吸气。此动作可产生反压。患者呼气时，进行下一步牵伸。整个过程重复3次。此手法可牵伸头半棘肌、颈半棘肌和其他颈肌，也可使患者在训练期间做好颈部放松的准备。

侧卧位手法治疗技术

头半棘肌、颈半棘肌——牵伸按摩。

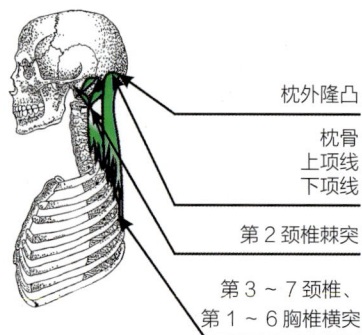

枕外隆凸

枕骨
上项线
下项线

第 2 颈椎棘突

第 3 ~ 7 颈椎、
第 1 ~ 6 胸椎横突

第 3 ~ 7 颈椎、
第 1 ~ 6 胸椎横突

枕骨
上项线
下项线

初始体位

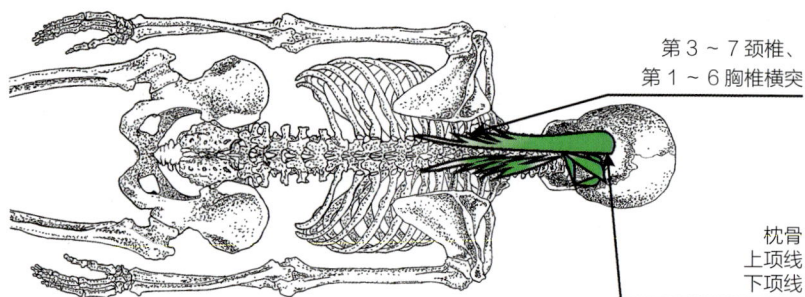

治疗师膝跪位,用左侧下肢在患者身后固定其躯干(固定点)。左臂改变握法,前臂屈与肩部对抗;右手拇指指腹放在枕骨和乳突的部位,手指从侧面轻轻握住颈部。患者吸气。

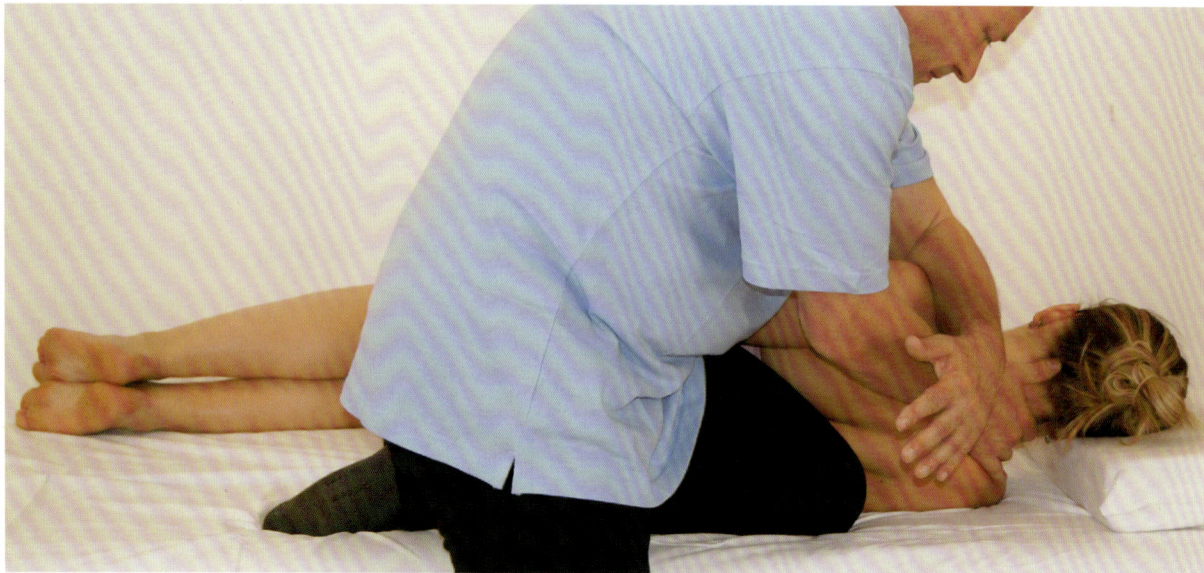

治疗过程

治疗师移动身体,同时向患者足侧(向下)移动左前臂(移动点)。此动作可牵伸头半棘肌与颈半棘肌。患者慢慢呼气。牵拉,放松,再次牵拉,重复操作 6 次。在操作手法结束后,暂停大约 3 秒。

等长收缩后放松。身体伸展,患者吸气。此动作可产生反压。患者呼气时,进行下一步伸展。整个过程重复操作 3 次。此操作手法可牵伸头半棘肌、颈半棘肌和其他颈肌,还可使患者在训练期间做好放松准备。

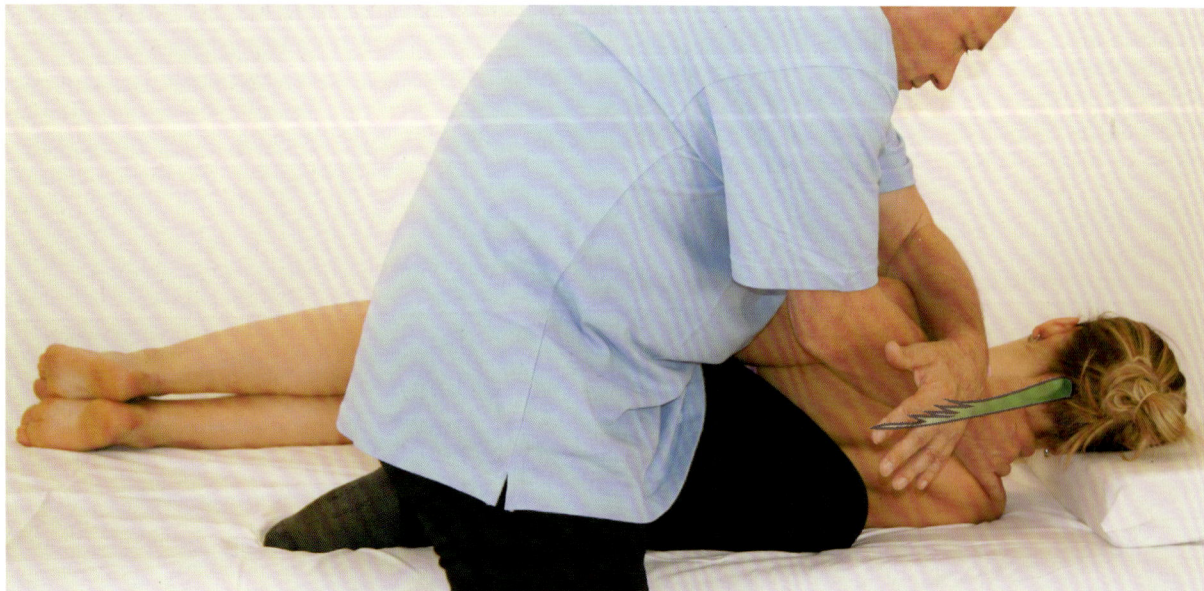

仰卧位手法治疗技术（头部悬吊）

头半棘肌、颈半棘肌——牵伸按摩。

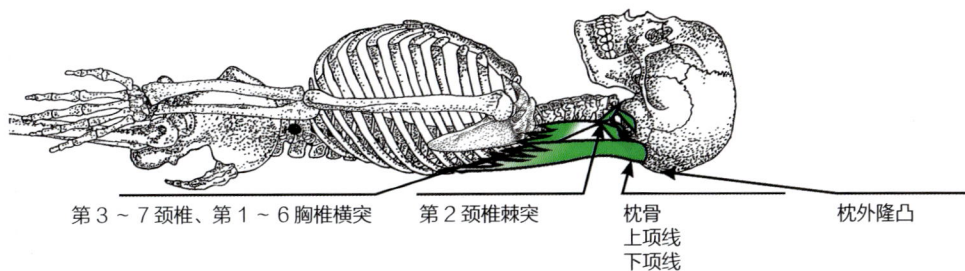

第3～7颈椎、第1～6胸椎横突　　　第2颈椎棘突　　　枕骨　　　　　　枕外隆凸
　　　　　　　　　　　　　　　　　　　　　　　　　上项线
　　　　　　　　　　　　　　　　　　　　　　　　　下项线

初始体位

　　患者仰卧在床上（固定点）。治疗师站立于患者头后，一腿在前一腿在后。治疗师的手指朝向横突的方向按在患者脊柱的两侧。

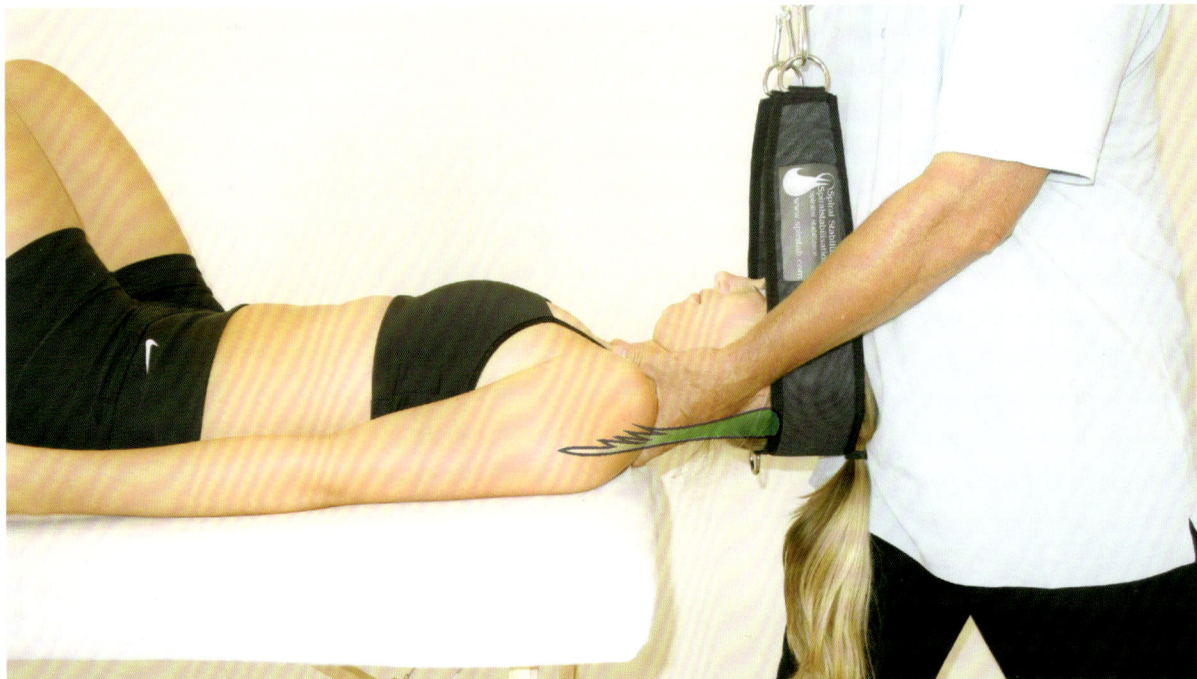

治疗过程

　　治疗师的整个身体向后移动，同时，上肢在患者脊柱的两侧朝头部移动。当移动结束后，抓住患者的下颌，使头部沿着外耳的轴线轻轻地做旋转运动。患者慢慢呼气。牵拉，放松，再次牵拉，重复6次。在操作手法结束后暂停大约3秒。

　　等长收缩后放松。身体伸展，患者吸气。此动作可产生反压。患者呼气时，进行下一步牵伸。整个过程重复操作3次。此操作手法可牵伸头半棘肌、颈半棘肌和其他颈肌，也可使患者在训练期间做好放松的准备。

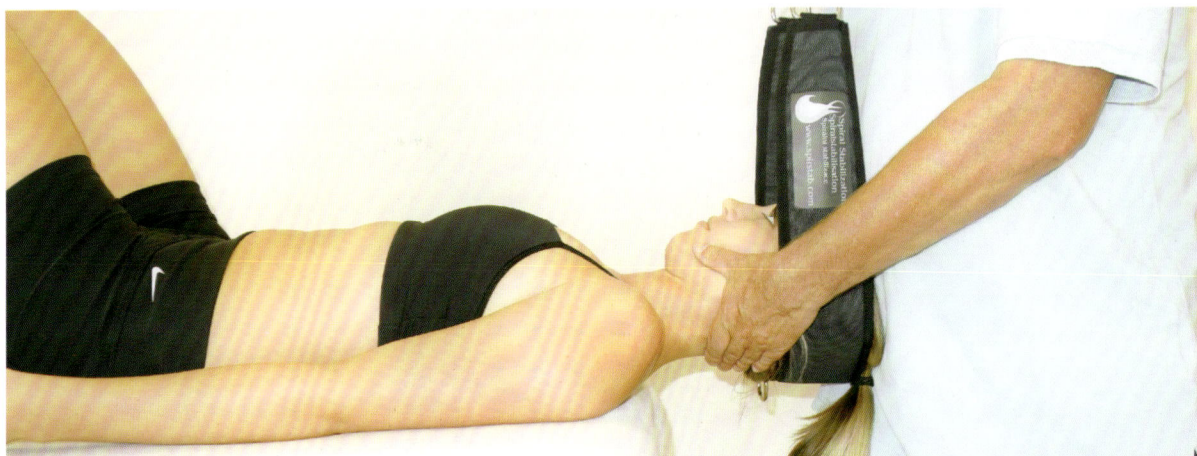

仰卧位手法治疗技术（头部悬吊）

头后大直肌、头后小直肌、头上斜肌、头下斜肌

——牵伸按摩。

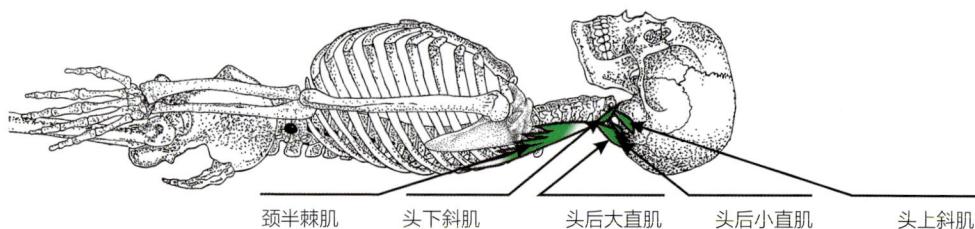

颈半棘肌　　　头下斜肌　　　头后大直肌　　　头后小直肌　　　头上斜肌

初始体位

患者仰卧位（固定点）。治疗师站立于患者头后，一腿在前一腿在后。用右手抓住患者的下颌部，左手食指放在第 2 颈椎棘突和枕骨之间，拇指放在下颌的位置。患者吸气。

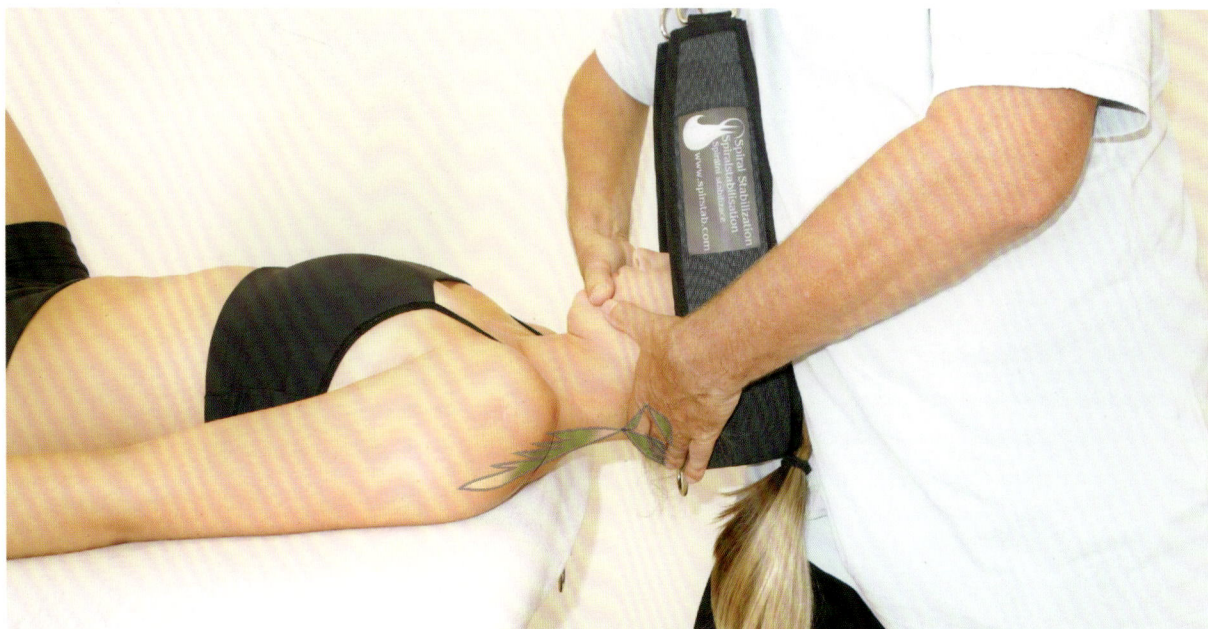

治疗过程

治疗师右手朝斜后方轻柔地压住患者的下颌，同时用左手向上牵伸患者的头后部，使患者的头部沿着外耳轴做旋转的动作。患者慢慢呼气。牵拉，放松，再次牵拉，重复操作 6 次。在操作手法结束时，暂停大约 3 秒。

等长收缩后放松。身体伸展，患者吸气。此动作可产生反压。患者呼气时，进行下一步牵伸。整个过程重复操作 3 次。此操作手法可牵伸头后大直肌、头后小直肌、头上斜肌、头下斜肌和其他颈肌，也可使患者在训练期间做好放松的准备。

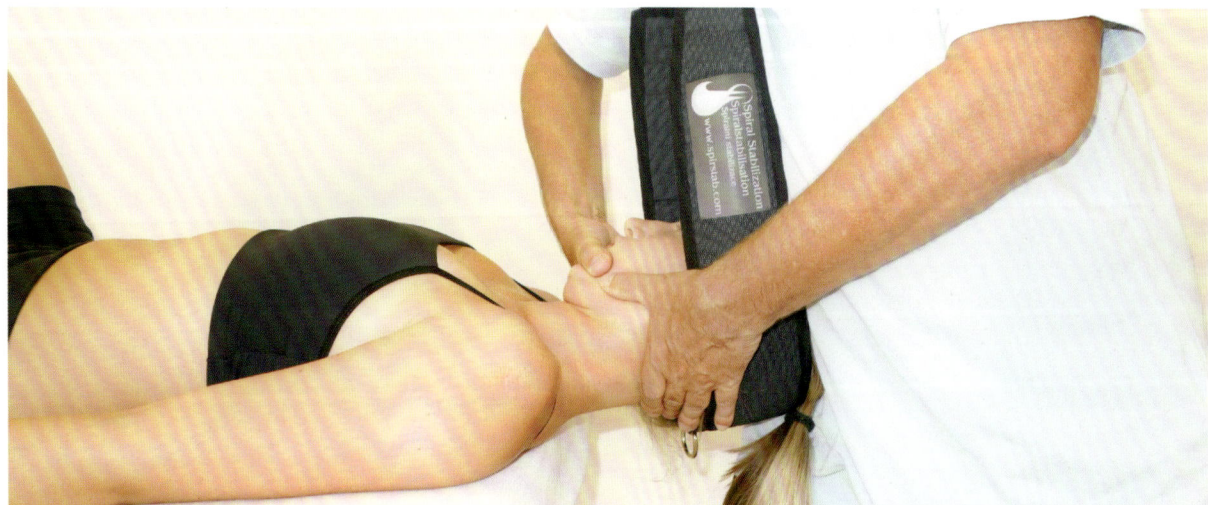

坐位手法治疗技术

头半棘肌、颈半棘肌——训练中的牵伸手法。

训练6　坐位，背对弹力绳的固定点，双侧同时牵拉弹力绳向前做圆形运动轨迹。

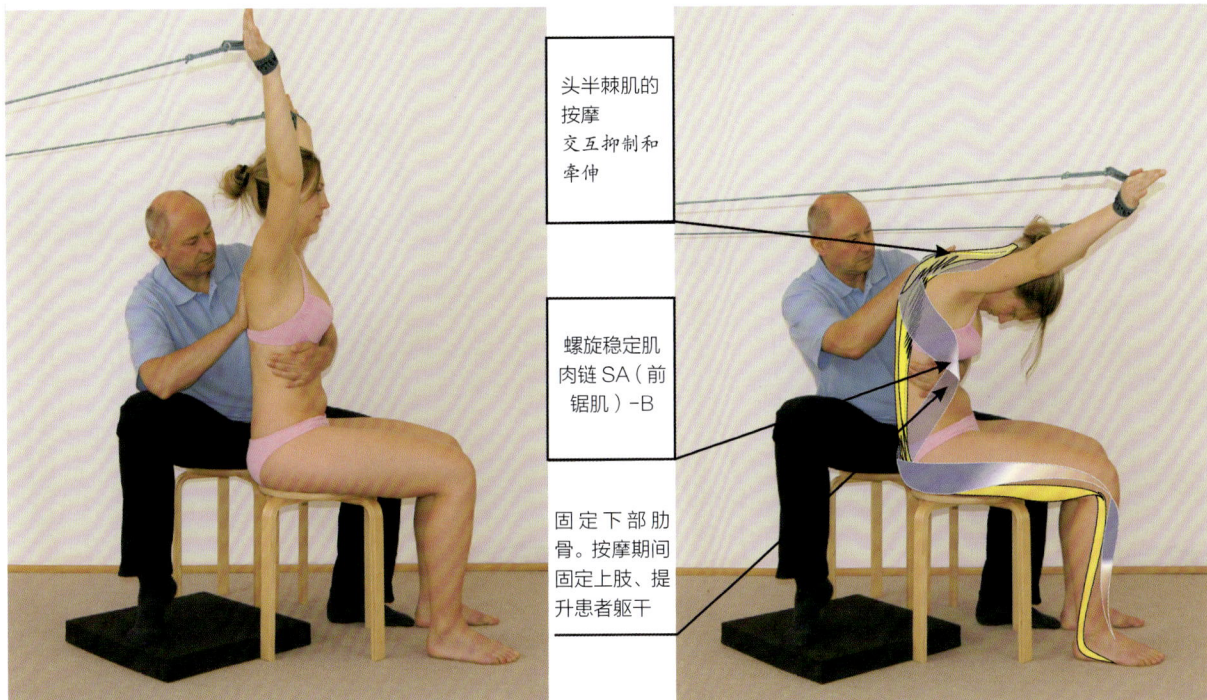

头半棘肌的按摩
交互抑制和牵伸

螺旋稳定肌肉链SA（前锯肌）-B

固定下部肋骨。按摩期间固定上肢、提升患者躯干

训练2　坐位，侧对弹力绳的固定点，一侧上肢侧向牵拉弹力绳。

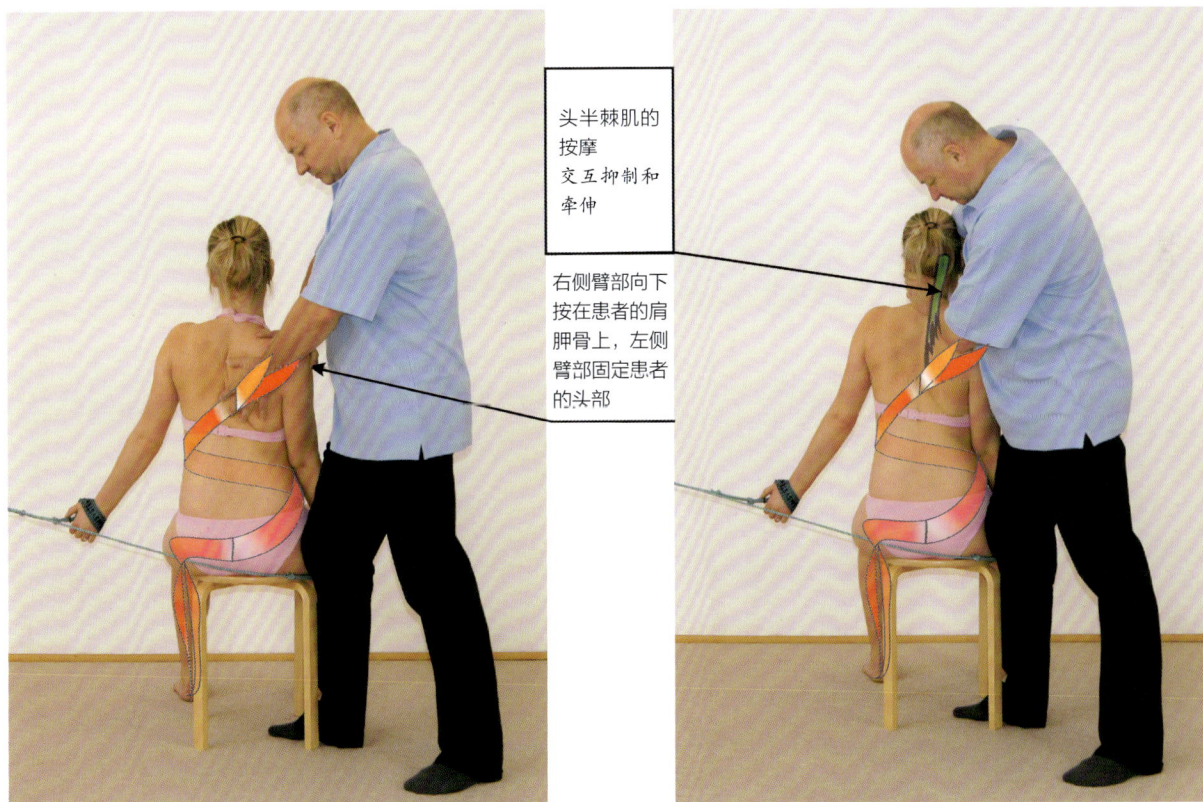

头半棘肌的按摩
交互抑制和牵伸

右侧臂部向下按在患者的肩胛骨上，左侧臂部固定患者的头部

训练：固定，牵伸

头半棘肌、颈半棘肌、头后大直肌、头后小直肌、头上斜肌、头下斜肌

——交互抑制性放松，牵伸。

LD（背阔肌）与TR（斜方肌）肌肉链在第2部分训练中为主动肌。

训练2　站立位，侧对弹力绳的固定点，下肢保持原位不动。一侧上肢向上、向下牵拉弹力绳至髋部，牵伸颈部。

稳定 TR、LD

主动放松

交互抑制
（主动放松）
牵伸

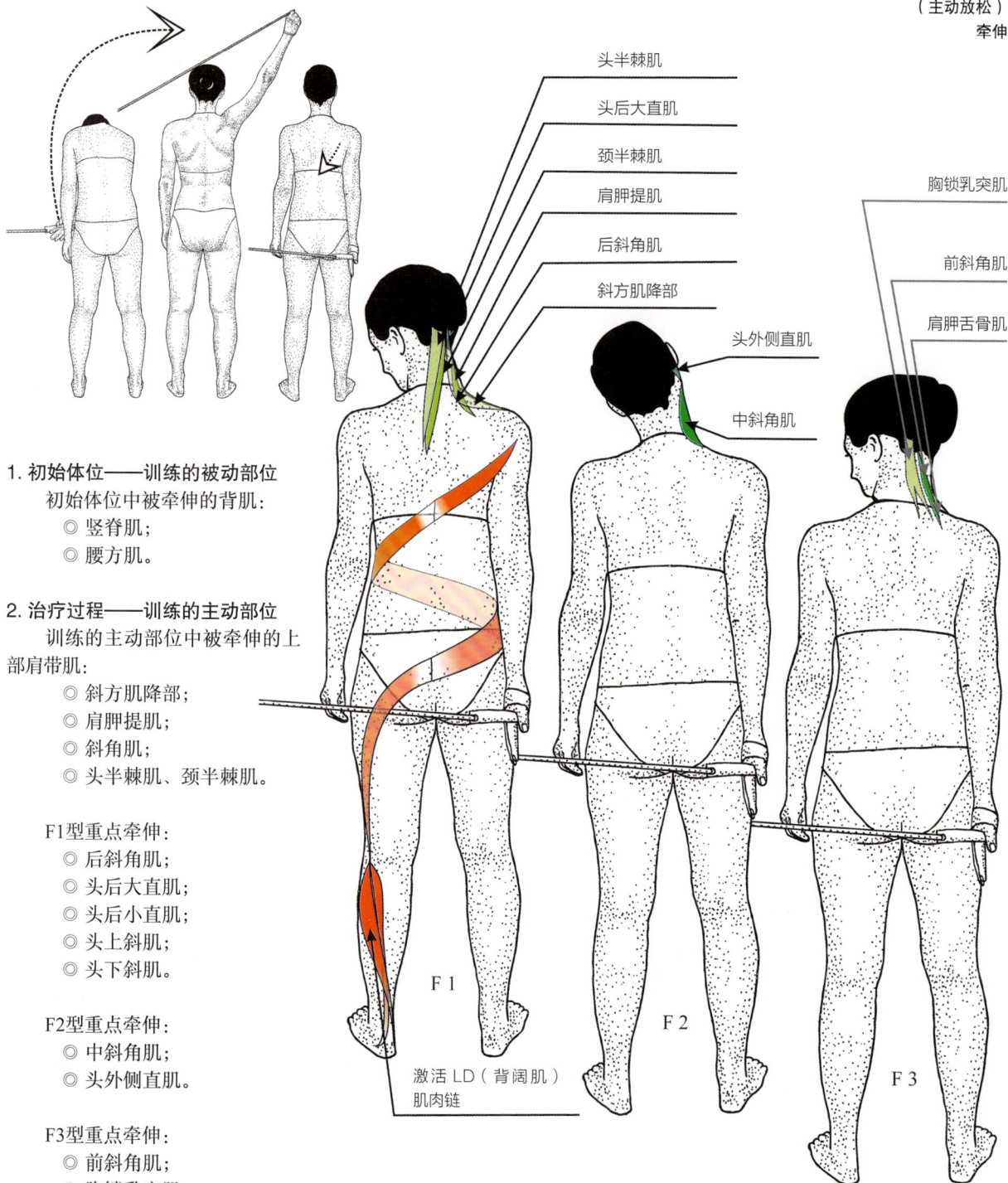

头半棘肌

头后大直肌

颈半棘肌

肩胛提肌

后斜角肌

斜方肌降部

头外侧直肌

中斜角肌

胸锁乳突肌

前斜角肌

肩胛舌骨肌

1. 初始体位——训练的被动部位
   初始体位中被牵伸的背肌：
   ◎ 竖脊肌；
   ◎ 腰方肌。

2. 治疗过程——训练的主动部位
   训练的主动部位中被牵伸的上
   部肩带肌：
   ◎ 斜方肌降部；
   ◎ 肩胛提肌；
   ◎ 斜角肌；
   ◎ 头半棘肌、颈半棘肌。

   F1型重点牵伸：
   ◎ 后斜角肌；
   ◎ 头后大直肌；
   ◎ 头后小直肌；
   ◎ 头上斜肌；
   ◎ 头下斜肌。

   F2型重点牵伸：
   ◎ 中斜角肌；
   ◎ 头外侧直肌。

   F3型重点牵伸：
   ◎ 前斜角肌；
   ◎ 胸锁乳突肌；
   ◎ 肩胛舌骨肌。

F 1

F 2

F 3

激活 LD（背阔肌）
肌肉链

训练 1　站立位，面向弹力绳的固定点，一侧下肢向前踩在垫子上。双臂同时向后牵拉，手掌向上。

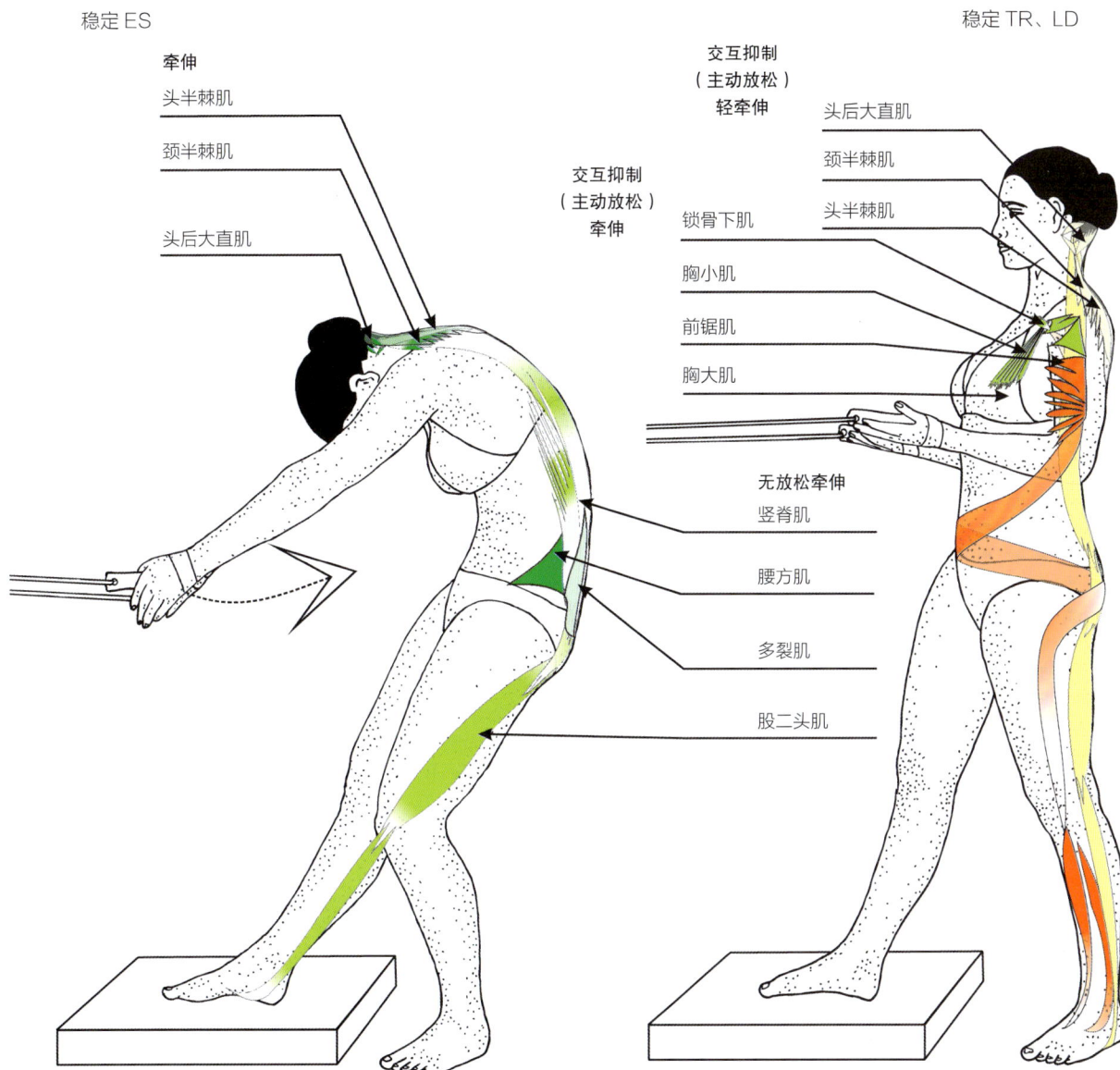

稳定 ES

稳定 TR、LD

牵伸

头半棘肌

颈半棘肌

头后大直肌

交互抑制
（主动放松）
轻牵伸

头后大直肌

颈半棘肌

头半棘肌

交互抑制
（主动放松）
牵伸

锁骨下肌

胸小肌

前锯肌

胸大肌

无放松牵伸

竖脊肌

腰方肌

多裂肌

股二头肌

1. 初始体位——训练的被动部位
　　初始体位中被牵伸的背肌：
　　◎ 竖脊肌；
　　◎ 腰方肌；
　　◎ 多裂肌。

　　被牵伸的大腿后群肌：
　　◎ 股二头肌；
　　◎ 半腱肌；
　　◎ 半膜肌；
　　◎ 大收肌。

2. 治疗过程——训练的主动部位
　　前部肩带肌被主动牵伸的部分：
　　◎ 锁骨下肌；
　　◎ 胸小肌；
　　◎ 胸大肌；
　　◎ 前锯肌。

　　被放松的上部肩带肌：
　　◎ 斜方肌降部；
　　◎ 肩胛提肌；
　　◎ 斜角肌；
　　◎ 头半棘肌、颈半棘肌与其他肌。

PM（胸大肌）肌肉链在第1部分训练中为主动肌。

LD（背阔肌）与TR（斜方肌）肌肉链在第2部分训练中为主动肌。

训练 1　站立位，面向弹力绳的固定点，一侧下肢向前踩在垫子上。双臂同时向后牵拉，上肢外旋张开，手掌向上。

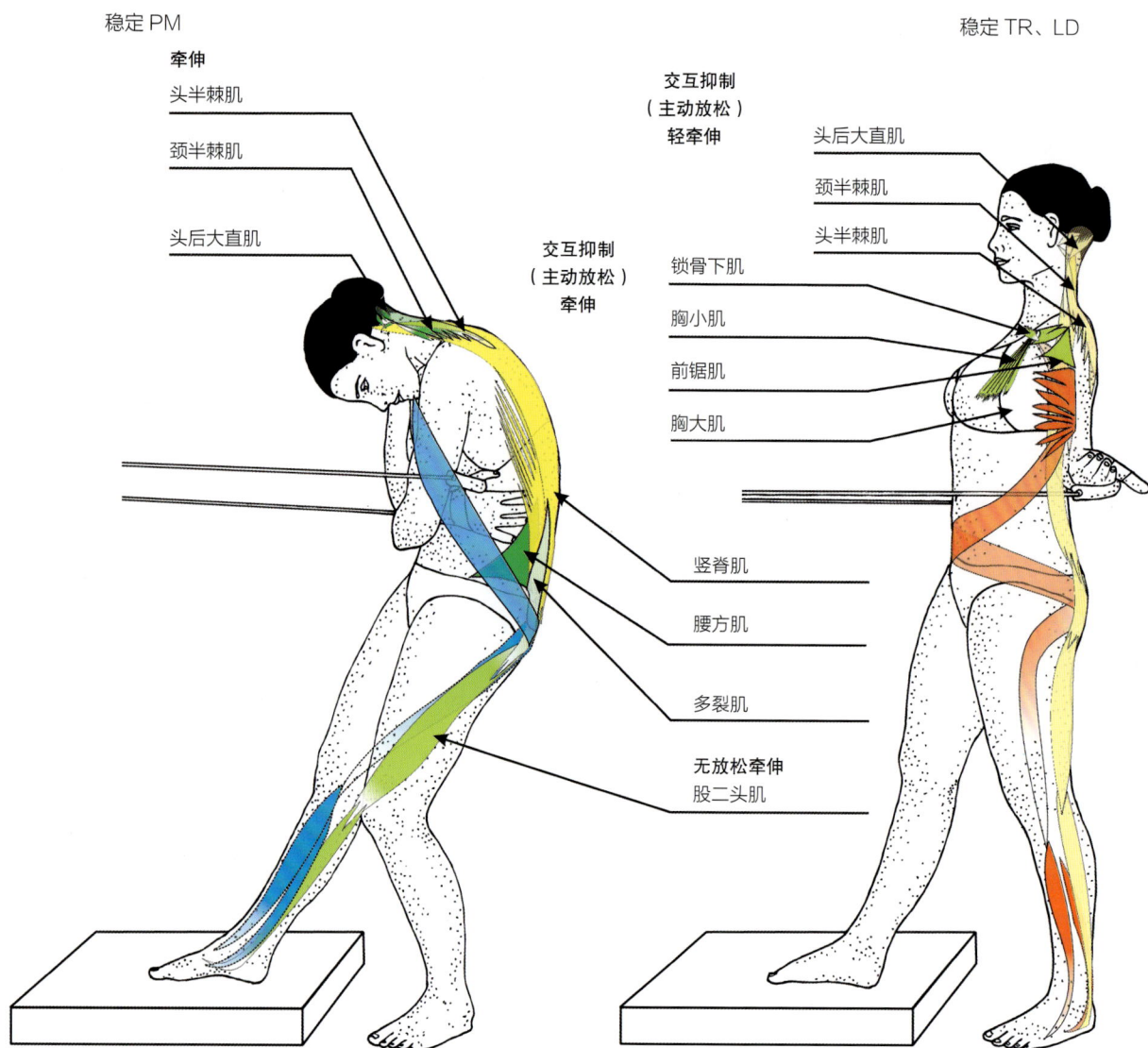

稳定 PM

牵伸

头半棘肌

颈半棘肌

头后大直肌

**交互抑制
（主动放松）
轻牵伸**

稳定 TR、LD

头后大直肌

颈半棘肌

头半棘肌

**交互抑制
（主动放松）
牵伸**

锁骨下肌

胸小肌

前锯肌

胸大肌

竖脊肌

腰方肌

多裂肌

无放松牵伸

股二头肌

1. 初始体位——训练的主动部位

初始体位中被牵伸的背肌：

◎ 竖脊肌；

◎ 腰方肌；

◎ 多裂肌。

被牵伸的大腿后群肌：

◎ 股二头肌；

◎ 半腱肌；

◎ 半膜肌；

◎ 大收肌。

2. 治疗过程——训练的主动部位

被主动牵伸的前部肩带肌：

◎ 锁骨下肌；

◎ 胸小肌；

◎ 胸大肌；

◎ 前锯肌。

被放松的上部肩带肌：

◎ 斜方肌降部；

◎ 肩胛提肌；

◎ 斜角肌；

◎ 头半棘肌、颈半棘肌；

◎ 头后大直肌；

◎ 头后小直肌；

◎ 头上斜肌；

◎ 头下斜肌。

LD（背阔肌）与TR（斜方肌）肌肉链在第1部分训练中为主动肌。
SA（前锯肌）肌肉链在第2部分训练中为主动肌。

训练6　站立位，背对着弹力绳的固定点，下肢保持自然站立，双臂同时向前做圆形运动。

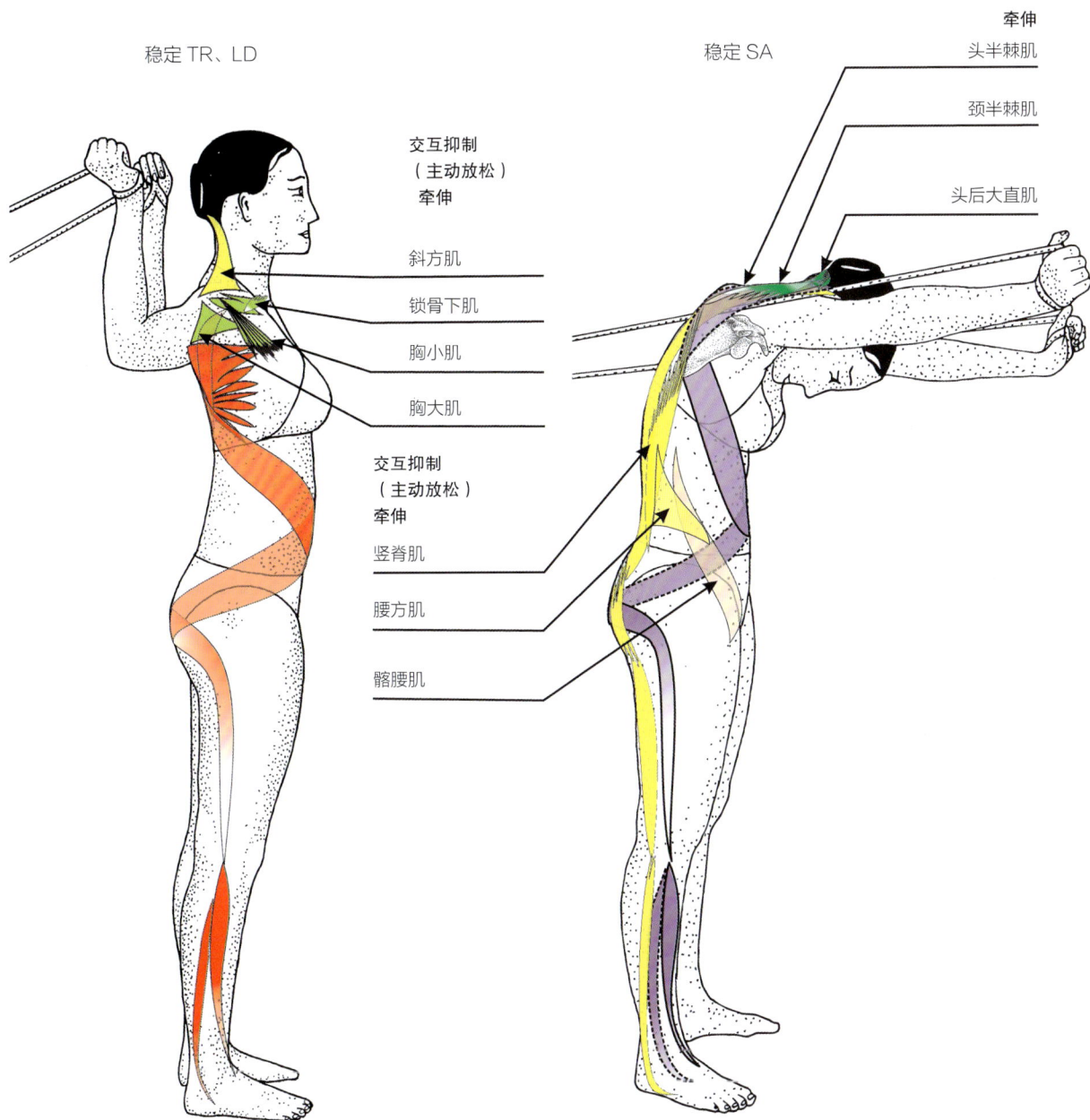

稳定 TR、LD

稳定 SA

牵伸
头半棘肌

颈半棘肌

头后大直肌

交互抑制
（主动放松）
牵伸

斜方肌

锁骨下肌

胸小肌

胸大肌

交互抑制
（主动放松）
牵伸

竖脊肌

腰方肌

髂腰肌

1. 治疗过程的第1部分——训练的主动部位
　被牵伸的前部肩带肌：
　　◎ 锁骨下肌；
　　◎ 胸小肌；
　　◎ 胸大肌；
　　◎ 前锯肌。
　上部肩带肌放松部位：
　　◎ 斜方肌降部；
　　◎ 肩胛提肌；
　　◎ 斜角肌；
　　◎ 头半棘肌、颈半棘肌等。

2. 治疗过程——训练的主动部位
　训练过程中被牵伸的背肌：
　　◎ 竖脊肌；
　　◎ 腰方肌；
　　◎ 髂腰肌；
　　◎ 头后大直肌；
　　◎ 头后小直肌；
　　◎ 头上斜肌；
　　◎ 头下斜肌。

训练 6　站立位，背对着弹力绳的固定点，一侧下肢向前踩在垫子上，双侧上肢同时向前做圆形运动。

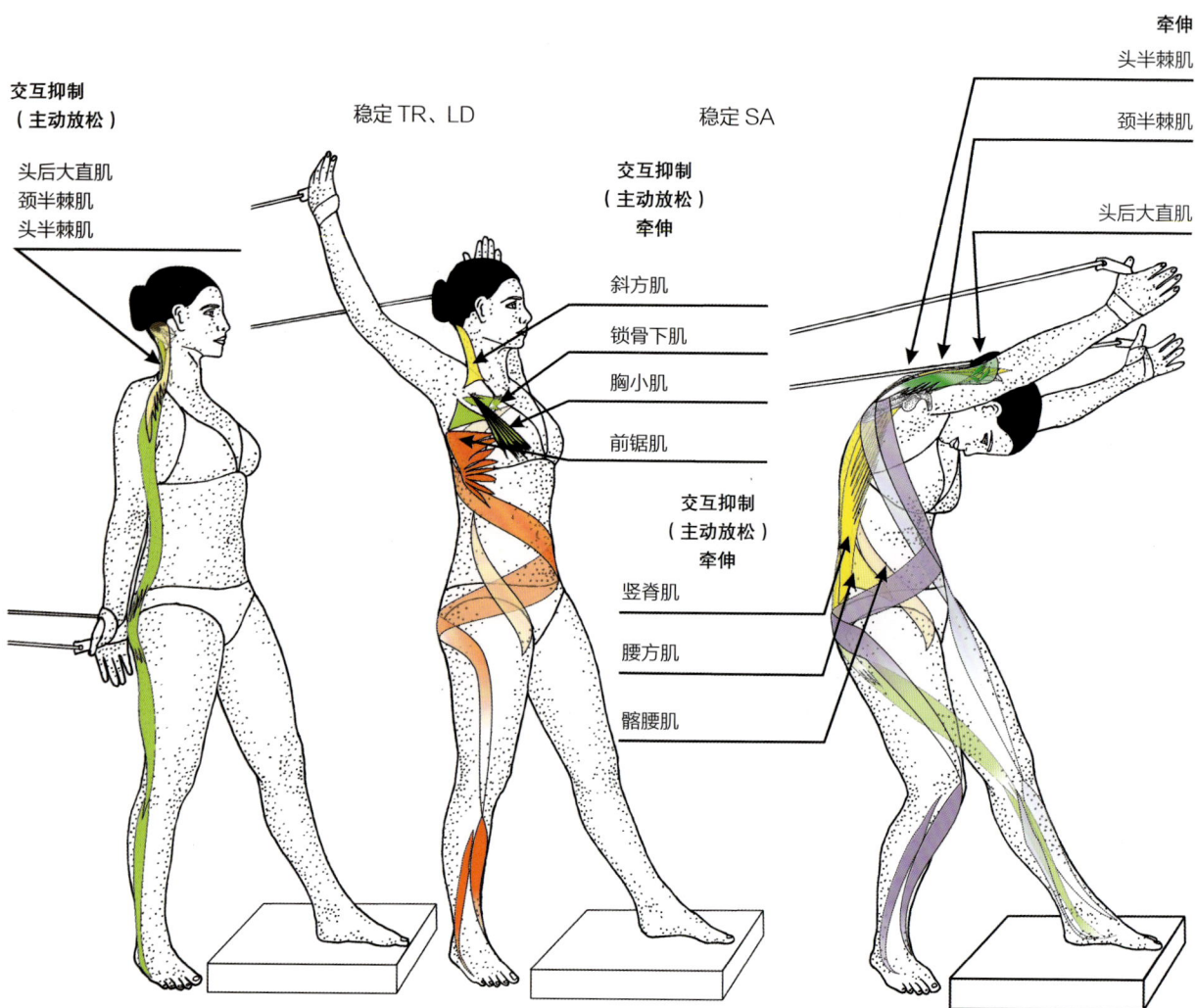

交互抑制
（主动放松）

头后大直肌
颈半棘肌
头半棘肌

稳定 TR、LD

稳定 SA

交互抑制
（主动放松）
牵伸

斜方肌
锁骨下肌
胸小肌
前锯肌

交互抑制
（主动放松）
牵伸

竖脊肌
腰方肌
髂腰肌

牵伸

头半棘肌
颈半棘肌
头后大直肌

1. 治疗过程的第1部分——训练的主动部位
　被牵伸的前部肩带肌：
　　◎ 锁骨下肌；
　　◎ 胸小肌；
　　◎ 胸大肌；
　　◎ 前锯肌。

　被放松的上部肩带肌：
　　◎ 斜方肌降部；
　　◎ 肩胛提肌；
　　◎ 斜角肌；
　　◎ 头半棘肌、颈半棘肌等。

2. 治疗过程——训练的主动部位
　训练过程中被牵伸的背肌：
　　◎ 竖脊肌；
　　◎ 腰方肌；
　　◎ 髂腰肌；
　　◎ 头后大直肌；
　　◎ 头后小直肌；
　　◎ 头上斜肌；
　　◎ 头下斜肌。

LD（背阔肌）与TR（斜方肌）肌肉链在第2部分训练中为主动肌。

训练 1　站立位，面对弹力绳的固定点，一侧下肢向前踩在垫子上。双臂向后牵拉，上肢外旋打开，手掌向上。

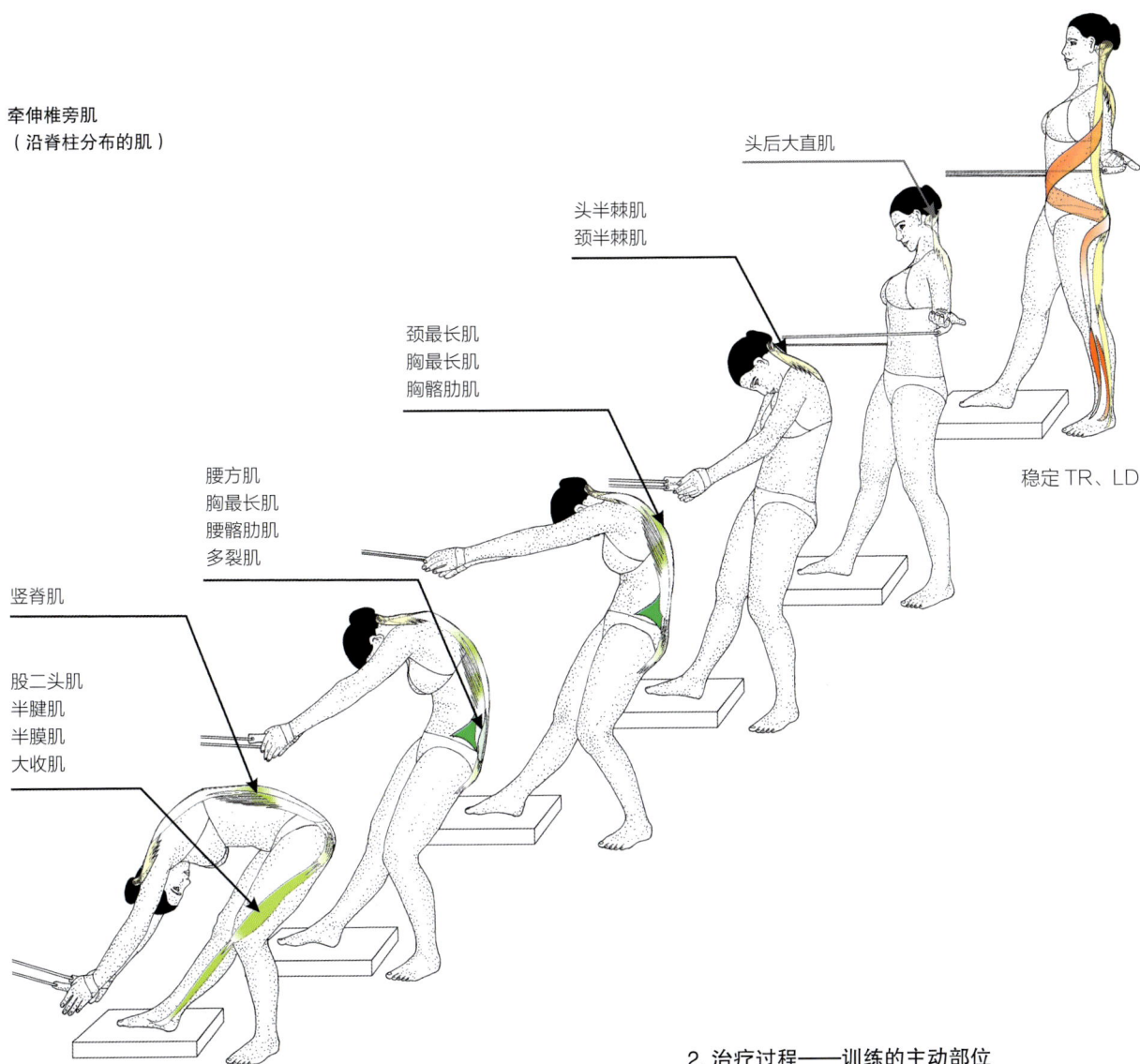

牵伸椎旁肌
（沿脊柱分布的肌）

头后大直肌

头半棘肌
颈半棘肌

颈最长肌
胸最长肌
胸髂肋肌

腰方肌
胸最长肌
腰髂肋肌
多裂肌

竖脊肌

股二头肌
半腱肌
半膜肌
大收肌

稳定 TR、LD

1. 初始体位——训练的主动部位

初始体位中被牵伸的背肌：

◎ 竖脊肌；

◎ 腰方肌；

◎ 多裂肌。

被牵伸的大腿后群肌：

◎ 股二头肌；

◎ 半腱肌；

◎ 半膜肌；

◎ 大收肌。

2. 治疗过程——训练的主动部位

被牵伸的前部肩带肌：

◎ 锁骨下肌；

◎ 胸小肌；

◎ 胸大肌；

◎ 前锯肌。

被放松的上部肩带肌：

◎ 斜方肌降部；

◎ 肩胛提肌；

◎ 斜角肌；

◎ 头半棘肌、颈半棘肌；

◎ 头后大直肌；

◎ 头后小直肌；

◎ 头上斜肌；

◎ 头下斜肌。

PM（胸大肌）肌肉链在第1部分训练中为主动肌。

LD（背阔肌）与TR（斜方肌）肌肉链在第2部分训练中为主动肌。

训练 10 站立位，侧向正对弹力绳的固定点，下肢保持自然站立，一侧上肢沿身体垂直轴向上牵拉弹力绳。

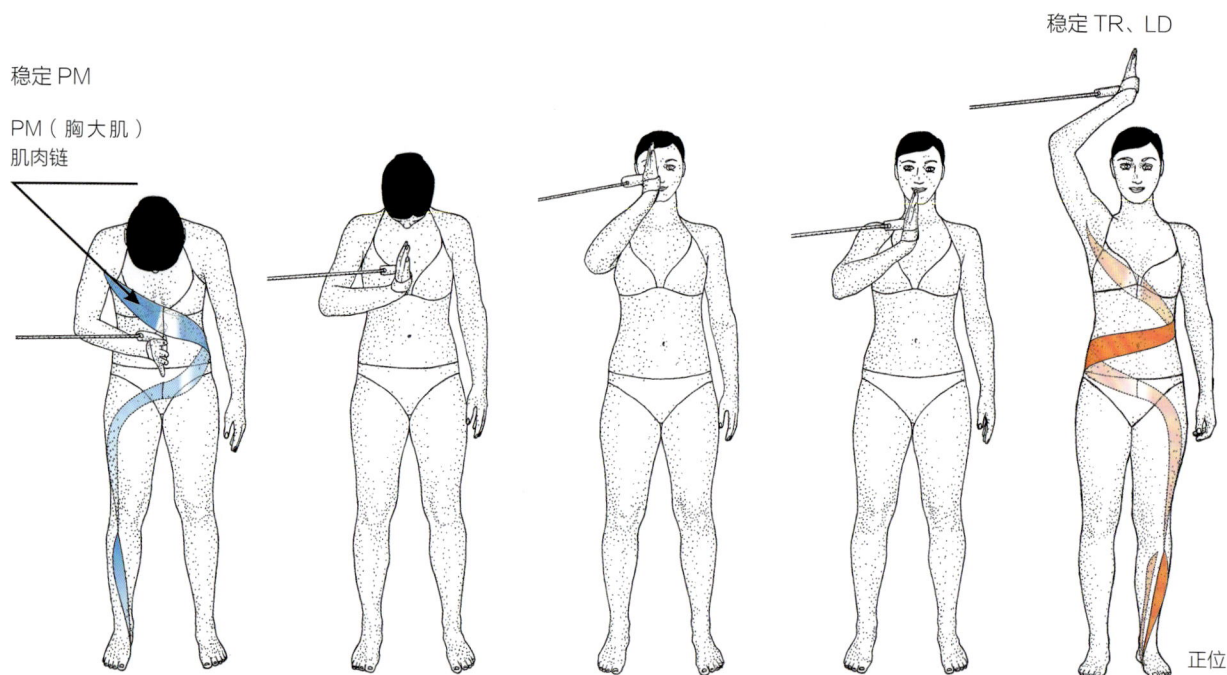

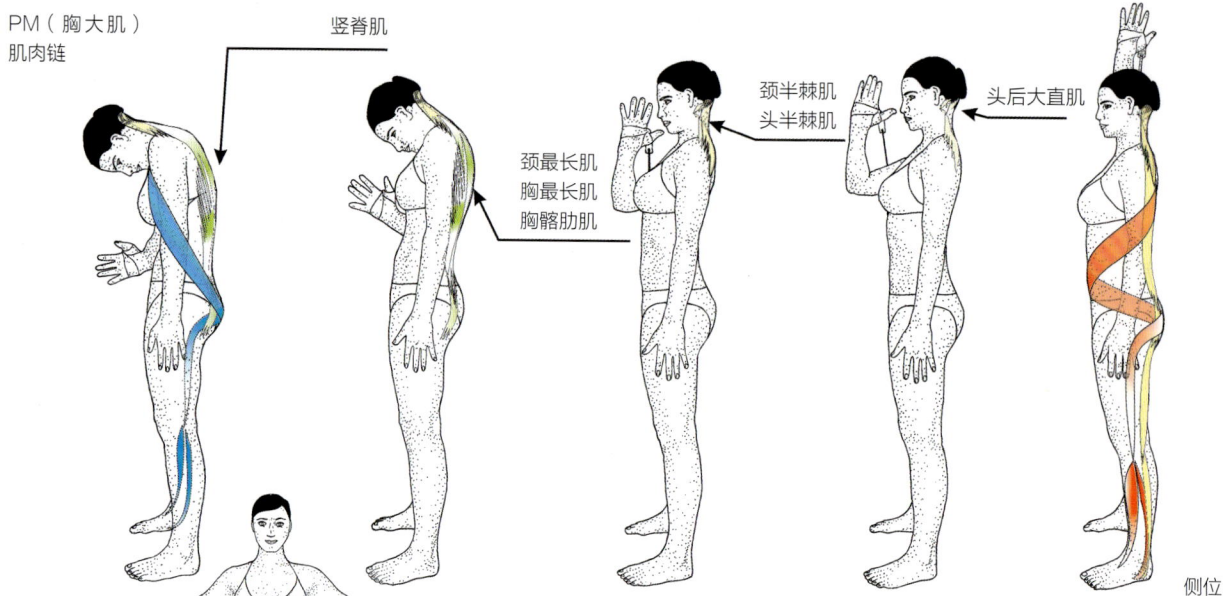

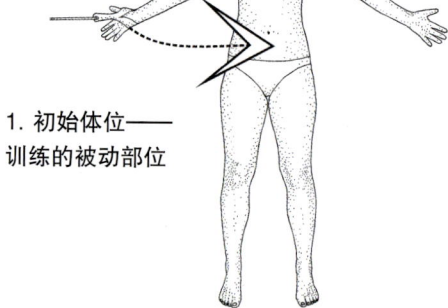

稳定 TR、LD

稳定 PM

PM（胸大肌）
肌肉链

正位

PM（胸大肌）
肌肉链

竖脊肌

颈半棘肌
头半棘肌

头后大直肌

颈最长肌
胸最长肌
胸髂肋肌

侧位

1. 初始体位——
训练的被动部位

2. 治疗过程——训练的主动部位

主动训练中被牵伸的上部肩带肌：

◎ 斜方肌降部；

◎ 肩胛提肌；

◎ 后斜角肌；

◎ 头半棘肌、颈半棘肌；

◎ 头后大直肌；

◎ 头后小直肌；

◎ 头上斜肌；

◎ 头下斜肌；

◎ 竖脊肌。

示例

头半棘肌、颈半棘肌——牵伸训练。

训练 2　站立位，侧对弹力绳的固定点，一侧下肢向前踩在垫子上。

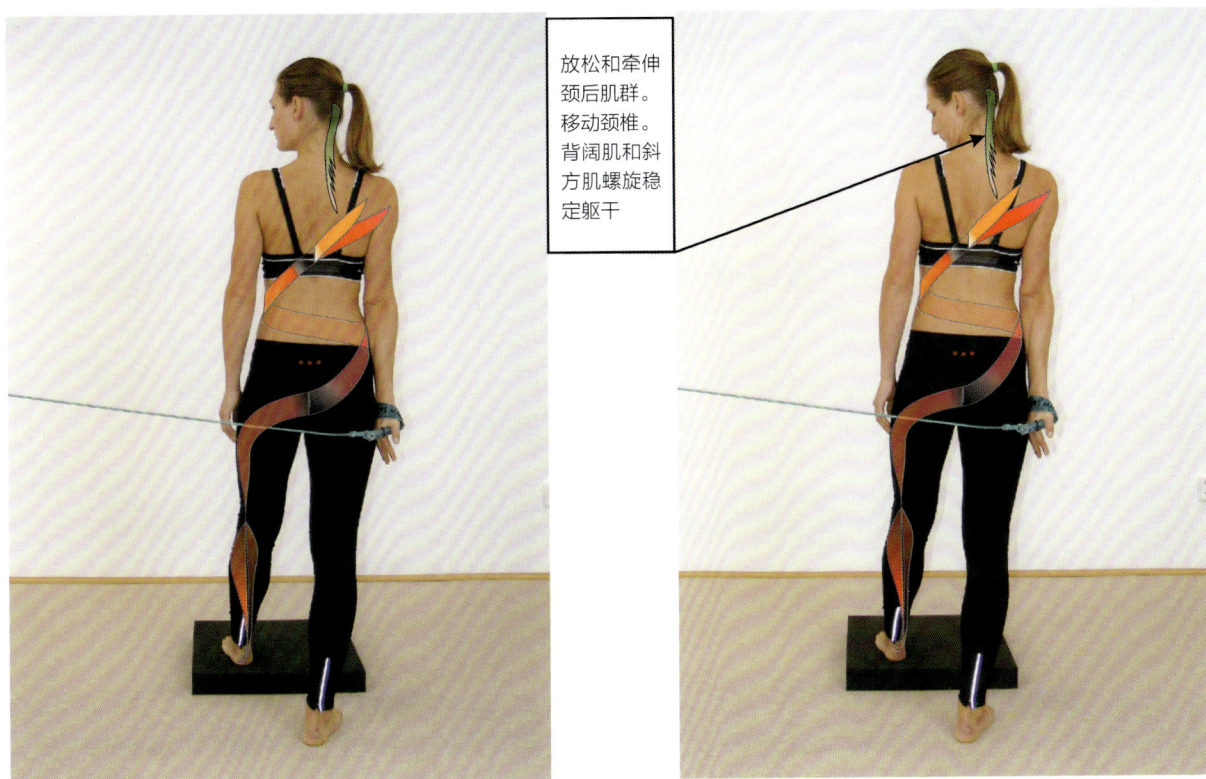

放松和牵伸颈后肌群。
移动颈椎。
背阔肌和斜方肌螺旋稳定躯干

训练 11　站立位，面向弹力绳的固定点，交叉式移动，一侧的上肢后伸，相对侧的下肢后伸。

颈肌的放松与牵伸。
移动颈椎。
移动来自肘部，头部固定不动而躯干旋转

螺旋稳定肌肉链LD（背阔肌）-B、TR（斜方肌）-C

训练5 膝跪位，面向弹力绳的固定点，一侧下肢前伸。

放松与牵伸颈后肌群。移动颈椎。背阔肌和斜方肌螺旋稳定躯干

训练1 站立位，面向弹力绳的固定点，一侧下肢前伸踩在垫子上。

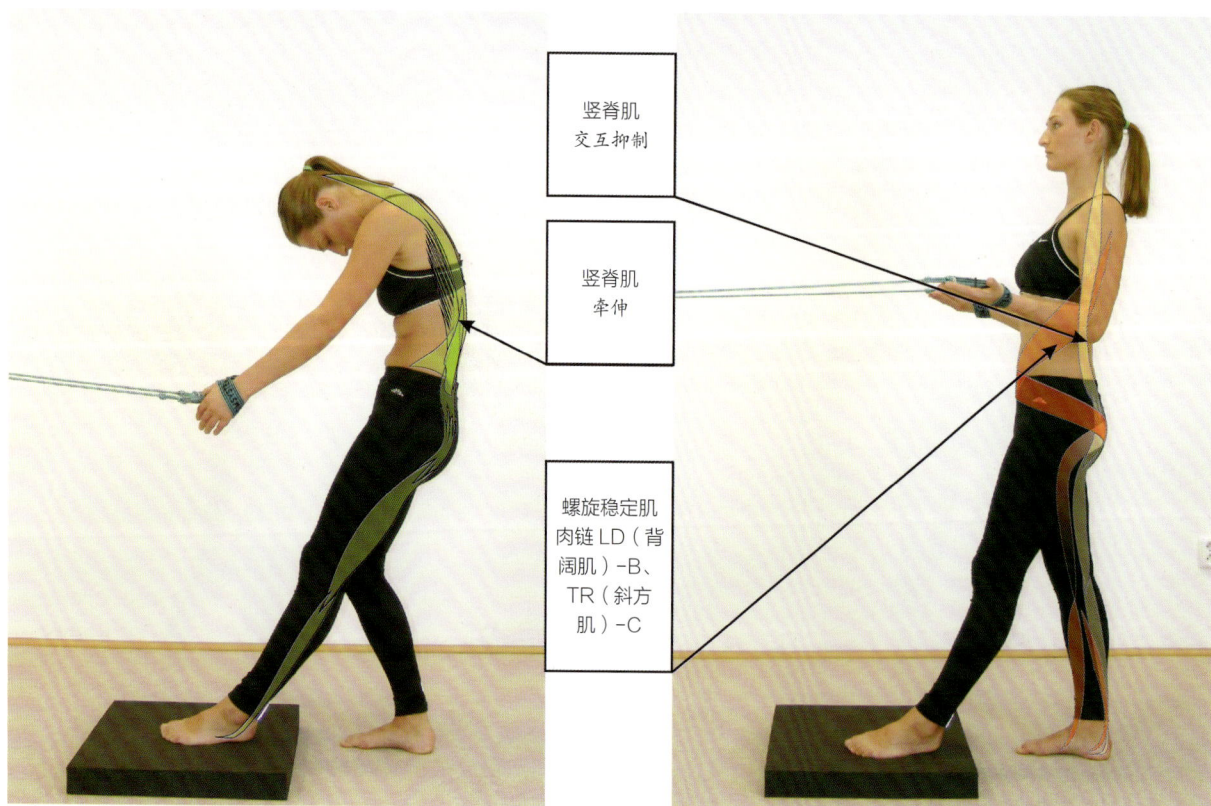

竖脊肌
交互抑制

竖脊肌
牵伸

螺旋稳定肌肉链LD（背阔肌）-B、TR（斜方肌）-C

肩带前肌群

要　点

◎ 锁骨下肌
◎ 胸小肌
◎ 前锯肌
◎ 胸大肌锁骨部

解剖

锁骨下肌

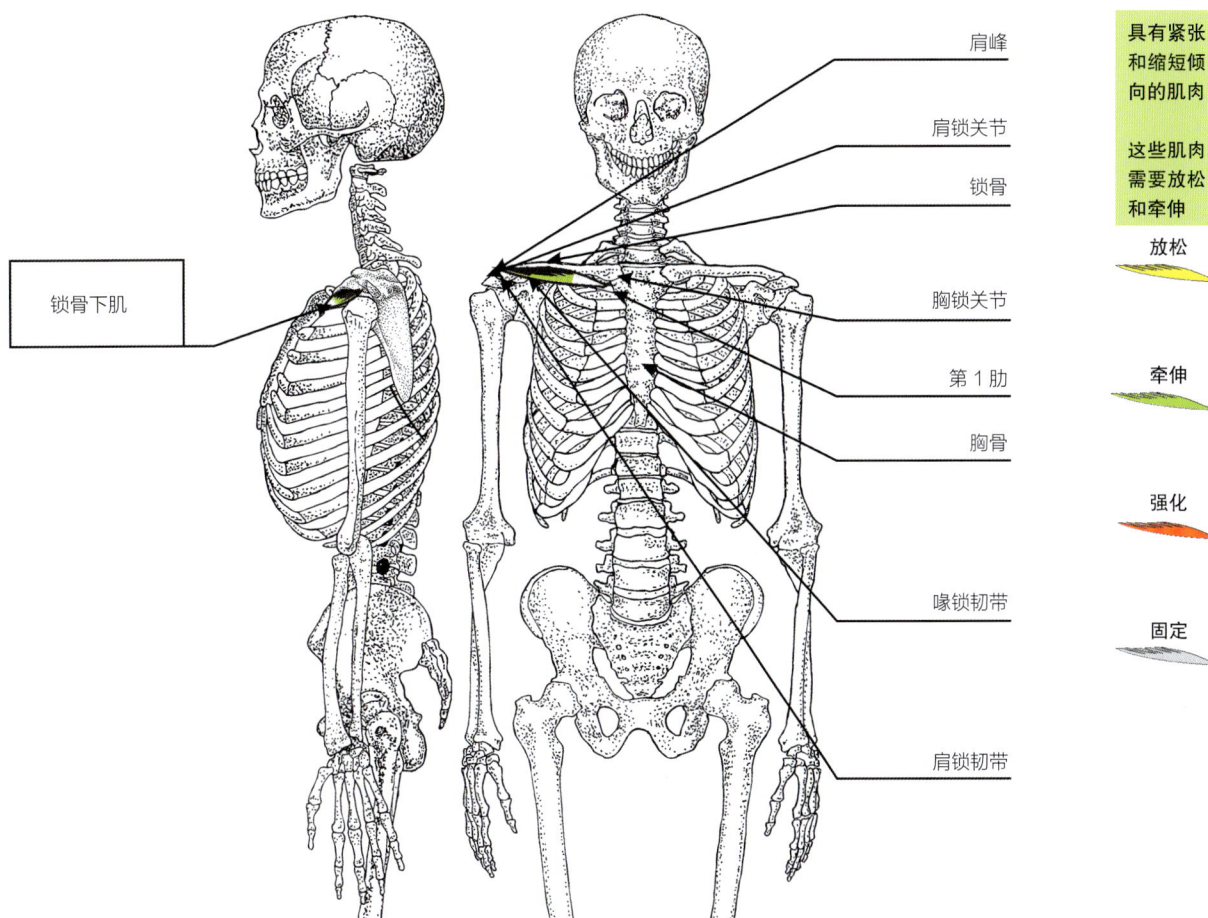

肩峰

肩锁关节

锁骨

胸锁关节

第 1 肋

胸骨

喙锁韧带

肩锁韧带

锁骨下肌

具有紧张和缩短倾向的肌肉
这些肌肉需要放松和牵伸

放松

牵伸

强化

固定

锁骨下肌

　起点：

　　◎ 第 1 肋的软骨部与骨性部的移行处。

　止点：

　　◎ 锁骨外 1/3 部的下面。

　功能：

　　◎ 固定胸锁关节中的锁骨位置。

　神经支配：

　　◎ 锁骨下神经（第 6 颈神经至第 1 胸神经）。

侧卧位手法治疗技术

锁骨下肌——按摩，放松，被动牵伸。

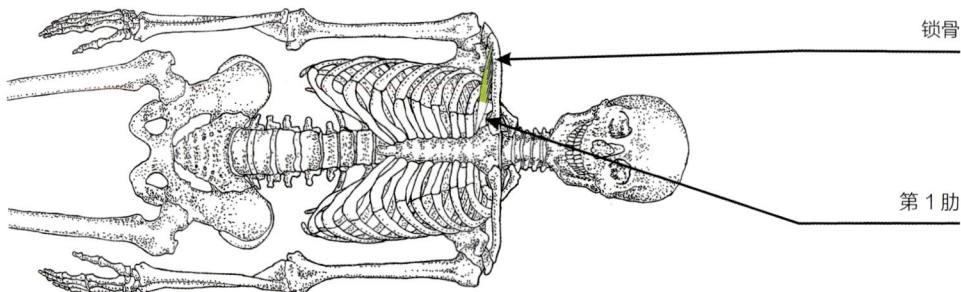

锁骨

第1肋

初始体位

治疗师以膝跪位在患者后方，用右小腿固定患者躯干（固定点）。左手手指全部置于患者锁骨下方，指尖抵达胸骨，手掌放在肩部，手指不能弯曲。右手掌靠着左手臂放在患者肩部（不是胸部），患者吸气。

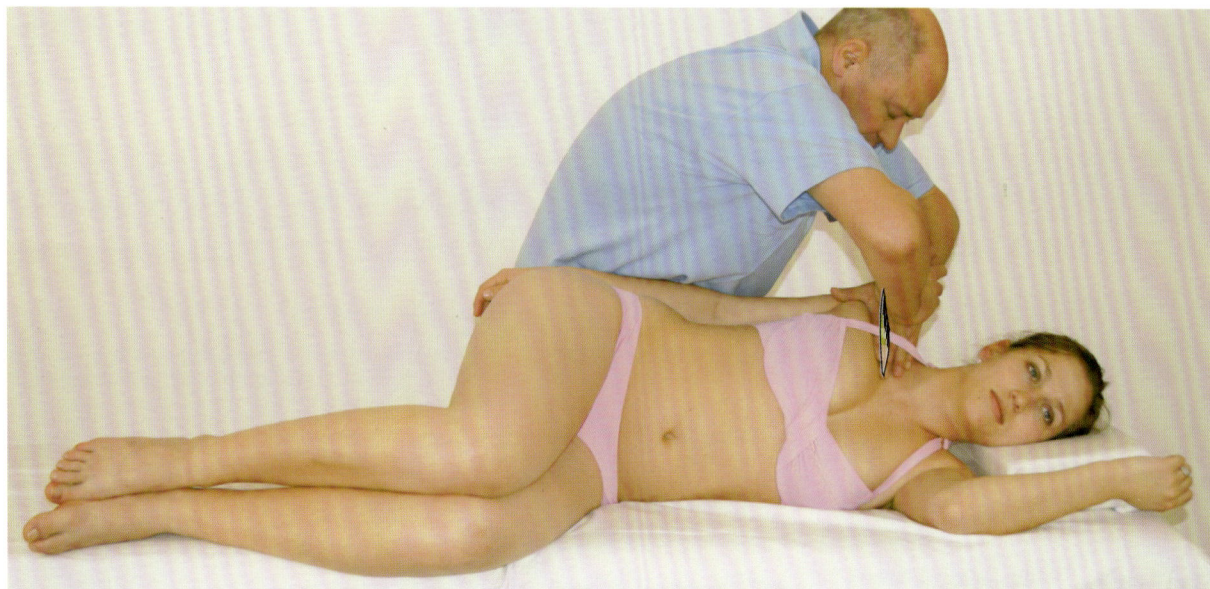

治疗过程

治疗师将身体的重量轻移至左臂，使患者肩胛骨向后伸（移动点）。这个动作可以牵伸患者的锁骨下肌。治疗师放在患者肩关节的手的位置不变，让患者缓慢呼气。缓慢放松，再牵伸，重复6次。在治疗的最后，停顿3秒。

等长收缩后放松。持续牵伸并让患者吸气，这时会产生一个抵抗力量。患者呼气时，完成下一步牵伸。此过程重复3次。这种手法牵伸了锁骨下肌和肩关节前面的其他肌肉，为患者在训练过程中能够完成适度范围的后伸肩关节动作做好了准备。

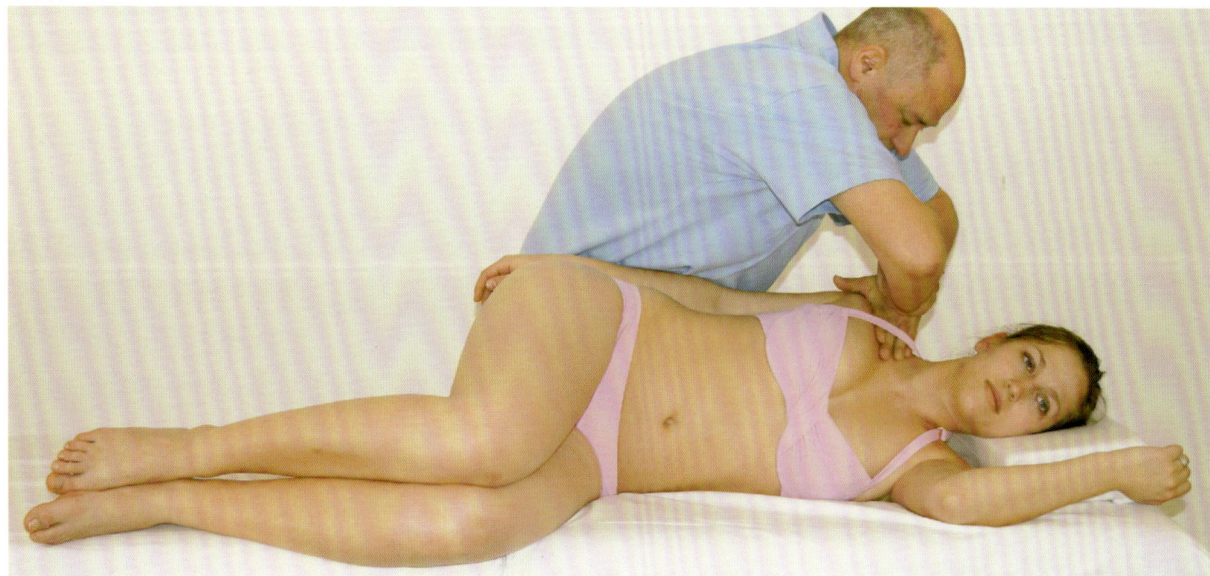

解剖
胸小肌

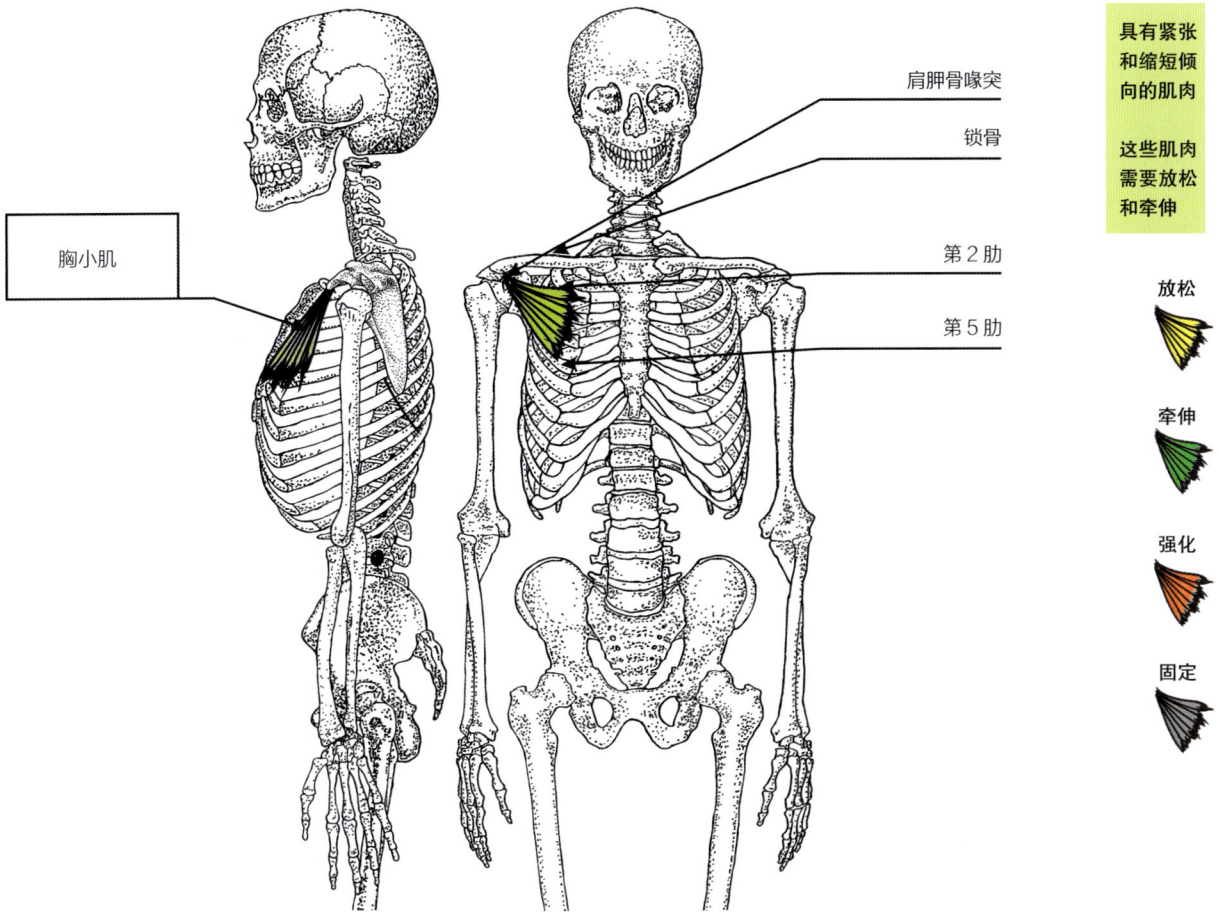

胸小肌

肩胛骨喙突

锁骨

第 2 肋

第 5 肋

具有紧张
和缩短倾
向的肌肉

这些肌肉
需要放松
和牵伸

放松

牵伸

强化

固定

胸小肌
　起点：
　　◎ 第 3 ~ 5 肋。
　止点：
　　◎ 肩胛骨喙突。
　功能：
　　◎ 向前下拉肩胛骨；
　　◎ 辅助呼吸肌吸气。
　神经支配：
　　◎ 胸内、外侧神经（第 6 颈神经至第 1 胸神经）。

侧卧位手法治疗技术

胸小肌——按摩，放松，被动牵伸。

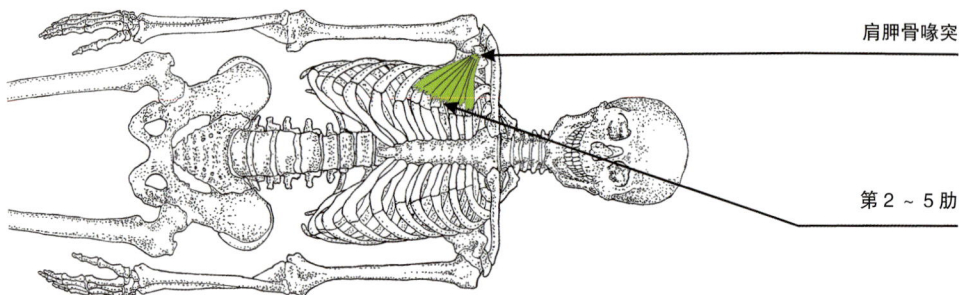

肩胛骨喙突

第 2 ~ 5 肋

初始体位

治疗师以膝跪位立在患者身后，用右小腿固定患者躯干（固定点）。左手指放在患者胸上，手指朝向第 2 肋，手掌放在肩上，手指不能弯曲；右手掌靠着左臂停在患者肩部的位置，而不是胸部。患者吸气。

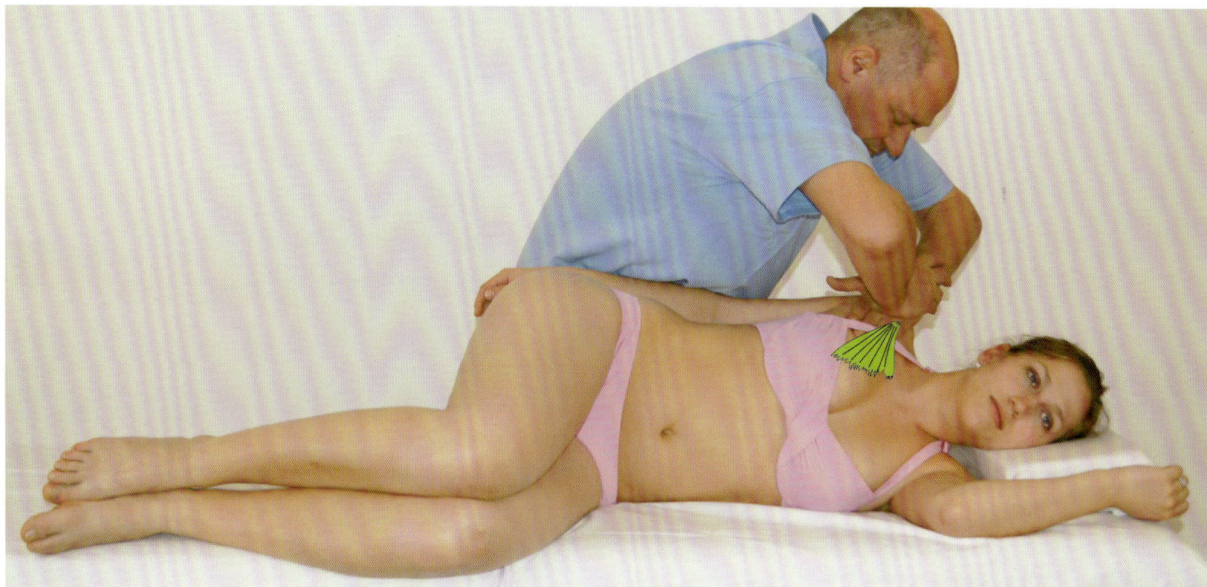

治疗过程

治疗师将身体的重量轻移至左臂，使患者肩胛骨向后伸（移动点）。这个动作可以牵伸患者的胸小肌。治疗师放在患者肩关节的手的位置不变，让患者缓慢呼气。放松，再牵伸，动作重复 6 次。在治疗的最后，停顿 3 秒。

等长收缩后放松。持续牵伸并让患者吸气，这时会产生抵抗力量。患者呼气时，完成下一步牵伸。此过程重复 3 次。以同样的方式，手法治疗胸小肌朝向第 3 ~ 5 肋的肌纤维。这种手法牵伸了胸小肌和肩关节前面的其他肌，为患者在训练过程中能够完成适度范围的后伸肩胛骨动作做好了准备。

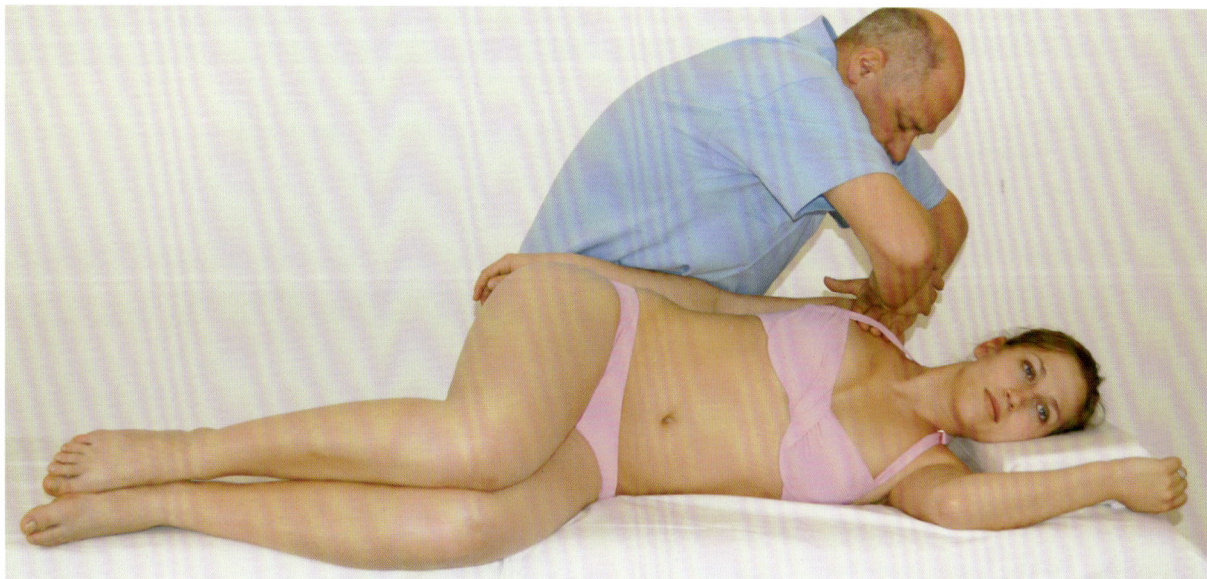

坐位手法治疗技术（一侧手臂吊起）

胸小肌、锁骨下肌——按摩，放松，被动牵伸。

初始体位

治疗师膝跪在患者身后，身体靠着患者躯干（固定点）。右手手掌放在患者肩上，手指全部放在胸部，分别指向第 1～5 肋，不能弯曲。食指放在锁骨上，中指放在锁骨下肌上。左手拇指固定下部肋骨，手指轻轻刺激腹壁，让患者吸气到手指的位置。

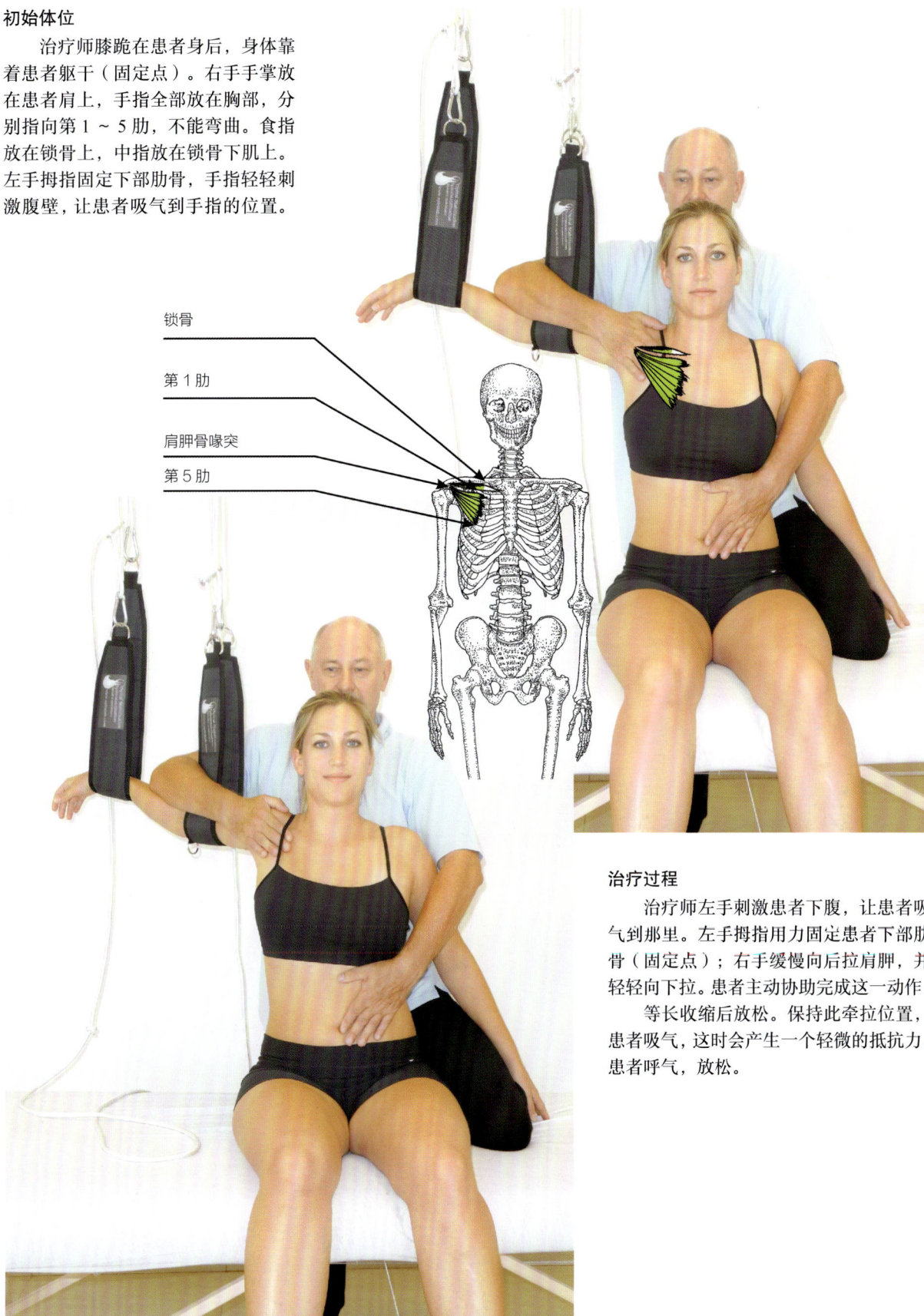

锁骨

第 1 肋

肩胛骨喙突

第 5 肋

治疗过程

治疗师左手刺激患者下腹，让患者吸气到那里。左手拇指用力固定患者下部肋骨（固定点）；右手缓慢向后拉肩胛，并轻轻向下拉。患者主动协助完成这一动作。

等长收缩后放松。保持此牵拉位置，患者吸气，这时会产生一个轻微的抵抗力。患者呼气，放松。

坐位手法治疗技术

锁骨下肌、胸小肌——按摩，主动放松，牵伸。

训练2　坐位，向一侧拉上肢，固定下部肋骨，向后牵拉肩，纠正头和躯干的轴，按摩。

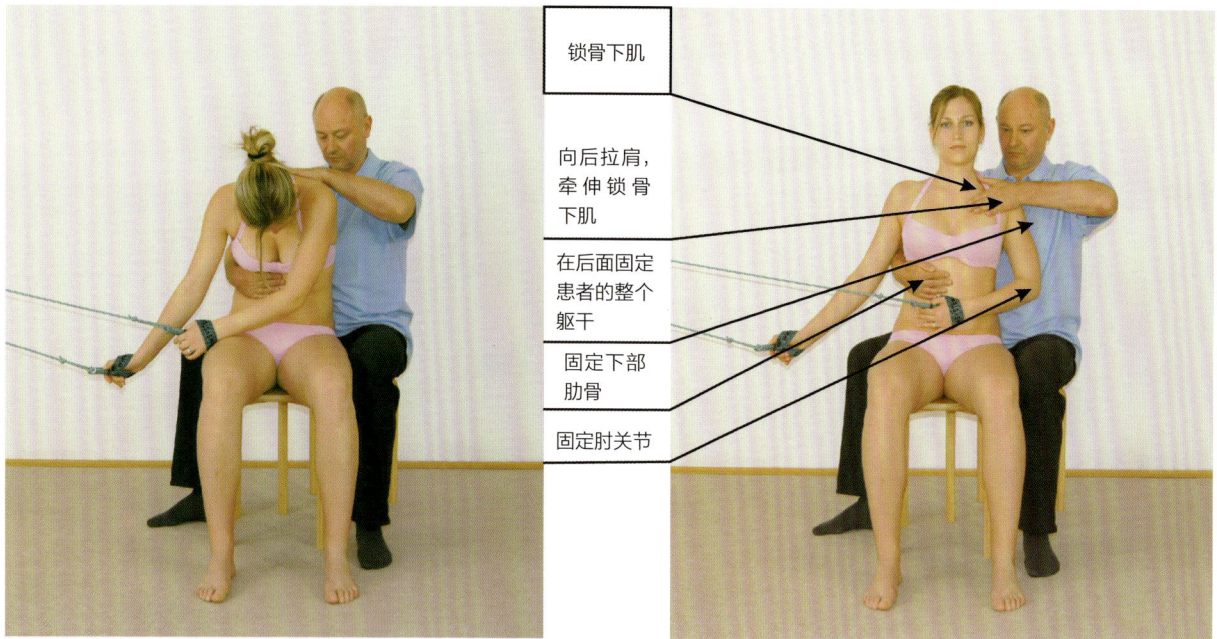

锁骨下肌
向后拉肩，牵伸锁骨下肌
在后面固定患者的整个躯干
固定下部肋骨
固定肘关节

锁骨下肌、胸小肌——主动放松，牵伸。

训练2　坐位，向一侧拉上肢，同时固定下部肋骨，向后牵拉肩，纠正头和躯干的轴，按摩。

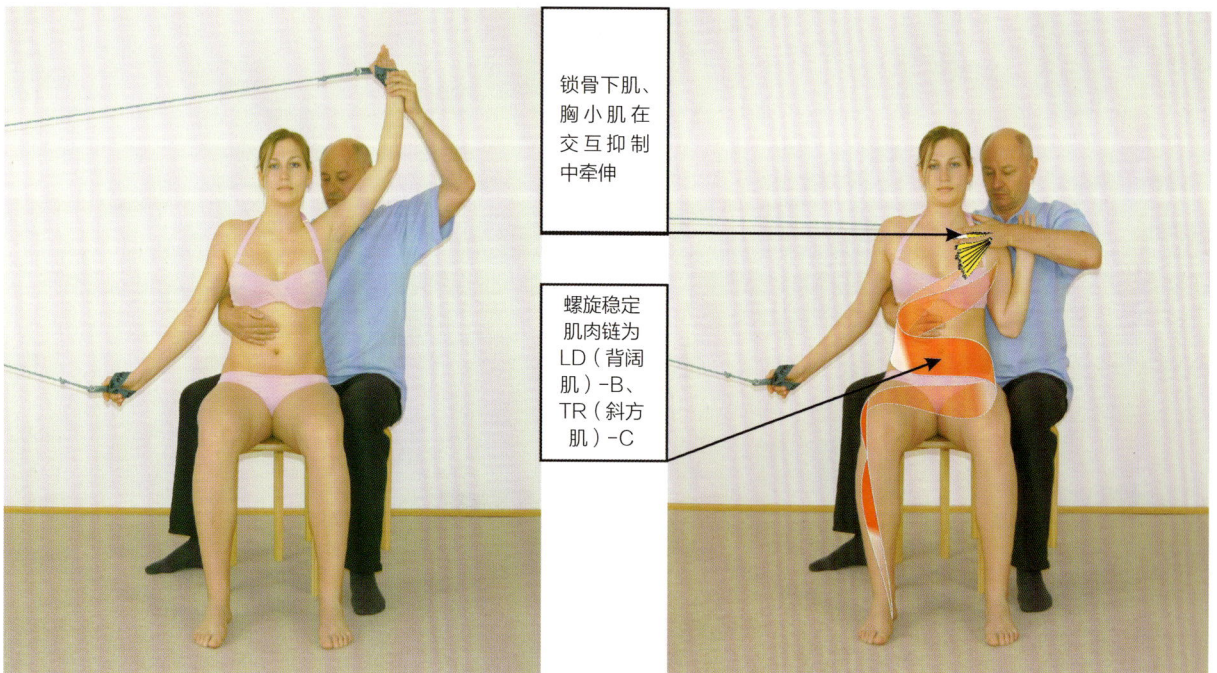

锁骨下肌、胸小肌在交互抑制中牵伸
螺旋稳定肌肉链为LD（背阔肌）-B、TR（斜方肌）-C

螺旋肌肉链 TR 和 LD 为主动肌，用来稳定身体。锁骨下肌和胸小肌交互抑制并同时得到牵伸。

前锯肌

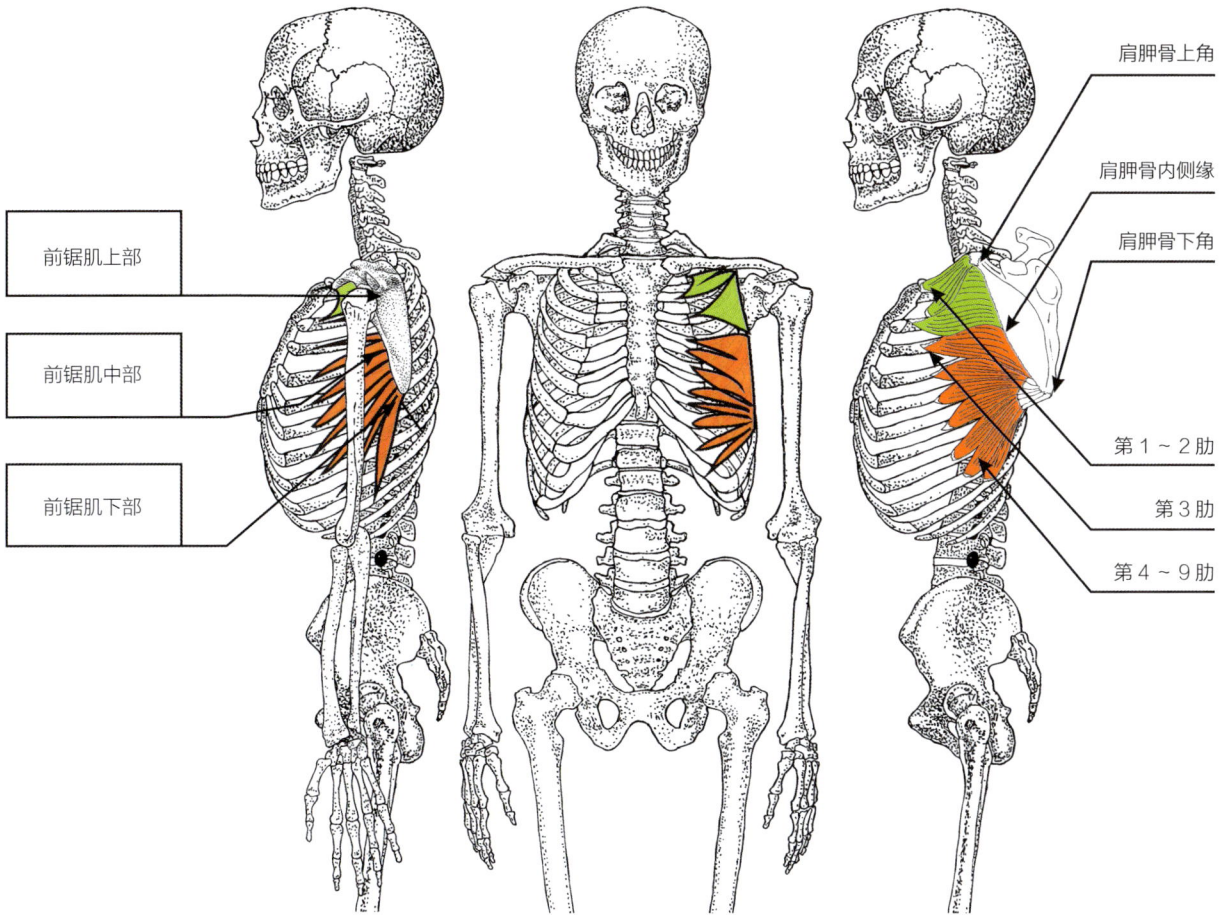

前锯肌上部
前锯肌中部
前锯肌下部

肩胛骨上角

肩胛骨内侧缘

肩胛骨下角

第 1 ~ 2 肋

第 3 肋

第 4 ~ 9 肋

前锯肌

    起点：

        ◎ 上部——第 1 ~ 2 肋；

        ◎ 中部——第 3 肋；

        ◎ 下部——第 4 ~ 9 肋。

    止点：

        ◎ 上部——肩胛骨上角；

        ◎ 中部——肩胛骨内侧缘；

        ◎ 下部——肩胛骨下角。

    功能：

        ◎ 向腹侧、向外侧拉肩胛骨（整肌）；

        ◎ 肩胛骨固定时，辅助呼吸；

        ◎ 下部——旋转肩胛骨，使肩胛骨下角向下外、
腹侧转（能抬高上肢 90° 以上）；

        ◎ 上部——使臂上抬复位（拮抗下部的作用）。

    神经支配：

        ◎ 胸长神经（第 5 ~ 7 颈神经）。

具有内部肌肉失衡倾向的肌群

具有弱化倾向的肌纤维，这些肌纤维需要强化

具有紧张和缩短倾向的肌纤维，这些肌纤维需要放松和牵伸

放松

牵伸

强化

固定

前锯肌的螺旋部存在弱化的倾向

侧卧位手法治疗技术

前锯肌——按摩，放松，被动牵伸。

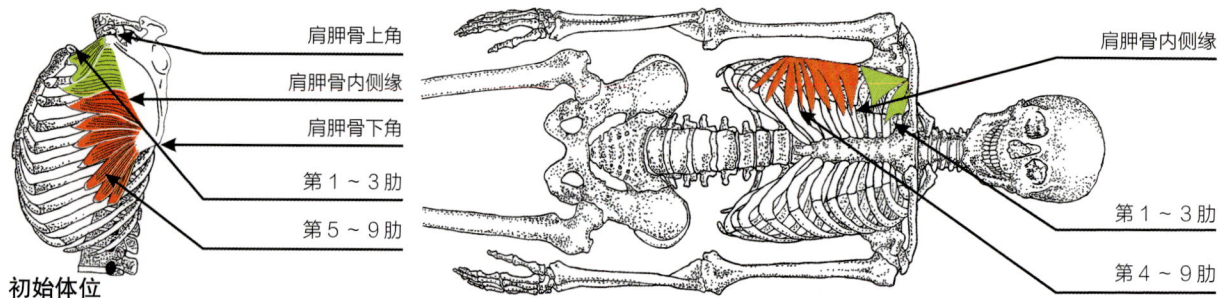

肩胛骨上角
肩胛骨内侧缘
肩胛骨下角
第 1 ~ 3 肋
第 5 ~ 9 肋

肩胛骨内侧缘
第 1 ~ 3 肋
第 4 ~ 9 肋

初始体位

治疗师膝跪在患者身后，用右腿固定患者躯干（固定点）。

右手掌放在患者的肩上，手指朝向背侧（向后）；左手的手掌和手指从后面抵住患者肩胛骨，让患者吸气。

治疗过程

治疗师将体重移向右臂，向患者背侧移动肩胛骨（移动点）。这种方式可以全范围地牵伸前锯肌，是按摩前锯肌和肩胛下肌的开始。患者缓慢呼气，放松，再牵伸 6 次。治疗末，停顿 3 秒。

等长收缩后放松。持续牵伸，患者吸气。患者呼气时，完成下一步的牵伸。这个过程重复 3 次，然后以同样的方式，对连接于第 3 ~ 5 肋的肌纤维进行牵伸。这种手法牵伸了前锯肌及肩关节前面的肌肉，为患者在后续的训练过程中完成适度范围的后伸肩胛骨动作做好了准备。

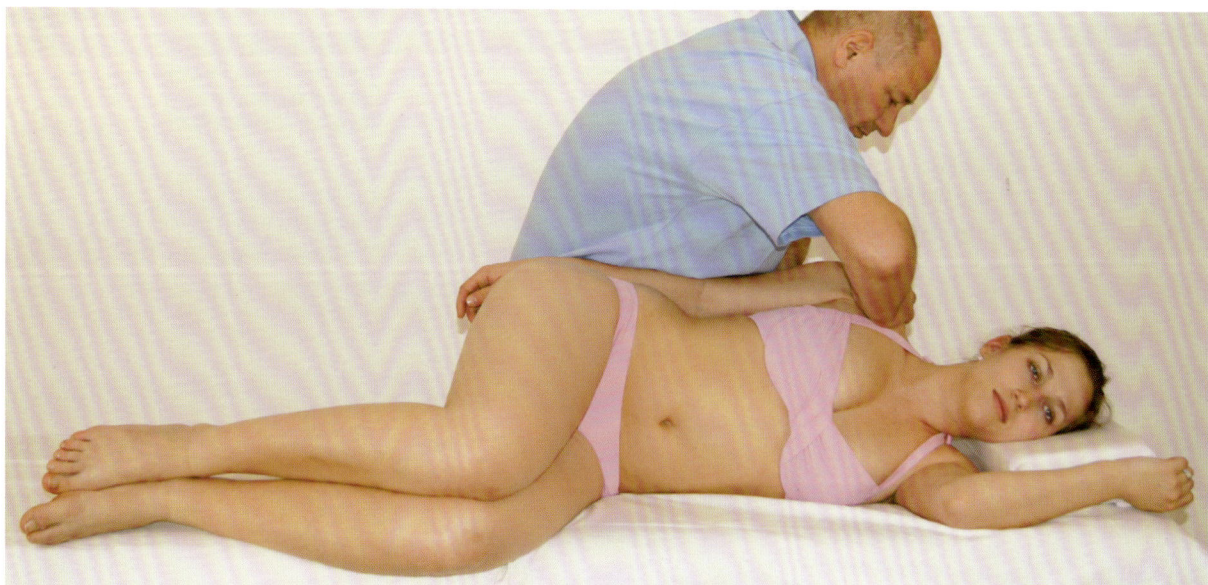

训练：固定，牵伸

锁骨下肌、胸小肌、前锯肌

——在交互抑制状态下放松，牵伸。

在第2部分训练中，LD（背阔肌）、TR（斜方肌）肌肉链是主动肌。

训练1　面向弹力绳的固定点，双腿以基础位站立，固定背阔肌和斜方肌。

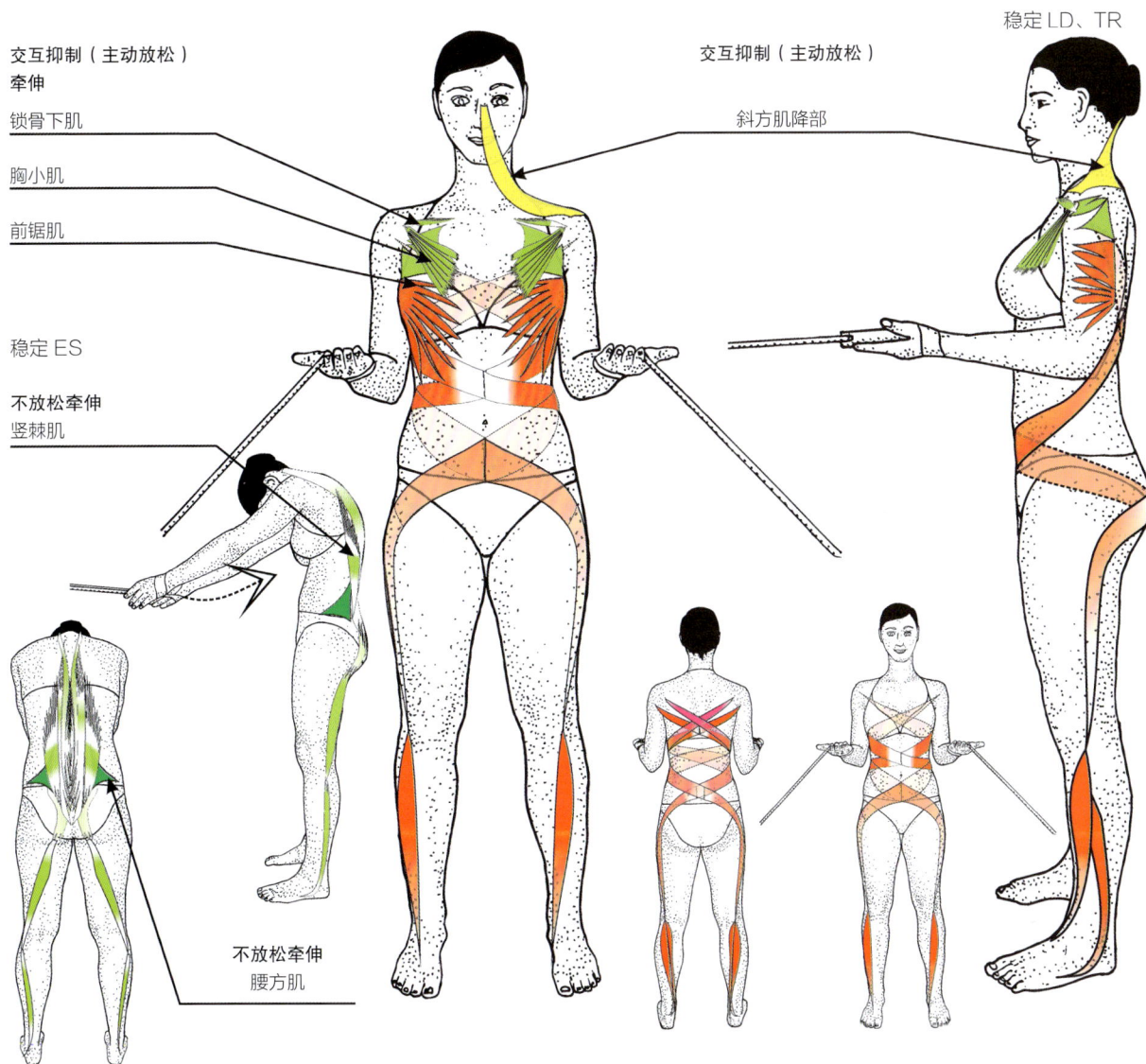

稳定 LD、TR

交互抑制（主动放松）
牵伸

锁骨下肌

胸小肌

前锯肌

交互抑制（主动放松）

斜方肌降部

稳定 ES

不放松牵伸
竖棘肌

不放松牵伸
腰方肌

1. 初始体位——训练的主动部位

在初始体位中，背肌处于牵伸位：

◎ 竖棘肌；
◎ 腰方肌。

2. 治疗过程——训练的主动部位

在训练过程中，牵伸前部肩带肌：

◎ 锁骨下肌；
◎ 胸小肌；
◎ 胸大肌；
◎ 前锯肌。

放松上部肩带肌：

◎ 斜方肌降部；
◎ 肩胛提肌；
◎ 中斜角肌；
◎ 头半棘肌、颈半棘肌和其他肌。

训练 2　面向弹力绳的固定点，双腿以基础位站立，一侧手臂进行侧拉。

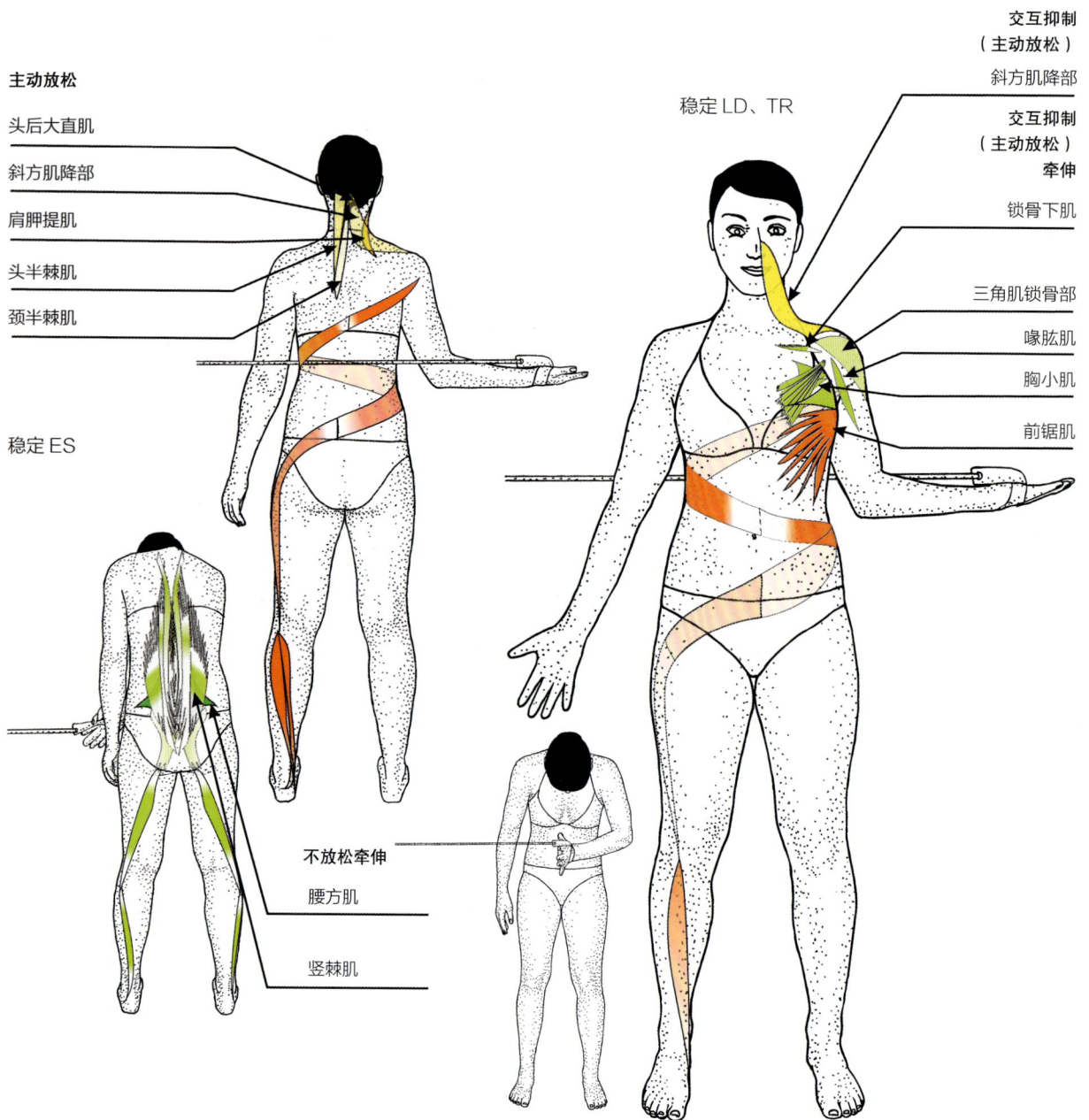

主动放松

头后大直肌

斜方肌降部

肩胛提肌

头半棘肌

颈半棘肌

稳定 ES

稳定 LD、TR

交互抑制
（主动放松）

斜方肌降部

交互抑制
（主动放松）

牵伸

锁骨下肌

三角肌锁骨部

喙肱肌

胸小肌

前锯肌

不放松牵伸

腰方肌

竖棘肌

1. 初始体位——训练的被动部位

　　在初始体位中，背肌处于牵伸位：

　　◎ 竖棘肌；

　　◎ 腰方肌。

2. 治疗过程——训练的主动部位

　　在训练过程中，被牵伸的前部肩带肌：

　　◎ 锁骨下肌；

　　◎ 胸小肌；

　　◎ 胸大肌。

　　在训练过程中，被放松的上部肩带肌：

　　◎ 斜方肌降部；

　　◎ 肩胛提肌；

　　◎ 中斜角肌；

　　◎ 头半棘肌、颈半棘肌和其他肌。

锁骨下肌、胸小肌、前锯肌

——主动放松和牵伸。

在第1部分训练中，PM（胸大肌）肌肉链是主动肌。

在第2部分训练中，LD（背阔肌）、TR（斜方肌）肌肉链是主动肌。

训练3　背对弹力绳的固定点，双腿自然站立。双臂向后张开，拉肩胛骨相互靠拢。

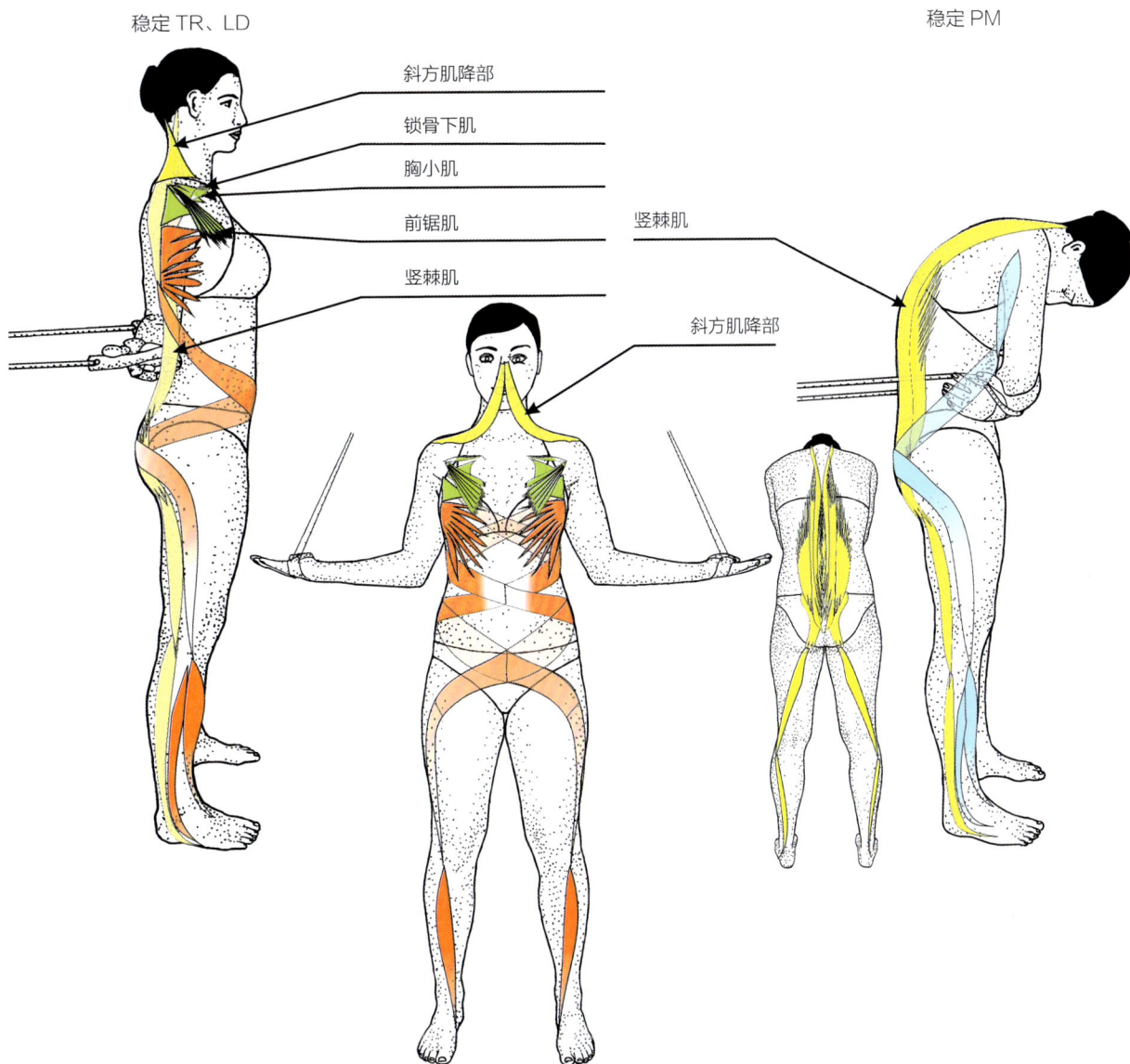

稳定 TR、LD　　　　　　　　　　　　　　　　　　　　　　　　稳定 PM

斜方肌降部

锁骨下肌

胸小肌

前锯肌　　　　　　　　　　　竖棘肌

竖棘肌　　　　　　　　　　　斜方肌降部

2. 治疗过程——训练的主动部位

　　在训练过程中，被牵伸的前部肩带肌：

　　◎ 锁骨下肌；

　　◎ 胸小肌；

　　◎ 胸大肌；

　　◎ 前锯肌。

　　上部肩带肌中被牵伸的颈肌：

　　◎ 斜方肌降部；

　　◎ 肩胛提肌；

　　◎ 斜角肌；

　　◎ 头半棘肌、颈半棘肌和其他肌。

1. 初始体位——训练的主动部位

　　在初始体位中，受到胸大肌肌肉链的主动限制，竖棘肌被牵伸，而这种运动因受到棘间韧带的张力而停止。

示例

锁骨下肌、胸小肌、前锯肌——主动放松和牵伸。

训练 2　坐位，身体一侧朝向弹力绳的固定点，侧拉一侧肩胛骨。

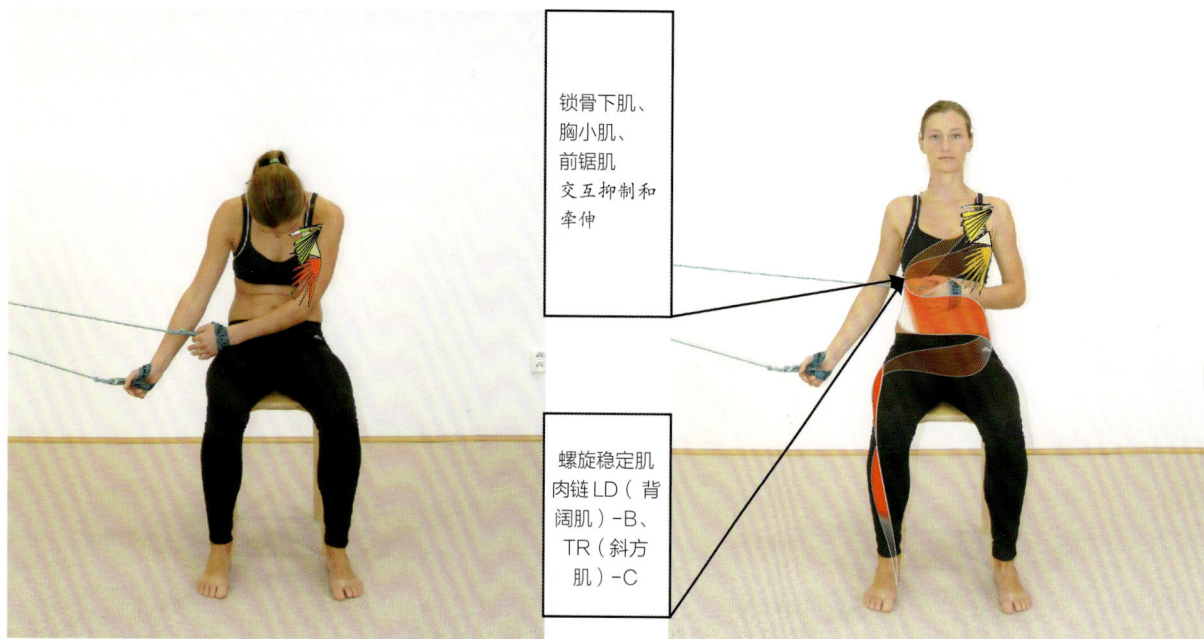

锁骨下肌、
胸小肌、
前锯肌
交互抑制和
牵伸

螺旋稳定肌
肉链LD（背
阔肌）-B、
TR（斜方
肌）-C

训练 2　坐位，身体一侧朝向弹力绳的固定点，一侧手臂进行侧拉。

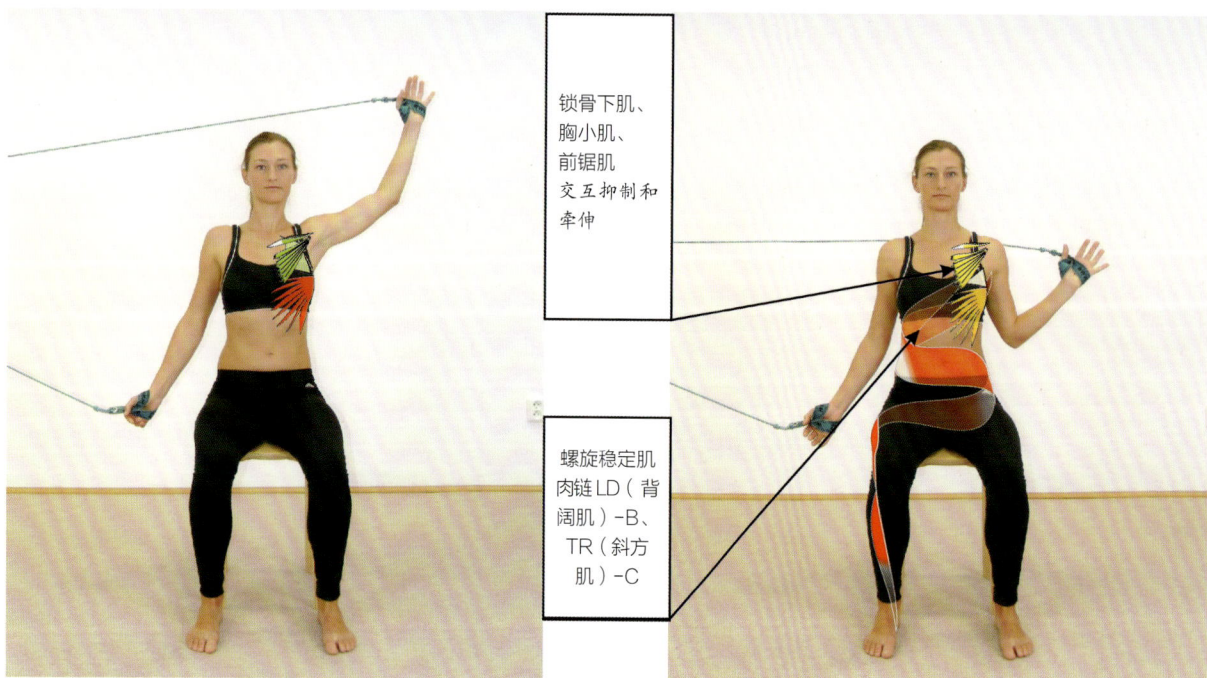

锁骨下肌、
胸小肌、
前锯肌
交互抑制和
牵伸

螺旋稳定肌
肉链LD（背
阔肌）-B、
TR（斜方
肌）-C

固定身体的主动肌是螺旋肌肉链背阔肌、斜方肌。锁骨下肌、胸小肌、前锯肌、胸大肌在交互抑制中同时被牵伸。

98　•　肌肉链——脊柱的螺旋稳定

训练2　站立位，身体侧面朝向弹力绳的固定点，向一侧牵拉肩胛骨。

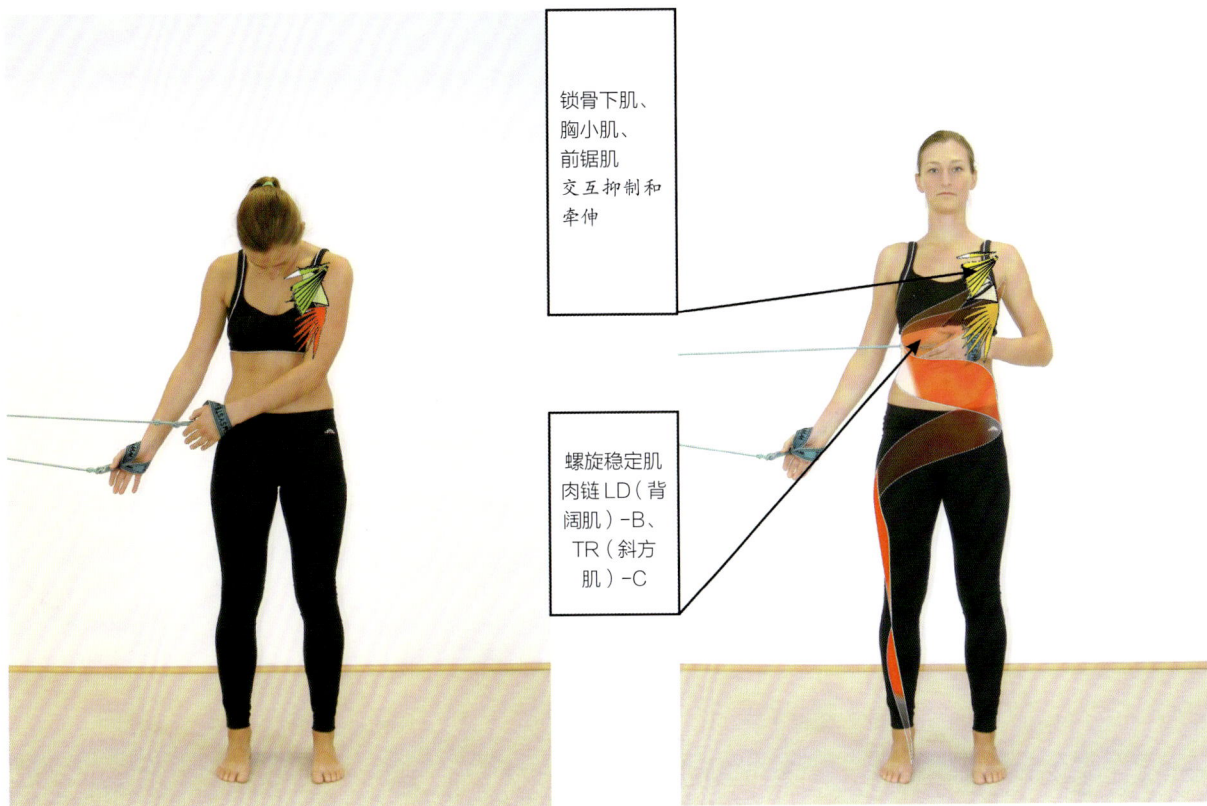

锁骨下肌、
胸小肌、
前锯肌
交互抑制和
牵伸

螺旋稳定肌
肉链LD（背
阔肌）-B、
TR（斜方
肌）-C

训练2　站立位，身体侧面朝向弹力绳的固定点，向一侧牵拉手臂。

锁骨下肌、
胸小肌、
前锯肌
交互抑制和
牵伸

螺旋稳定肌
肉链LD（背
阔肌）-B、
TR（斜方
肌）-C

训练 1　面向弹力绳的固定点站立，一只脚放在垫子上，双臂向后拉。

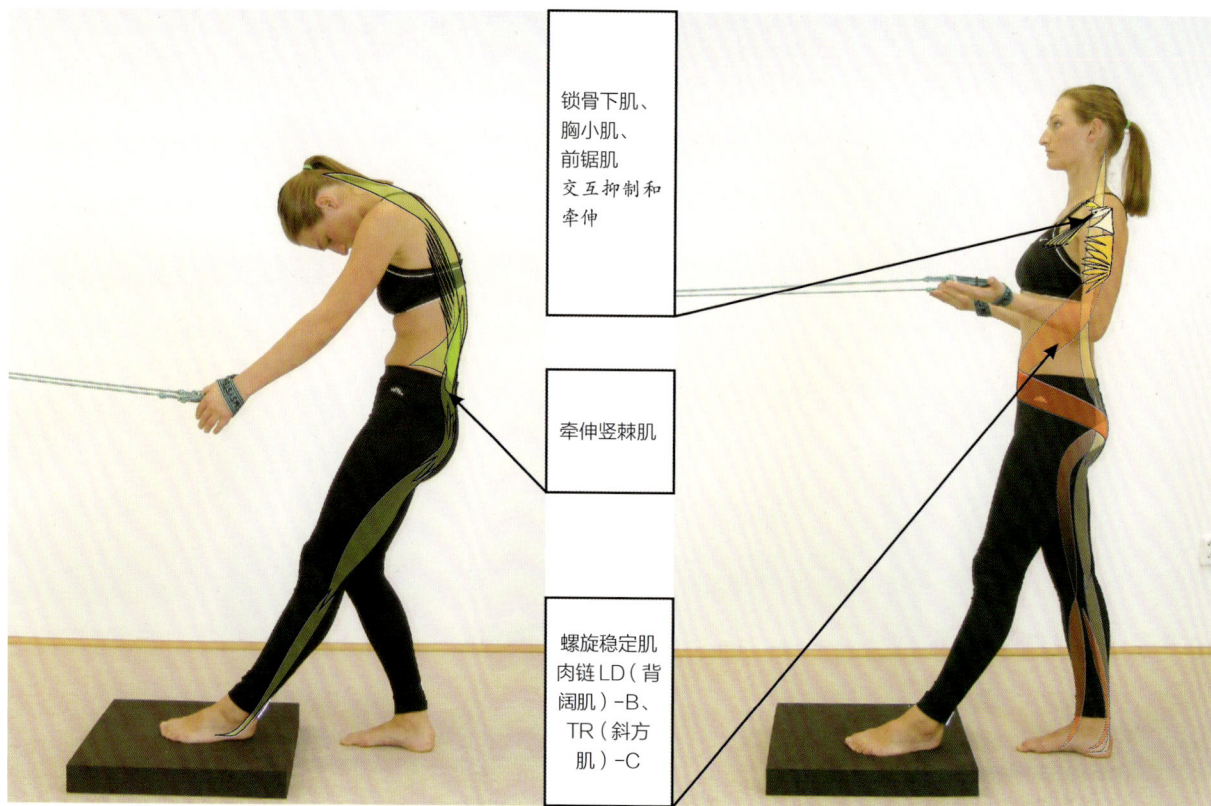

锁骨下肌、
胸小肌、
前锯肌
交互抑制和牵伸

牵伸竖棘肌

螺旋稳定肌肉链 LD（背阔肌）-B、TR（斜方肌）-C

训练 3　背对弹力绳的固定点站立，一只脚放在垫子上，双臂向后拉。

锁骨下肌、
胸小肌、
前锯肌
交互抑制和牵伸

螺旋稳定肌肉链 LD（背阔肌）-B、TR（斜方肌）-C

螺旋稳定肌肉链 PM（胸大肌）

盆带前肌群

◎ 股直肌　　　◎ 腰大肌
◎ 阔筋膜张肌　◎ 腰小肌
◎ 臀中肌　　　◎ 髂肌
◎ 髂腰肌

椎旁肌前下肌群

要　点

◎ 腰大肌　　　◎ 腰小肌

椎旁肌前上肌群

要　点

◎ 头长肌　　　◎ 颈长肌

解剖

股直肌、阔筋膜张肌、臀中肌

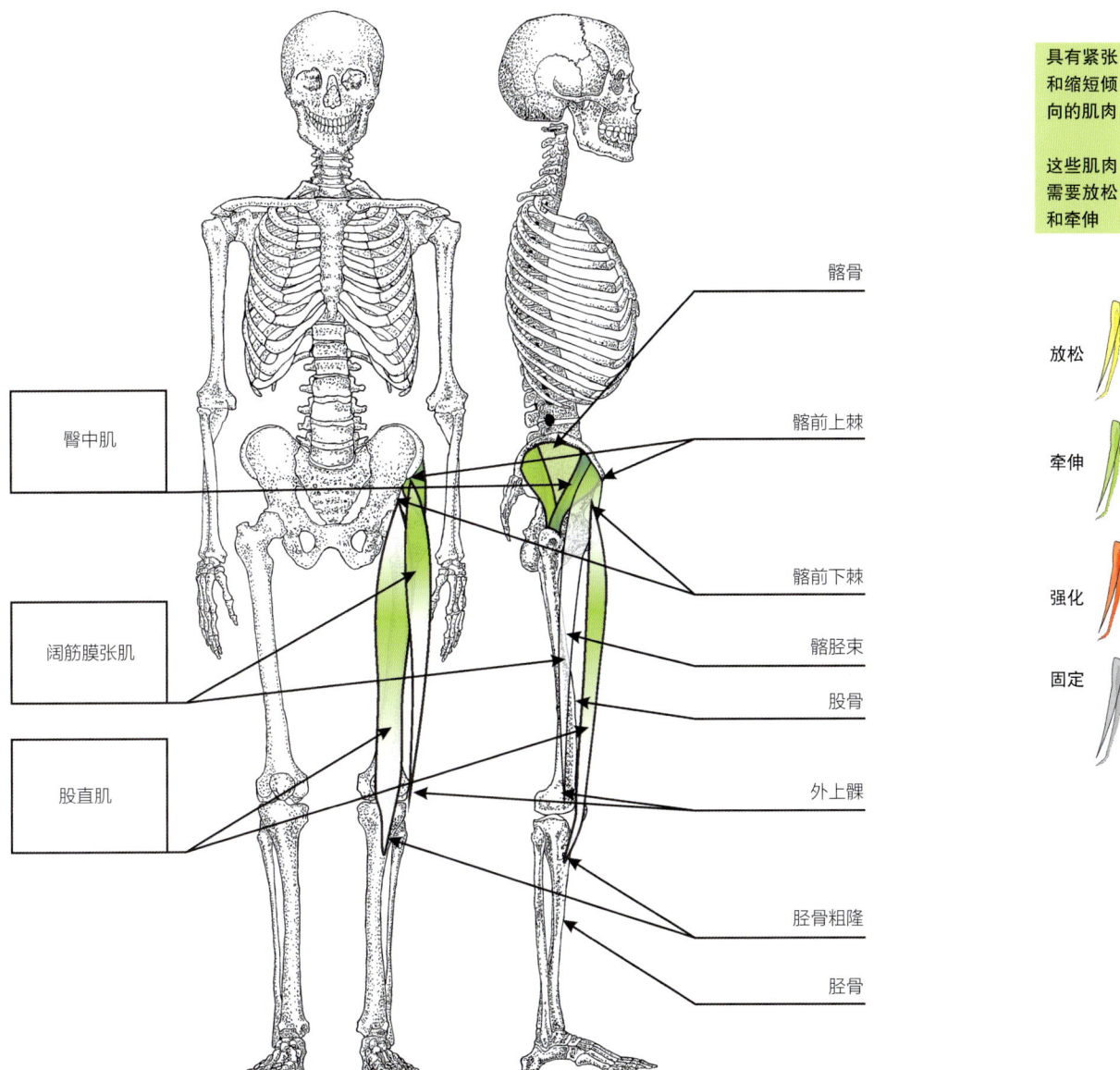

具有紧张
和缩短倾
向的肌肉

这些肌肉
需要放松
和牵伸

放松

牵伸

强化

固定

髂骨

髂前上棘

髂前下棘

髂胫束

股骨

外上髁

胫骨粗隆

胫骨

臀中肌

阔筋膜张肌

股直肌

股直肌

起点：
◎ 髂前下棘；
◎ 髂骨髋臼窝以上。
止点：
◎ 胫骨粗隆。
功能：
◎ 屈髋关节；
◎ 伸膝关节。
神经支配：
◎ 股神经（第 2 ~ 4 腰神经）。

臀中肌

起点：
◎ 髂嵴外侧唇；
◎ 髂骨翼。
止点：
◎ 大转子。
功能：
◎ 前部屈髋关节；
◎ 后部伸髋关节；
◎ 外展髋关节（整肌）。
神经支配：
◎ 股神经（第 2 ~ 4 腰神经）。

阔筋膜张肌

起点：
◎ 髂前上棘；
◎ 髂骨翼。
止点：
◎ 阔筋膜；
◎ 髂胫束；
◎ 外上髁。
功能：
◎ 屈髋关节；
◎ 外展髋关节；
◎ 内旋髋关节；
◎ 伸膝关节；
◎ 外旋膝关节。
神经支配：
◎ 臀上神经（第 4 腰神经至第 1 骶神经）。

第三章　垂直肌肉链中具有紧张和缩短倾向的肌肉 • 103

侧卧位手法治疗技术

股直肌——牵伸。

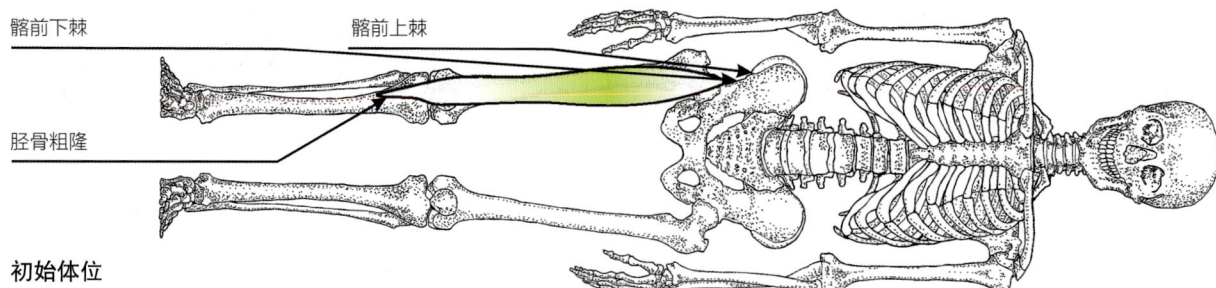

髂前下棘　　　　　　　　髂前上棘

胫骨粗隆

初始体位

治疗师膝跪在患者身后，面向骨盆，用左腿固定患者的躯干和骨盆（固定点）。

左手掌放在患者的髂前上棘上，手指不能弯曲，并且尽可能地覆盖较大范围。右手握着患者膝盖，患者的小腿放在治疗师的前臂上，腿斜向下（内侧）。患者吸气。

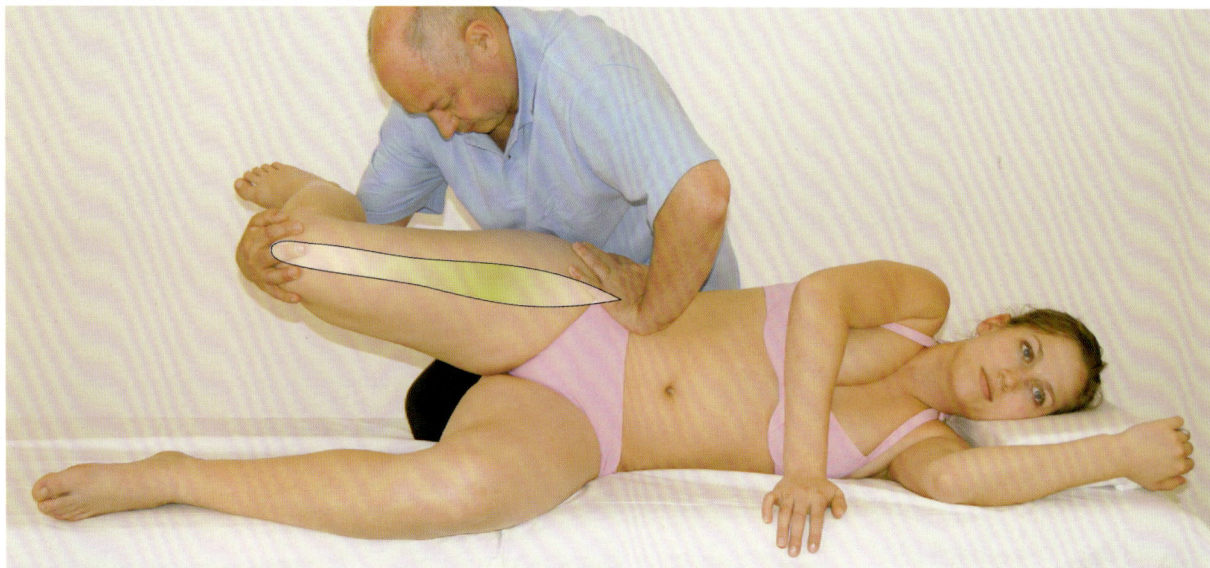

治疗过程

治疗师将身体重量移向左臂，从前面固定患者的骨盆（固定点）；用右臂向后拉患者的大腿，牵伸股直肌，患者缓慢呼气。放松，再牵伸，重复6次。治疗末，停顿3秒。

等长收缩后放松。持续牵伸，患者吸气，这时会产生一个抵抗力。患者呼气时，完成下一步牵伸。整个过程重复3次。

交互抑制。在被动牵伸末，嘱患者收臀，主动向后移动（向后迈步），这可使髋关节牵伸增加5～10厘米。此处臀大肌是主动肌，而抑制的股直肌是拮抗肌。这种治疗手法牵伸了股直肌和骨盆前面的其他肌肉，为患者在训练过程中大腿能够向后进行适度范围的牵伸做好了准备。

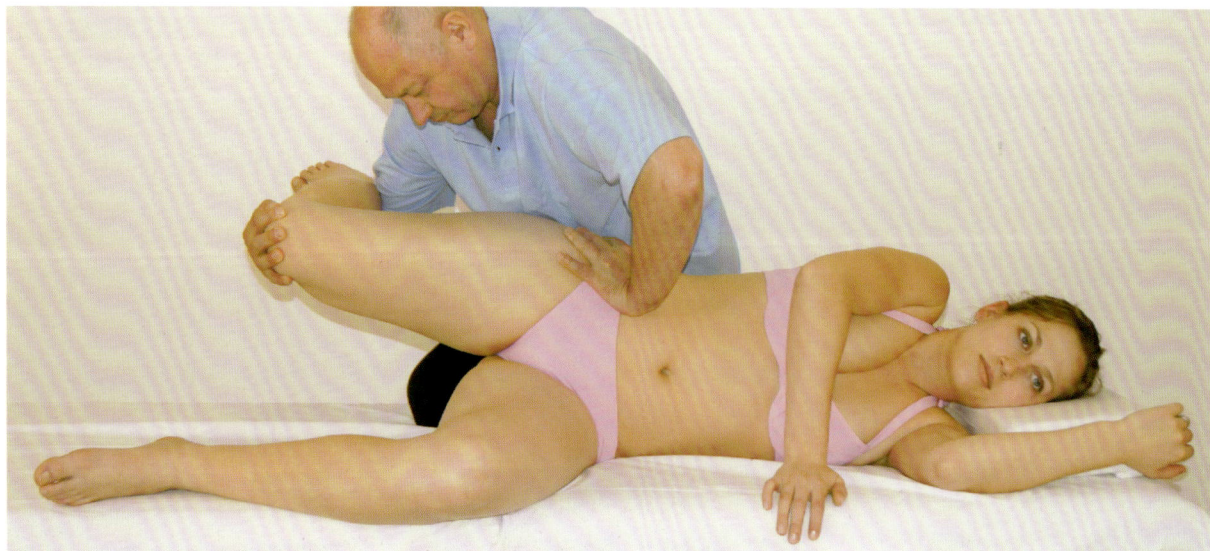

侧卧位手法治疗技术

阔筋膜张肌、臀中肌——牵伸。

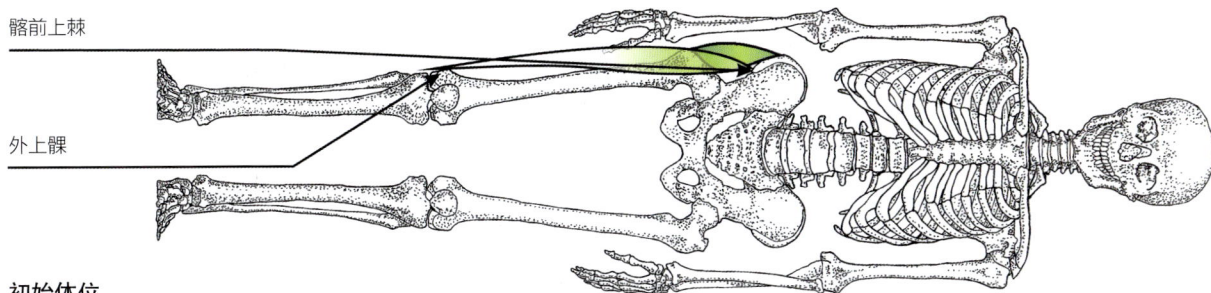

髂前上棘

外上髁

初始体位

治疗师膝跪在患者身后，面向骨盆，用左腿固定患者的躯干和骨盆（固定点）。

左手掌放在患者的髂前上棘上，手指不能弯曲，并且尽可能地覆盖较大范围。右手握着患者膝盖，患者的小腿放在治疗师的前臂上，腿斜向下（内侧）。患者吸气。

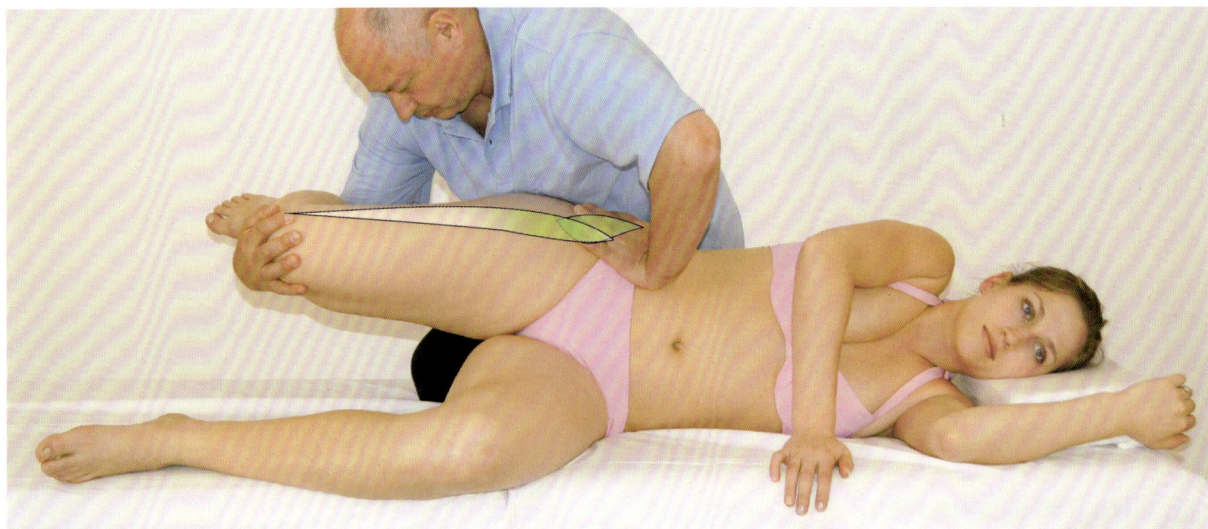

治疗过程

治疗师将身体重量移向左臂，从前面固定患者的骨盆（固定点）；用右臂向后、向下（内侧）拉患者的大腿，牵伸阔筋膜张肌和臀中肌的前部，患者缓慢呼气。放松，再牵伸，重复 6 次。治疗末，停顿 3 秒。

等长收缩后放松。持续牵伸，患者吸气，这时会产生一个抵抗力。患者呼气时，完成下一步牵伸。整个过程重复 3 次。

交互抑制。在被动牵伸末，嘱患者收臀，主动向后移动（向后迈步），伸髋可增加 5 ~ 10 厘米。此处臀中肌是主动肌，而抑制的阔筋膜张肌是拮抗肌。这种治疗手法可牵伸阔筋膜张肌和骨盆前面的其他肌肉，为患者在训练和行走过程中大腿能够向后进行适度范围的牵伸做好了准备。

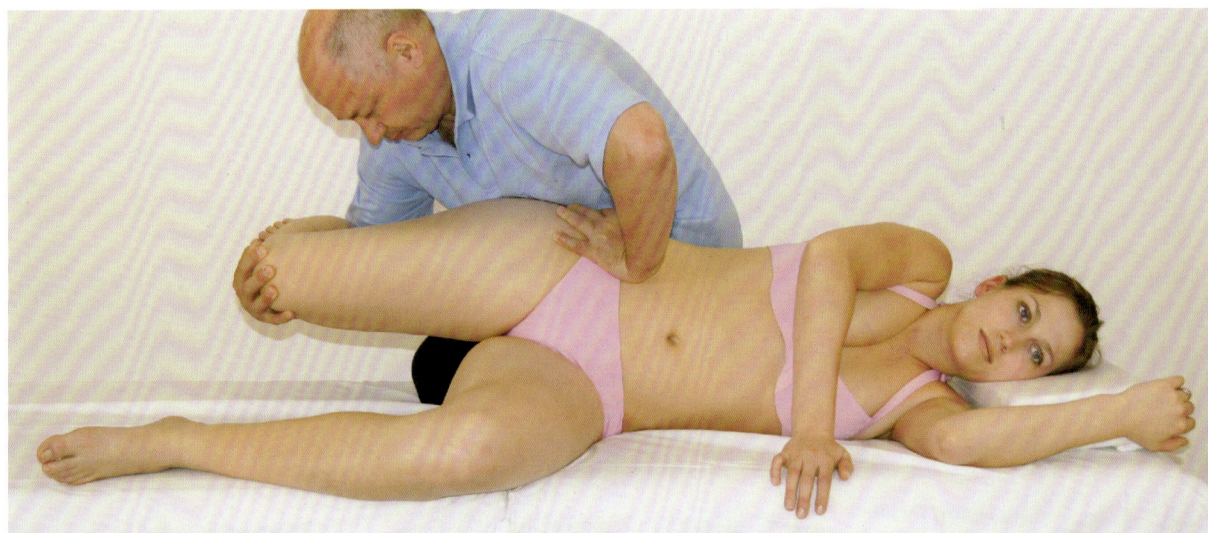

侧卧位手法治疗技术（一侧下肢悬吊）

股直肌——牵伸。

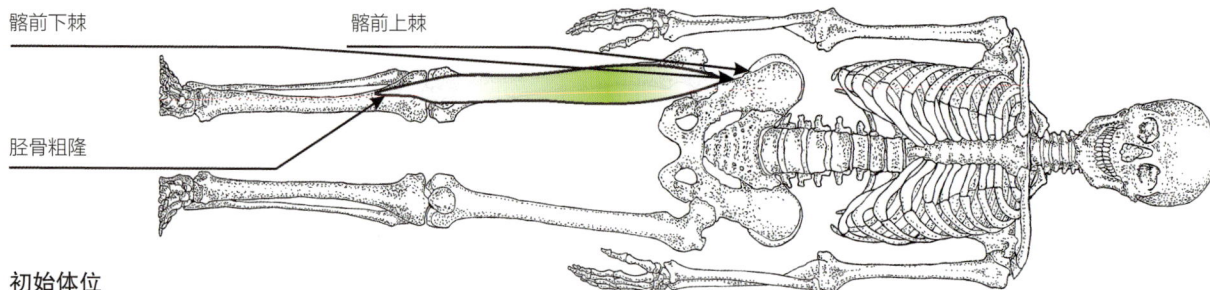

髂前下棘　　　　　　　髂前上棘

胫骨粗隆

初始体位

治疗师膝跪在患者身后，面向骨盆，用左腿固定患者的躯干和骨盆（固定点）。

左手掌放在患者的髂前上棘上，手指不能弯曲，并且尽可能地覆盖较大范围。右手握着患者膝盖，患者的小腿放在治疗师的前臂上，腿水平放置。患者吸气。

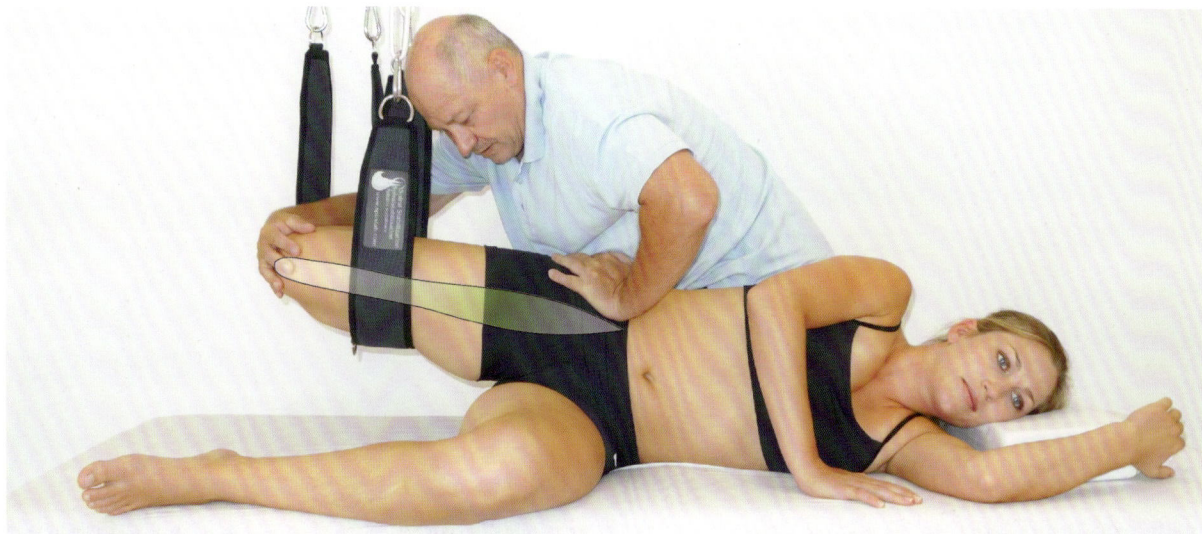

治疗过程

治疗师将身体重量移向左臂，从前面固定患者的骨盆（固定点）；用右臂向后拉患者的大腿，牵伸股直肌，患者缓慢呼气。放松，再牵伸，重复 6 次。治疗末，停顿 3 秒。

等长收缩后放松。持续牵伸，患者吸气，这时会产生一个抵抗力。患者呼气时，完成下一步牵伸。整个过程重复 3 次。

交互抑制。在被动牵伸末，嘱患者收臀，主动向后移动（向后迈步），这可使髋关节牵伸增加 5 ～ 10 厘米。此处臀大肌是主动肌，而抑制的股直肌是拮抗肌。这种治疗手法牵伸了股直肌和骨盆前面的其他肌肉，为患者在训练过程中大腿能够向后进行适度范围的牵伸做好了准备。

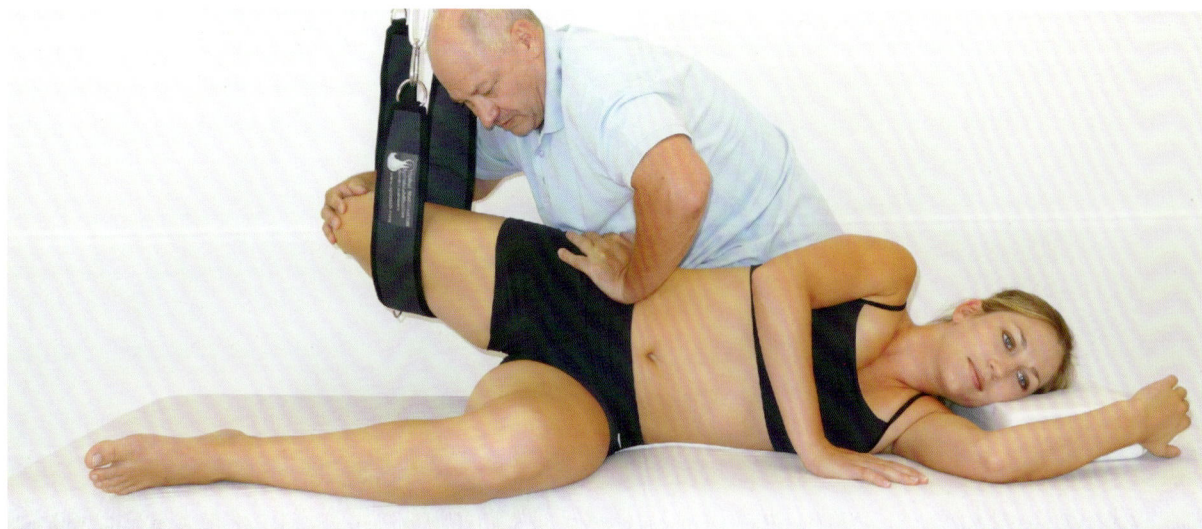

侧卧位手法治疗技术（一侧下肢悬吊）

阔筋膜张肌、臀中肌——牵伸。

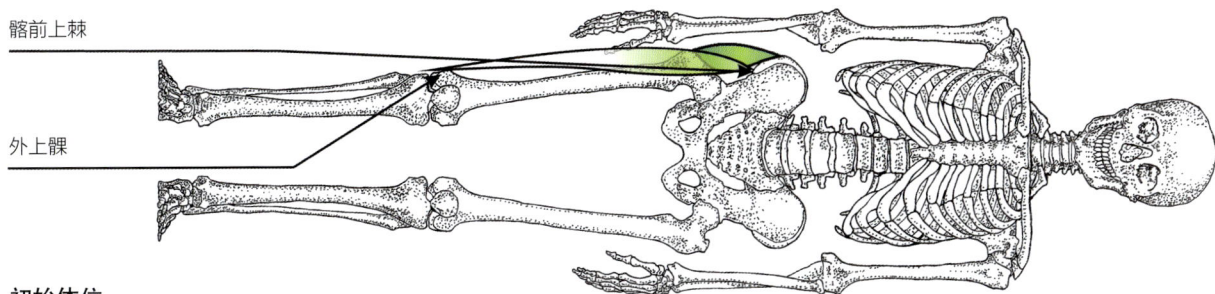

髂前上棘

外上髁

初始体位

治疗师膝跪在患者身后，面向骨盆，用左腿固定患者的躯干和骨盆（固定点）。

左手掌放在患者的髂前上棘上，手指不能弯曲，并且尽可能地覆盖较大范围。右手握着患者膝盖，患者的小腿放在治疗师的前臂上，腿斜向下（内侧）。患者吸气。

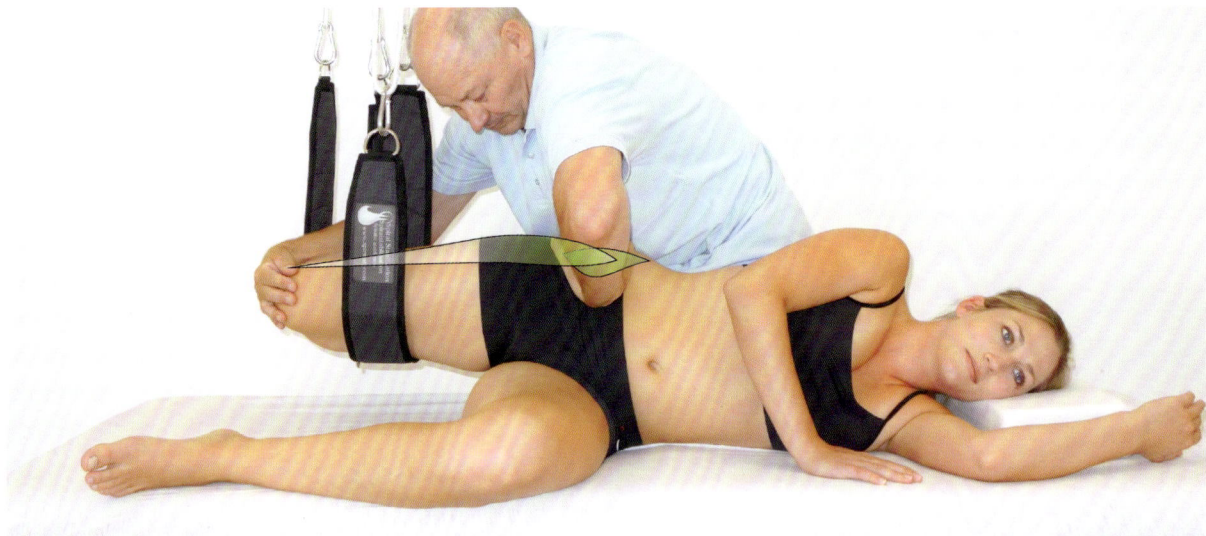

治疗过程

治疗师将身体重量移向左臂，从前面固定患者的骨盆（固定点）；用右臂向后、向下（内侧）拉患者的大腿，牵伸阔筋膜张肌和臀中肌的前部，患者缓慢呼气。放松，再牵伸，重复6次。治疗末，停顿3秒。

等长收缩后放松。持续牵伸，患者吸气，这时会产生一个抵抗力。患者呼气时，完成下一步牵伸。整个过程重复3次。

交互抑制。在被动牵伸末，嘱患者收臀，主动向后移动（向后迈步），伸髋可增加5～10厘米。此处臀中肌是主动肌，而抑制的阔筋膜张肌是拮抗肌。这种治疗手法可牵伸阔筋膜张肌和骨盆前面的其他肌肉，为患者在训练和行走过程中大腿能够向后进行适度范围的牵伸做好了准备。

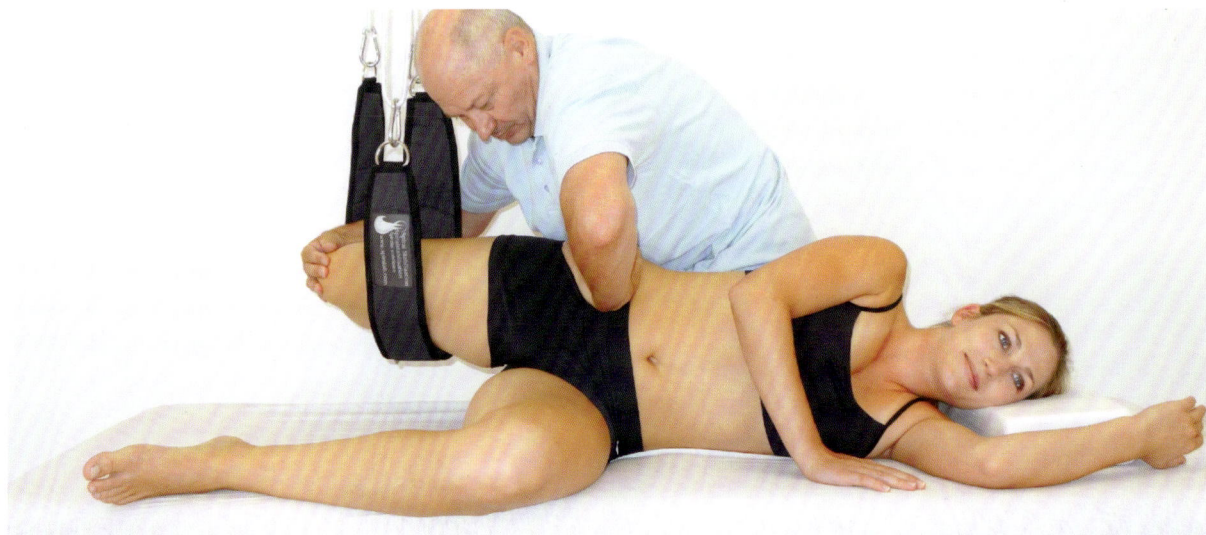

解剖

髂腰肌（腰大肌、腰小肌、髂肌）

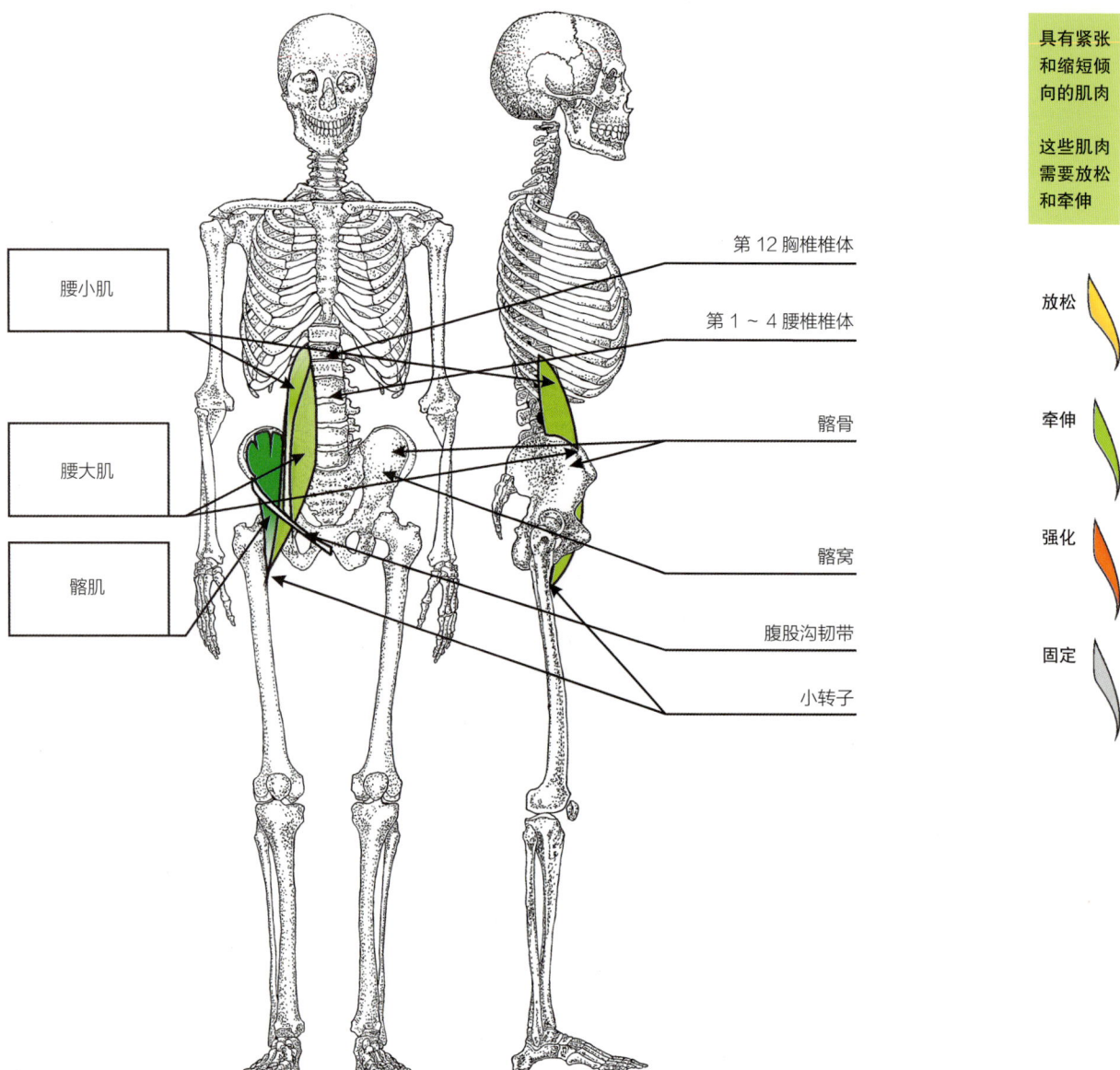

腰小肌

腰大肌

髂肌

第 12 胸椎椎体

第 1 ~ 4 腰椎椎体

髂骨

髂窝

腹股沟韧带

小转子

腰大肌

起点：
◎ 浅层——第 12 胸椎、第 1 ~ 4 腰椎椎体和椎间盘的外侧部；
◎ 深层——第 1 ~ 5 腰椎横突。

止点：
◎ 股骨小转子。

功能：
◎ 屈和外旋髋关节；
◎ 单侧收缩，同侧侧屈躯干；
◎ 双侧收缩，弯腰。

神经支配：
◎ 股神经（第 1 胸神经至第 4 腰神经）；
◎ 腰丛。

腰小肌

起点：
◎ 第 12 胸椎、第 1 腰椎椎体外侧部。

止点：
◎ 腹股沟韧带。

功能：
◎ 单侧收缩，向同侧屈躯干；
◎ 双侧收缩，弯腰；
◎ 平躺时上抬躯干。

神经支配：
◎ 股神经（第 12 胸神经至第 4 腰神经）；
◎ 腰丛。

髂肌

起点：
◎ 髂窝。

止点：
◎ 小转子。

功能：
◎ 屈髋关节；
◎ 外旋大腿；
◎ 脊柱前屈；
◎ 当身体努力直立时，形成脊柱前凸；
◎ 平躺时，保持躯干伸直。

神经支配：
◎ 股神经（第 2 ~ 4 腰神经）；
◎ 腰丛直接分支。

肌肉链

垂直肌肉链——髂腰肌（IP）

腹侧（前面）深层垂直肌肉链。

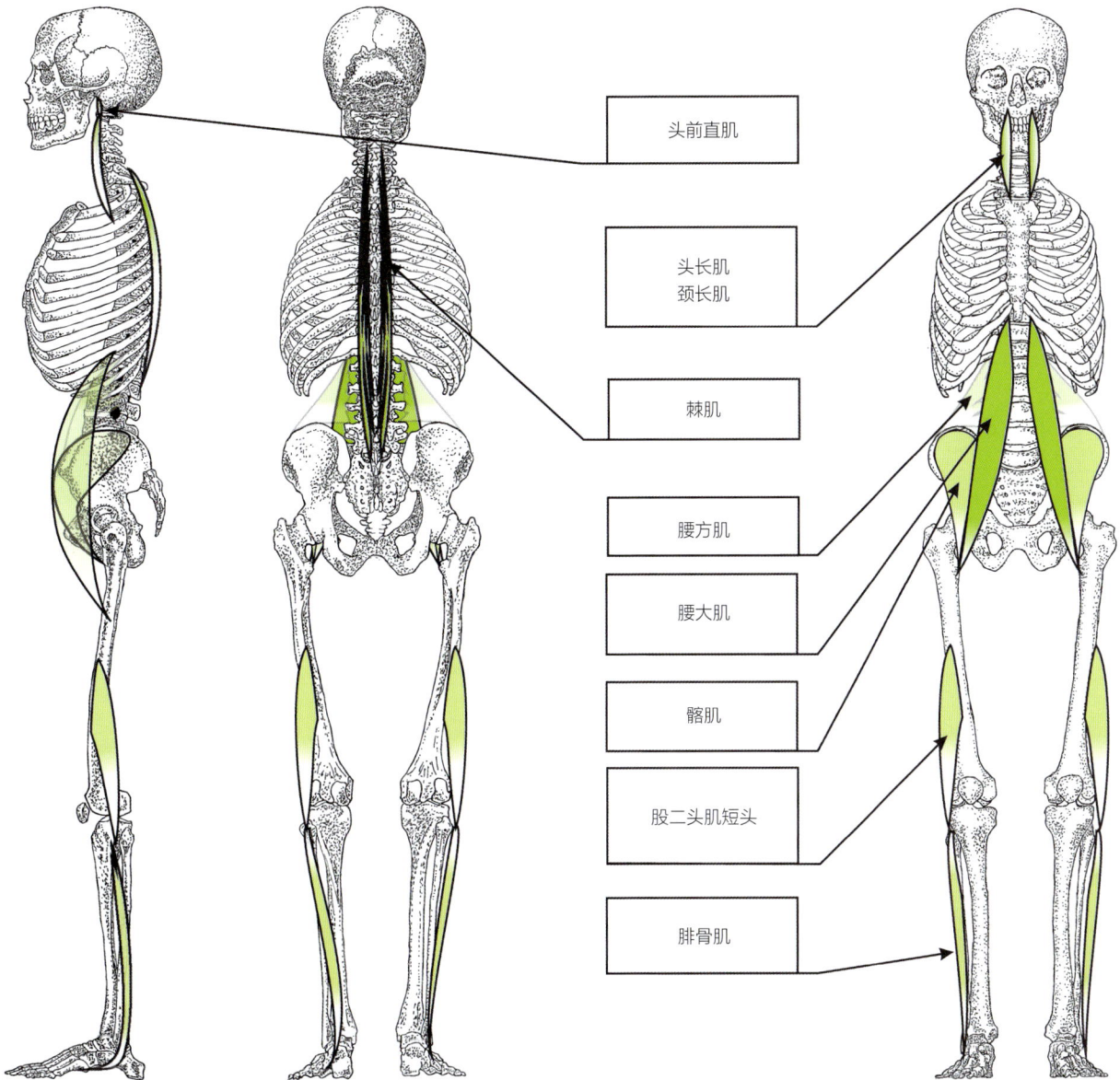

| 头前直肌 |
| 头长肌 颈长肌 |
| 棘肌 |
| 腰方肌 |
| 腰大肌 |
| 髂肌 |
| 股二头肌短头 |
| 腓骨肌 |

解剖

耻骨肌、短收肌、长收肌

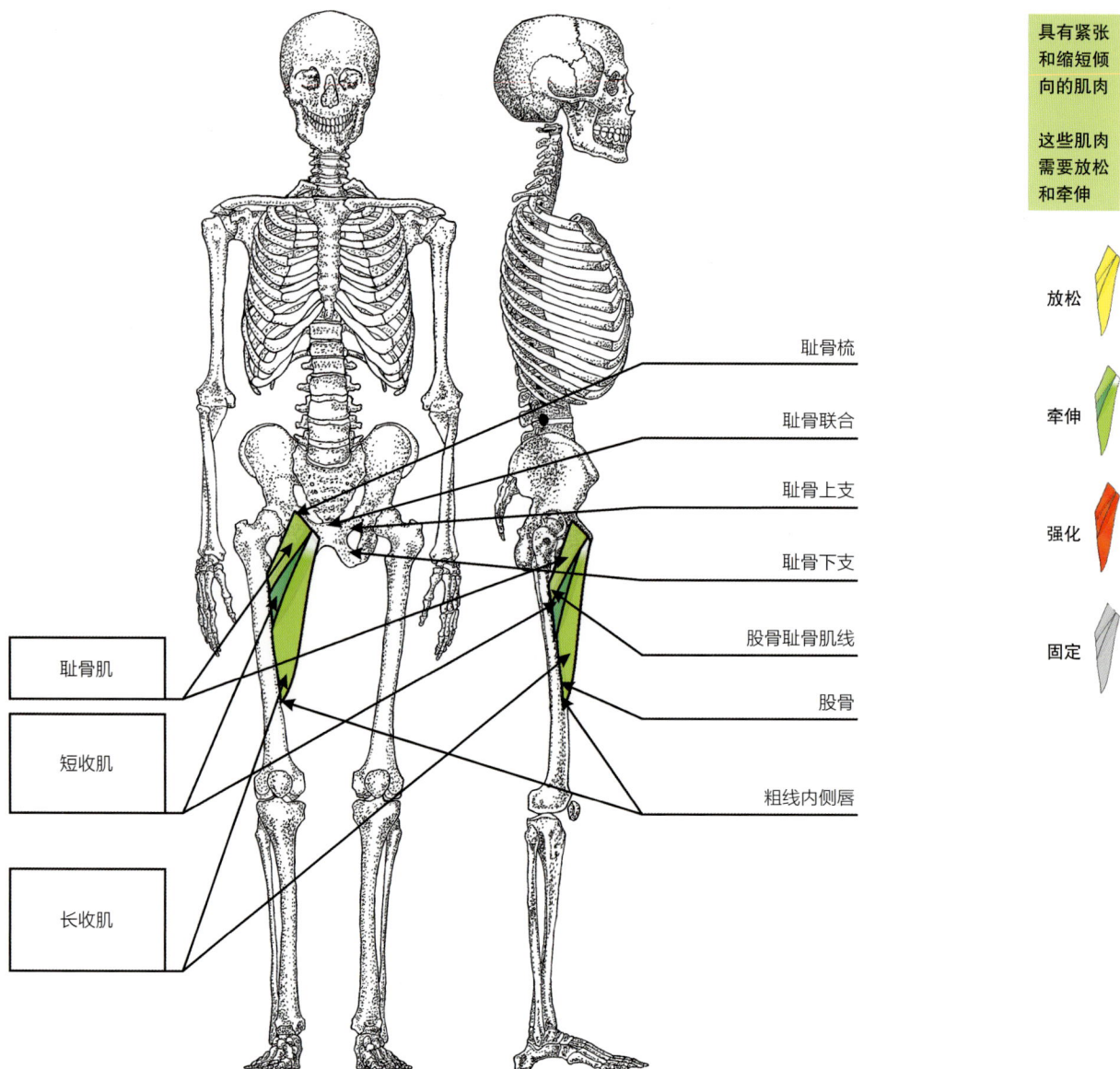

具有紧张和缩短倾向的肌肉

这些肌肉需要放松和牵伸

放松

牵伸

强化

固定

耻骨梳
耻骨联合
耻骨上支
耻骨下支
股骨耻骨肌线
股骨
粗线内侧唇

耻骨肌
短收肌
长收肌

耻骨肌

起点：
◎ 耻骨梳。

止点：
◎ 股骨耻骨肌线近端、粗线内侧唇。

功能：
◎ 髋关节内收、屈、旋外；
◎ 保证骨盆在冠状面和矢状面的稳定。

神经支配：
◎ 股神经；
◎ 闭孔神经（第 2 ~ 4 腰神经）。

短收肌

起点：
◎ 耻骨下支。

止点：
◎ 股骨粗线内侧唇，股骨上 1/3。

功能：
◎ 髋关节内收、屈 70°、旋外；
◎ 保证骨盆在冠状面和矢状面的稳定。

神经支配：
◎ 闭孔神经（第 2 ~ 4 腰神经）。

长收肌

起点：
◎ 耻骨上支和耻骨联合的前部。

止点：
◎ 股骨粗线内侧唇，股骨上 1/3。

功能：
◎ 髋关节内收、屈 70°、旋外；
◎ 保证骨盆在冠状面和矢状面的稳定。

神经支配：
◎ 闭孔神经（第 2 ~ 4 腰神经）。

肌肉链

螺旋肌肉链——背阔肌（LD-D）

LD-D肌肉链在上肢后伸动作中激活，参与行走时的下肢屈曲动作。

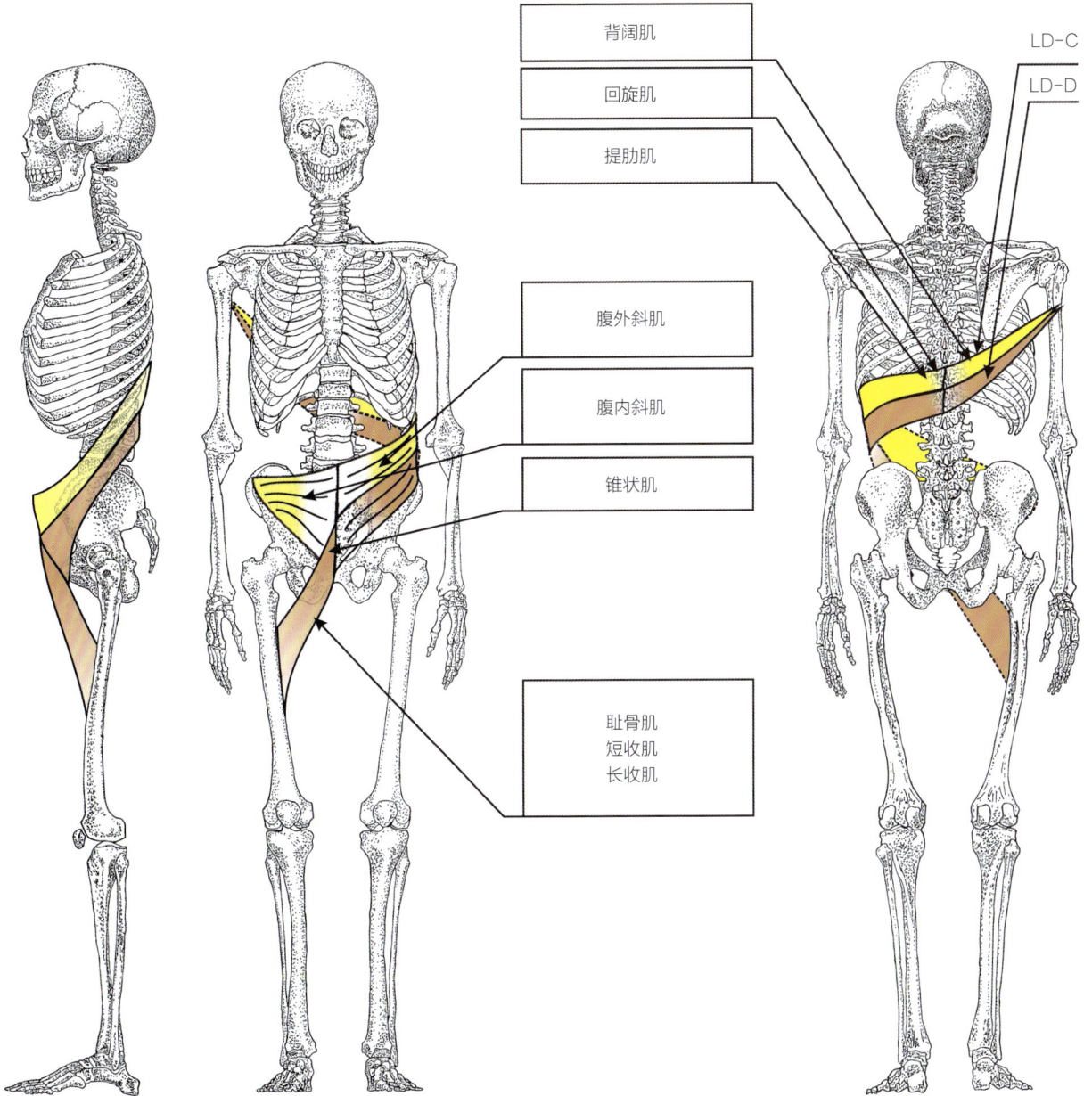

背阔肌
回旋肌
提肋肌

腹外斜肌
腹内斜肌
锥状肌

耻骨肌 短收肌 长收肌

LD-C

LD-D

解剖——肌肉链

耻骨肌、短收肌、长收肌

垂直肌肉链——腹直肌（RA）

腹侧（前面）浅层垂直肌肉链。

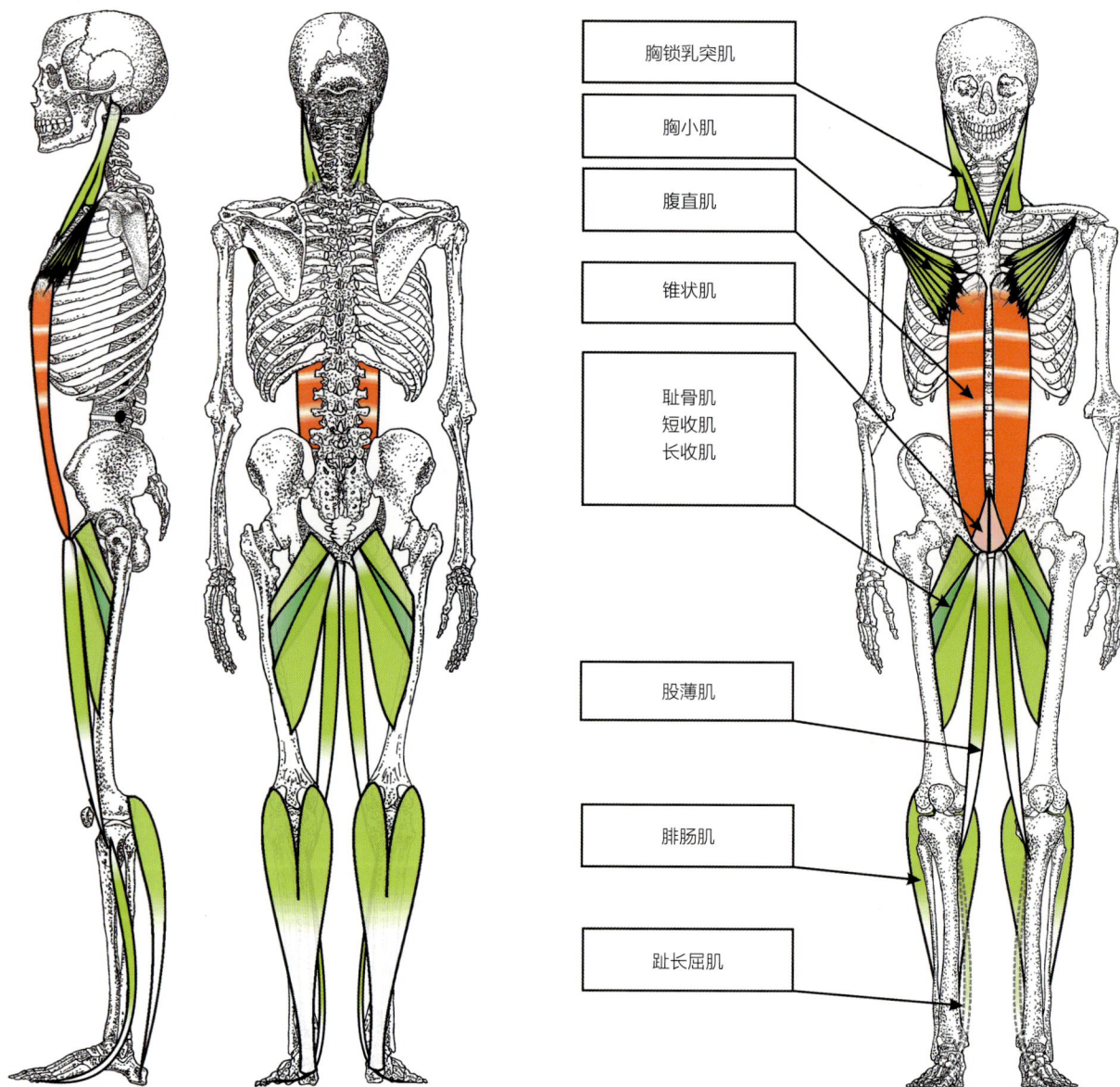

- 胸锁乳突肌
- 胸小肌
- 腹直肌
- 锥状肌
- 耻骨肌
  短收肌
  长收肌
- 股薄肌
- 腓肠肌
- 趾长屈肌

侧卧位手法治疗技术

髂腰肌、耻骨肌、短收肌、长收肌

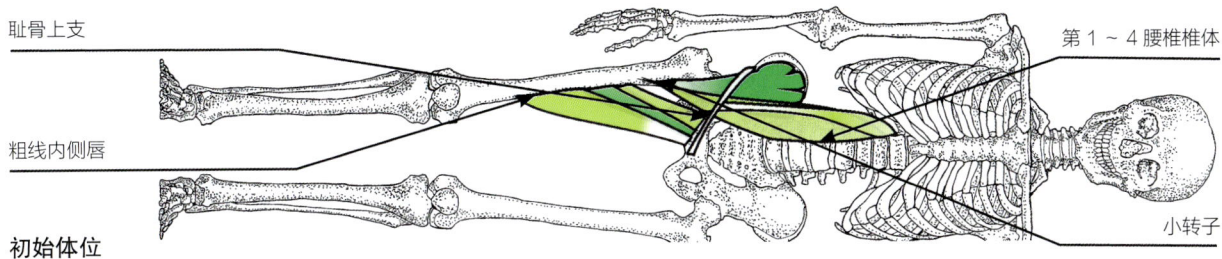

耻骨上支

粗线内侧唇

第1～4腰椎椎体

小转子

初始体位

治疗师膝跪在患者身后，面向骨盆，用左腿固定患者的躯干和骨盆（固定点）。

左手掌放在患者的髂前上棘上，手指不能弯曲，并且尽可能地覆盖较大范围。右手握着患者膝盖，患者的小腿放在治疗师的前臂上，腿倾斜向上（外侧）。患者吸气。

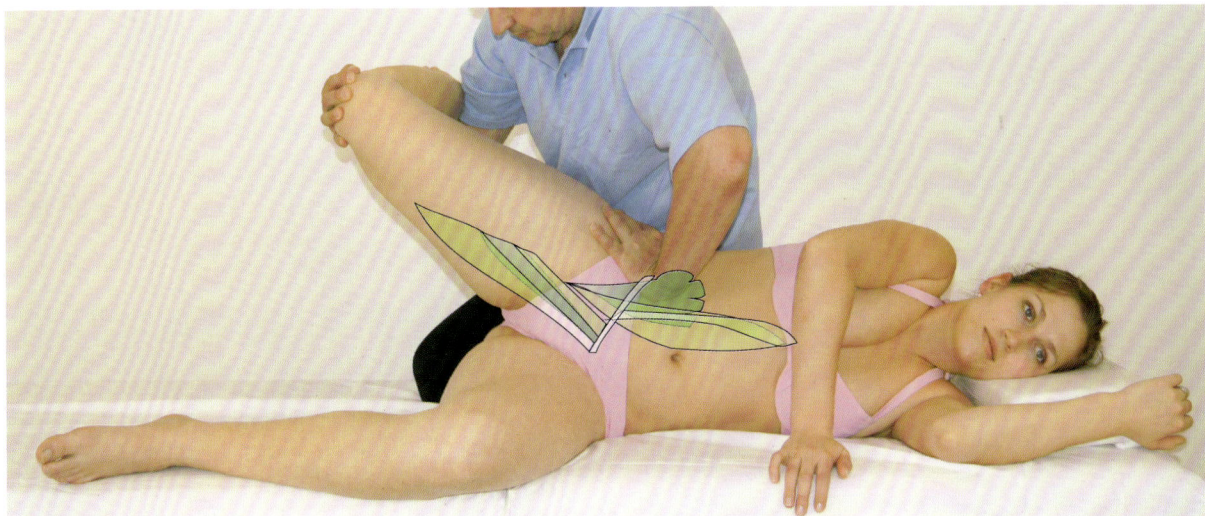

治疗过程

治疗师将身体重量移向左臂，从前面固定患者的骨盆（固定点）。用右臂向后、向上（外侧）拉患者的大腿，牵伸髂腰肌和收肌，患者缓慢呼气。放松，再牵伸，重复6次。治疗末，停顿3秒。

等长收缩后放松。持续牵伸，患者吸气，这时会产生一个抵抗力。患者呼气时，完成下一步牵伸。整个过程重复3次。

交互抑制。在被动牵伸末，嘱患者收臀，主动向后移动（倒退），伸髋可增加5～10厘米。此时臀大肌是主动肌，而抑制的髂腰肌是拮抗肌。这种治疗手法可牵伸髂腰肌和骨盆前面的其他肌，为患者在训练和行走过程中大腿能够向后进行适度范围的牵伸做好了准备。

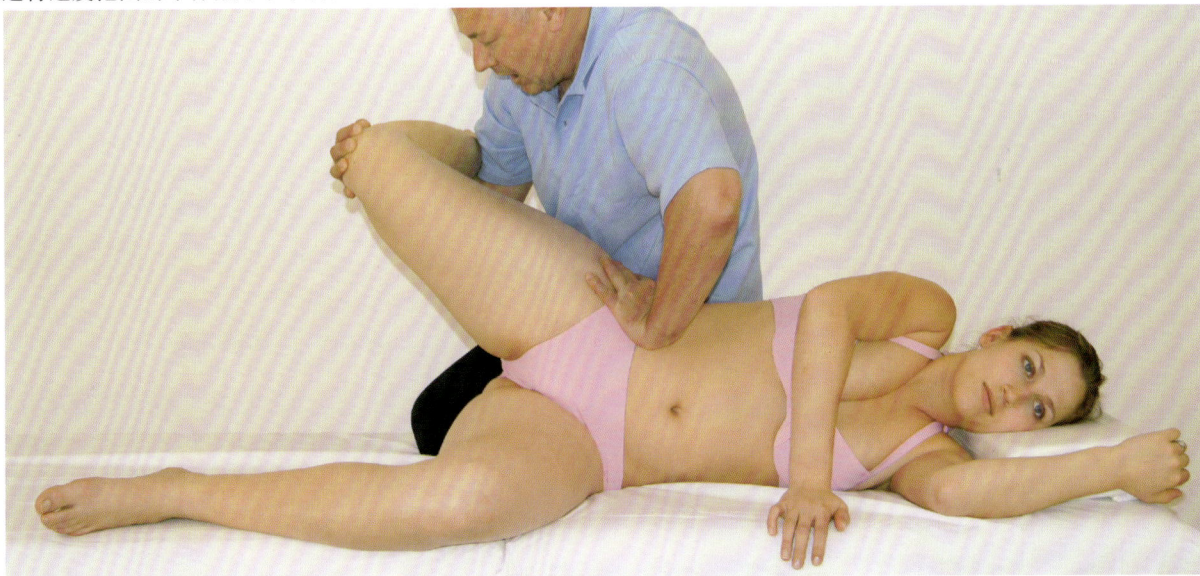

侧卧位手法治疗技术（一侧下肢悬吊）

髂腰肌、耻骨肌、短收肌、长收肌

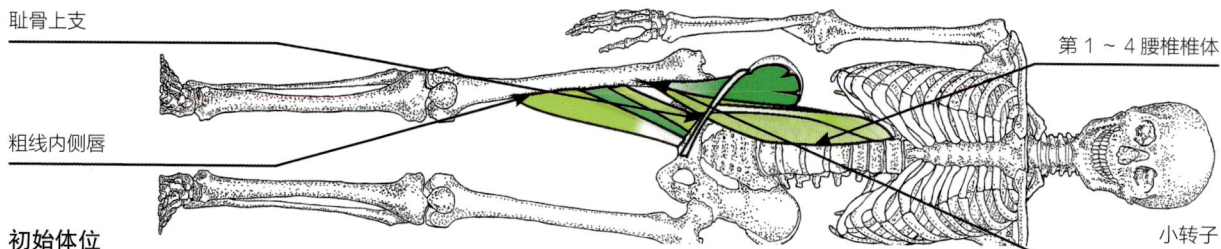

耻骨上支   第 1～4 腰椎椎体

粗线内侧唇

小转子

初始体位

治疗师膝跪在患者身后，面向骨盆，用左腿固定患者的躯干和骨盆（固定点）。

左手掌放在患者的髂前上棘上，手指不能弯曲，并且尽可能地覆盖较大范围。右手握着患者膝盖，患者的小腿放在治疗师的前臂上，腿倾斜向上（外侧）。患者吸气。

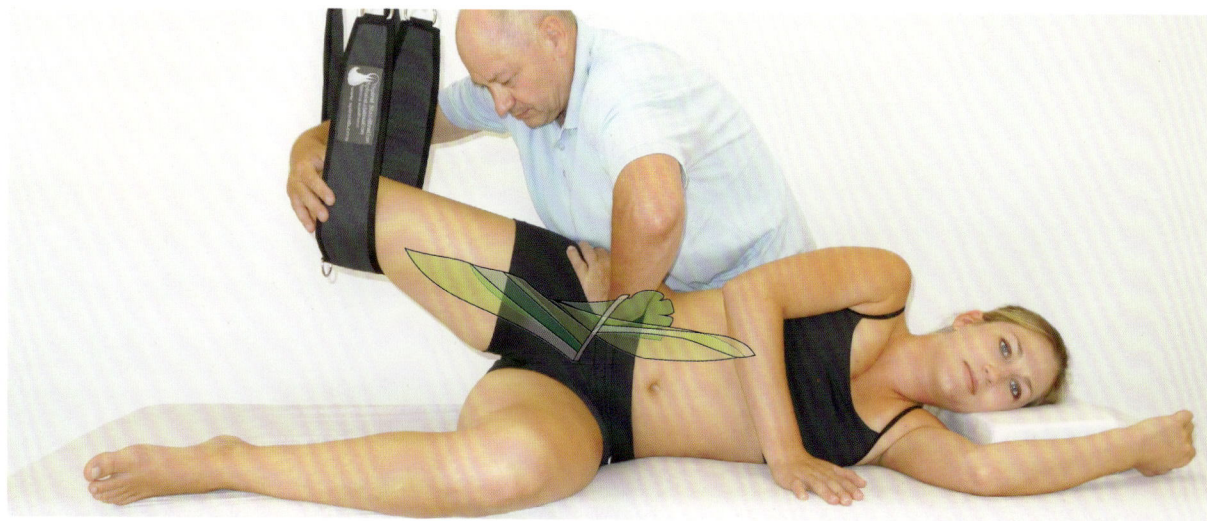

治疗过程

治疗师将身体重量移向左臂，从前面固定患者的骨盆（固定点）。用右臂向后、向上（外侧）拉患者的大腿，牵伸髂腰肌和收肌，患者缓慢呼气。放松，再牵伸，重复 6 次。治疗末，停顿 3 秒。

等长收缩后放松。持续牵伸，患者吸气，这时会产生一个抵抗力。患者呼气时，完成下一步牵伸。整个过程重复 3 次。

交互抑制。在被动牵伸末，嘱患者收臀，主动向后移动（倒退），伸髋可增加 5～10 厘米。此时臀大肌是主动肌，而抑制的髂腰肌是拮抗肌。这种治疗手法可牵伸髂腰肌和骨盆前面的其他肌，为患者在训练和行走过程中大腿能够向后进行适度范围的牵伸做好了准备。

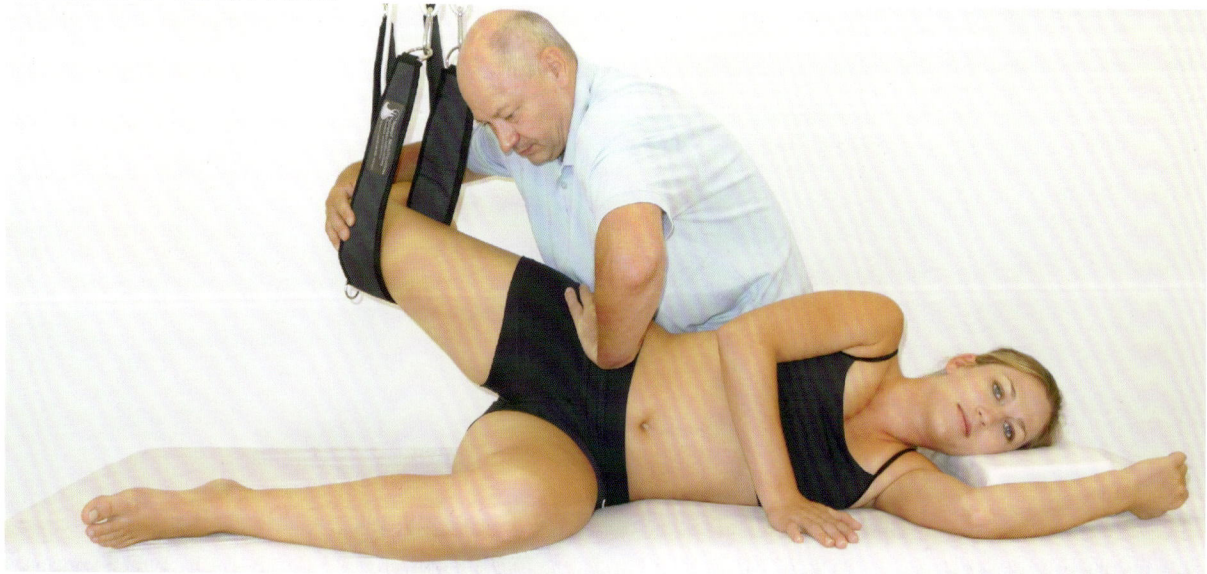

膝跪位和站立位手法治疗技术

髂腰肌、股直肌——主动放松和牵伸。

训练 4　单膝跪地，背对弹力绳的固定点。向后打开双臂，拉肩胛骨相互靠近，骨盆向前推送。

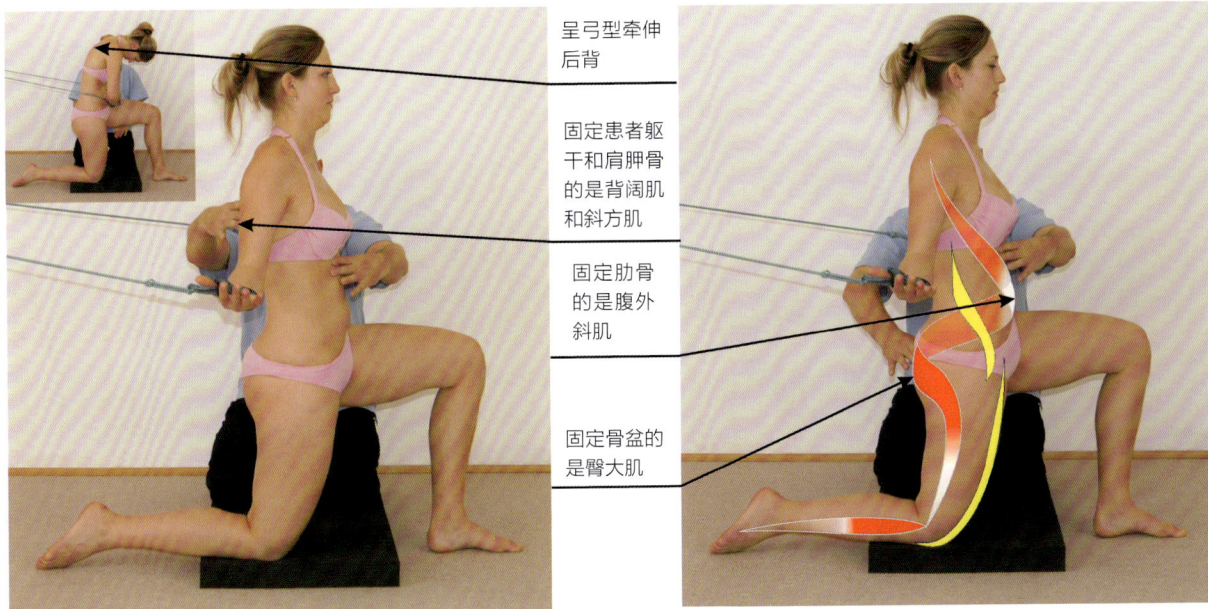

呈弓型牵伸后背

固定患者躯干和肩胛骨的是背阔肌和斜方肌

固定肋骨的是腹外斜肌

固定骨盆的是臀大肌

训练 11　利用双杆的支撑平衡，面向弹力绳固定点保持稳定站立位。双侧交叉后伸，以肩和髋为轴，牵伸上肢及对侧下肢。稳定下部肋骨，向后牵伸肩部。

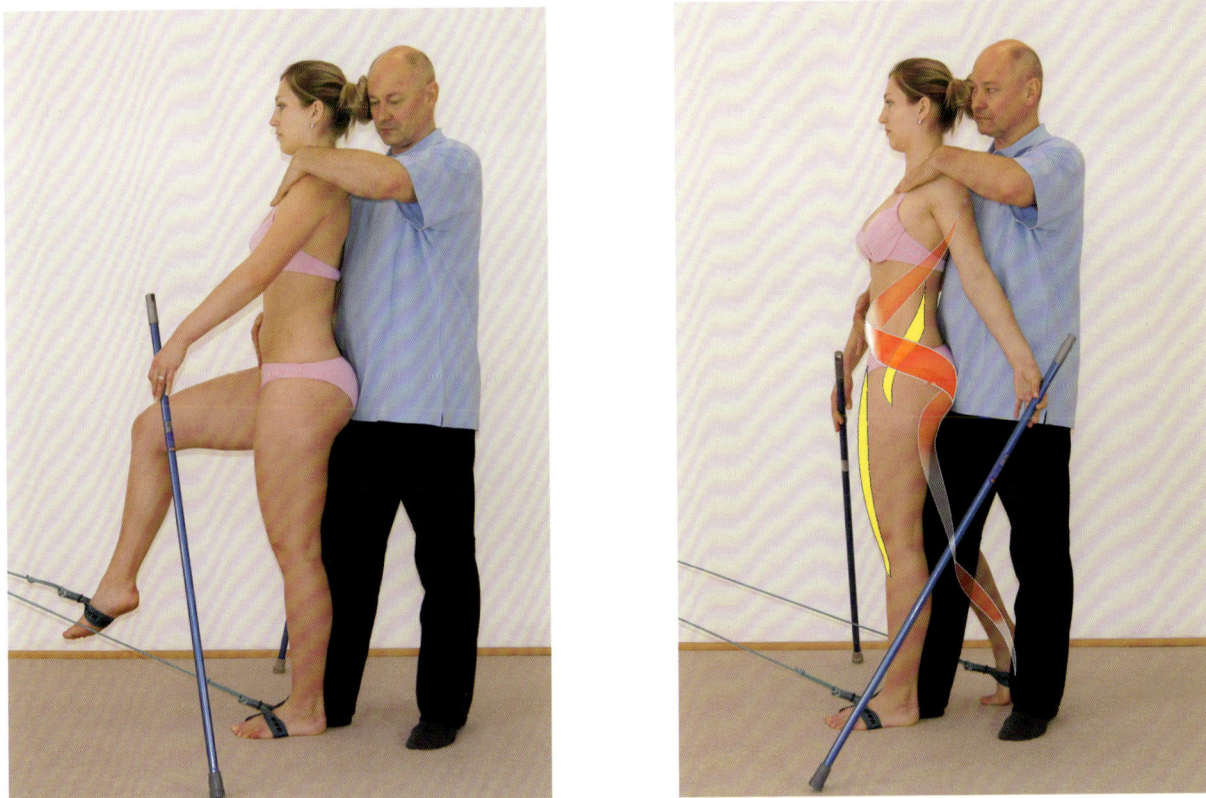

训练：固定，牵伸

股直肌、阔筋膜张肌、髂腰肌、臀中肌

——交互抑制状态下放松，牵伸。

在第1部分训练中，PM（胸大肌）肌肉链是主动肌。

在第2部分训练中，LD（背阔肌）、TR（斜方肌）肌肉链是主动肌。

训练4　双膝跪地，背对弹力绳固定点，向后打开双臂，拉肩胛骨相互靠近，向前推骨盆。

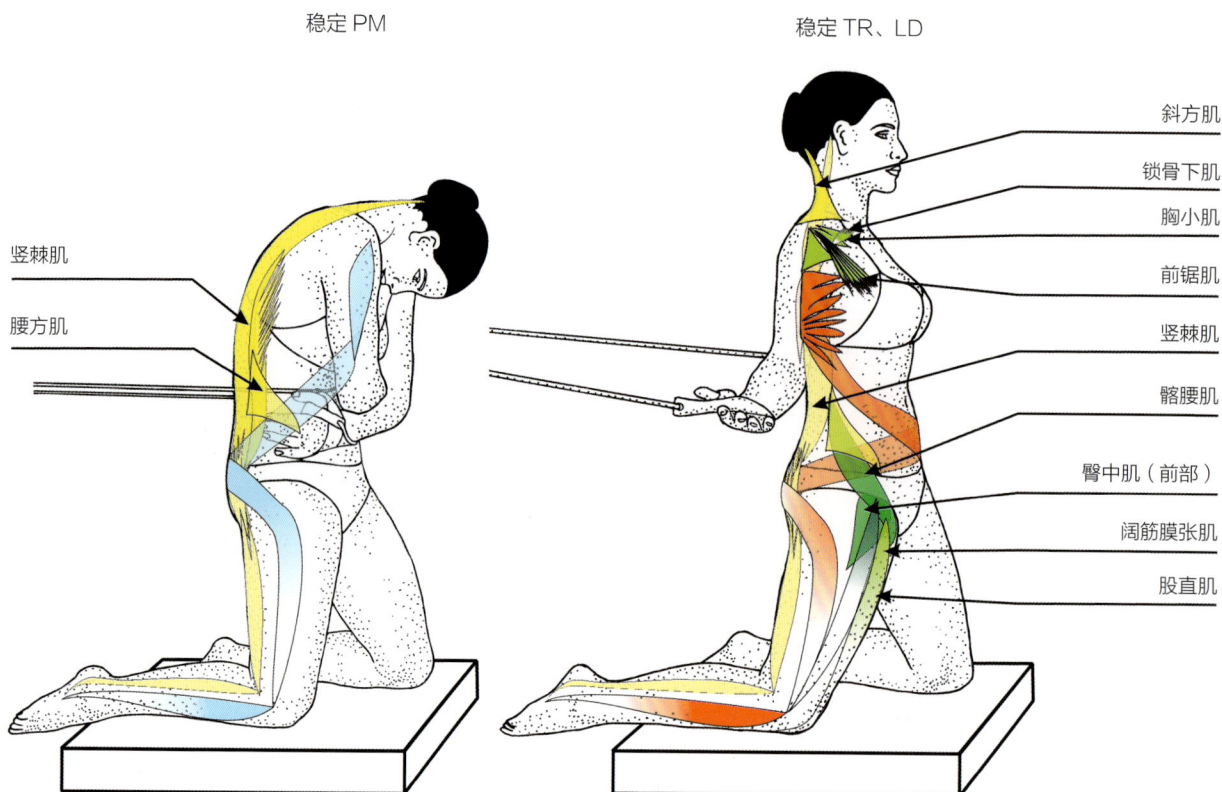

稳定 PM

稳定 TR、LD

竖棘肌

腰方肌

斜方肌

锁骨下肌

胸小肌

前锯肌

竖棘肌

髂腰肌

臀中肌（前部）

阔筋膜张肌

股直肌

1. 初始体位——训练的主动部位

在初始体位中，被牵伸的背肌：
◎ 竖棘肌；
◎ 腰方肌。

2. 治疗过程——训练的主动部位

在训练过程中，骨盆前面被牵伸的肌：
◎ 髂腰肌；
◎ 臀中肌；
◎ 阔筋膜张肌；
◎ 股直肌。

肩带前面被牵伸的肌：
◎ 锁骨下肌；
◎ 胸小肌；
◎ 胸大肌；
◎ 前锯肌。

放松的肩关节上面的肌肉：
◎ 斜方肌降部；
◎ 肩胛提肌；
◎ 中斜角肌；
◎ 头半棘肌、颈半棘肌和其他肌。

股直肌、阔筋膜张肌、髂腰肌（腰大肌、腰小肌、髂肌）、臀中肌

——交互抑制状态下放松，牵伸。

在第2部分训练中，LD（背阔肌）、TR（斜方肌）肌肉链是主动肌。

训练 4　单膝跪地，背对弹力绳固定点。双臂向后打开，拉近双侧肩胛骨，向前推骨盆。

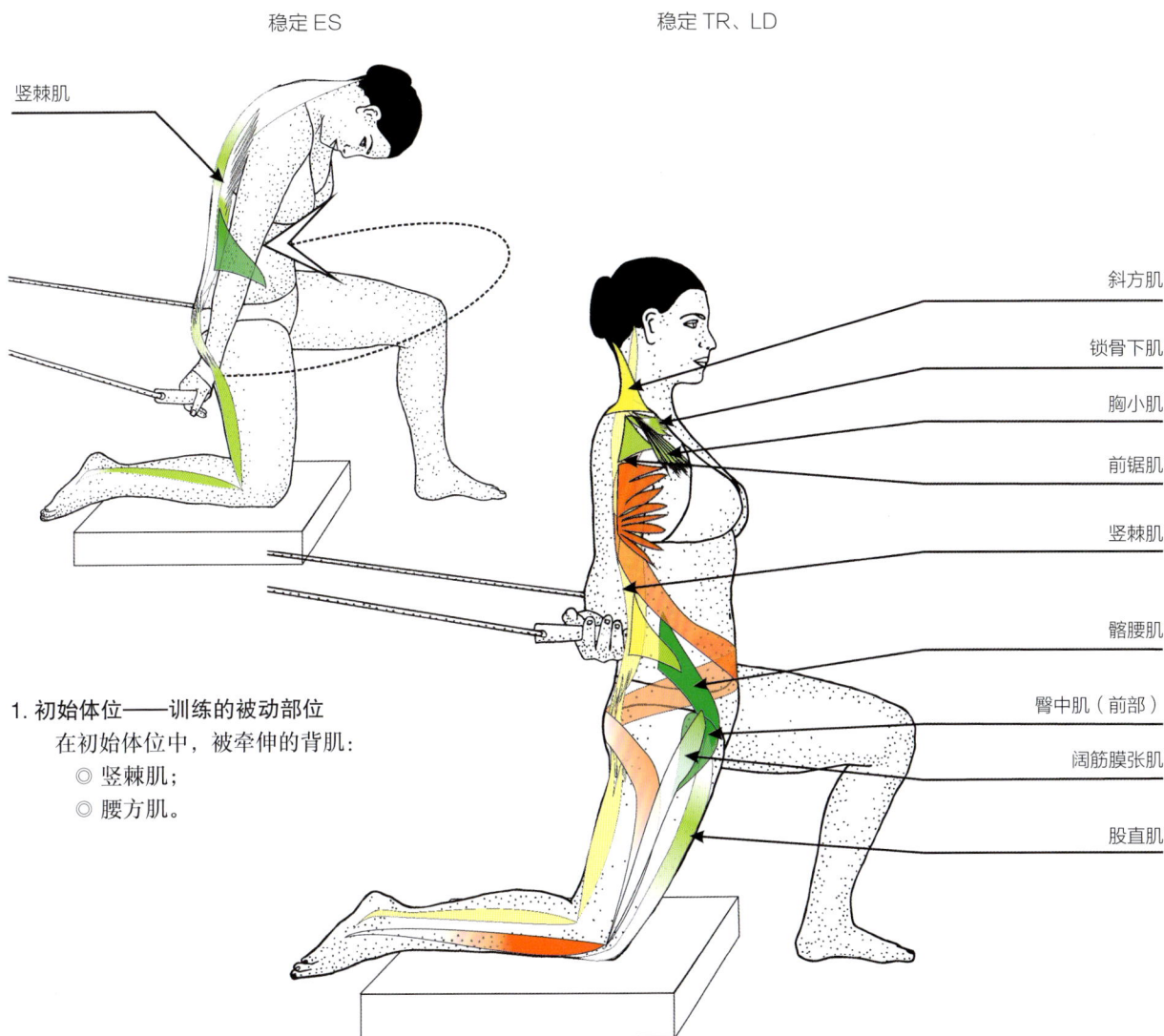

稳定 ES　　　　　　　　　　　稳定 TR、LD

竖棘肌

斜方肌

锁骨下肌

胸小肌

前锯肌

竖棘肌

髂腰肌

臀中肌（前部）

阔筋膜张肌

股直肌

1. 初始体位——训练的被动部位

在初始体位中，被牵伸的背肌：
◎ 竖棘肌；
◎ 腰方肌。

2. 治疗过程——训练的主动部位

在训练过程中，被牵伸的前面的盆带肌：
◎ 髂腰肌；
◎ 臀中肌（前部）；
◎ 阔筋膜张肌；
◎ 股直肌。

被牵伸的前部的肩带肌：
◎ 锁骨下肌；
◎ 胸小肌；
◎ 胸大肌；
◎ 前锯肌。

被放松的肩关节上面的肌：
◎ 斜方肌降部；
◎ 肩胛提肌；
◎ 头半棘肌、颈半棘肌等。

训练 11　使用两个支撑杆，面对弹力绳固定点稳定站立，伸（牵伸）髋关节。

稳定 ES　　　　　　　　　　　　　　　　　　　　　稳定 TR、LD

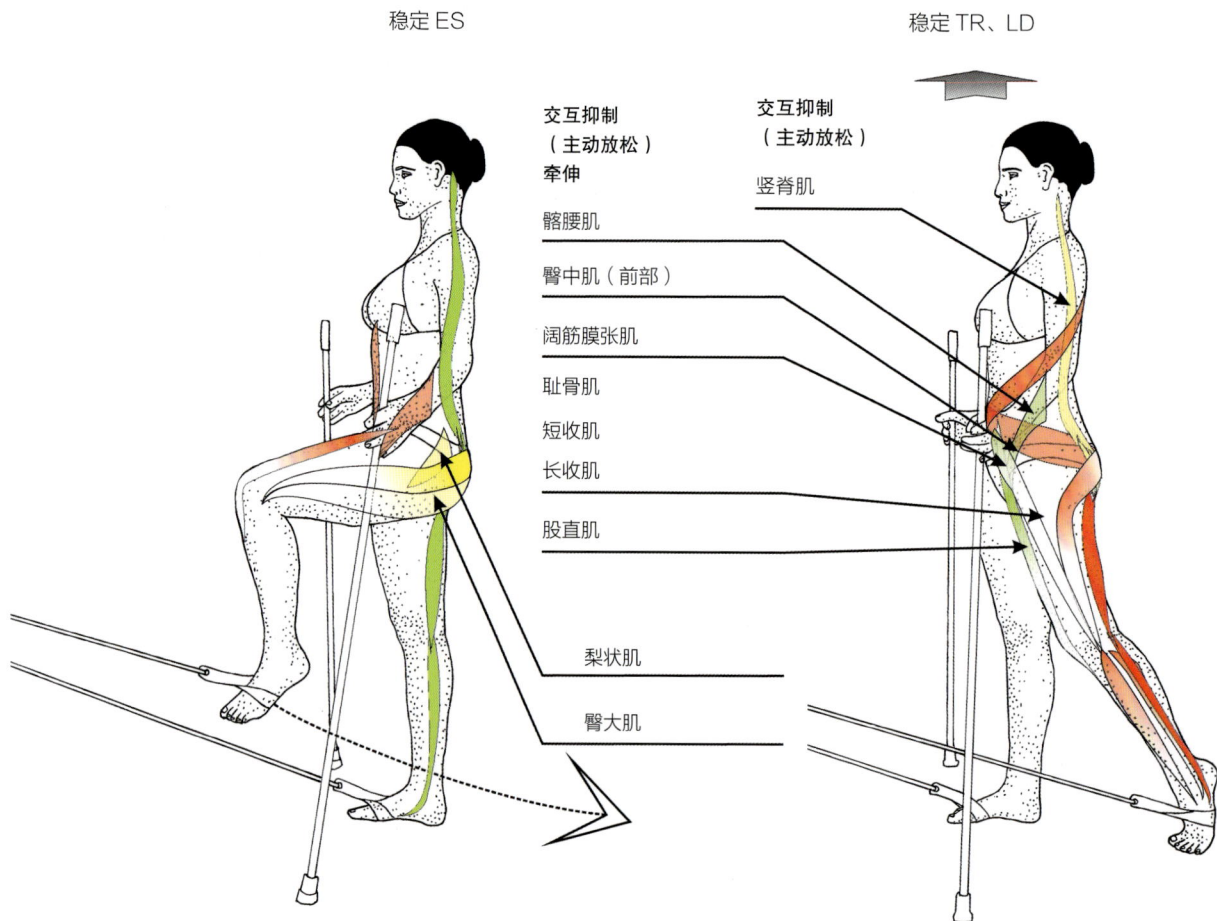

交互抑制
（主动放松）
牵伸

髂腰肌

臀中肌（前部）

阔筋膜张肌

耻骨肌

短收肌

长收肌

股直肌

梨状肌

臀大肌

交互抑制
（主动放松）

竖脊肌

1. 初始体位——训练的被动部位
　　在初始体位中，被牵伸的后面的盆带肌：
　　◎ 臀大肌；
　　◎ 梨状肌。

2. 治疗过程——训练的主动部位
　　在训练过程中，被牵伸的前部盆带肌：
　　◎ 髂腰肌；
　　◎ 臀中肌（前部）；
　　◎ 阔筋膜张肌；
　　◎ 股直肌；
　　◎ 耻骨肌；
　　◎ 短收肌；
　　◎ 长收肌。

在第1部分训练中，SA（前锯肌）、PM（胸大肌）肌肉链是主动肌。

在第2部分训练中，LD（背阔肌）、TR（斜方肌）肌肉链是主动肌。

训练11　使用两个支撑杆，面对弹力绳固定点保持平衡、稳定站立姿势。双侧交叉伸展，分别以肩、髋为轴牵伸上肢及对侧下肢。

稳定 SA、PM　　　　稳定 TR、LD

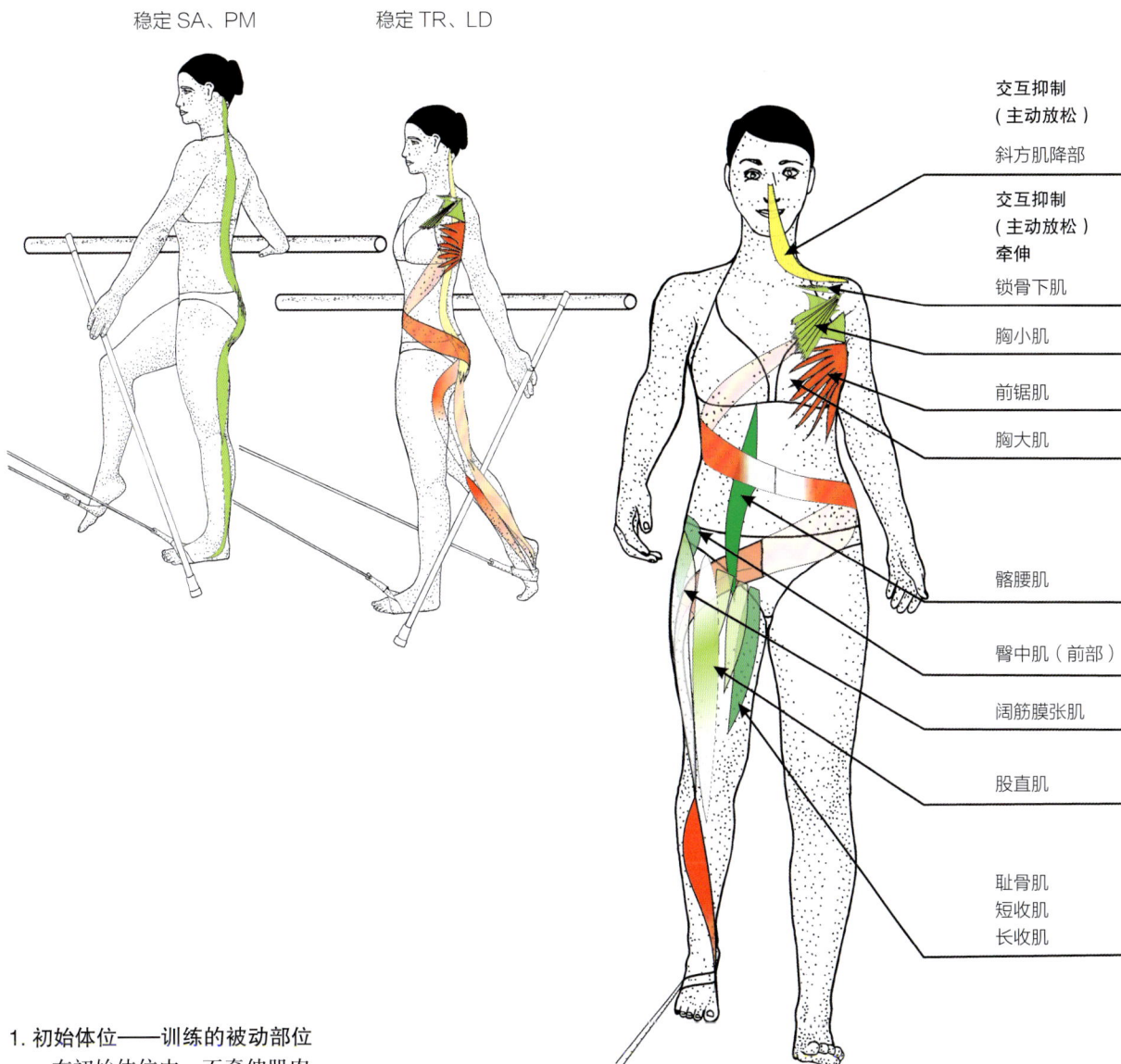

交互抑制（主动放松）
斜方肌降部

交互抑制（主动放松）
牵伸
锁骨下肌
胸小肌
前锯肌
胸大肌

髂腰肌

臀中肌（前部）

阔筋膜张肌

股直肌

耻骨肌
短收肌
长收肌

1.初始体位——训练的被动部位

在初始体位中，不牵伸肌肉。

2.治疗过程——训练的主动部位

在主动训练中，被牵伸的前部肩带肌：
◎ 锁骨下肌；
◎ 胸小肌；
◎ 胸大肌；
◎ 前锯肌。

肩关节上面被放松的肌：
◎ 斜方肌降部；
◎ 肩胛提肌；
◎ 斜角肌；
◎ 头半棘肌、颈半棘肌和其他肌。

被牵伸的前部盆带肌：
◎ 髂腰肌；
◎ 臀中肌（前部）；
◎ 阔筋膜张肌；
◎ 股直肌；
◎ 耻骨肌；
◎ 短收肌；
◎ 长收肌。

在第1部分训练中，SA（前锯肌）、PM（胸大肌）肌肉链是主动肌。

在第2部分训练中，LD（背阔肌）、TR（斜方肌）肌肉链是主动肌。

训练 11　使用两个支撑杆，面对弹力绳固定点保持平衡、稳定站立姿势。双侧交叉伸展，分别以肩、髋为轴牵伸上肢及对侧下肢。

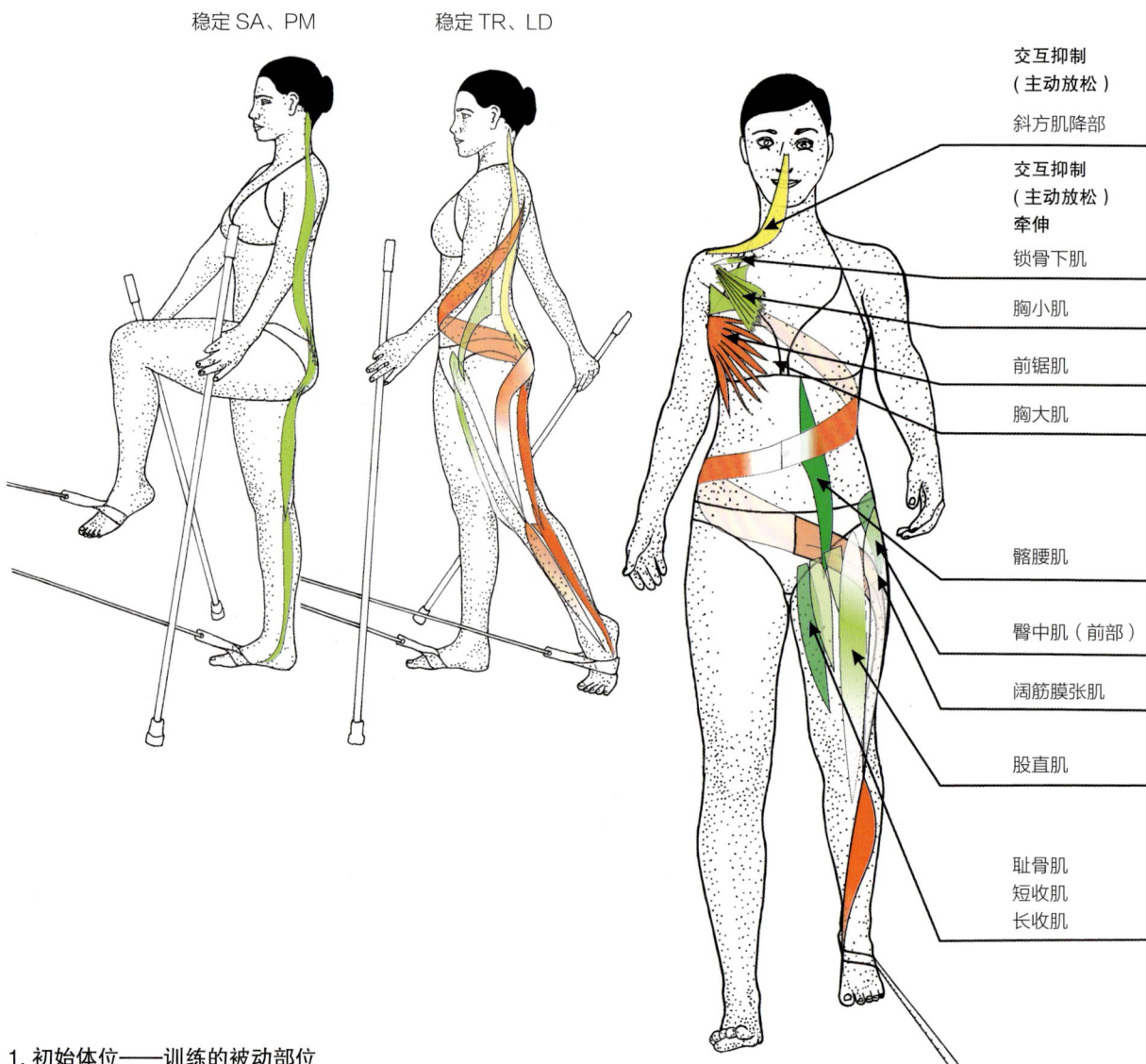

稳定 SA、PM　　稳定 TR、LD

交互抑制
（主动放松）
斜方肌降部

交互抑制
（主动放松）
牵伸
锁骨下肌

胸小肌

前锯肌

胸大肌

髂腰肌

臀中肌（前部）

阔筋膜张肌

股直肌

耻骨肌
短收肌
长收肌

1. 初始体位——训练的被动部位

　　在初始体位中，不牵伸肌肉。

2. 治疗过程——训练的主动部位

　　在主动训练中，被牵伸的前部肩带肌：

　　◎ 锁骨下肌；
　　◎ 胸小肌；
　　◎ 胸大肌；
　　◎ 前锯肌。

　　肩关节上面被放松的肌：

　　◎ 斜方肌降部；
　　◎ 肩胛提肌；
　　◎ 斜角肌；
　　◎ 头半棘肌、颈半棘肌和其他肌。

被牵伸的前部盆带肌：

　　◎ 髂腰肌；
　　◎ 臀中肌（前部）；
　　◎ 阔筋膜张肌；
　　◎ 股直肌；
　　◎ 耻骨肌；
　　◎ 短收肌；
　　◎ 长收肌。

耻骨肌、短收肌、长收肌、大收肌

——交互抑制状态下放松、牵伸。

在训练中，TR（斜方肌）、LD（背阔肌）、SA（前锯肌）、PM（胸大肌）肌肉链都是主动肌。

训练 13　侧对弹力绳固定点，保持平衡、稳定直立姿势，可使用支撑杆。外展髋关节，用一只腿向一侧牵伸，双臂反向运动。

稳定 TR、LD、SA、PM

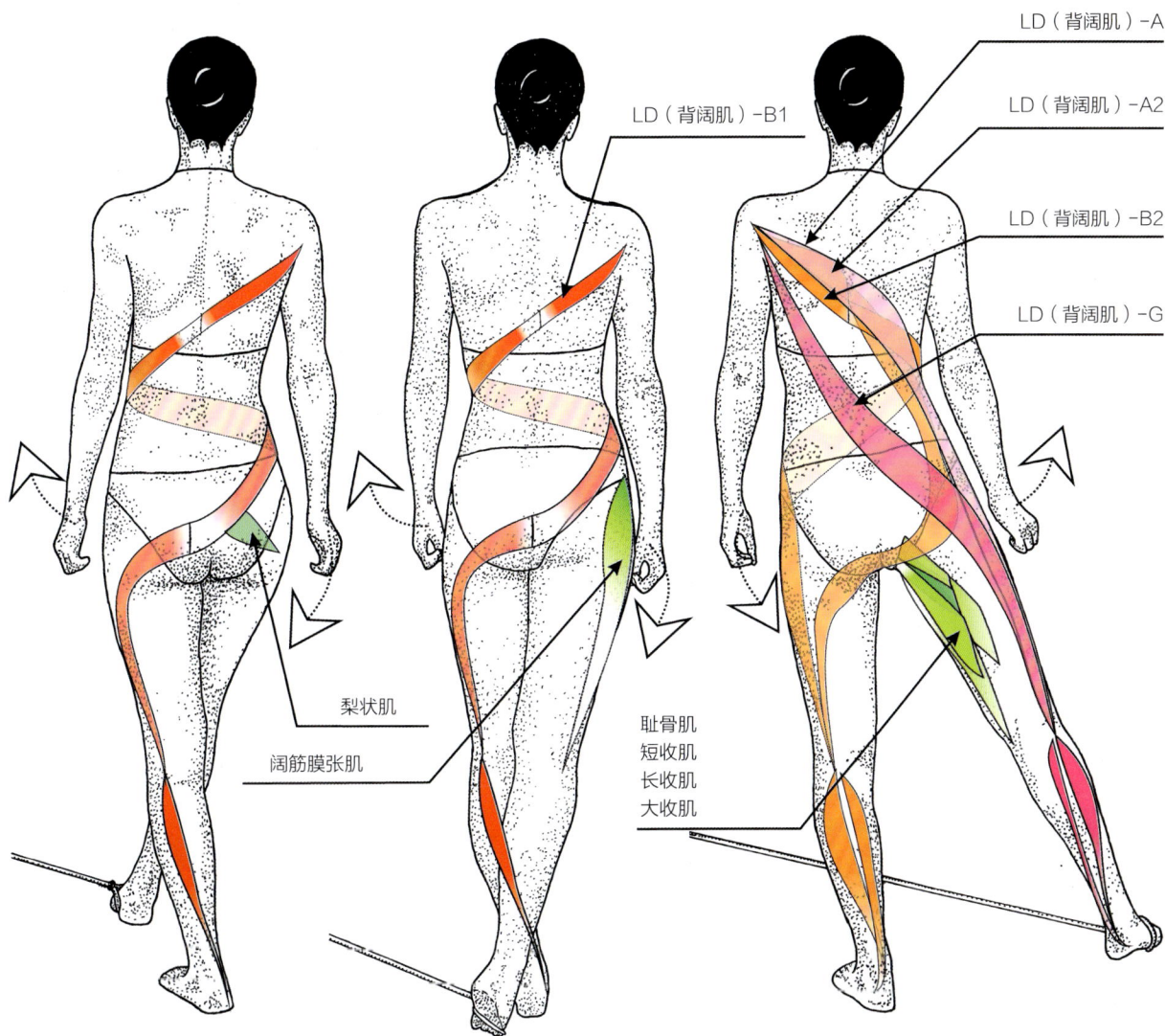

LD（背阔肌）-B1

LD（背阔肌）-A

LD（背阔肌）-A2

LD（背阔肌）-B2

LD（背阔肌）-G

梨状肌

阔筋膜张肌

耻骨肌
短收肌
长收肌
大收肌

1. 初始体位——训练的主动部位

初始体位由螺旋肌肉链 LD（背阔肌）-B 主动稳定。

2. 治疗过程——训练的主动部位

训练对侧站立下肢。

训练因肌肉链 LD-A、LD-A2、LD-B2 和 LD-G 稳定。放松垂直肌肉链 ES（竖棘肌）。主动稳定的肌肉链还有 SA（前锯肌）、PM（胸大肌）。

牵伸大腿内侧肌：

◎ 长、短收肌；

◎ 大收肌；

◎ 耻骨肌。

大腿前伸的初始体位，牵伸梨状肌。

大腿向后的初始体位，牵伸阔筋膜张肌。

示例

股直肌、阔筋膜张肌、髂腰肌、臀中肌、短收肌——主动放松，牵伸。

训练 4　背对弹力绳固定点，单膝跪位，向后打开双臂，拉肩胛骨相互靠拢，骨盆推向前。

螺旋稳定
肌肉链
LD（背阔
肌）-B、
TR（斜方
肌）-C

股直肌、
阔筋膜张肌、
髂腰肌、
臀中肌、
短收肌
交互抑制和
牵伸

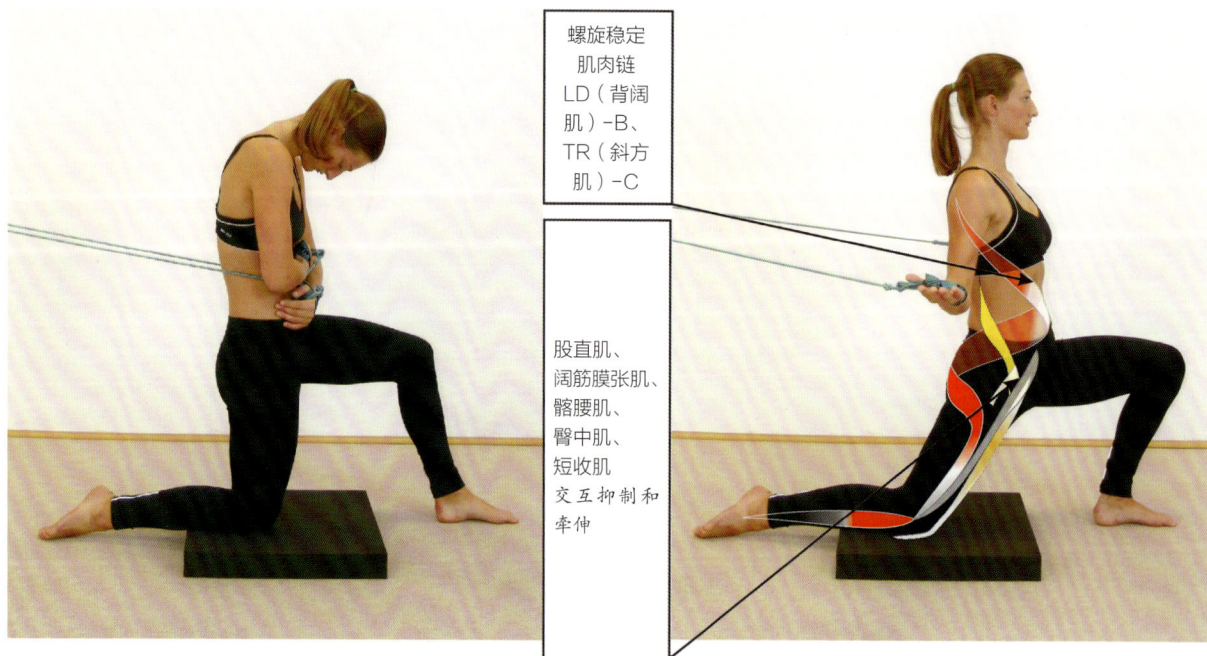

螺旋稳定
肌肉链
LD（背阔
肌）-B、
TR（斜方
肌）-C

股直肌、
阔筋膜张肌、
髂腰肌、
臀中肌、
短收肌
交互抑制和
牵伸

　　牵伸股直肌、阔筋膜张肌、髂腰肌、臀中肌、耻骨肌、短收肌、长收肌，交互抑制。稳定身体的主动肌是 LD 和 TR 肌肉链。髋关节屈肌相互抑制并同时牵伸。

训练 4　背对弹力绳固定点，双膝跪位。向后张开双臂，拉肩胛骨相互靠近，骨盆推向前。

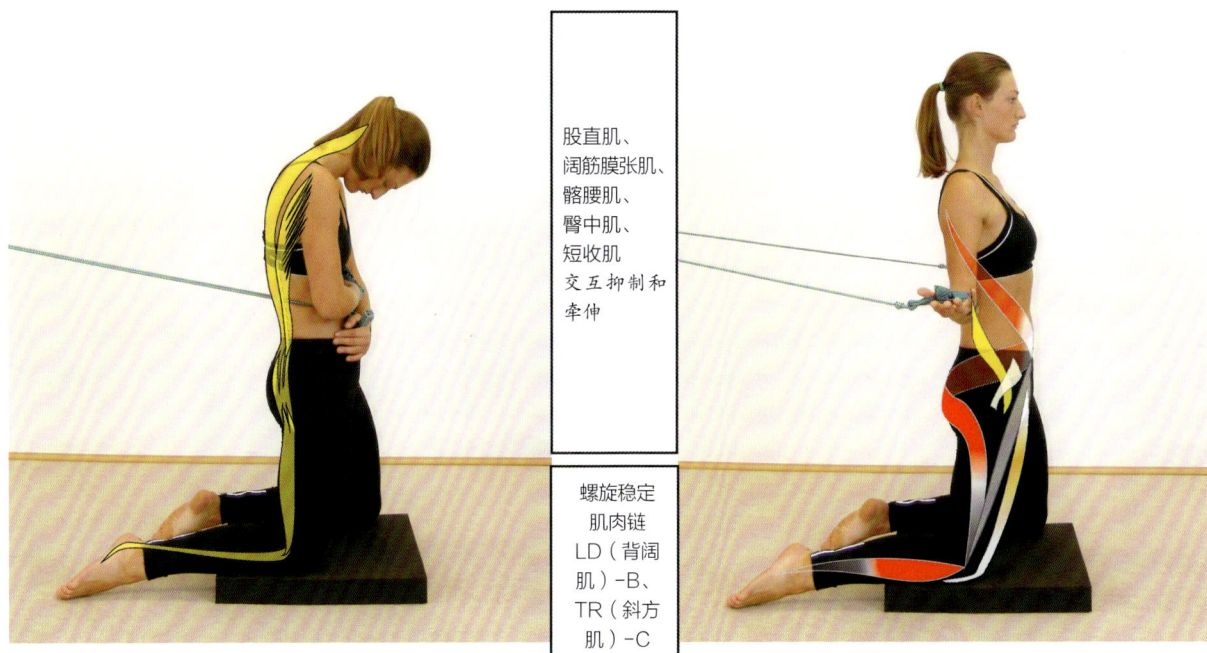

股直肌、
阔筋膜张肌、
髂腰肌、
臀中肌、
短收肌
交互抑制和
牵伸

螺旋稳定
肌肉链
LD（背阔
肌）-B、
TR（斜方
肌）-C

训练 3　背对弹力绳固定点，一只脚放在垫子上站立。向后打开双臂，拉肩胛骨相互靠近，将身体重量移向前腿。

股直肌、
阔筋膜张肌、
髂腰肌、
臀中肌、
短收肌
交互抑制和
牵伸

螺旋稳定
肌肉链
LD（背阔
肌）-B、
TR（斜方
肌）-C

训练 11　面向弹力绳固定点，利用两个支撑杆保持平衡、稳定站立姿势。双侧交叉后伸，以肩和髋为轴牵伸一侧上肢及对侧下肢。

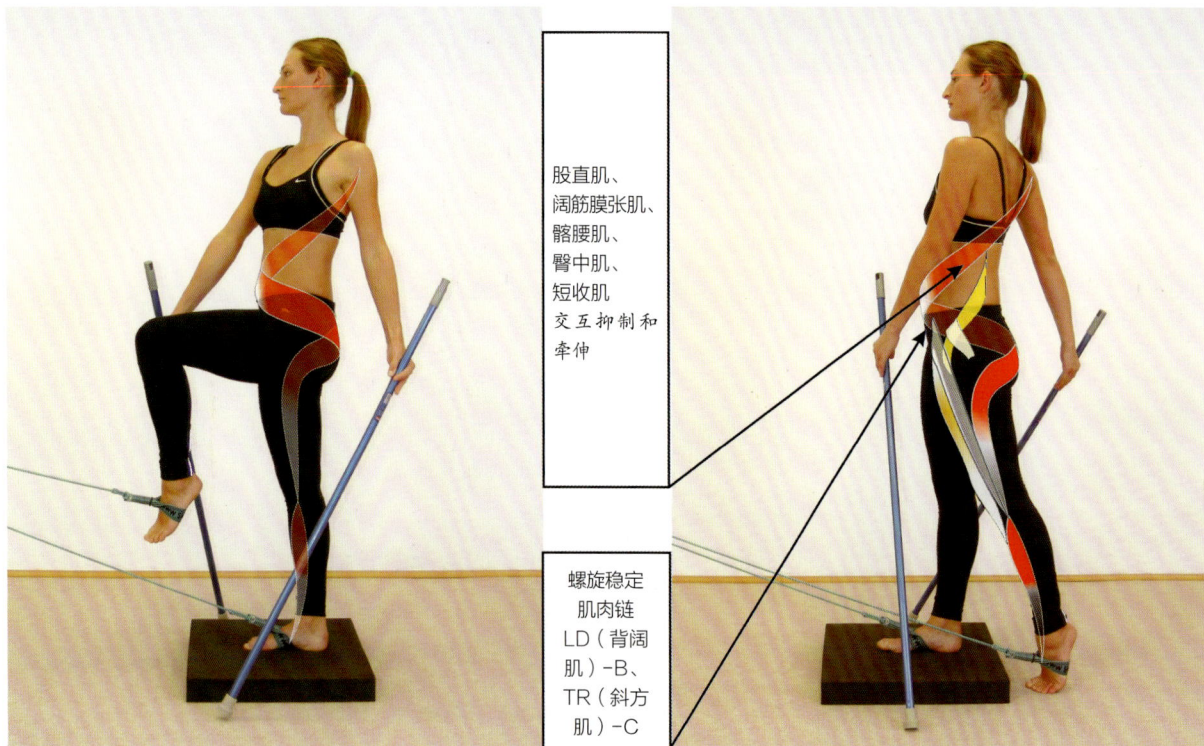

股直肌、
阔筋膜张肌、
髂腰肌、
臀中肌、
短收肌
交互抑制和
牵伸

螺旋稳定
肌肉链
LD（背阔
肌）-B、
TR（斜方
肌）-C

耻骨肌、短收肌、长收肌——主动放松，牵伸。

训练 13　侧身朝向弹力绳固定点，可选择支撑杆，保持平衡、稳定直立姿势。外展髋关节，向一侧牵伸下肢及对侧上肢。

螺旋稳定
肌肉链
LD（背阔
肌）-B、
TR（斜方
肌）-C

耻骨肌、
短收肌、
长收肌
交互抑制和
牵伸

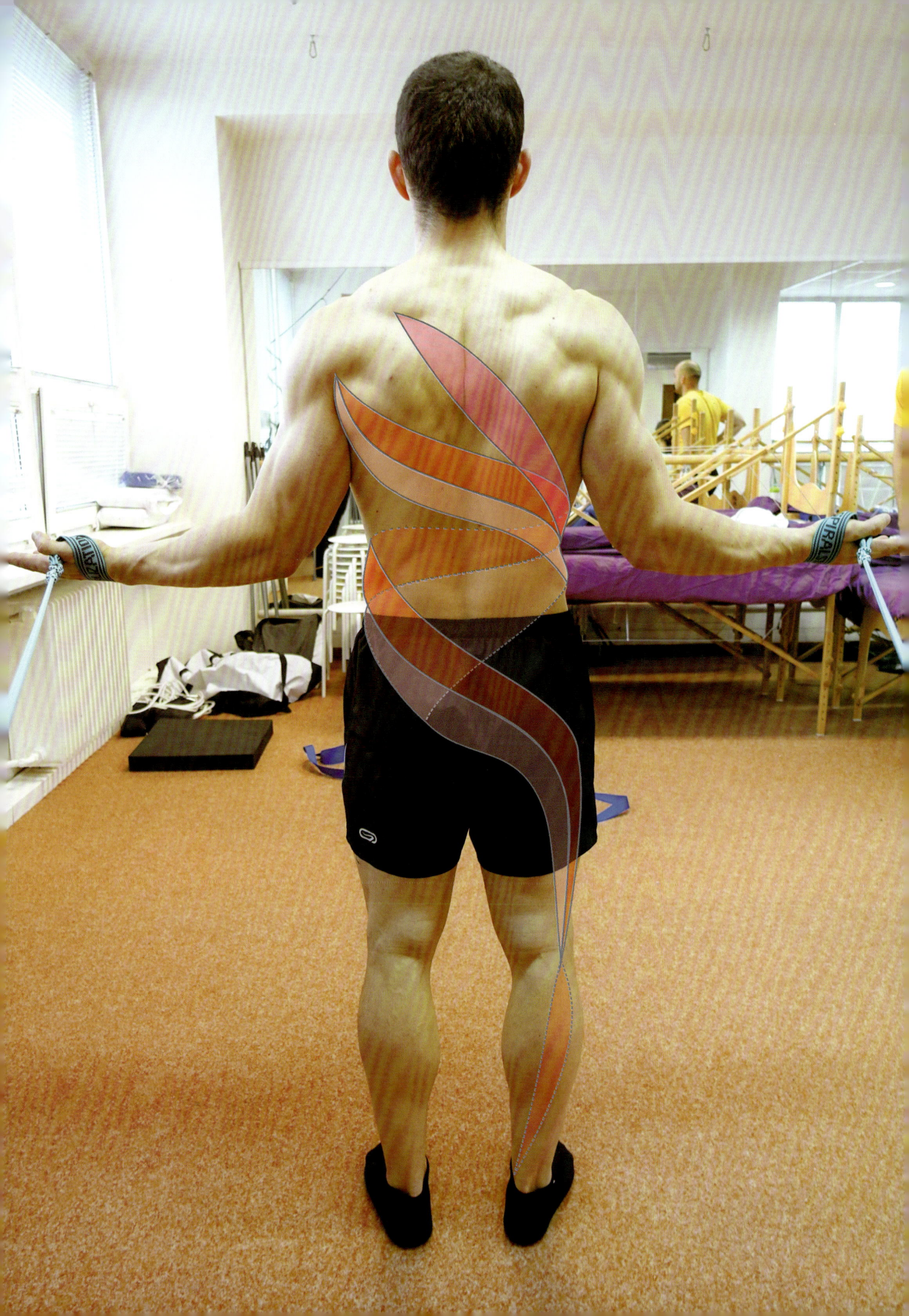

第四章
螺旋肌肉链中具有弱化倾向的肌肉

肩带后下肌群

要　点
◎ 斜方肌
◎ 背阔肌

脊柱与胸部的固有肌和肋间肌

要　点
◎ 长、短回旋肌
◎ 半棘肌
◎ 多裂肌
◎ 肋提肌
◎ 肋间外肌

解剖

斜方肌

斜方肌降部

锁骨

斜方肌横部

斜方肌升部

枕外隆凸

上项线

项韧带

肩峰

肩胛冈

第 1 ~ 7 颈椎棘突

第 1 ~ 4 胸椎棘突

第 4 ~ 12 胸椎棘突

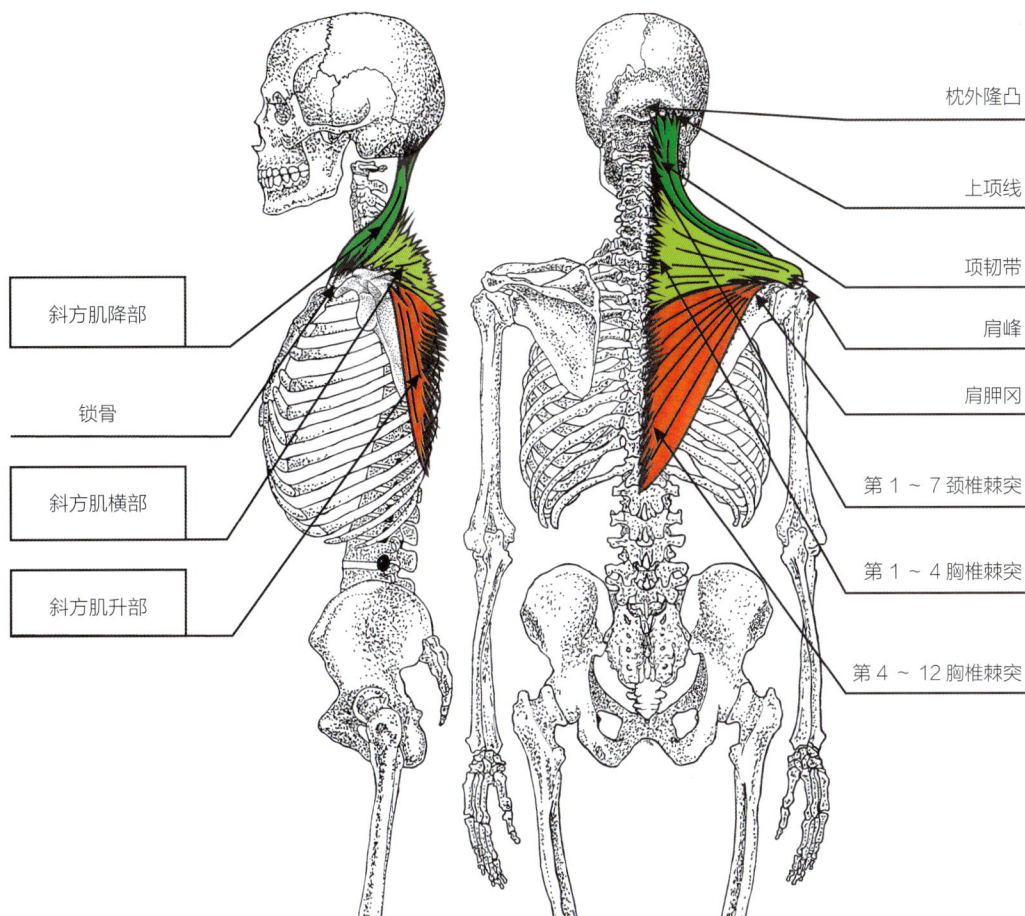

具有内部肌肉失衡倾向的肌群

具有弱化倾向的肌纤维，这些肌纤维需要强化

具有紧张和缩短倾向的肌纤维，这些肌纤维需要放松和牵伸

斜方肌的旋转部分有弱化的倾向

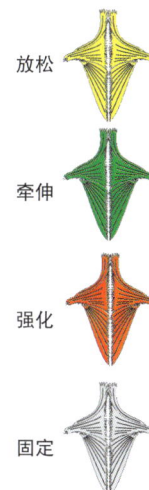

放松

牵伸

强化

固定

斜方肌

起点：
- ◎ 降部（上部）——枕骨（上项线、枕外隆凸）、项韧带、第 1 ~ 7 颈椎棘突；
- ◎ 横部（中间部）——第 1 ~ 4 胸椎棘突；
- ◎ 升部（下部）——第 5 ~ 12 胸椎棘突。

止点：
- ◎ 降部——锁骨外 1/3；
- ◎ 横部——肩峰；
- ◎ 升部——肩胛冈。

功能：
- ◎ 降部——上提肩胛骨、转肩胛骨向外（与前锯肌下部协同作用）、使头向同侧倾斜、使头转向对侧（固定点在肩胛骨）；
- ◎ 横部——拉肩胛骨向内；
- ◎ 升部——拉肩胛骨向内下、支持降部的旋转功能；
- ◎ 整肌：使肩胛骨贴近胸壁。

神经支配：
- ◎ 副神经、颈丛（第 2 ~ 4 颈神经）。

斜方肌存在内部肌肉失衡：
- ◎ 降部——有缩短的倾向；
- ◎ 横部——有弱化的倾向；
- ◎ 升部——有弱化的倾向。

肌肉链

螺旋肌肉链——斜方肌（TR）

TR 链被肩胛骨向后的运动（伸展）激活。

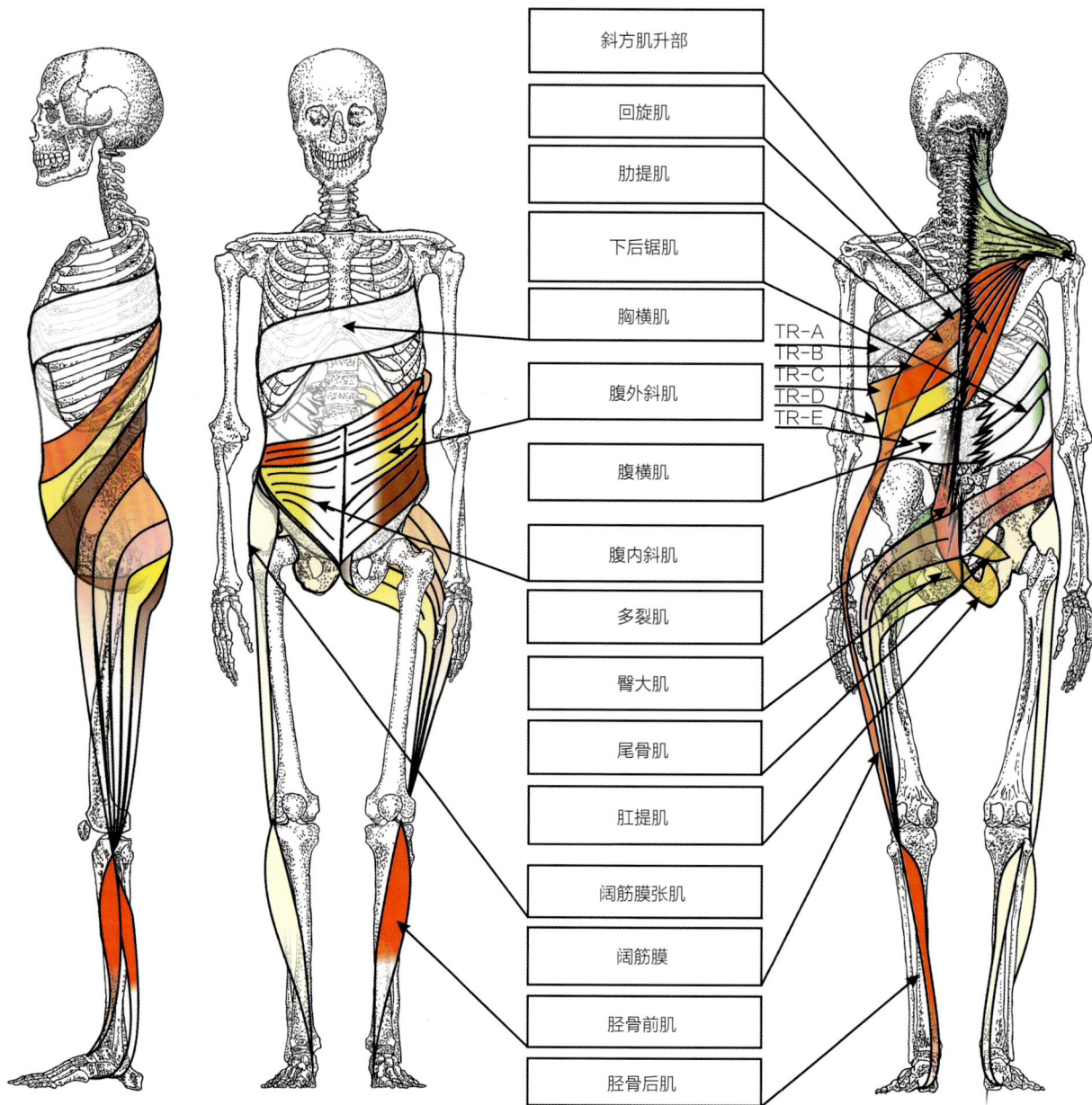

斜方肌升部
回旋肌
肋提肌
下后锯肌
胸横肌
腹外斜肌
腹横肌
腹内斜肌
多裂肌
臀大肌
尾骨肌
肛提肌
阔筋膜张肌
阔筋膜
胫骨前肌
胫骨后肌

TR-A
TR-B
TR-C
TR-D
TR-E

解剖

背阔肌

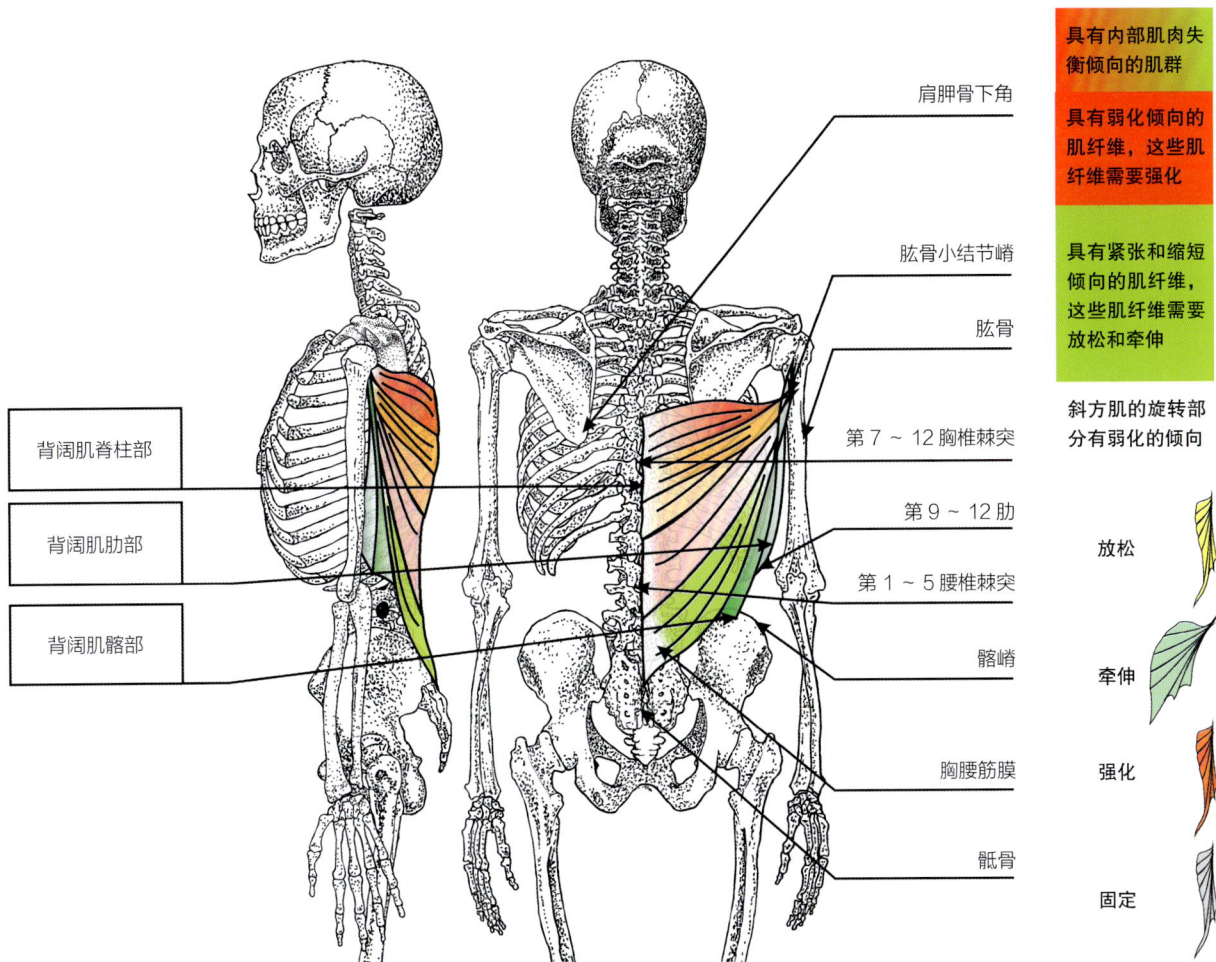

肩胛骨下角

肱骨小结节嵴

肱骨

第 7 ~ 12 胸椎棘突

第 9 ~ 12 肋

第 1 ~ 5 腰椎棘突

髂嵴

胸腰筋膜

骶骨

背阔肌脊柱部

背阔肌肋部

背阔肌髂部

具有内部肌肉失衡倾向的肌群

具有弱化倾向的肌纤维，这些肌纤维需要强化

具有紧张和缩短倾向的肌纤维，这些肌纤维需要放松和牵伸

斜方肌的旋转部分有弱化的倾向

放松

牵伸

强化

固定

背阔肌

起点：
◎ 脊柱部——第 7 ~ 12 胸椎棘突、通过胸腰筋膜连于第 1 ~ 5 腰椎、骶骨；
◎ 髂部——髂嵴后部；
◎ 肋部——第 9 ~ 12 肋。

止点：
◎ 肱骨小结节嵴。

功能：
◎ 内旋；
◎ 内收；
◎ 后屈（拉肩部向后下）；
◎ 伸（向后牵伸）；
◎ 协助呼气；
◎ 上肢上举固定时，引体向上。

神经支配：
◎ 胸背神经（第 6 ~ 8 颈神经）。

背阔肌存在内部肌肉失衡：
◎ 脊柱部——有弱化的倾向；
◎ 髂部——有紧张和缩短的倾向；
◎ 肋部——有紧张和缩短的倾向。

肌肉链

螺旋肌肉链——背阔肌（LD）

LD链在上臂向后运动时（伸）被激活。

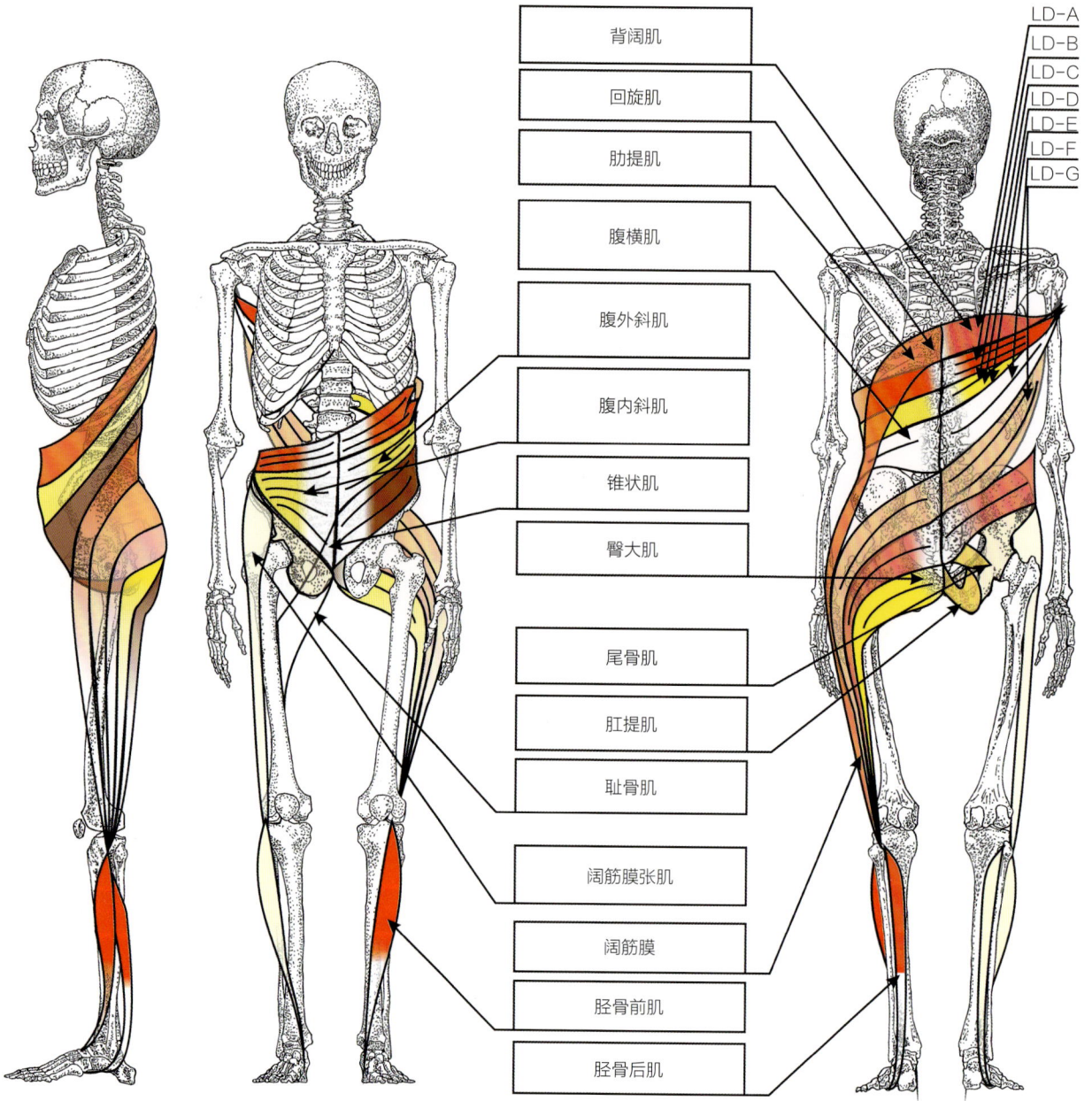

背阔肌	LD-A
回旋肌	LD-B
肋提肌	LD-C
腹横肌	LD-D
腹外斜肌	LD-E
腹内斜肌	LD-F
锥状肌	LD-G
臀大肌	
尾骨肌	
肛提肌	
耻骨肌	
阔筋膜张肌	
阔筋膜	
胫骨前肌	
胫骨后肌	

解剖

长、短回旋肌，半棘肌和多裂肌

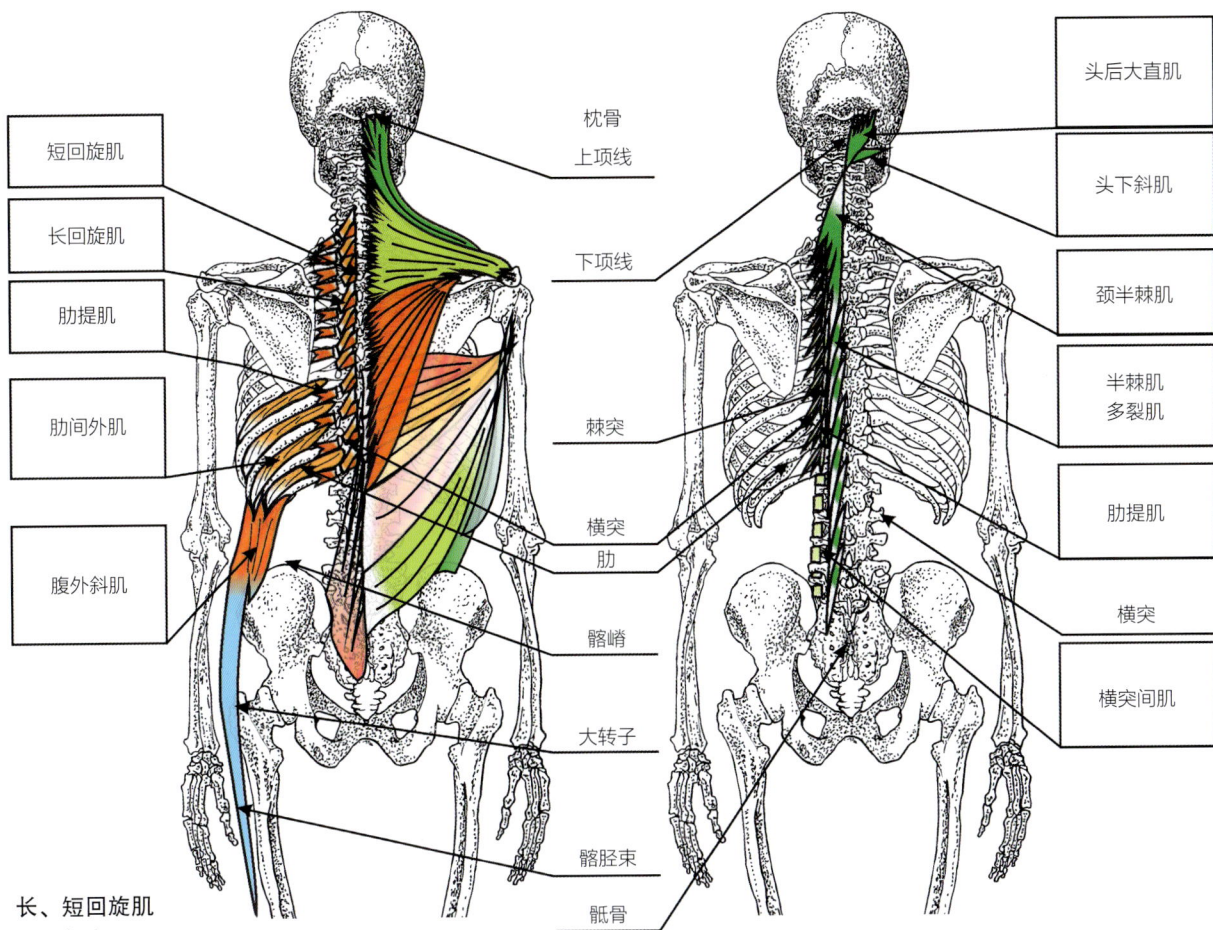

短回旋肌

长回旋肌

肋提肌

肋间外肌

腹外斜肌

枕骨

上项线

下项线

棘突

横突

肋

髂嵴

大转子

髂胫束

骶骨

头后大直肌

头下斜肌

颈半棘肌

半棘肌
多裂肌

肋提肌

横突

横突间肌

长、短回旋肌

起点：
  ◎ 第 1 ~ 12 胸椎横突。

止点：
  ◎ 第 1 ~ 12 胸椎棘突；
  ◎ 短肌——相邻上位椎骨；
  ◎ 长肌——相邻上数第 2 个椎骨。

功能：
  ◎ 双侧收缩——胸椎后伸；
  ◎ 单侧收缩——向对侧旋转；
  ◎ 向同侧外屈。

神经支配：
  ◎ 胸神经后支。

胸半棘肌

起点：
  ◎ 第 6 ~ 12 胸椎横突。

止点：
  ◎ 第 6 颈椎至第 4 胸椎横突；
  ◎ 与 5 个椎骨相交。

功能：
  ◎ 双侧收缩——背伸颈椎与胸椎；
  ◎ 单侧收缩——向对侧旋转；
  ◎ 向同侧外屈。

神经支配：
  ◎ 胸神经后支。

长、短肋提肌

起点：
  ◎ 第 7 颈椎至第 11 胸椎横突。

止点：
  ◎ 短肌——相邻肋骨肋角；
  ◎ 长肌——跨越两肋骨的肋角。

功能：
  ◎ 双侧收缩——背伸胸椎；
  ◎ 单侧收缩——向对侧旋转；
  ◎ 向同侧外屈。

神经支配：
  ◎ 胸神经后支与腹侧支。

横突间肌

起点与止点：
  ◎ 腰横突间内侧肌——腰椎
    乳突；
  ◎ 腰横突间外侧肌——腰椎
    横突；
  ◎ 颈后横突间肌——第 2 ~ 7
    颈椎后结节；
  ◎ 颈前横突间肌——第 2 ~ 7
    颈椎前结节。

功能：
  ◎ 双侧收缩——背伸胸椎与
    颈椎；
  ◎ 单侧收缩——向对侧旋转；
  ◎ 同侧外屈胸椎与颈椎。

神经支配：
  ◎ 腰内侧横突间肌、腰后侧
    横突间肌、颈后侧横突间
    肌——颈、腰神经后支；
  ◎ 腰外侧横突间肌、颈前横
    突间肌——颈、腰神经腹
    侧支。

肌肉链

背阔肌、斜方肌和竖脊肌肌肉链——主动与拮抗

主动放松、牵伸螺旋肌肉链LD（背阔肌）和TR（斜方肌，二者由副神经、第1颈神经至第2骶神经支配），
抑制ES（竖脊肌，由第1颈神经至第5腰神经支配）。

拮抗肌
（抑制性肌肉链）

主动肌
（主动肌肉链）

垂直肌肉链：ES（竖脊肌）

螺旋肌肉链：LD（背阔肌）、TR（斜方肌）

髂肋肌
脊神经后支的外侧支
（第8颈神经至第1腰神经）

最长肌
脊神经后支的外侧支
（第1颈神经至第5腰神经）

斜方肌升部
副神经
颈丛（第2～4颈神经）

背阔肌
胸背神经（第6～8颈神经）

腹外斜肌
肋间神经（第5～12胸神经）
髂腹下神经

腹横肌
肋间神经（第5～12胸神经）
髂腹下神经
髂腹股沟神经
生殖股神经

腹内斜肌
肋间神经（第8～12胸神经）
髂腹下神经
髂腹股沟神经

多裂肌
脊神经后支（第1颈神经至
第5腰神经）

髂骨翼

肛提肌
骶丛（第2～4骶神经）

臀大肌
臀下神经（第4腰神经至
第2骶神经）

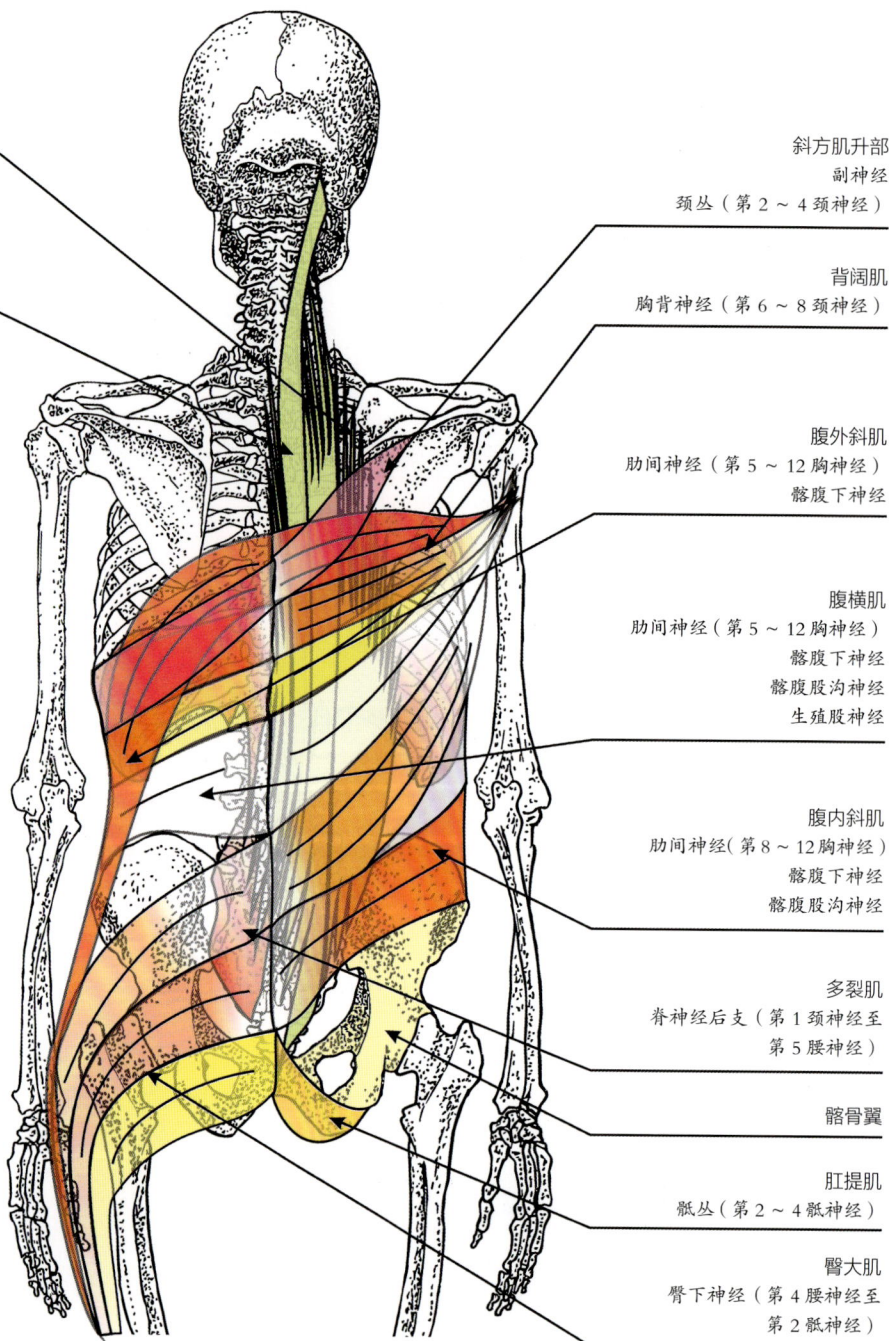

肌肉链

背阔肌、斜方肌和竖脊肌肌肉链——主动与拮抗

螺旋肌肉链LD（背阔肌）抑制ES（竖脊肌）。

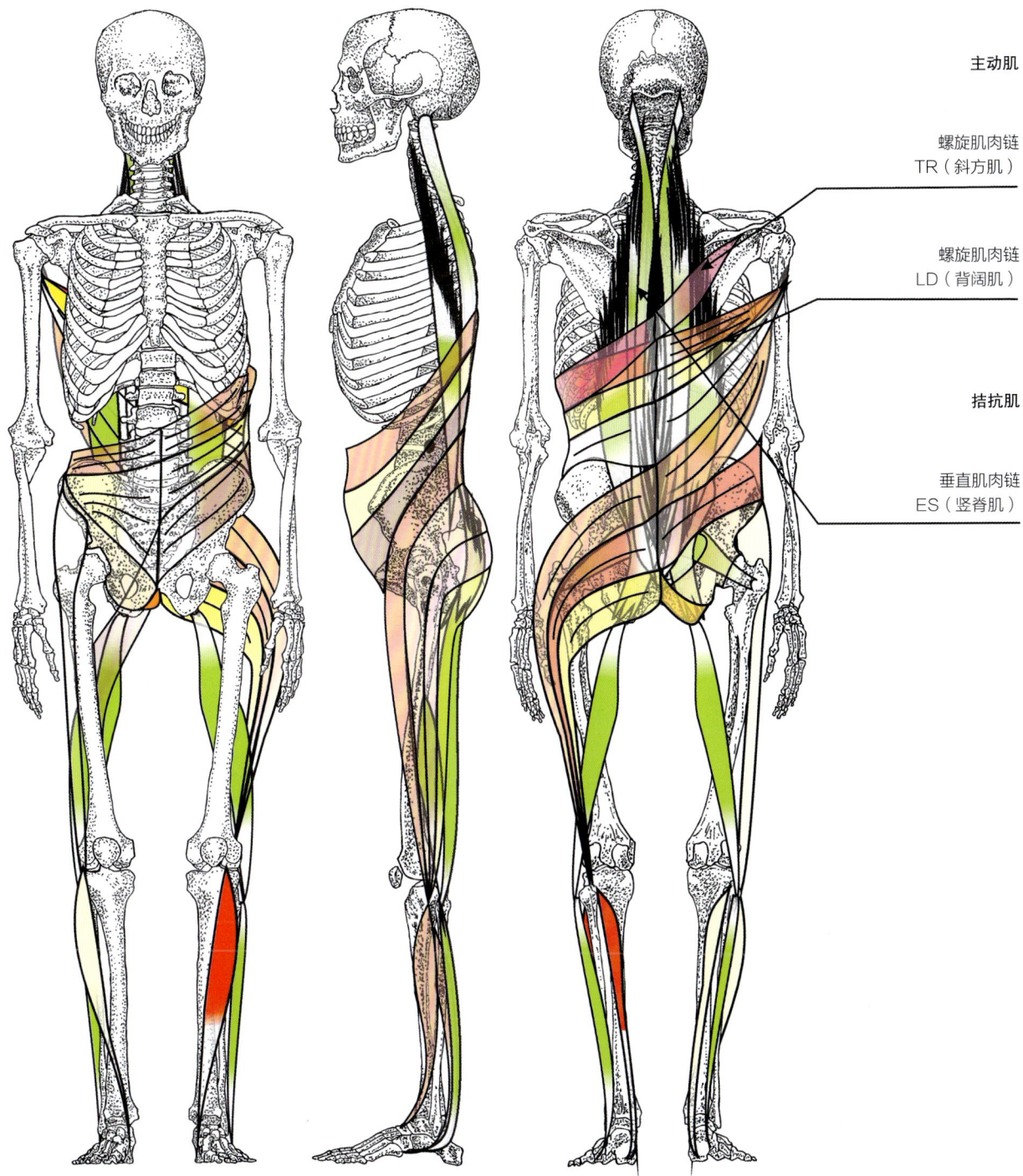

主动肌

螺旋肌肉链
TR（斜方肌）

螺旋肌肉链
LD（背阔肌）

拮抗肌

垂直肌肉链
ES（竖脊肌）

坐位手法治疗技术

背阔肌、斜方肌——被动牵伸，强化。

训练1 坐位，面向弹力绳固定点，双臂向后拉。

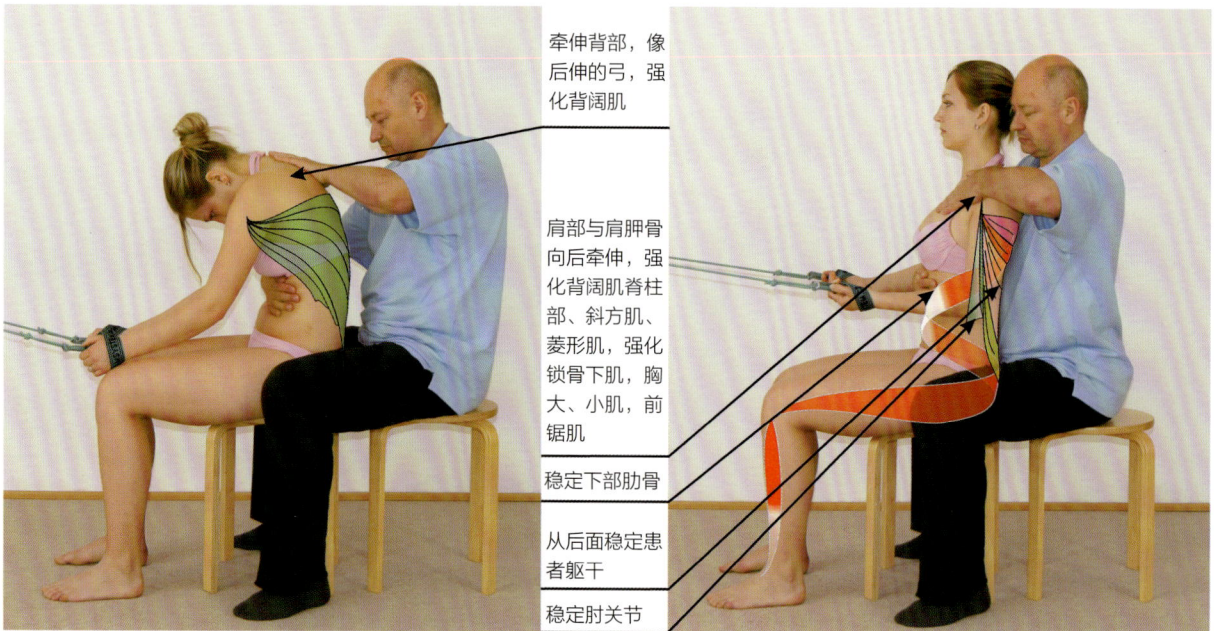

牵伸背部，像后伸的弓，强化背阔肌

肩部与肩胛骨向后牵伸，强化背阔肌脊柱部、斜方肌、菱形肌，强化锁骨下肌，胸大、小肌，前锯肌

稳定下部肋骨

从后面稳定患者躯干

稳定肘关节

背阔肌——牵伸脊柱部，强化肋部。

训练6 坐位，背对弹力绳固定点，双手拉环向前。

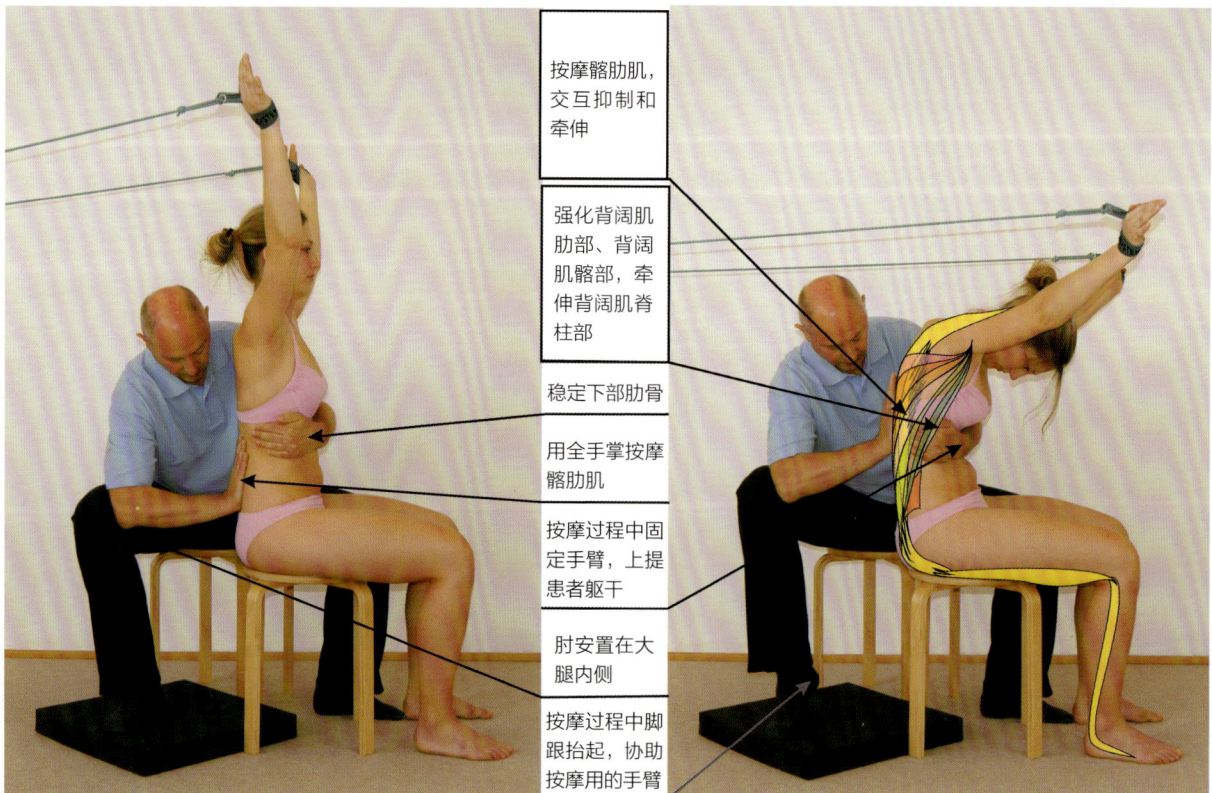

按摩髂肋肌，交互抑制和牵伸

强化背阔肌肋部、背阔肌髂部，牵伸背阔肌脊柱部

稳定下部肋骨

用全手掌按摩髂肋肌

按摩过程中固定手臂，上提患者躯干

肘安置在大腿内侧

按摩过程中脚跟抬起，协助按摩用的手臂

训练

斜方肌、背阔肌——强化，牵伸。

竖脊肌——交互抑制性放松，牵伸。

LD（背阔肌）和TR（斜方肌）肌肉链是第2部分训练的主动肌。

训练1　双腿基本站位，面向弹力绳固定点，双臂向后拉。

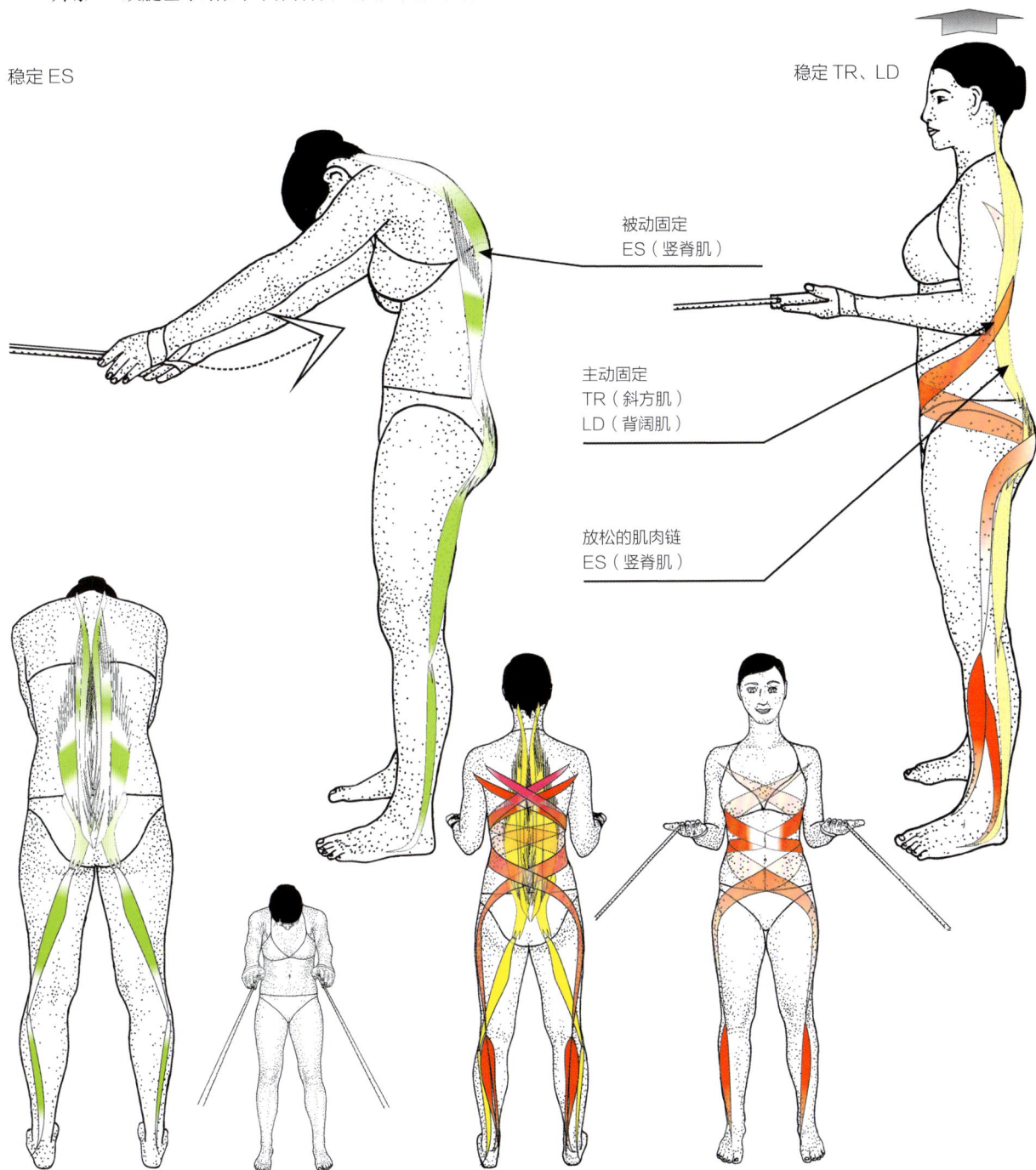

稳定 ES

稳定 TR、LD

被动固定
ES（竖脊肌）

主动固定
TR（斜方肌）
LD（背阔肌）

放松的肌肉链
ES（竖脊肌）

1. 初始体位——训练的被动部位

初始体位是由垂直肌肉链ES（竖脊肌）被动固定的，同时竖脊肌被牵伸。

2. 治疗过程——训练的主动部位

治疗过程是被螺旋肌肉链固定的：

◎ TR（斜方肌）-C，在这个过程中斜方肌具有多种主导形式；

◎ LD（背阔肌）-B。

垂直肌肉链ES（竖脊肌）出现交互抑制性放松。

训练 2　双腿基本姿势站立，侧对弹力绳固定点，单臂侧拉。

稳定 ES

稳定 TR、LD

主动肌肉链
LD（背阔肌）

被动固定
ES（竖脊肌）

放松肌肉链
ES（竖脊肌）

LD（背阔肌）–A

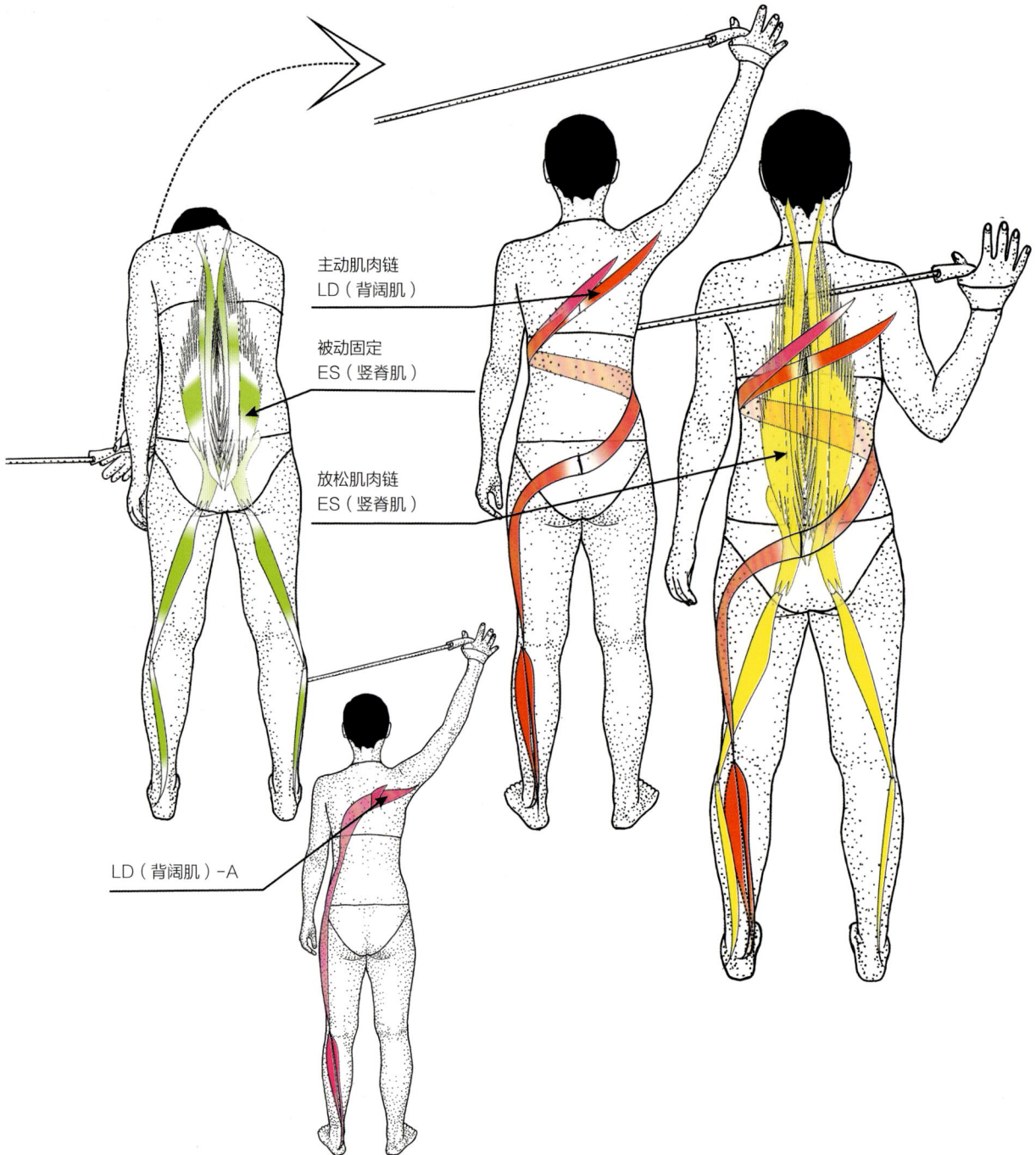

1. 初始体位——训练的被动部位
　　初始体位是由垂直肌肉链ES（竖脊肌）被动固定的，其同时被牵伸。

2. 治疗过程——训练的主动部位
　　训练的主动部位是被螺旋肌肉链LD-B和LD-A固定的。垂直肌肉链ES放松。

示例

斜方肌、背阔肌——强化，牵伸。

训练 1　双腿基本姿势站立位，面对弹力绳固定点。

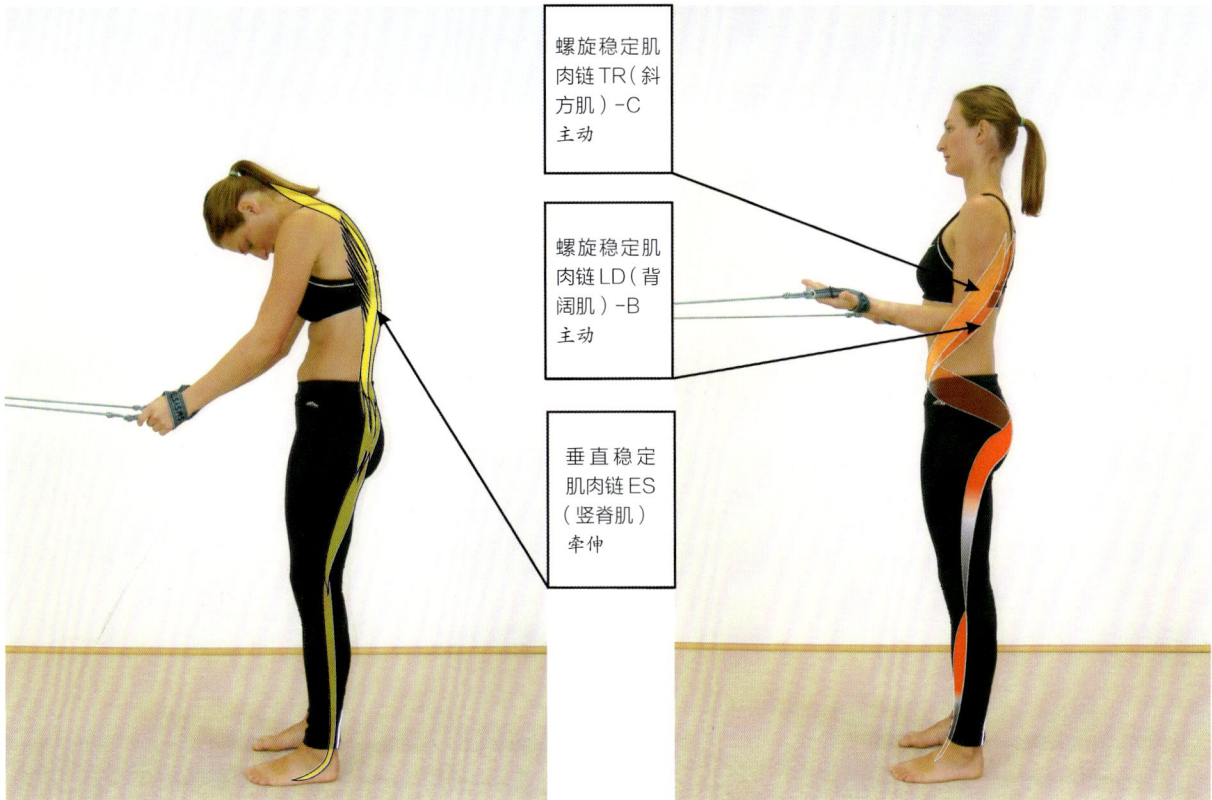

螺旋稳定肌
肉链 TR（斜
方肌）-C
主动

螺旋稳定肌
肉链 LD（背
阔肌）-B
主动

垂直稳定
肌肉链 ES
（竖脊肌）
牵伸

训练 2　双腿基本姿势站立位，侧对弹力绳固定点，单臂侧拉。

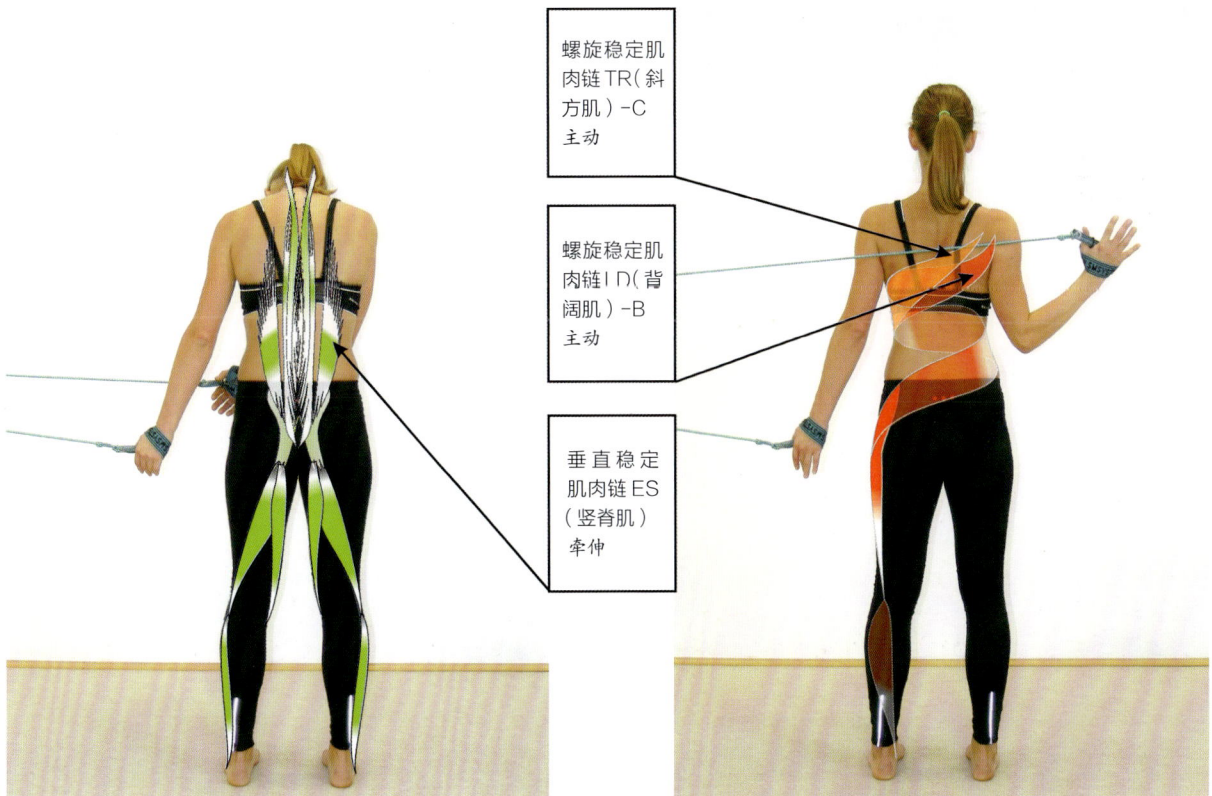

螺旋稳定肌
肉链 TR（斜
方肌）-C
主动

螺旋稳定肌
肉链 LD（背
阔肌）-B
主动

垂直稳定
肌肉链 ES
（竖脊肌）
牵伸

训练

斜方肌、背阔肌——强化，牵伸。

竖脊肌——交互抑制性放松，牵伸。

PM（胸大肌）肌肉链是第1部分训练的主动肌。

LD（背阔肌）和TR（斜方肌）肌肉链是第2部分训练中的主动肌。

训练 3　双腿基本姿势站立位，背对弹力绳固定点，双臂向后张开，拉两侧肩胛骨互相靠近。

稳定 TR、LD　　　　　　　　　　　　　　　　　　　　　　　　　　　　　　　　　　　　　稳定 PM

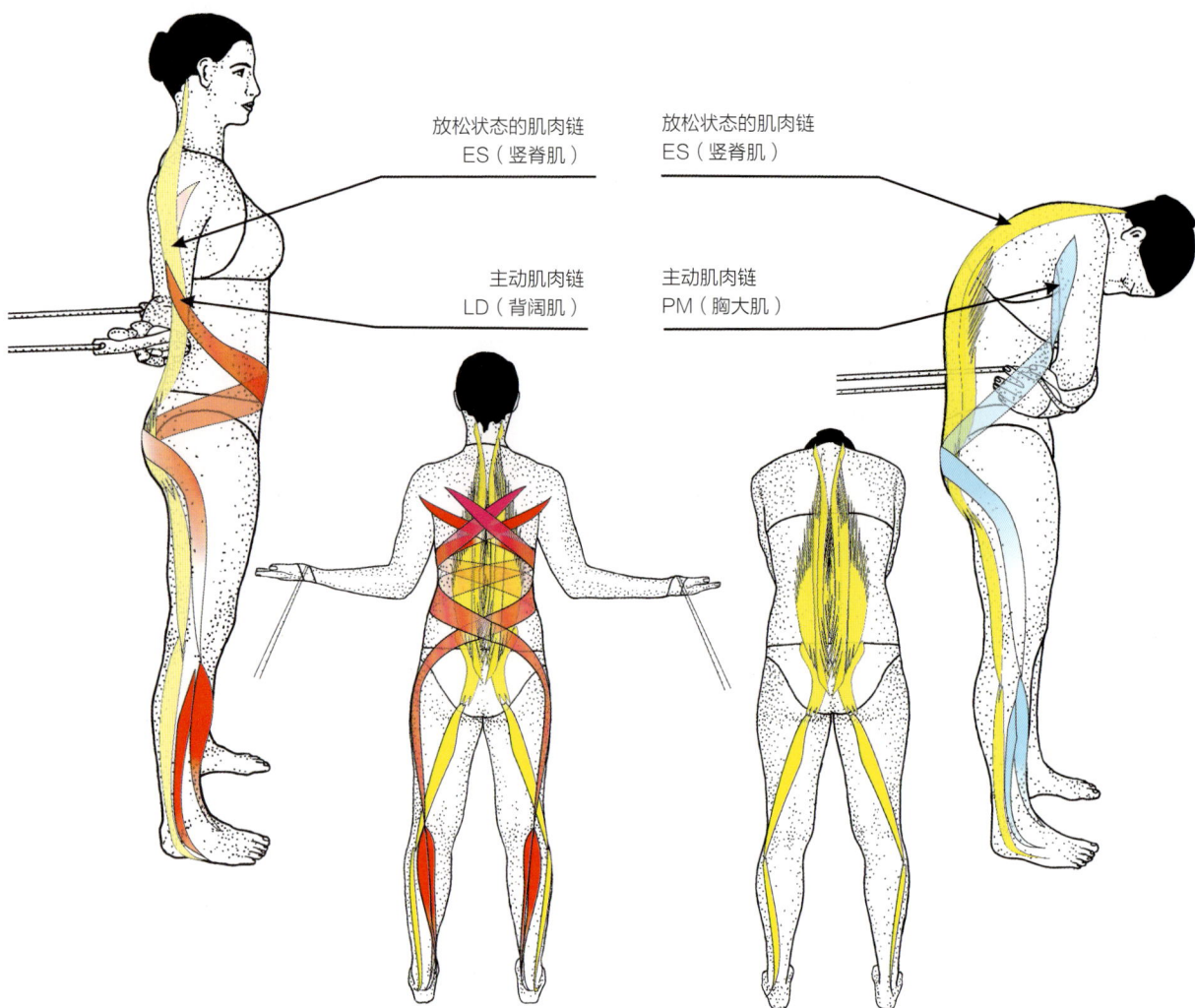

放松状态的肌肉链
ES（竖脊肌）

放松状态的肌肉链
ES（竖脊肌）

主动肌肉链
LD（背阔肌）

主动肌肉链
PM（胸大肌）

2. 治疗过程——训练的主动部位

　　训练的主动部位是被螺旋肌肉链固定的：

　　◎ LD（背阔肌）–B；

　　◎ TR（斜方肌）–C。

垂直肌肉链ES（竖脊肌）放松。

1. 初始体位——训练的主动部位

　　训练被螺旋链PM（胸大肌）固定，它是脊柱的主动固定部位。

　　垂直肌肉链ES（竖脊肌）放松，放松时ES被牵拉越过激活的腹部。

示例

斜方肌、背阔肌——强化，牵伸。

训练 3　双腿呈基本姿势站立位，背对弹力绳固定点，双臂向后张开，拉两侧肩胛骨互相靠近。

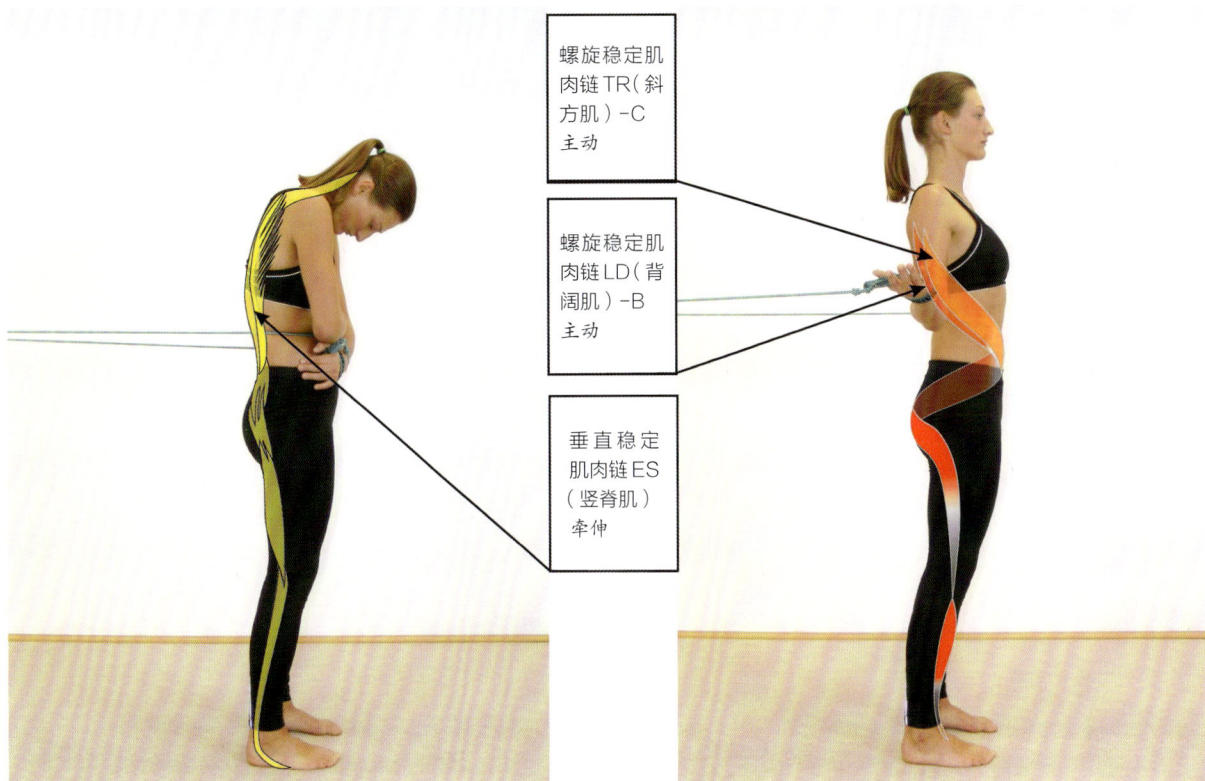

螺旋稳定肌
肉链TR（斜
方肌）-C
主动

螺旋稳定肌
肉链LD（背
阔肌）-B
主动

垂直稳定
肌肉链ES
（竖脊肌）
牵伸

训练 11　站位，面对弹力绳固定点，交叉运动模式，以肩带和盆带为轴后伸上肢和对侧下肢。

螺旋稳定肌
肉链TR（斜
方肌）-C

螺旋稳定肌
肉链LD（背
阔肌）-B

训练

斜方肌、背阔肌——强化，牵伸。

竖脊肌——交互抑制性放松，牵伸。

LD（背阔肌）和TR（斜方肌）肌肉链是第2部分训练中的主动肌。

训练 7　站位，面对弹力绳固定点，一条腿踩在垫子上，一只手臂向后拉，旋转躯干。

稳定 ES

稳定 TR、LD

被动固定
ES（竖脊肌）

主动肌肉链
LD（背阔肌）–B

放松，主动抑制的
ES（竖脊肌）

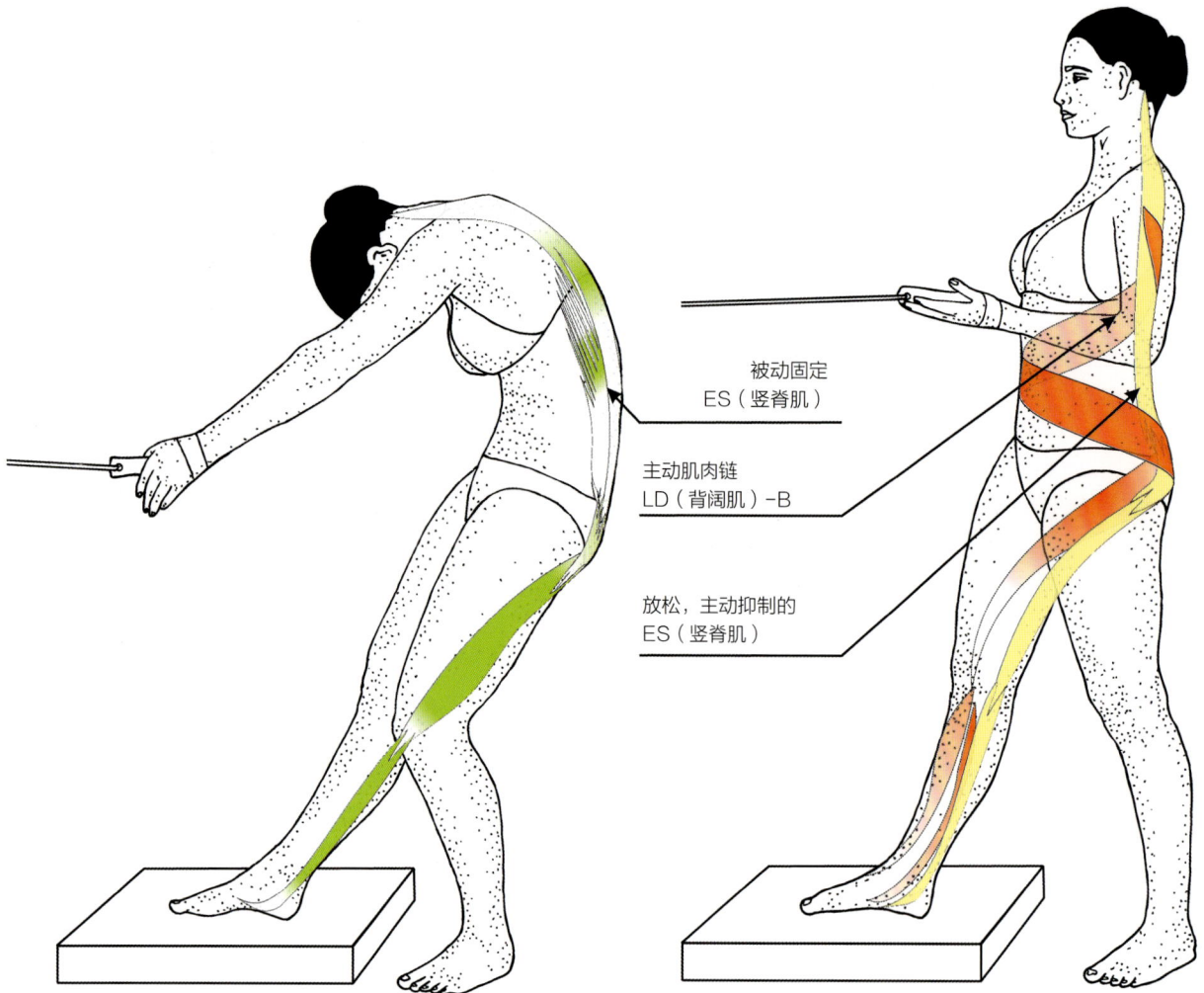

1. 初始体位——训练的主动部位

初始体位是由垂直肌肉链ES（竖脊肌）主动固定的，其同时被牵伸。

2. 治疗过程——训练的主动部位

训练的主动部位是被螺旋肌肉链LD（背阔肌）–B固定的。垂直肌肉链ES（竖脊肌）放松。

当上臂和肩胛骨向后的运动结束时，躯干向后旋转。这样使得脊柱旋转肌完全参与进来：
   ◎ 长、短回旋肌；
   ◎ 半棘肌；
   ◎ 多裂肌；
   ◎ 肋提肌。

训练 8　站位，侧对弹力绳固定点，一条腿踩在垫子上，一只手臂向侧方拉，旋转躯干。

稳定 ES

稳定 TR、LD

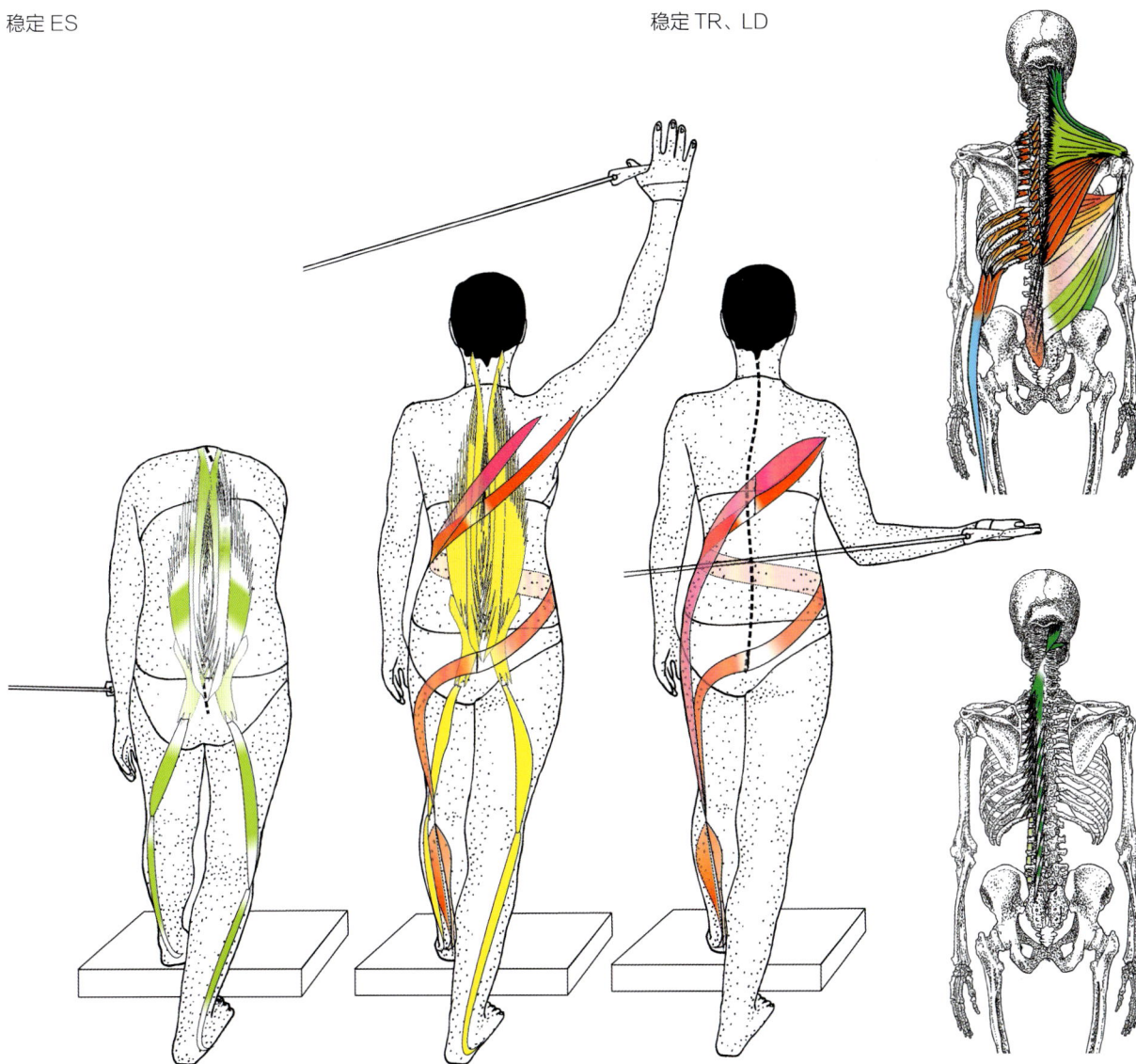

1. 初始体位——训练的主动部位

初始体位是由垂直肌肉链ES（竖脊肌）主动固定的，其同时被牵伸。

2. 治疗过程——训练的主动部位

训练的主动部位是被螺旋肌肉链LD（背阔肌）–B固定的。垂直肌肉链ES（竖脊肌）放松。

当上臂和肩胛骨向后的运动结束时，躯干向后旋转。这样使得脊柱旋转肌完全参与进来：
　　◎ 长、短回旋肌；
　　◎ 半棘肌；
　　◎ 多裂肌；
　　◎ 肋提肌。

示例

斜方肌、背阔肌——强化，牵伸。

训练 7　站位，面对弹力绳固定点，一条腿踩在垫子上，一只手臂向后拉，旋转躯干。

竖脊肌
交互抑制

竖脊肌
牵伸

螺旋稳定肌
肉链 LD（背
阔肌）-B、
TR（斜方
肌）-C

训练 8　站位，侧对弹力绳固定点，一条腿踩在垫子上，一只手臂向侧方拉，旋转躯干。

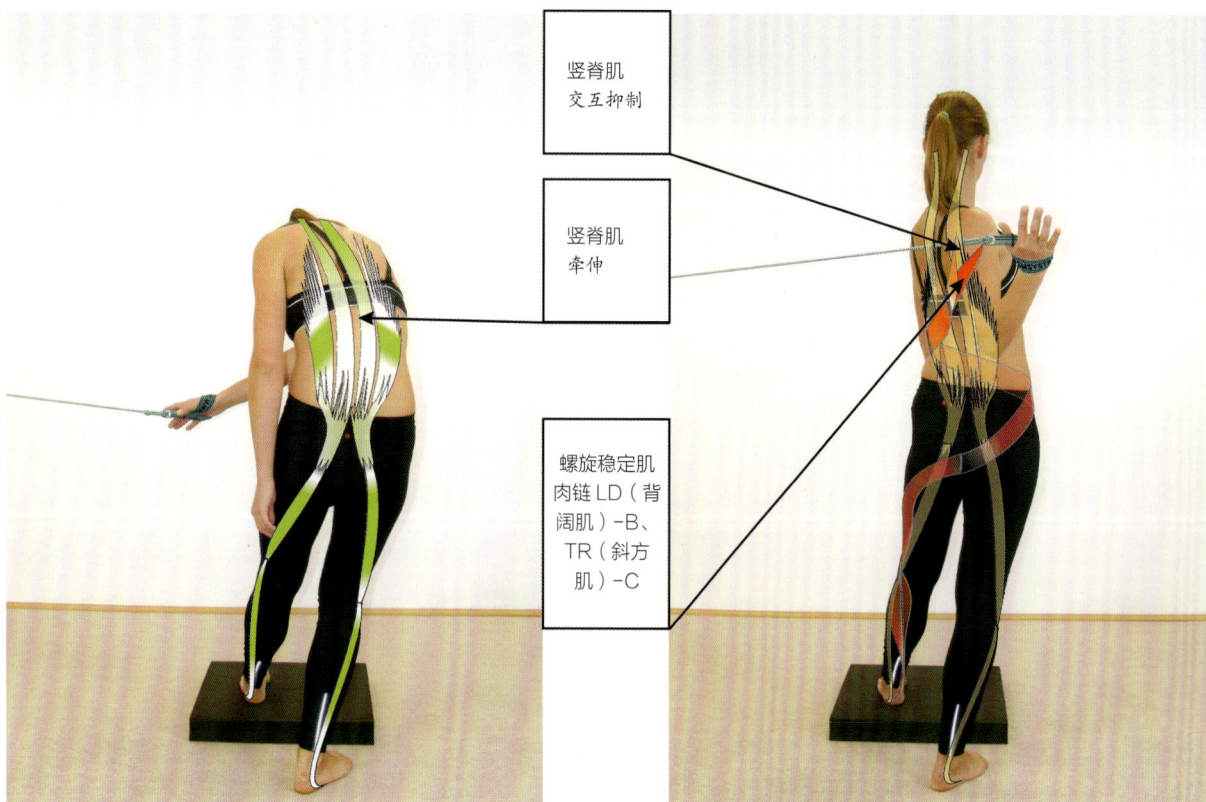

竖脊肌
交互抑制

竖脊肌
牵伸

螺旋稳定肌
肉链 LD（背
阔肌）-B、
TR（斜方
肌）-C

142　•　肌肉链——脊柱的螺旋稳定

肩带内侧肌群

<table>
<tr><td colspan="2" align="center">**要　点**</td></tr>
<tr><td>◎ 前锯肌
◎ 大、小菱形肌</td></tr>
</table>

解剖

前锯肌

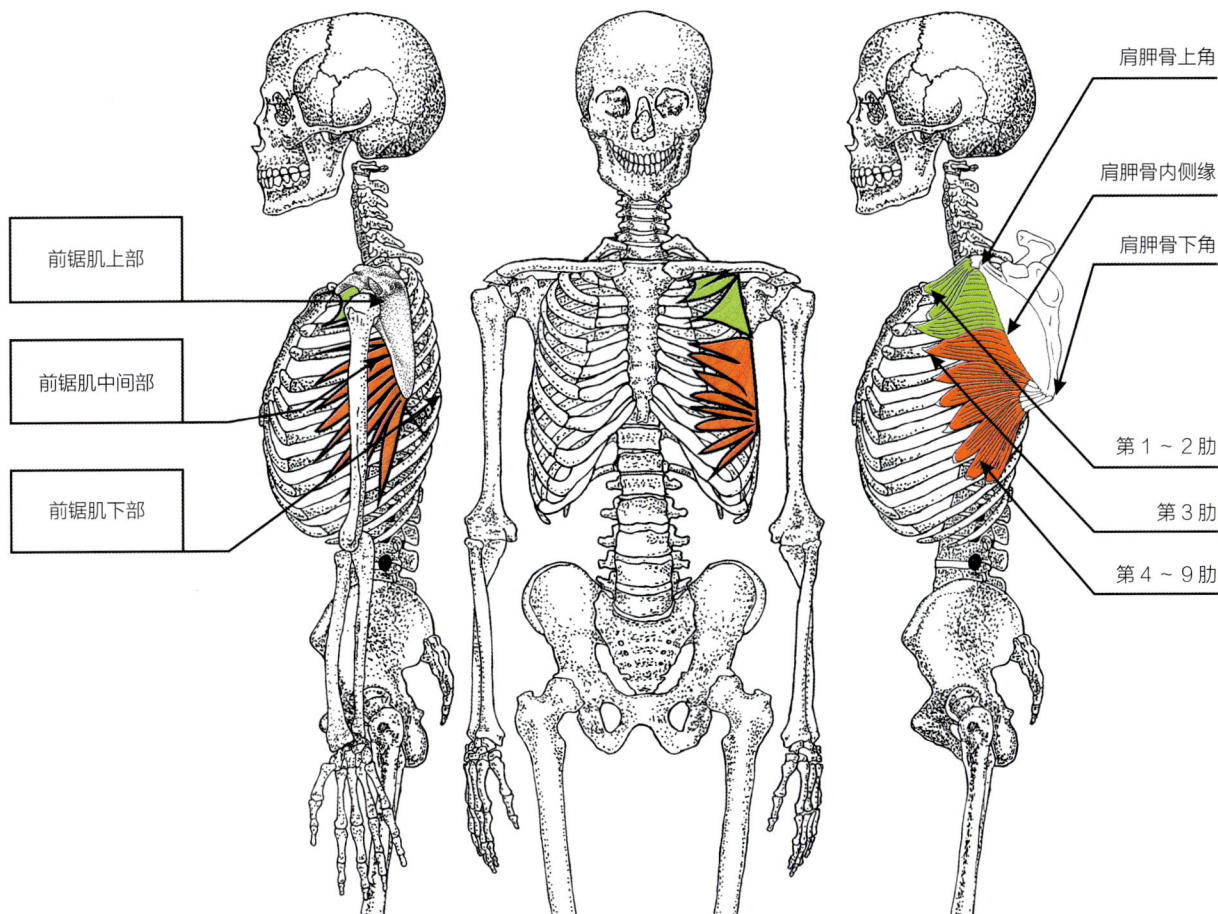

前锯肌上部

前锯肌中间部

前锯肌下部

肩胛骨上角

肩胛骨内侧缘

肩胛骨下角

第 1 ~ 2 肋

第 3 肋

第 4 ~ 9 肋

前锯肌

起点：
◎ 上部——第 1 ~ 2 肋；
◎ 中间部——第 3 肋；
◎ 下部——第 4 ~ 9 肋。

止点：
◎ 上部——肩胛骨上角；
◎ 中间部——肩胛骨内侧缘；
◎ 下部——肩胛骨下角。

功能：
◎ 向前向外运动肩胛骨（整肌）；
◎ 当肩带固定时为辅助呼吸肌；
◎ 下部——旋转肩胛骨，使下角转向前外（使上臂可以上举超过 90°）；
◎ 上部——使上举的上臂回位（与下部拮抗）。

神经支配：
◎ 胸长神经（第 5 ~ 7 颈神经）。

前锯肌存在内部肌肉失衡：
◎ 上部——有紧张和缩短倾向；
◎ 中间部——有弱化倾向；
◎ 下部——有弱化倾向。

具有内部肌肉失衡倾向的肌群

具有弱化倾向的肌纤维，这些肌纤维需要强化

具有紧张和缩短倾向的肌纤维，这些肌纤维需要放松和牵伸

前锯肌的旋转部分有弱化的倾向

放松

牵伸

强化

固定

肌肉链

螺旋肌肉链——前锯肌（SA）

肩胛骨向前的运动（屈）激活SA链。

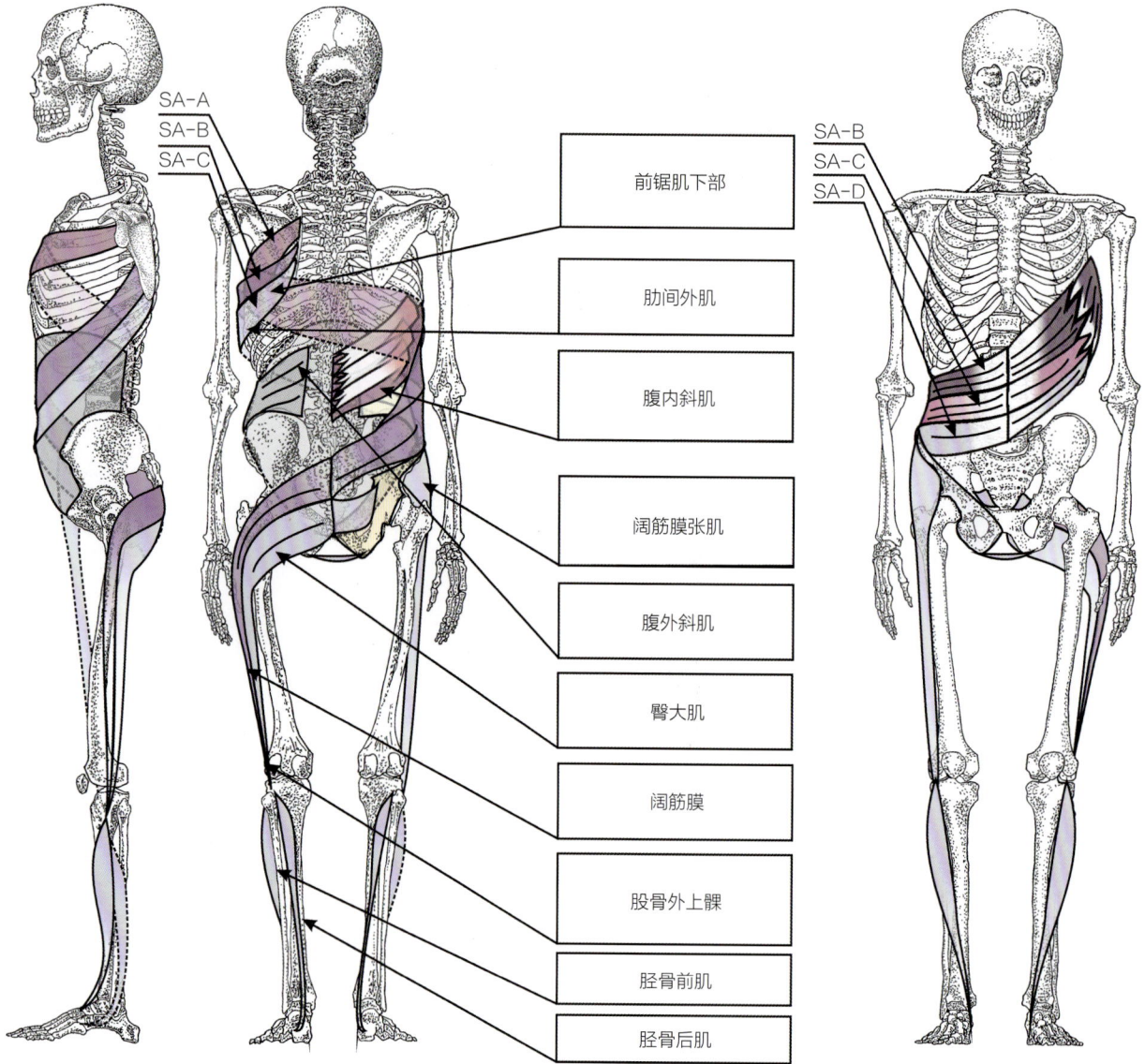

SA-A
SA-B
SA-C

SA-B
SA-C
SA-D

前锯肌下部
肋间外肌
腹内斜肌
阔筋膜张肌
腹外斜肌
臀大肌
阔筋膜
股骨外上髁
胫骨前肌
胫骨后肌

解剖

大、小菱形肌

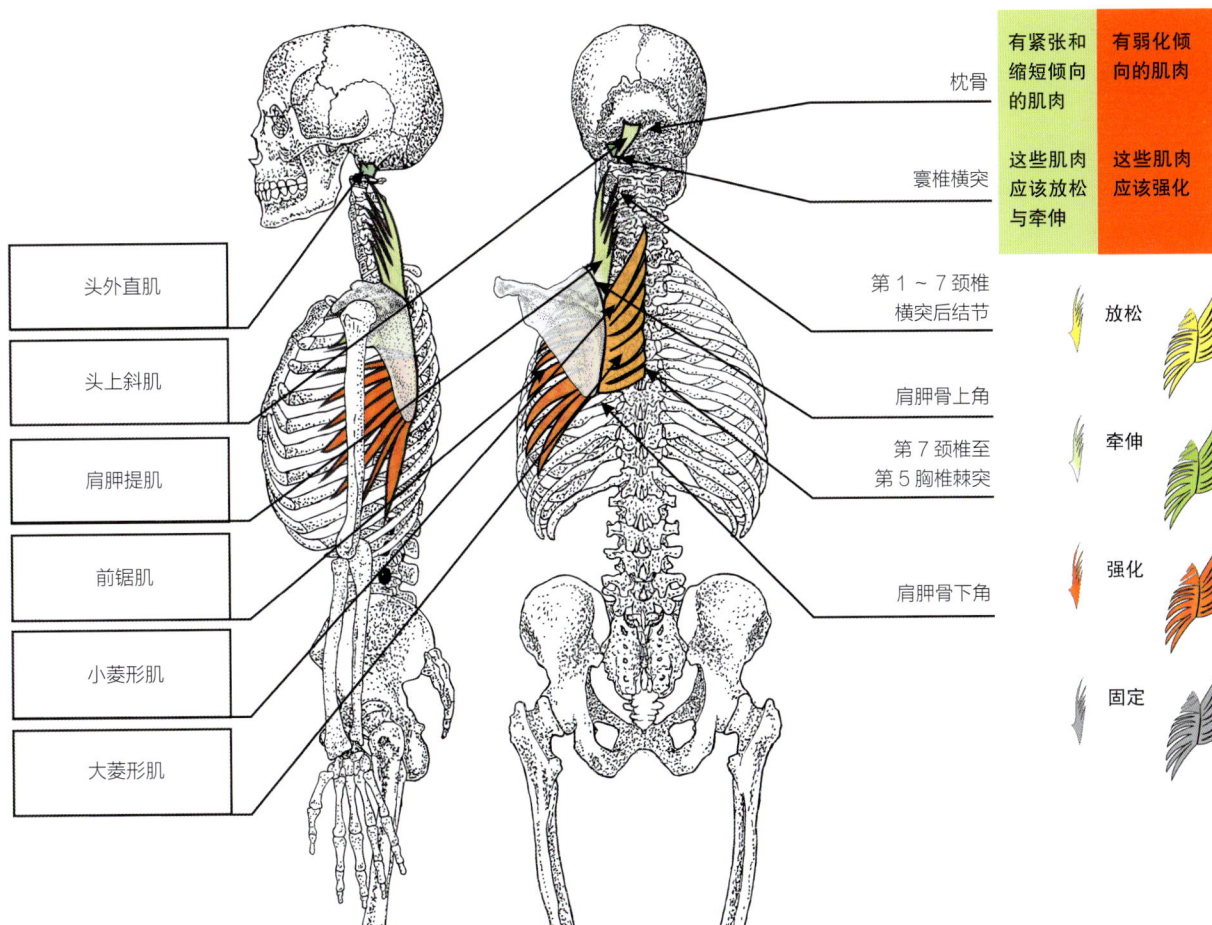

有紧张和缩短倾向的肌肉	有弱化倾向的肌肉
这些肌肉应该放松与牵伸	这些肌肉应该强化

枕骨

寰椎横突

第 1 ~ 7 颈椎横突后结节

肩胛骨上角

第 7 颈椎至第 5 胸椎棘突

肩胛骨下角

头外直肌

头上斜肌

肩胛提肌

前锯肌

小菱形肌

大菱形肌

放松
牵伸
强化
固定

小菱形肌

起点：

◎ 第 6 ~ 7 颈椎棘突。

止点：

◎ 肩胛骨内侧缘（肩胛冈之上部分）。

功能：

◎ 肩胛下固定。

◎ 拉肩胛骨向头侧和内侧（向上、向正中）。

神经支配：

◎ 肩胛背神经（第 4 ~ 5 颈神经）。

大菱形肌

起点：

◎ 第 1 ~ 4 胸椎棘突。

止点：

◎ 肩胛骨内侧缘（低于肩胛冈部分）。

功能：

◎ 肩胛下固定；

◎ 拉肩胛骨向头侧和内侧（向上、向正中）。

神经支配：

◎ 肩胛背神经（第 4 ~ 5 颈神经）。

肩胛提肌

起点：

◎ 第 1 ~ 4 颈椎棘突。

止点：

◎ 肩胛骨上角。

功能：

◎ 向头侧和内侧拉肩胛骨（向上、向正中）；

◎ 当肩胛骨固定时侧倾颈部。

神经支配：

◎ 肩胛背神经（第 4 ~ 5 颈神经）。

头外直肌

起点：

◎ 寰椎横突。

止点：

◎ 枕骨基底部枕髁外侧。

功能：

◎ 单侧——寰枕关节侧屈；

◎ 双侧——寰枕关节前屈；

◎ 将肩胛提肌及前斜角肌的牵拉传到头部。

神经支配：

◎ 第 1 颈神经腹侧支。

侧卧位手法治疗技术

前锯肌——按摩，放松和被动牵伸。

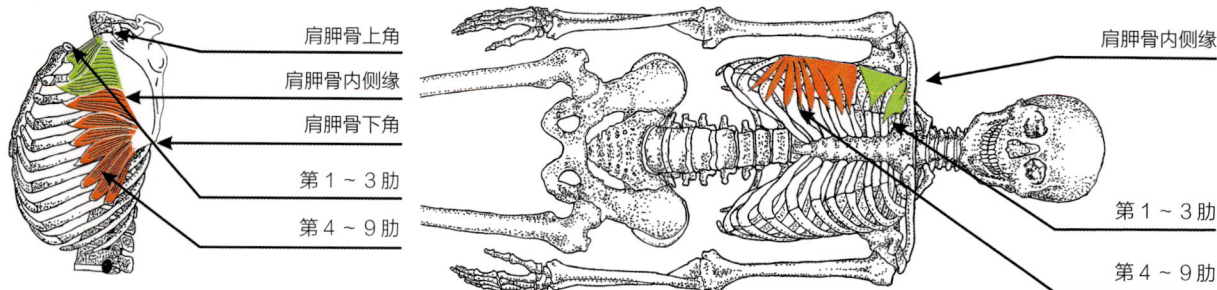

肩胛骨上角

肩胛骨内侧缘

肩胛骨下角

第1～3肋

第4～9肋

肩胛骨内侧缘

第1～3肋

第4～9肋

初始体位

治疗师的膝关节在患者背后，并用右腿固定患者躯干（固定点）。右手掌放在患者肩部，手指朝向背侧（朝后）；左手手指和手掌从后面顶住患者肩胛骨。患者吸气。

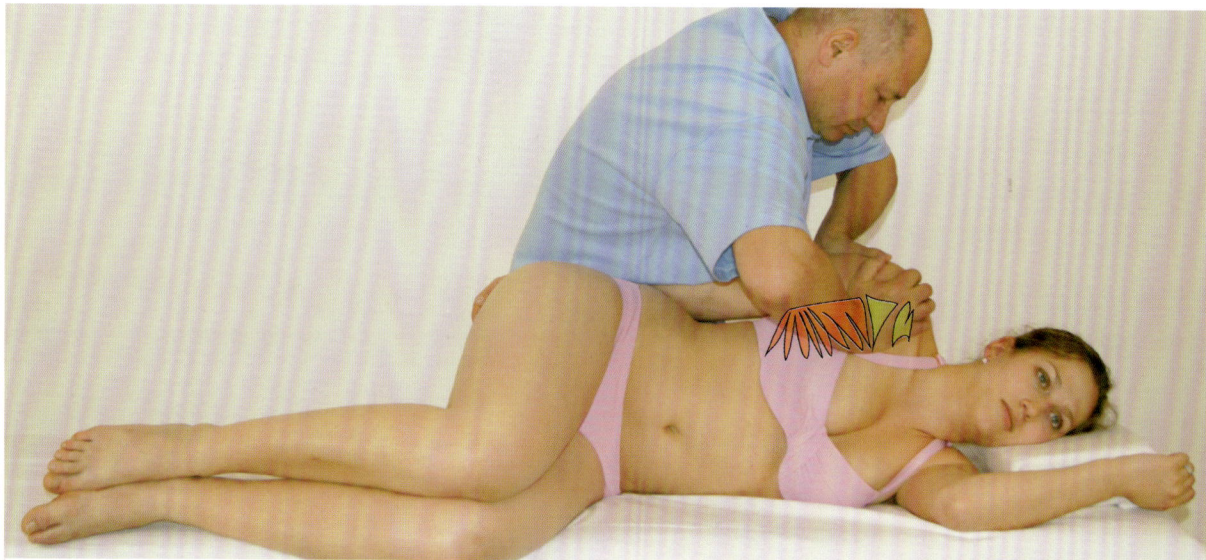

治疗过程

治疗师将身体的重量移至右臂，使患者肩胛骨向后伸（移动点）。这个动作可以牵伸患者的前锯肌。治疗师按摩前锯肌和肩胛下肌，让患者缓慢呼气。放松，再牵伸，动作重复6次。在治疗的最后，停顿3秒。

等长收缩后放松。持续牵伸并让患者吸气，这时会产生一个抵抗力量。患者呼气时，完成下一步牵伸。此过程重复3次。以同样的方式，手法治疗第3～5肋。这种手法牵伸了前锯肌和肩关节前面的其他肌，为患者在训练过程中能够完成适度范围的后伸肩胛骨动作做好了准备。

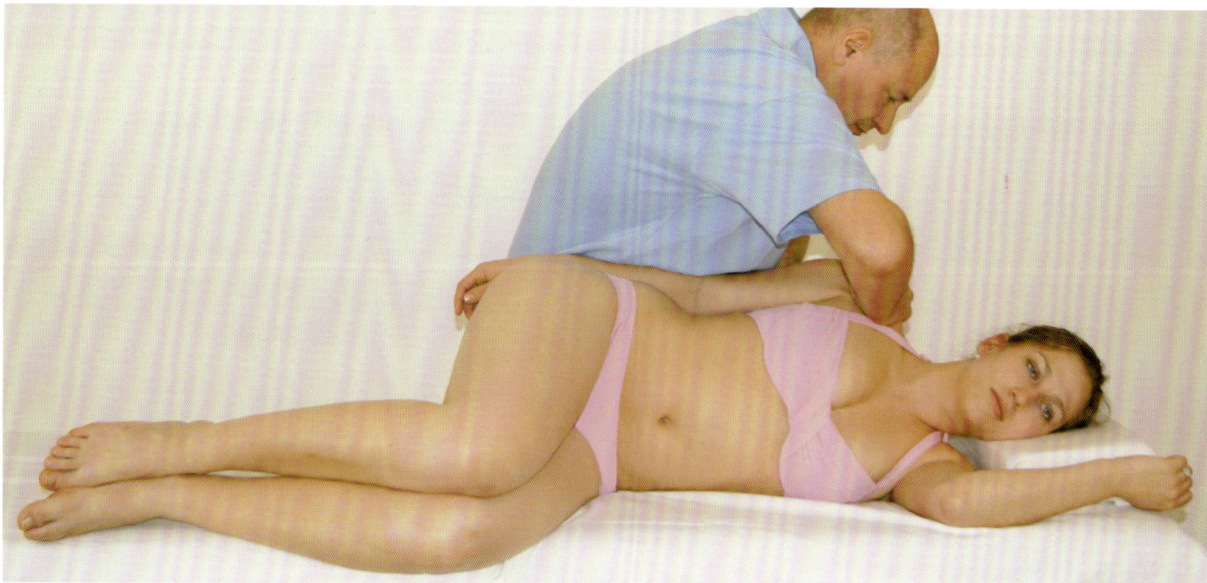

侧卧位手法治疗技术

前锯肌——按摩，放松和被动牵伸。

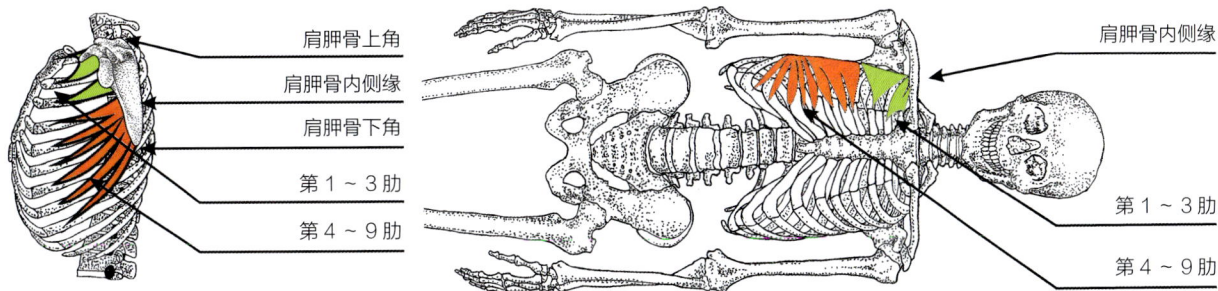

肩胛骨上角
肩胛骨内侧缘
肩胛骨下角
第 1 ~ 3 肋
第 4 ~ 9 肋

肩胛骨内侧缘
第 1 ~ 3 肋
第 4 ~ 9 肋

初始体位

治疗师的膝关节在患者背后，并用右腿固定患者躯干（固定点）。右手掌放在患者肩部上方，手指朝下，肘关节抬起朝向头；左手手指和手掌从后面顶住患者肩胛骨。患者吸气。

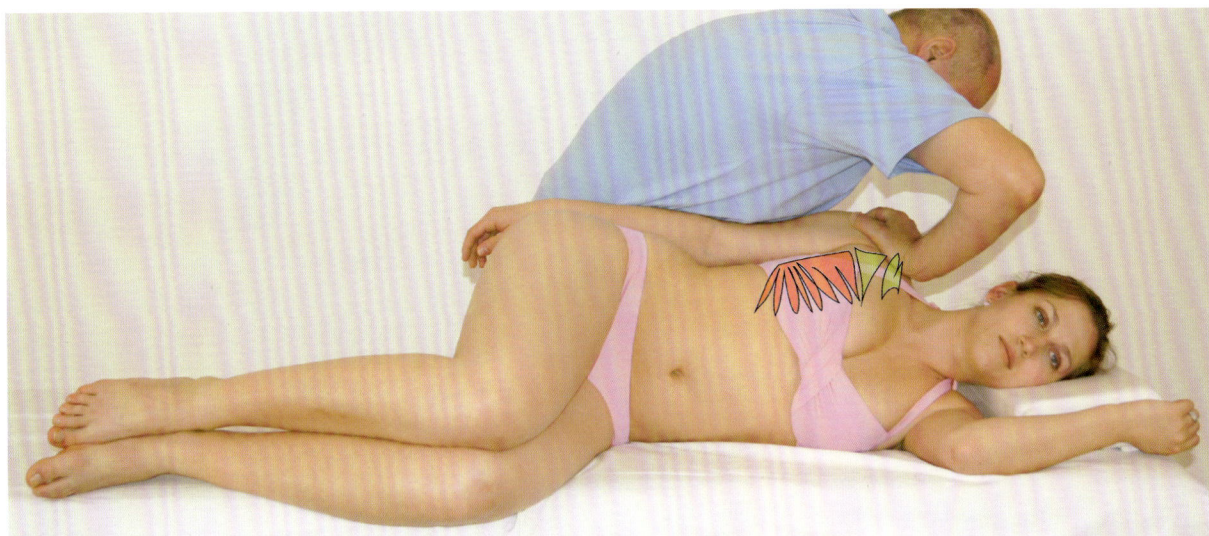

治疗过程

治疗师将身体的重量移至右臂，使患者肩胛骨向后伸（移动点）；左臂使肩胛骨不断地压向躯干。这个动作可以牵伸前锯肌上部止于第 1 ~ 3 肋的部分。前锯肌上部肌肉有明显的紧张和缩短的倾向，所以牵伸这部分是很重要的。患者缓慢呼气。放松，再牵伸，动作重复 6 次。在治疗的最后，停顿 3 秒。

等长收缩后放松。持续牵伸并让患者吸气，这时会产生一个抵抗力量。患者呼气时，完成下一步牵伸。此过程重复 3 次。以同样的方式，手法治疗第 3 ~ 5 肋。这种手法牵伸了前锯肌和肩关节前面的其他肌，为患者在训练过程中能够完成适度范围的后伸肩胛骨动作做好了准备。肩胛骨向后运动时也可以向下运动，操作同时进行。

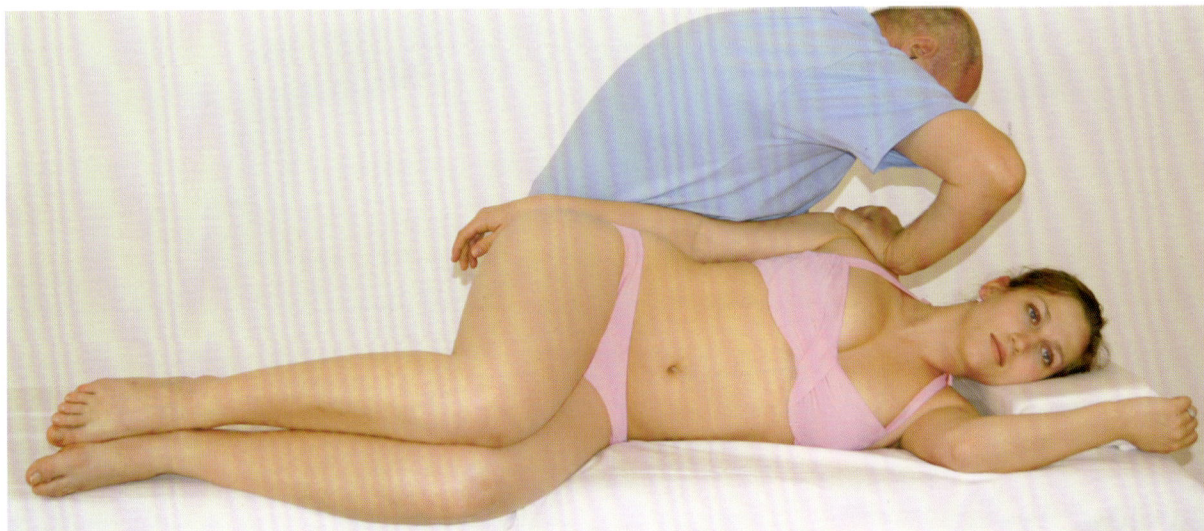

坐位手法治疗技术

前锯肌——主动放松与牵伸。

训练 3　坐位，背对弹力绳固定点，张开双臂向后，使两侧肩胛骨相互靠近，动作需要被协助、按摩和矫正。

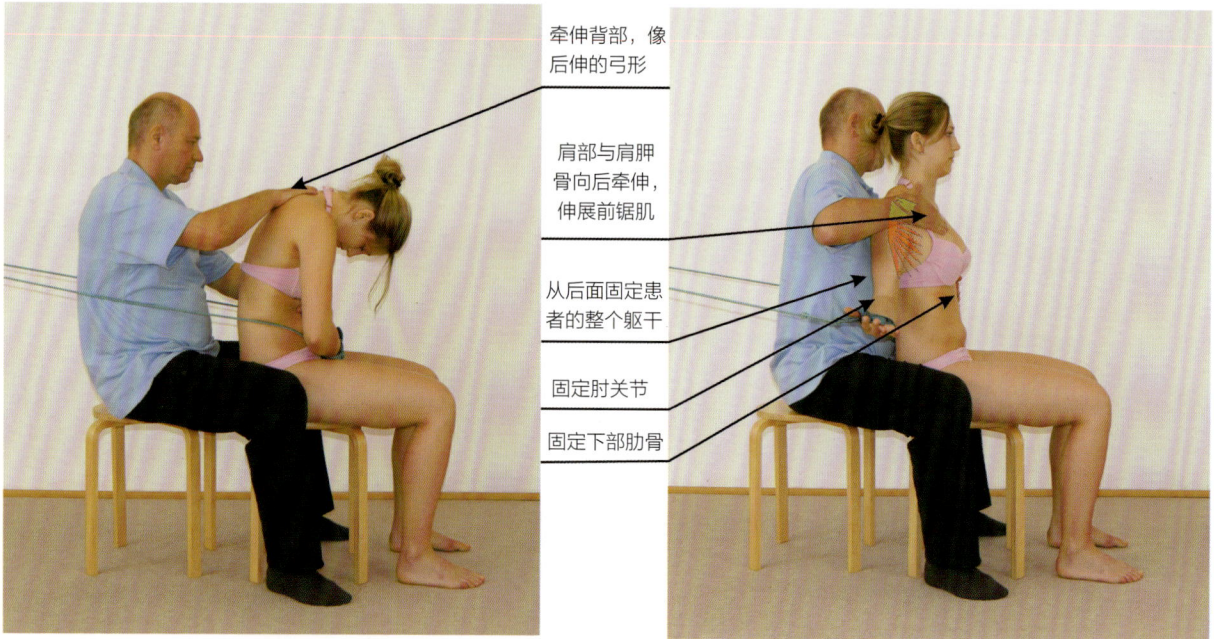

牵伸背部，像后伸的弓形

肩部与肩胛骨向后牵伸，伸展前锯肌

从后面固定患者的整个躯干

固定肘关节

固定下部肋骨

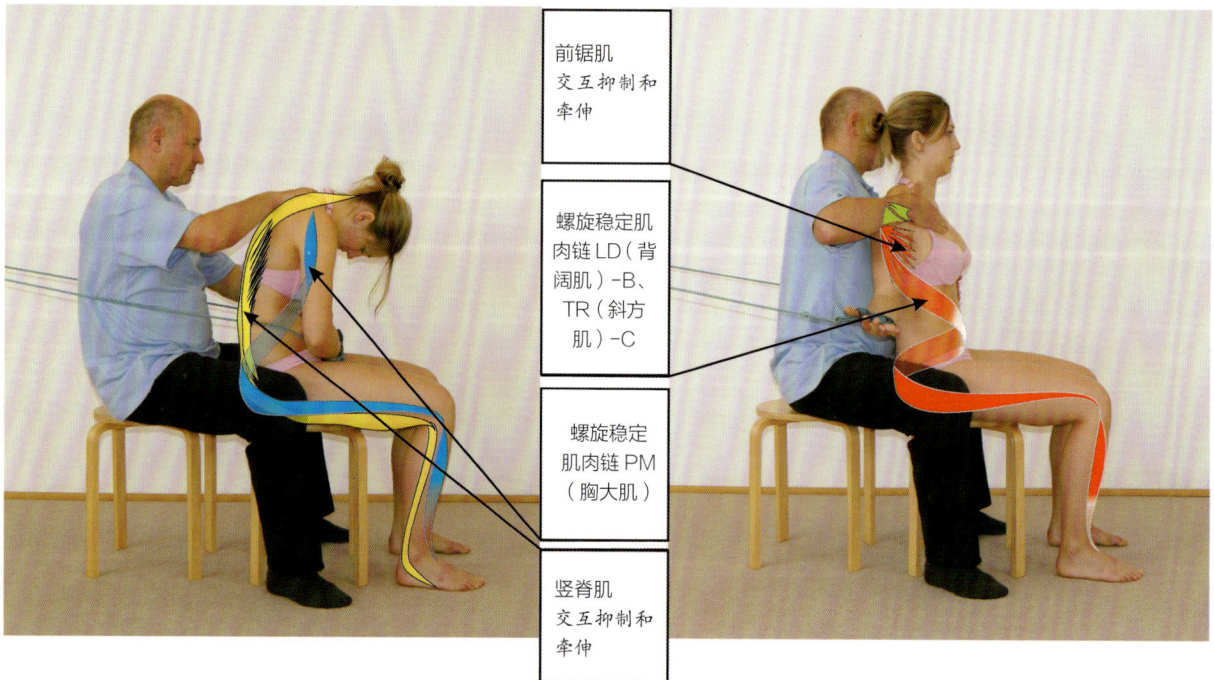

前锯肌
交互抑制和牵伸

螺旋稳定肌肉链LD（背阔肌）-B、TR（斜方肌）-C

螺旋稳定肌肉链PM（胸大肌）

竖脊肌
交互抑制和牵伸

固定身体的肌肉链 TR 和 LD 是主动肌，前锯肌交互抑制和牵伸。

训练：固定与牵伸

前锯肌——放松，牵伸与强化。

竖脊肌——交互抑制性放松，牵伸。

LD（背阔肌）和TR（斜方肌）肌肉链是第1部分训练的主动肌。

SA（前锯肌）肌肉链是第2部分训练的主动肌。

训练6　站位，背对弹力绳固定点，一条腿前置于垫子上，双臂向前环绕。

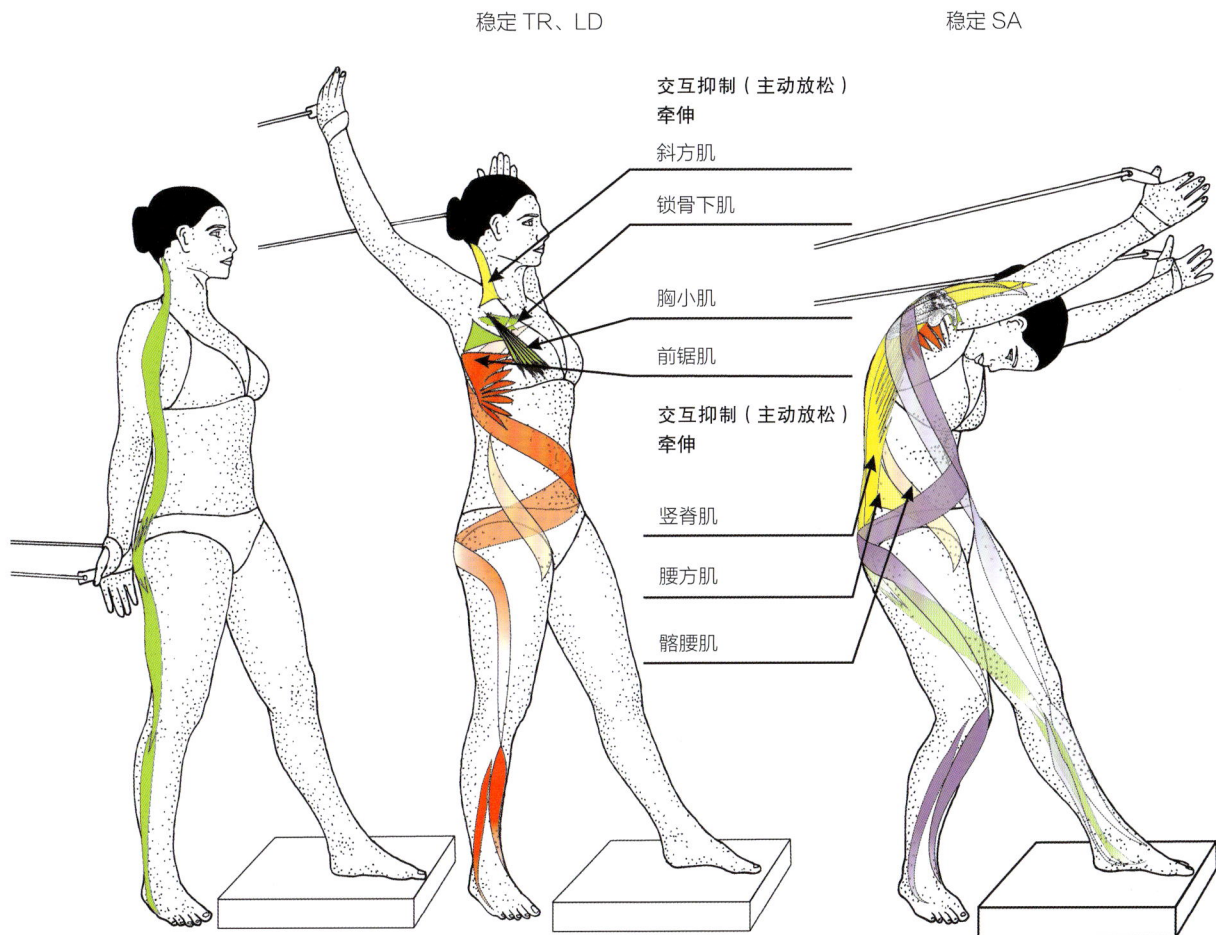

稳定 TR、LD　　　　　　　　　　　　　　　　　　　　　稳定 SA

交互抑制（主动放松）
牵伸

斜方肌

锁骨下肌

胸小肌

前锯肌

交互抑制（主动放松）
牵伸

竖脊肌

腰方肌

髂腰肌

1. 治疗过程第1部分——训练的主动部位

被牵伸的前部肩带肌：

◎ 锁骨下肌；

◎ 胸小肌；

◎ 胸大肌；

◎ 前锯肌。

被放松的上部肩带肌：

◎ 斜方肌降部；

◎ 肩胛提肌；

◎ 斜角肌群；

◎ 头半棘肌、颈半棘肌等。

这部分训练是由LD和TR肌肉链固定的。

2. 治疗过程第2部分——训练的主动部位

被牵伸的背部肌肉：

◎ 竖脊肌；

◎ 腰方肌；

◎ 髂腰肌。

这部分训练是由SA肌肉链固定的。

示例

前锯肌——主动放松，牵伸与强化。

训练6　坐位，背对弹力绳固定点，双臂向前环绕。

前锯肌
交互抑制和
牵伸

螺旋稳定肌
肉链LD（背
阔肌）-B、
TR（斜方
肌）-C

螺旋稳定肌
肉链SA（前
锯肌）-B

下部肋骨被
呼气固定

髂肋肌
交互抑制和
牵伸

训练6　站位，背对弹力绳固定点，一条腿前置于垫子上，双臂向前环绕。

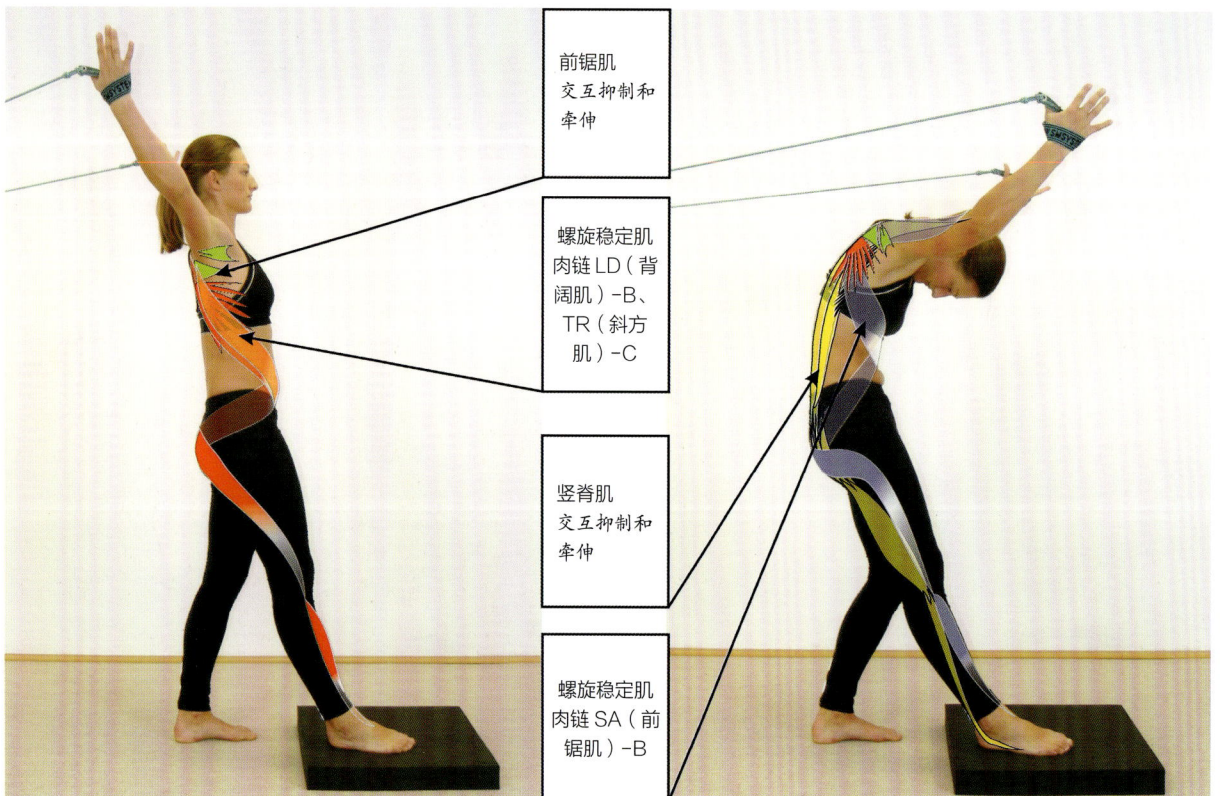

前锯肌
交互抑制和
牵伸

螺旋稳定肌
肉链LD（背
阔肌）-B、
TR（斜方
肌）-C

竖脊肌
交互抑制和
牵伸

螺旋稳定肌
肉链SA（前
锯肌）-B

训练：固定与牵伸

前锯肌——交互抑制性放松与牵伸。

PM（胸大肌）和SA（前锯肌）肌肉链是第1部分训练的主动肌。

LD（背阔肌）和TR（斜方肌）肌肉链是第2部分训练的主动肌。

训练3 站位，背对弹力绳固定点，一条腿前置于垫子上，向后张开双臂，拉肩胛骨相互靠近。

稳定 TR、LD   稳定 SA、PM

斜方肌降部

锁骨下肌

胸小肌

前锯肌   竖脊肌

竖脊肌

斜方肌降部

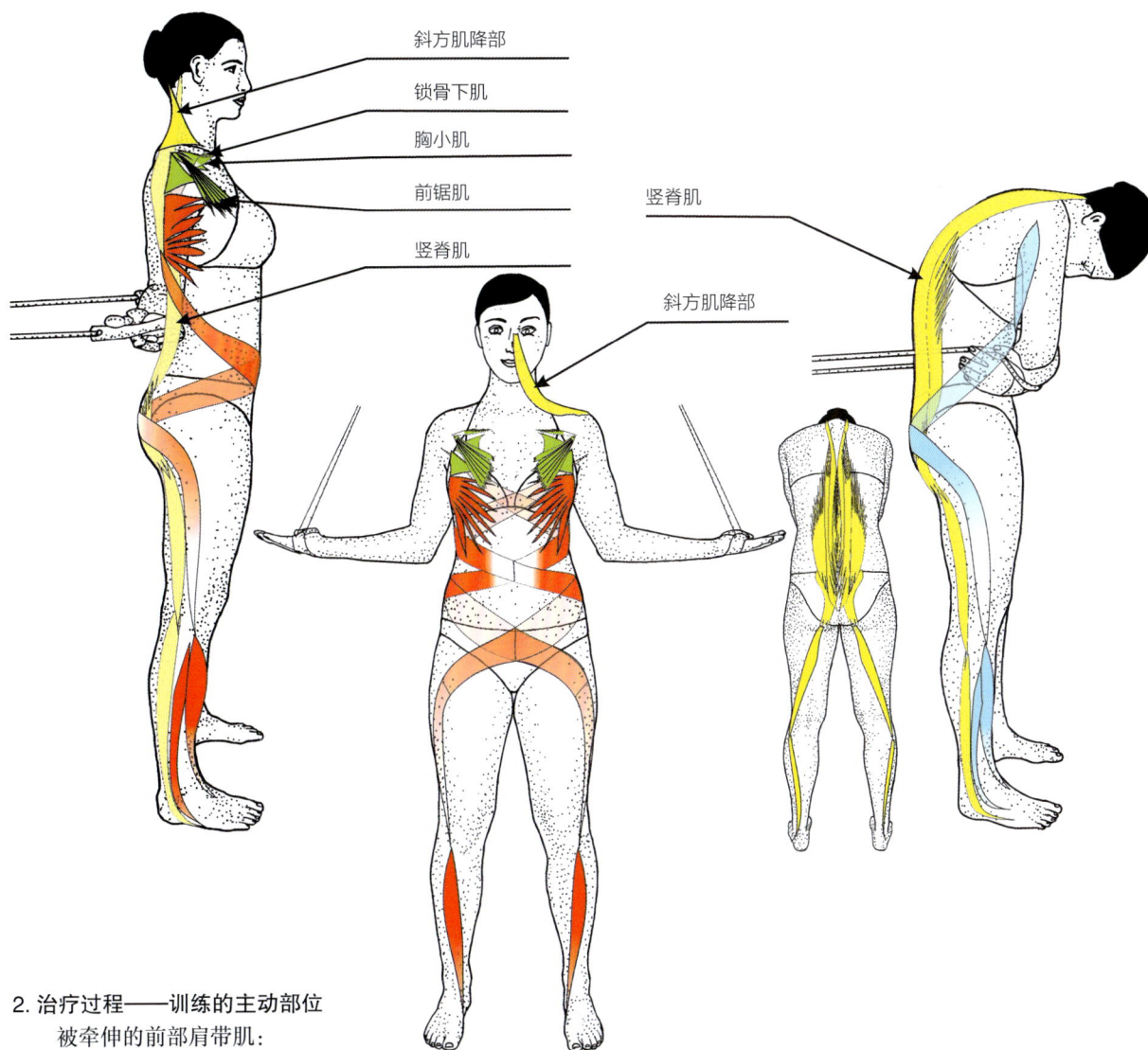

2. 治疗过程——训练的主动部位

被牵伸的前部肩带肌：

- ◎ 锁骨下肌；
- ◎ 胸小肌；
- ◎ 胸大肌；
- ◎ 前锯肌。

上部肩带肌中被放松的颈部肌肉：

- ◎ 斜方肌降部；
- ◎ 肩胛提肌；
- ◎ 斜角肌；
- ◎ 头半棘肌、颈半棘肌等。

这部分训练是由LD和TR肌肉链固定的。

1. 初始体位——训练的主动部位

在初始体位中，竖脊肌（主动被PM肌肉链抑制）是紧张的。运动会被棘间韧带的张力阻止。

示例

前锯肌——主动放松与牵伸。

训练3　坐位，背对弹力绳固定点，双腿在基本姿势上，向后张开双臂，肩胛骨相互靠近。

| 前锯肌
交互抑制和
牵伸 |
| 螺旋稳定肌
肉链 LD（背
阔肌）-B、
TR（斜方
肌）-C |
| 螺旋稳定肌
肉链 PM（胸
大肌） |
| 竖脊肌
交互抑制
和牵伸 |

训练3　站位，背对弹力绳固定点，双腿在基本姿势上，张开双臂向后，两侧肩胛骨相互靠近。

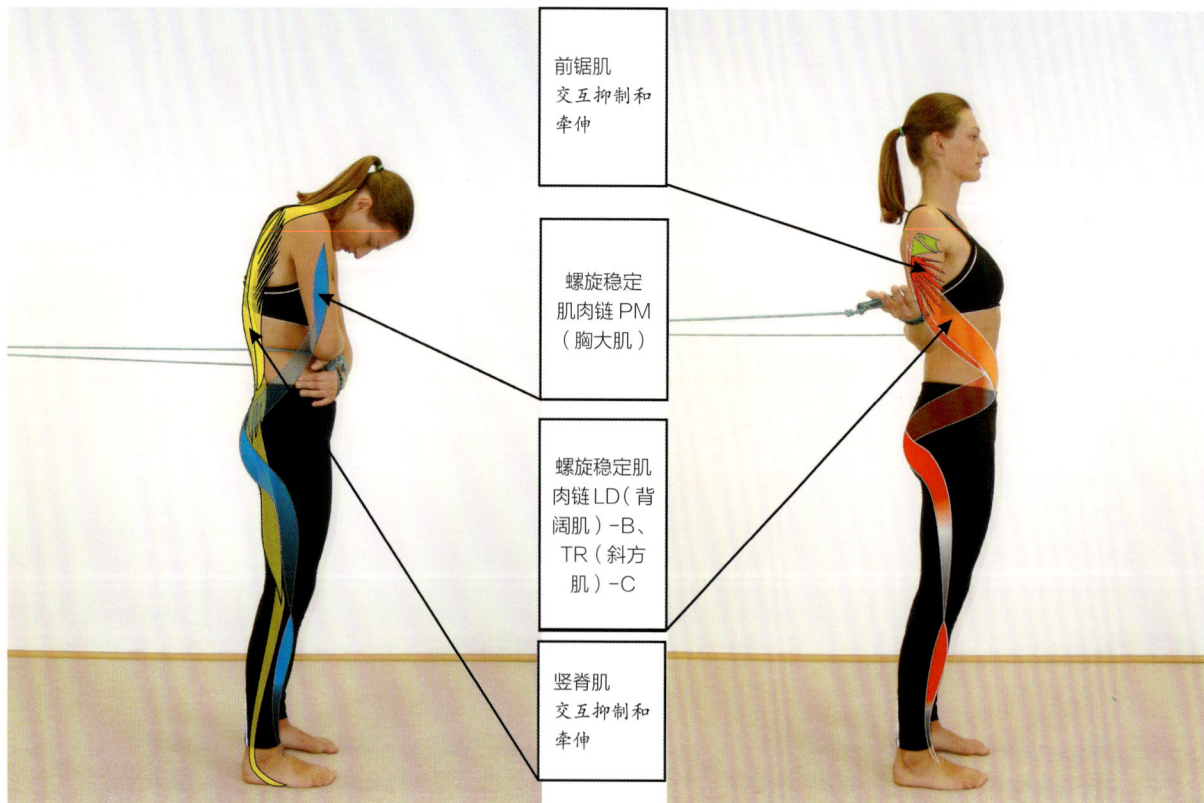

| 前锯肌
交互抑制和
牵伸 |
| 螺旋稳定
肌肉链 PM
（胸大肌） |
| 螺旋稳定肌
肉链 LD（背
阔肌）-B、
TR（斜方
肌）-C |
| 竖脊肌
交互抑制和
牵伸 |

固定身体的肌肉链 TR 和 LD 是主动肌，前锯肌交互抑制和牵伸。

前锯肌——主动放松，牵伸与强化。

训练6　站位，背对弹力绳固定点，一条腿前置于垫子上，单臂向前环绕。

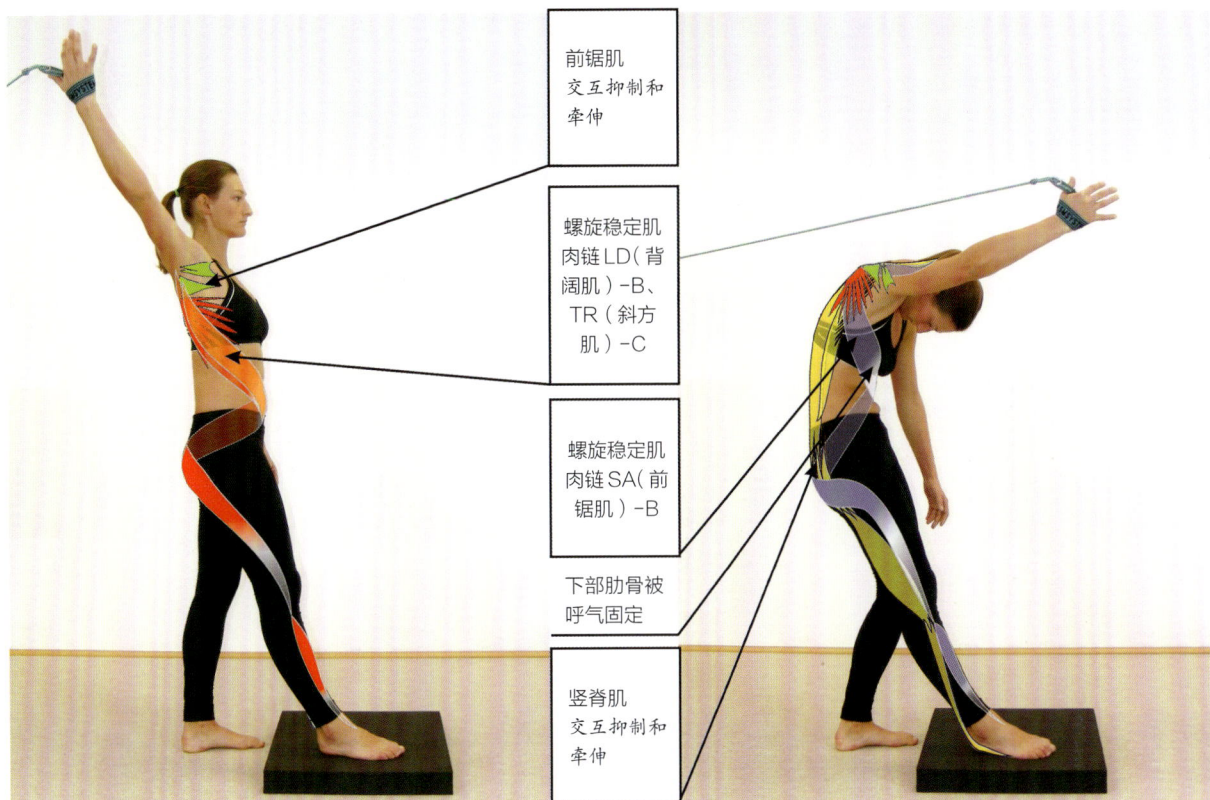

前锯肌
交互抑制和
牵伸

螺旋稳定肌
肉链LD（背
阔肌）-B、
TR（斜方
肌）-C

螺旋稳定肌
肉链SA（前
锯肌）-B

下部肋骨被
呼气固定

竖脊肌
交互抑制和
牵伸

前锯肌——强化与牵伸。

训练11　站位，正对弹力绳固定点，交叉运动模式，后伸上臂于肩带处，同时后伸对侧腿于骨盆处。在训练的过程中，TR、LD、SA 和 PM 肌肉链同时被激活。

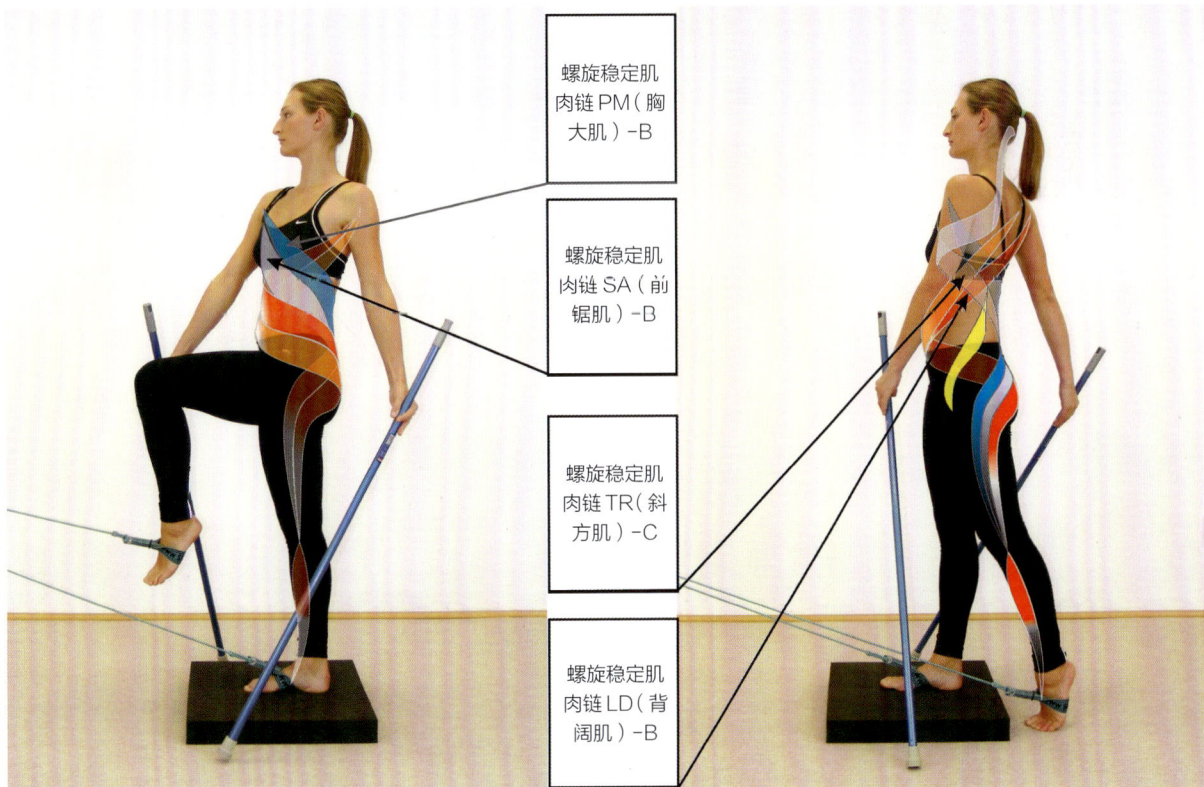

螺旋稳定肌
肉链PM（胸
大肌）-B

螺旋稳定肌
肉链SA（前
锯肌）-B

螺旋稳定肌
肉链TR（斜
方肌）-C

螺旋稳定肌
肉链LD（背
阔肌）-B

肩带前肌群

解剖
胸大肌

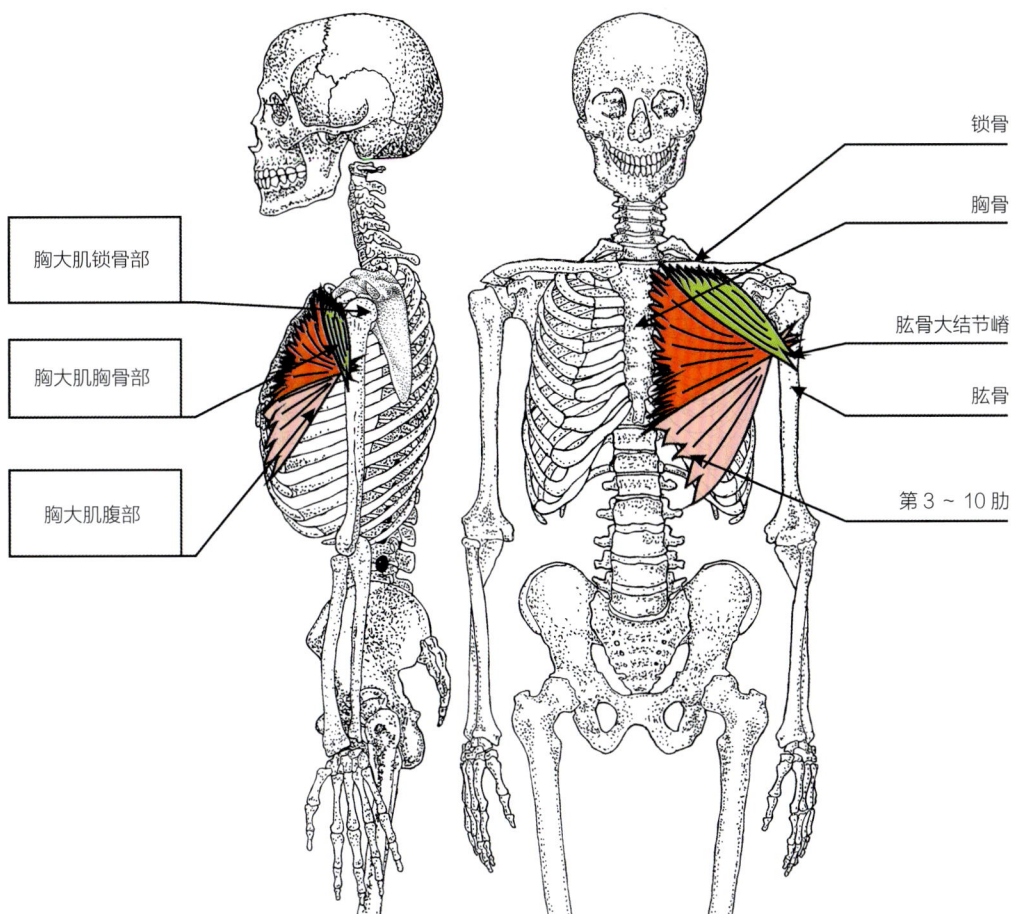

胸大肌锁骨部

胸大肌胸骨部

胸大肌腹部

锁骨

胸骨

肱骨大结节嵴

肱骨

第 3 ~ 10 肋

具有内部肌肉失衡倾向的肌群

具有弱化倾向的肌纤维，这些肌纤维需要强化

具有紧张和缩短倾向的肌纤维，这些肌纤维需要放松和牵伸

胸大肌的旋转部分有弱化的倾向

放松

牵伸

强化

固定

胸大肌

起点：
◎ 锁骨部——锁骨内侧半；
◎ 胸骨部——胸骨第 2 ~ 7 肋软骨；
◎ 腹部——腹直肌前鞘第 8 ~ 10 肋软骨。

止点：
◎ 肱骨大结节嵴。

功能：
◎ 内收、内旋（整肌）；
◎ 前倾（锁骨部、胸骨部）；
◎ 当肩部固定时为辅助呼吸肌。

神经支配：
◎ 胸内侧神经与胸外侧神经（第 5 颈神经至第 1 胸神经）。

胸大肌存在内部肌肉失衡：
◎ 锁骨部——有紧张和缩短的倾向；
◎ 胸骨部——有弱化的倾向；
◎ 腹部——有弱化的倾向。

肌肉链

螺旋肌肉链——胸大肌（PM）

PM链被上臂向前的运动（屈）激活。

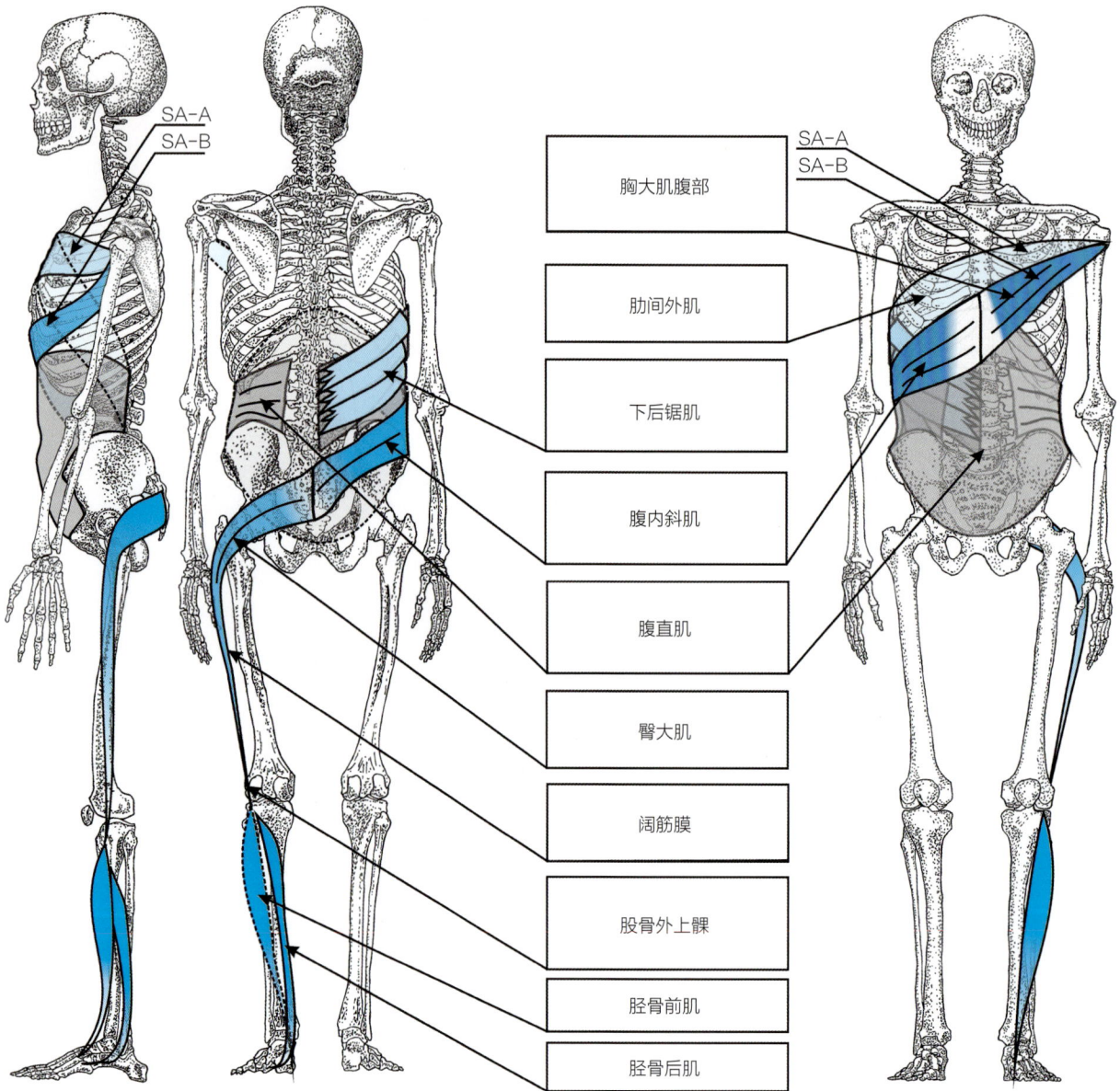

SA-A	
SA-B	

胸大肌腹部

肋间外肌

下后锯肌

腹内斜肌

腹直肌

臀大肌

阔筋膜

股骨外上髁

胫骨前肌

胫骨后肌

坐位手法治疗技术

胸大肌——牵伸。

训练 1 坐位，面对弹力绳固定点，双臂向后拉。

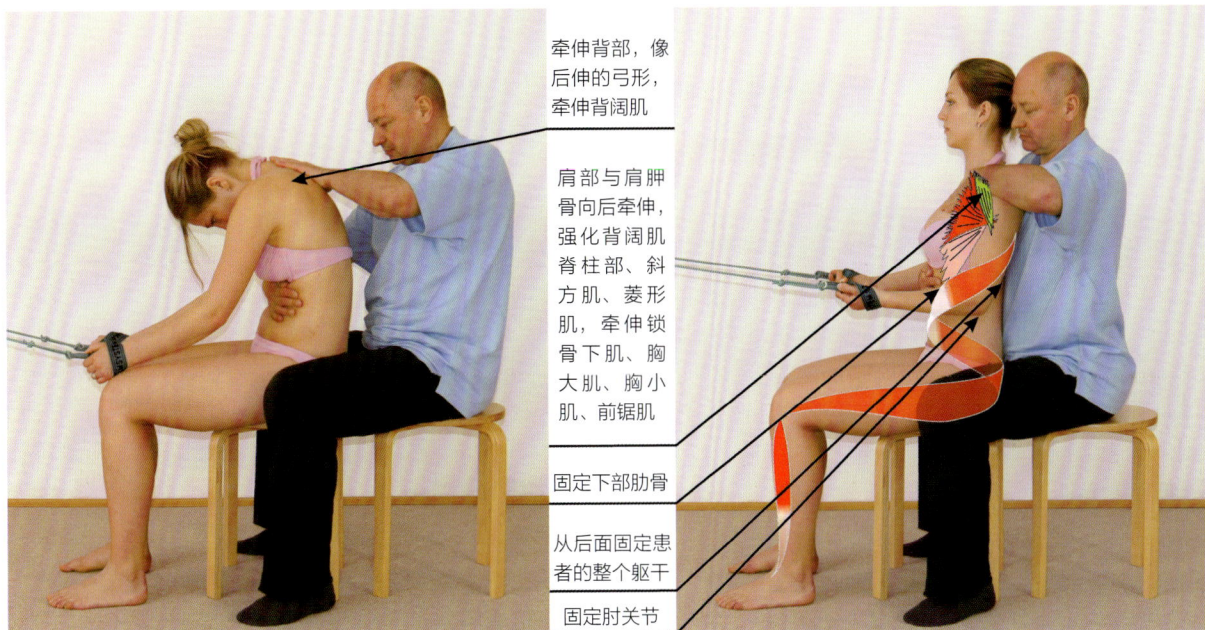

牵伸背部，像后伸的弓形，牵伸背阔肌

肩部与肩胛骨向后牵伸，强化背阔肌脊柱部、斜方肌、菱形肌，牵伸锁骨下肌、胸大肌、胸小肌、前锯肌

固定下部肋骨

从后面固定患者的整个躯干

固定肘关节

训练 2 坐位，侧对弹力绳固定点，单臂侧拉，弹力绳拉过头顶，动作需要被协助、按摩和矫正。

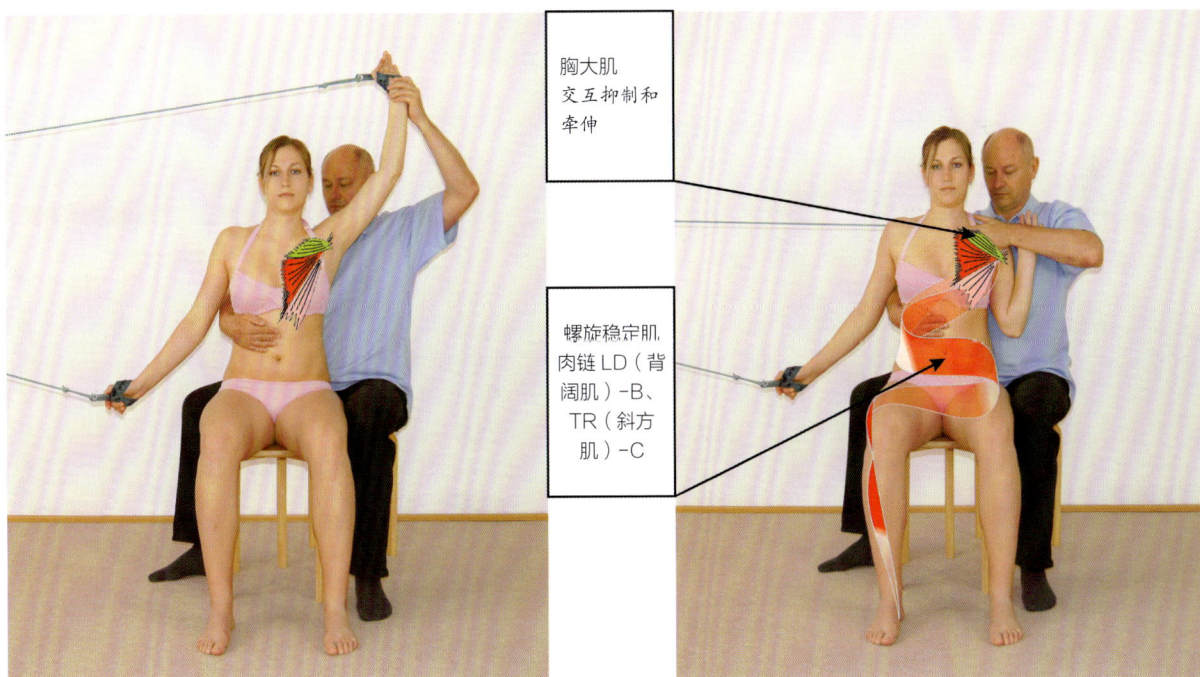

胸大肌
交互抑制和牵伸

螺旋稳定肌，肉链 LD（背阔肌）-B、TR（斜方肌）-C

固定身体的肌肉链 TR 和 LD 是主动肌。胸大肌交互抑制和牵伸。

训练：固定与牵伸

胸大肌——强化。

LD（背阔肌）和TR（斜方肌）肌肉链是第1部分训练的主动肌。

SA（前锯肌）和PM（胸大肌）肌肉链是第2部分训练的主动肌。

训练10　站位，身体一侧对弹力绳固定点，一条腿前置于垫子上。单臂拉向腹前正中，旋转躯干。

稳定 TR、LD

稳定 SA、PM

交互抑制
（主动放松）
牵伸

竖脊肌

腰方肌

多裂肌

2. 治疗过程——训练的主动部位
　被牵伸的后部肩带肌：
　　◎ 斜方肌降部；
　　◎ 背阔肌；
　　◎ 肩胛提肌；
　　◎ 后斜角肌；
　　◎ 头半棘肌、颈半棘肌等。

　背部纵行肌肉也被牵伸：
　　◎ 竖脊肌；
　　◎ 腰方肌；
　　◎ 多裂肌。

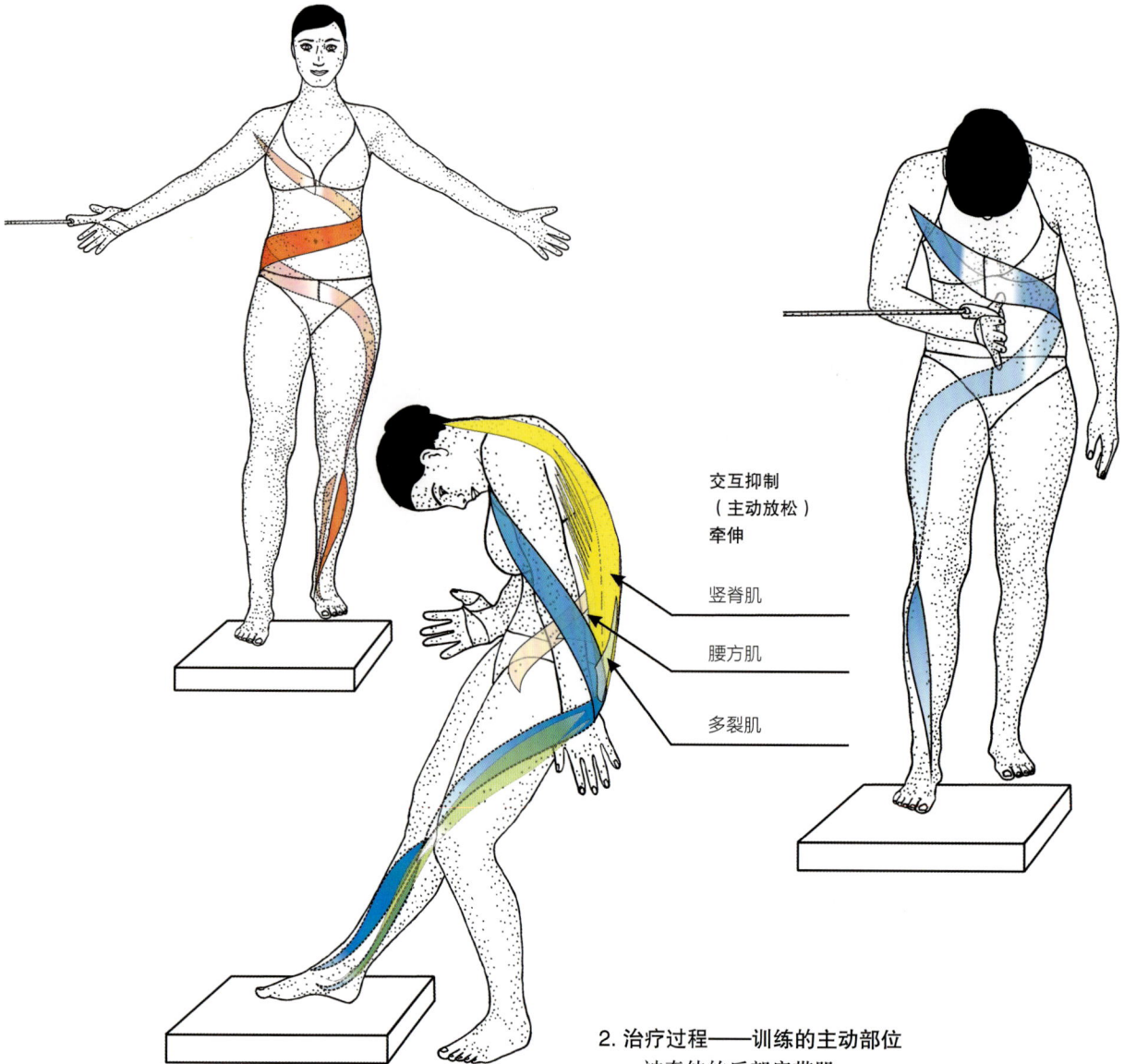

1. 初始体位——训练的主动部位
　初始体位中被牵伸的前部肩带肌：
　　◎ 锁骨下肌；
　　◎ 胸小肌；
　　◎ 胸大肌；
　　◎ 前锯肌。

示例

胸大肌——强化。

训练 10　站位，身体一侧对弹力绳固定点，一条腿前置于垫子上。单臂拉向腹前正中，旋转躯干。

螺旋稳定肌肉链PM（胸大肌）-B

胸大肌——强化，牵伸。

训练 11　站位，面对弹力绳固定点，交叉运动模式，后伸上臂于肩带处，同时后伸对侧腿于骨盆处。在训练的过程中，TR、LD、SA 和 PM 肌肉链都被激活。

螺旋稳定肌肉链PM（胸大肌）-B

螺旋稳定肌肉链TR（斜方肌）-C

螺旋稳定肌肉链LD（背阔肌）-B

胸大肌——强化，放松与牵伸。

训练3　站位，背对弹力绳固定点，双腿为基本姿势位，张开双臂向后，肩胛骨相互靠近。

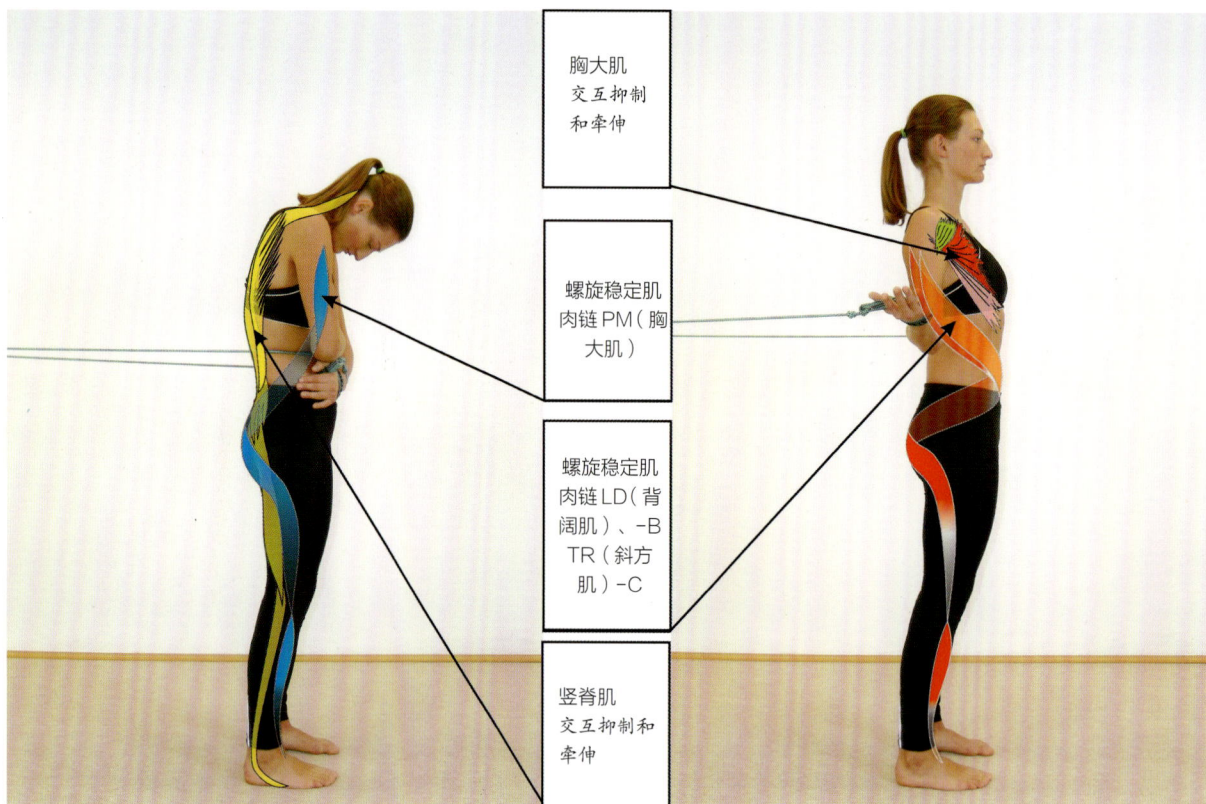

胸大肌
交互抑制
和牵伸

螺旋稳定肌
肉链PM（胸
大肌）

螺旋稳定肌
肉链LD（背
阔肌）、-B
TR（斜方
肌）-C

竖脊肌
交互抑制和
牵伸

训练3　站位，背对弹力绳固定点，一条腿前置于垫子上，张开双臂向后，肩胛骨相互靠近。

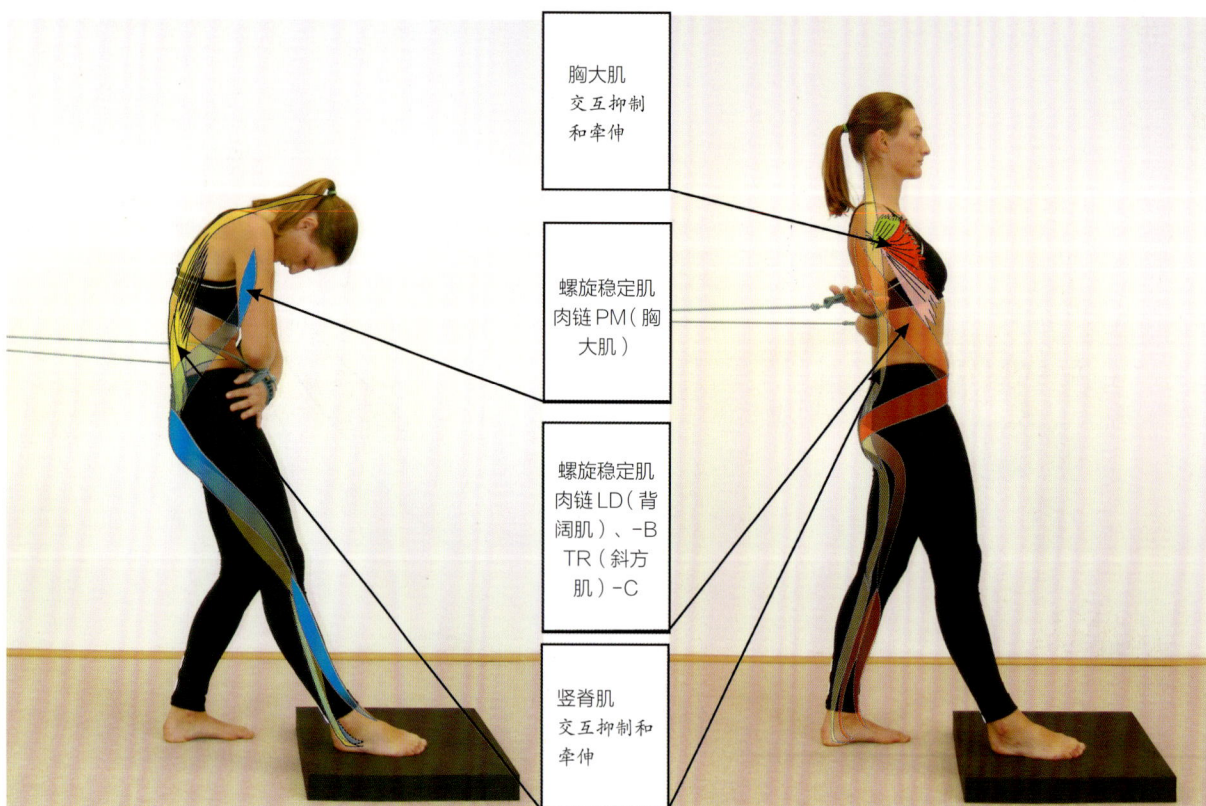

胸大肌
交互抑制
和牵伸

螺旋稳定肌
肉链PM（胸
大肌）

螺旋稳定肌
肉链LD（背
阔肌）、-B
TR（斜方
肌）-C

竖脊肌
交互抑制和
牵伸

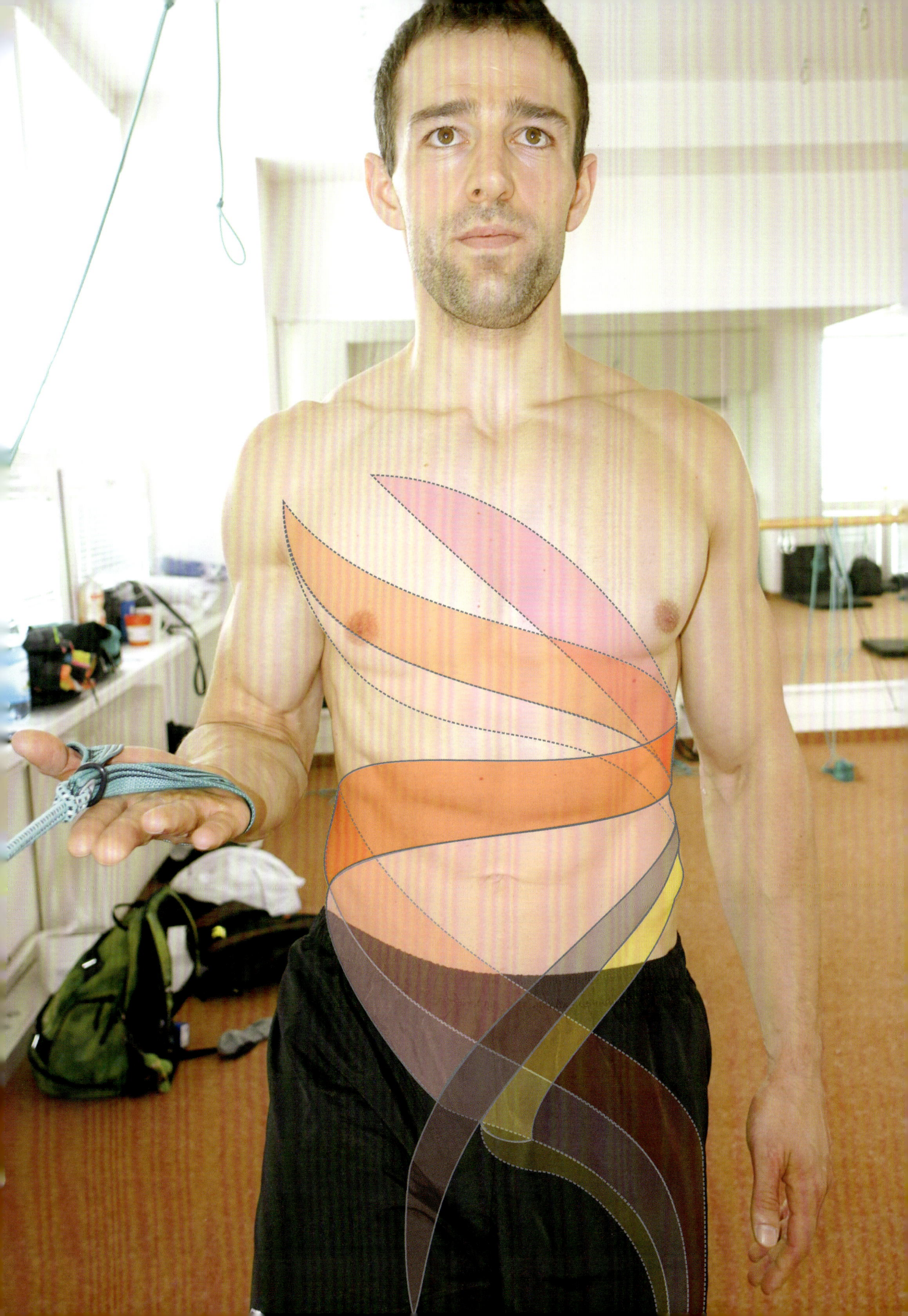

躯干肌前肌群（腹肌）

<table>
<tr><td colspan="2" align="center">**要　点**　○</td></tr>
<tr><td>◎ 腹外斜肌</td></tr>
<tr><td>◎ 腹内斜肌</td></tr>
<tr><td>◎ 腹横肌</td></tr>
<tr><td>◎ 腹直肌</td></tr>
</table>

腹外斜肌

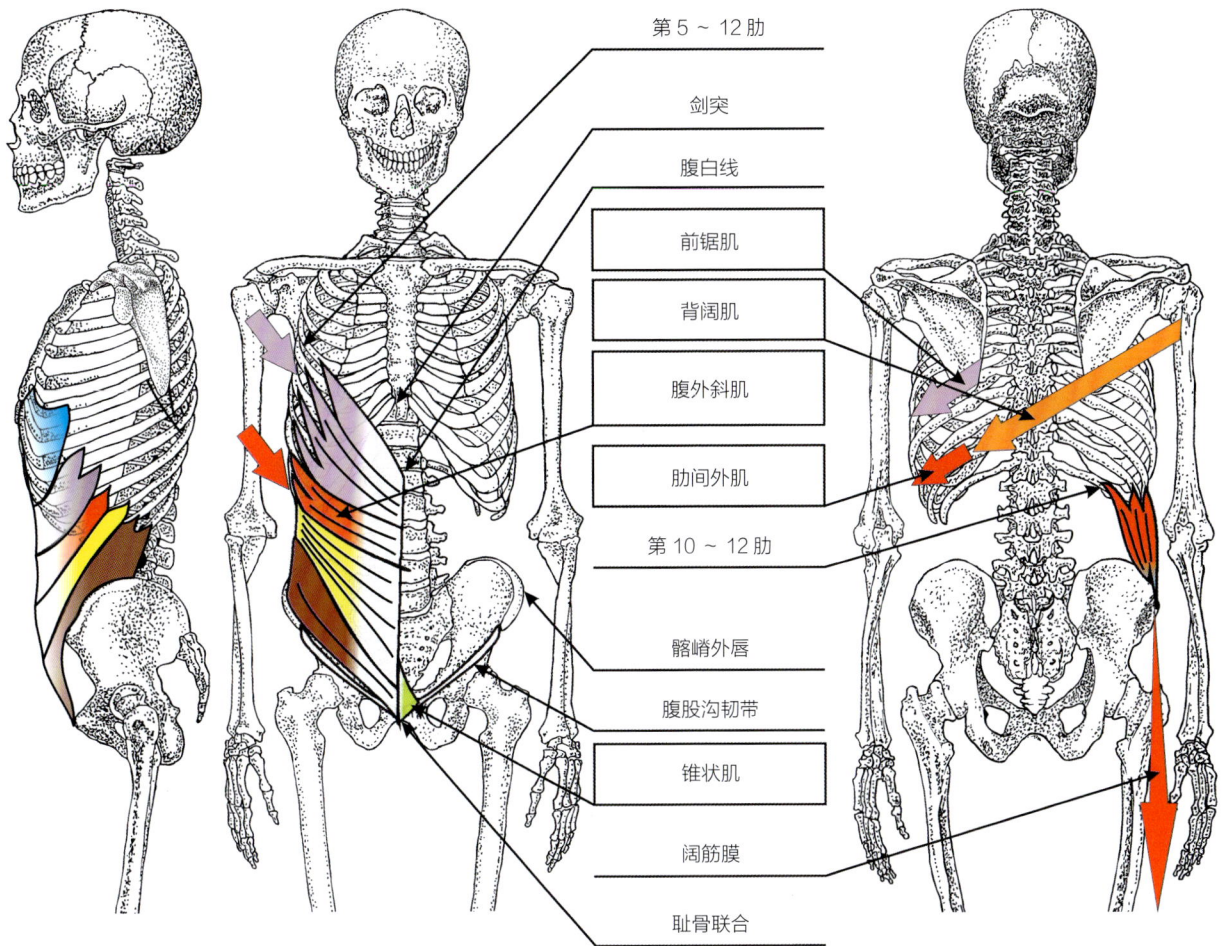

第 5 ~ 12 肋

剑突

腹白线

前锯肌

背阔肌

腹外斜肌

肋间外肌

第 10 ~ 12 肋

髂嵴外唇

腹股沟韧带

锥状肌

阔筋膜

耻骨联合

腹外斜肌

起点：
◎ 第 5 ~ 12 肋外表面。

止点：
◎ 髂嵴外侧唇；
◎ 腹直肌前鞘；
◎ 腹白线；
◎ 耻骨。

功能：
◎ 单侧——向同侧外屈（倾斜）躯干、向对侧旋转躯干；
◎ 双侧——腹侧屈曲躯干、挺直背部、增加腹压；
◎ 作为呼吸肌呼气。

神经支配：
◎ 肋间神经（第 5 ~ 12 胸神经）；
◎ 髂腹下神经。

解剖

腹内斜肌

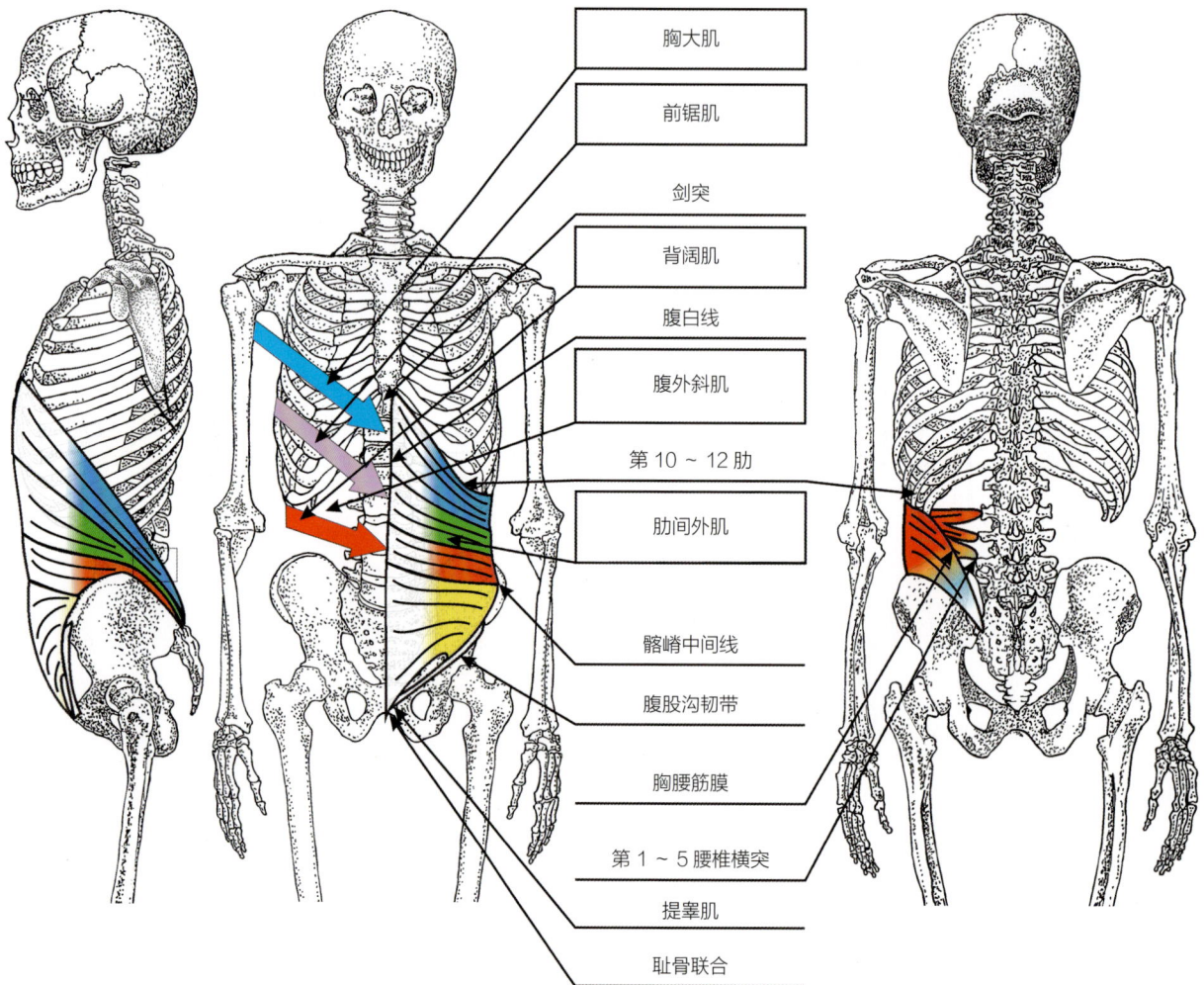

| 胸大肌 |
| 前锯肌 |
| 剑突 |
| 背阔肌 |
| 腹白线 |
| 腹外斜肌 |
| 第 10 ~ 12 肋 |
| 肋间外肌 |
| 髂嵴中间线 |
| 腹股沟韧带 |
| 胸腰筋膜 |
| 第 1 ~ 5 腰椎横突 |
| 提睾肌 |
| 耻骨联合 |

腹内斜肌

起点：
◎ 横突胸腰筋膜深层；
◎ 髂嵴中间线；
◎ 髂前上棘；
◎ 腹股沟韧带外侧半。

止点：
◎ 第 10 ~ 12 肋下缘；
◎ 腹直肌前后鞘；
◎ 腹白线；
◎ 延续为提睾肌。

功能：
◎ 单侧——外屈（倾斜）躯干向同侧、旋转躯干向对侧；
◎ 双侧——腹侧屈曲躯干、挺直背部、增加腹压；
◎ 作为呼吸肌呼气。

神经支配：
◎ 肋间神经（第 5 ~ 12 胸神经）；
◎ 髂腹下神经；
◎ 髂腹股沟神经；
◎ 提睾肌——生殖股神经生殖支。

肌肉链

腹外斜肌和腹内斜肌

腹外斜肌、腹内斜肌和腹横肌被胸大肌、前锯肌、背阔肌和斜方肌激活。

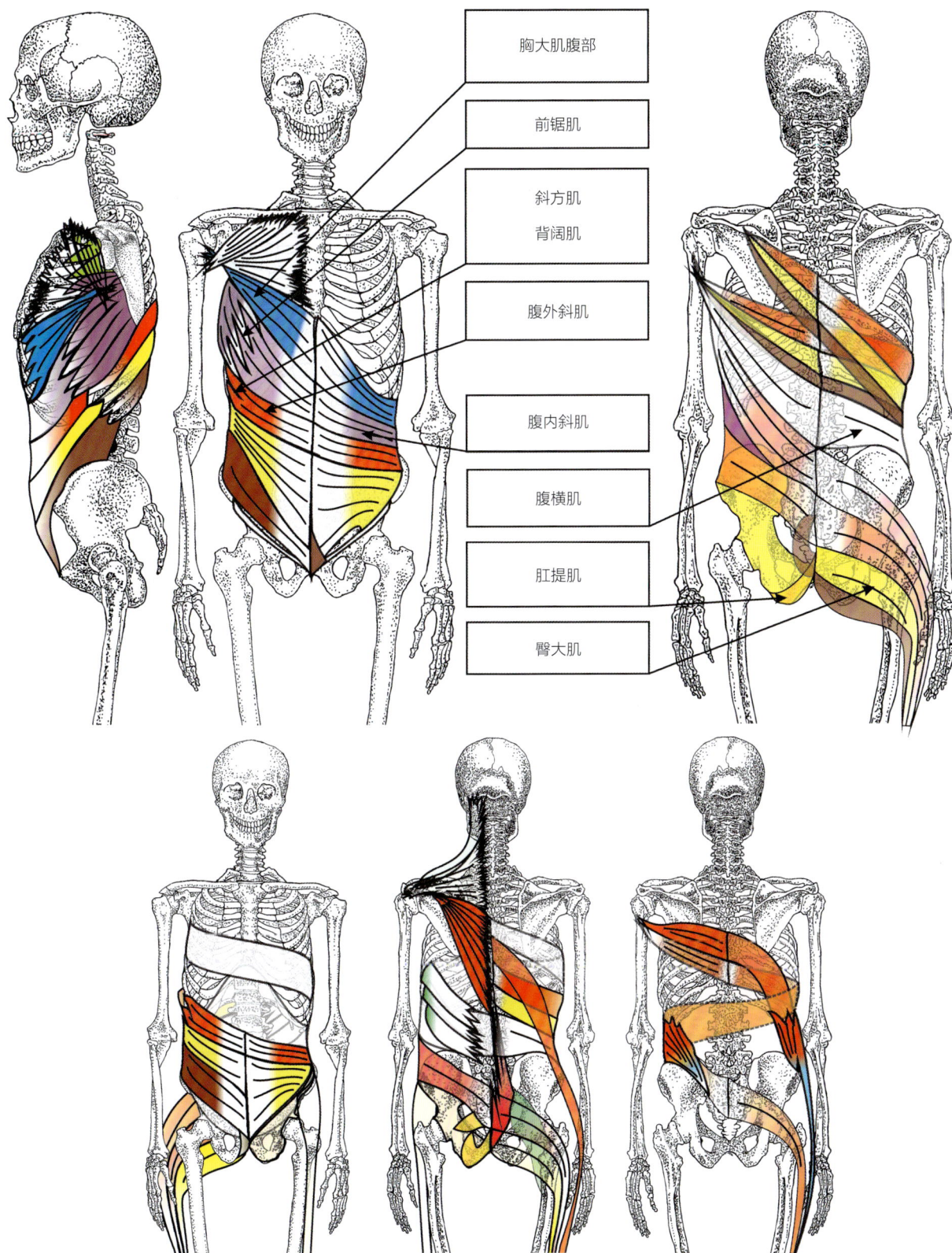

胸大肌腹部
前锯肌
斜方肌 背阔肌
腹外斜肌
腹内斜肌
腹横肌
肛提肌
臀大肌

腹横肌

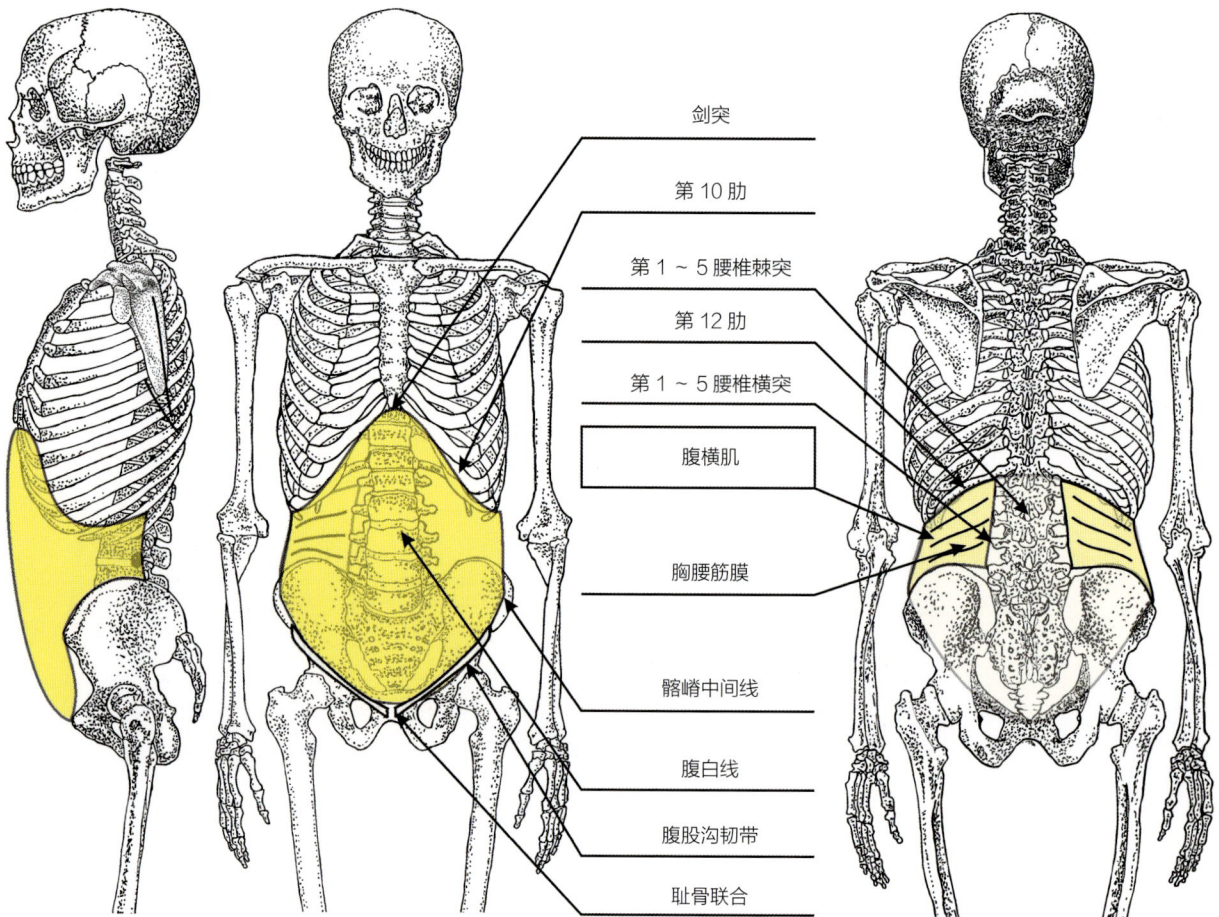

剑突

第 10 肋

第 1～5 腰椎棘突

第 12 肋

第 1～5 腰椎横突

腹横肌

胸腰筋膜

髂嵴中间线

腹白线

腹股沟韧带

耻骨联合

腹横肌

起点：

◎ 第 7～12 肋内缘；

◎ 胸腰筋膜深层；

◎ 横突；

◎ 髂嵴内侧唇；

◎ 髂前上棘。

止点：

◎ 腹直肌后鞘。

功能：

◎ 单侧——旋转躯干向同侧；

◎ 双侧——增加腹压；

◎ 作为呼吸肌呼气。

神经支配：

◎ 肋间神经（第 5～12 胸神经）；

◎ 髂腹下神经；

◎ 髂腹股沟神经；

◎ 生殖股神经。

肌肉链

腹横肌

腹横肌被斜方肌激活。

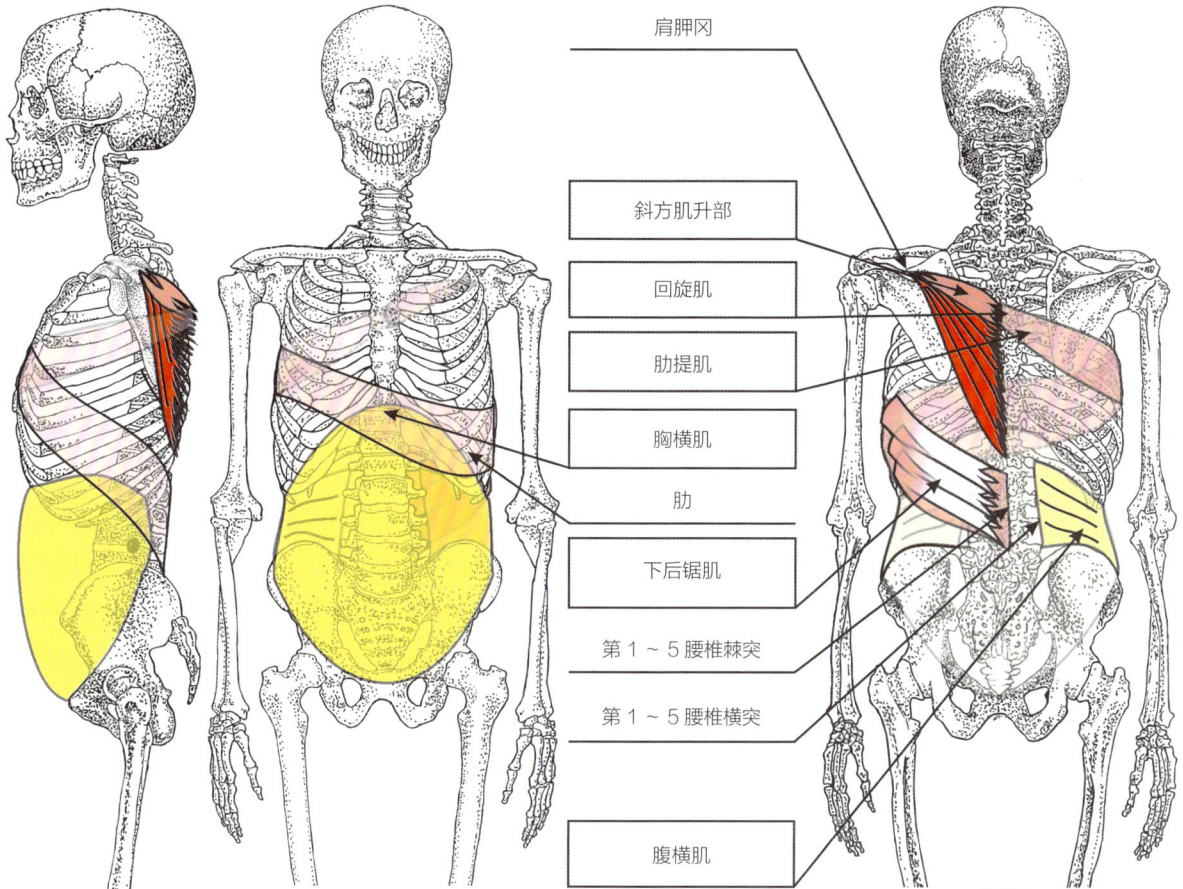

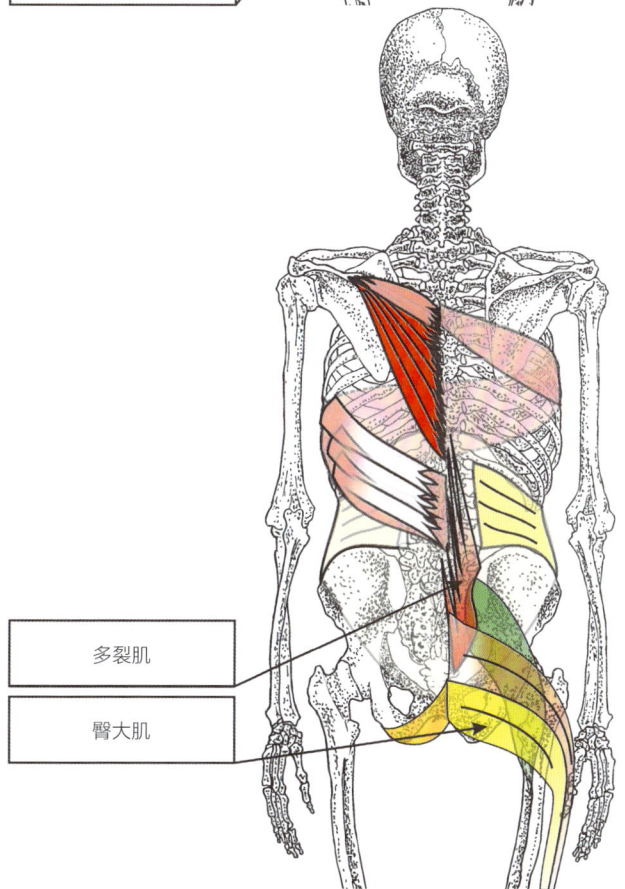

肩胛冈

斜方肌升部

回旋肌

肋提肌

胸横肌

肋

下后锯肌

第 1～5 腰椎棘突

第 1～5 腰椎横突

腹横肌

多裂肌

臀大肌

肌肉链

腹横肌

腹横肌被背阔肌激活。

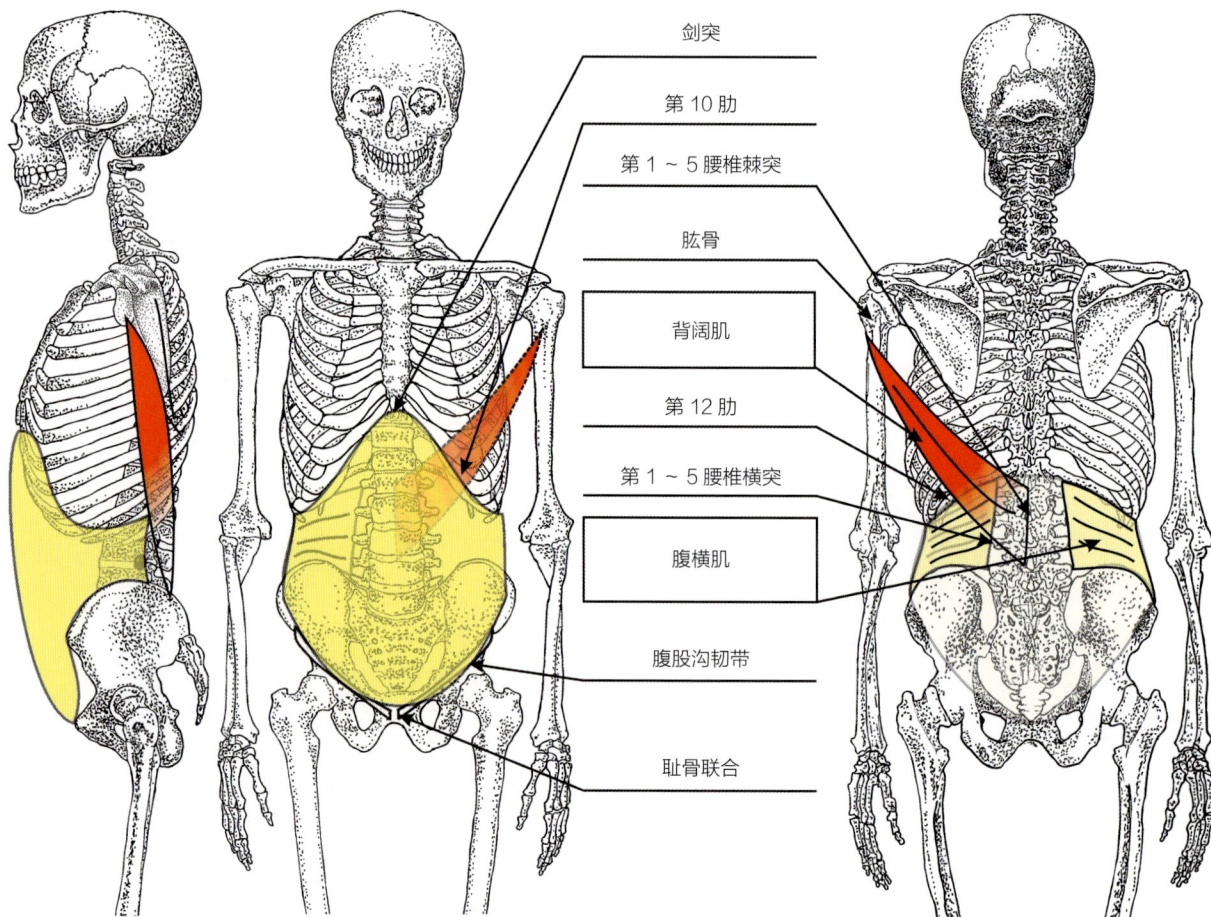

剑突
第 10 肋
第 1～5 腰椎棘突
肱骨
背阔肌
第 12 肋
第 1～5 腰椎横突
腹横肌
腹股沟韧带
耻骨联合

肌肉链

腹横肌

腹横肌被前锯肌激活。

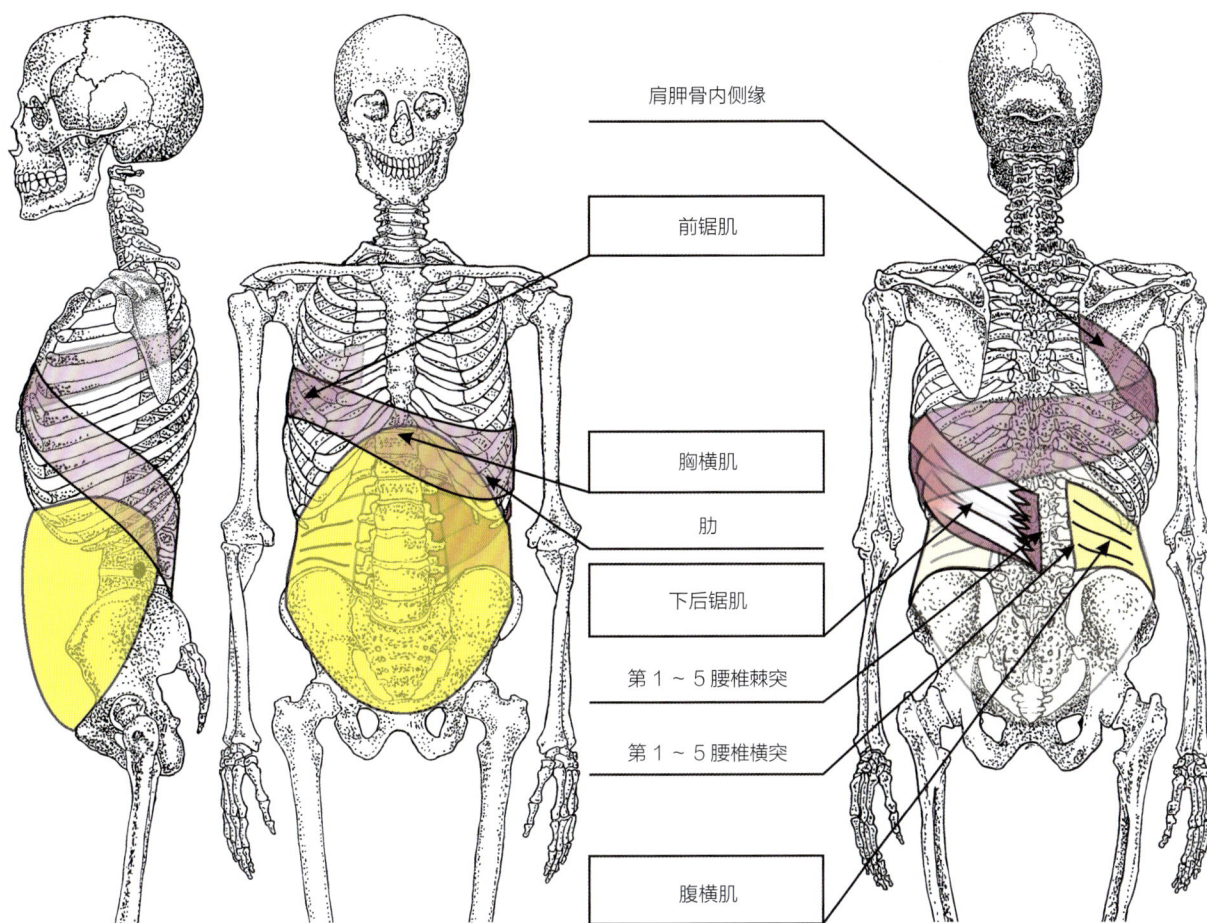

肩胛骨内侧缘

前锯肌

胸横肌

肋

下后锯肌

第1～5腰椎棘突

第1～5腰椎横突

腹横肌

肌肉链

腹横肌

腹横肌被胸大肌激活。

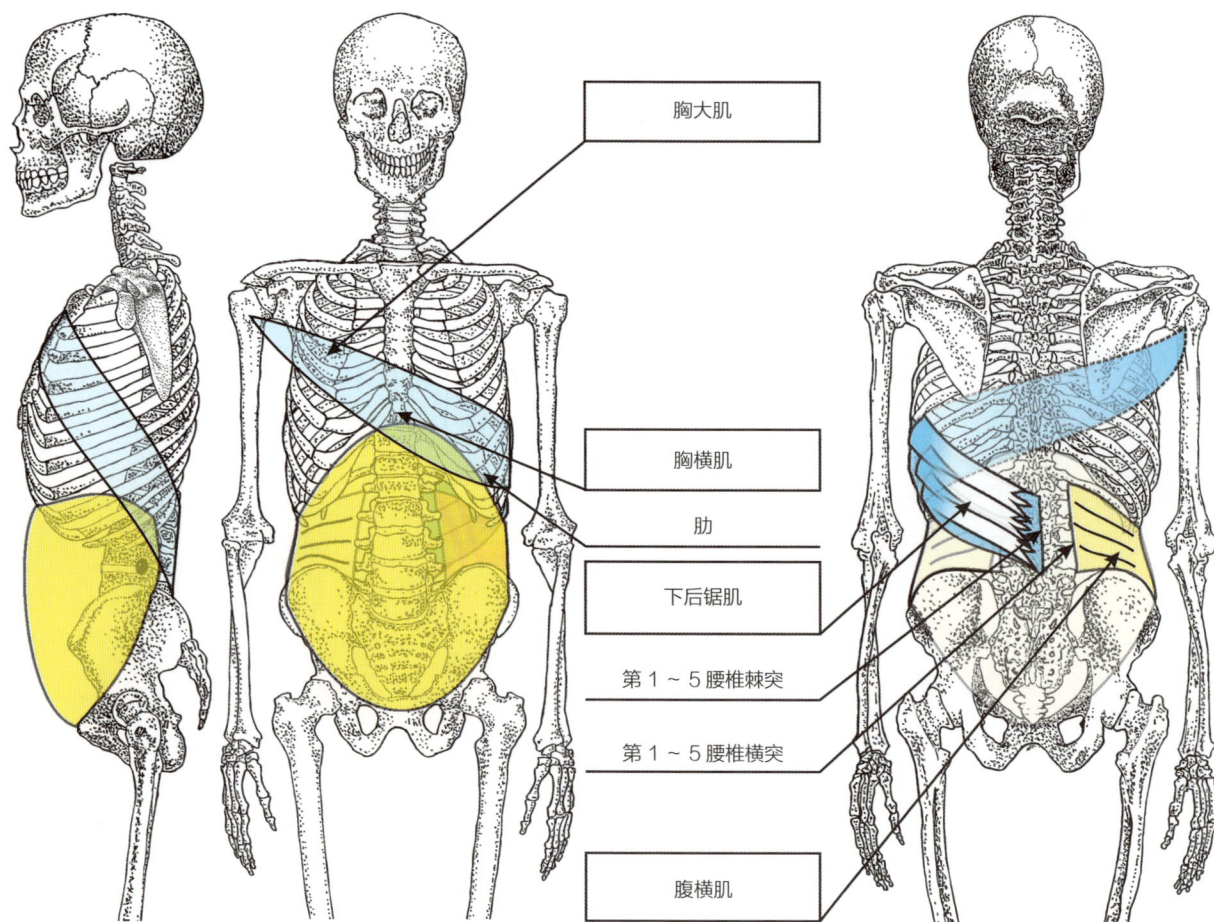

胸大肌	
胸横肌	
肋	
下后锯肌	
第 1～5 腰椎棘突	
第 1～5 腰椎横突	
腹横肌	

解剖
腹直肌

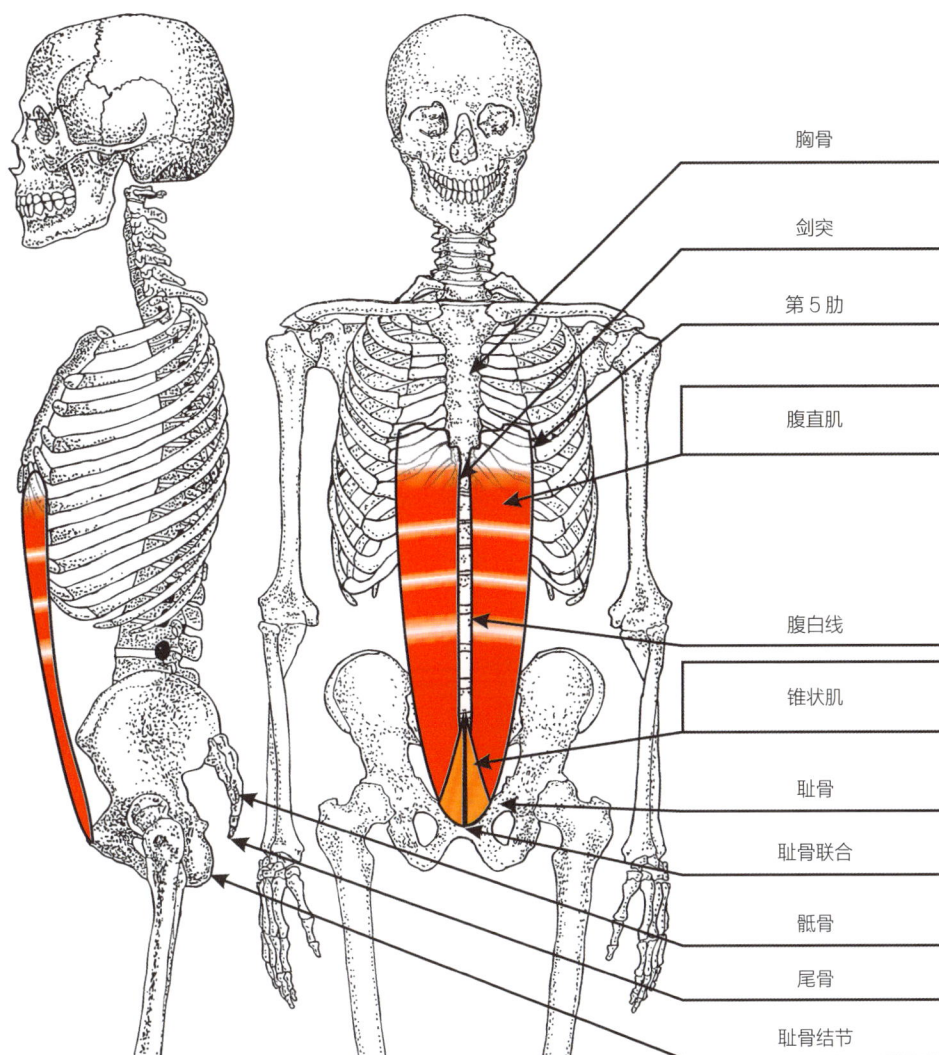

胸骨

剑突

第 5 肋

腹直肌

腹白线

锥状肌

耻骨

耻骨联合

骶骨

尾骨

耻骨结节

腹直肌
起点:
◎ 第 5 ~ 7 肋;
◎ 剑突。
止点:
◎ 耻骨结节与联合之间的耻骨。
功能:
◎ 前屈躯干;
◎ 挺直背部;
◎ 增加腹压;
◎ 作为呼吸肌呼气。
神经支配:
◎ 肋间神经(第 5 ~ 12 胸神经)。

锥状肌
起点:
◎ 耻骨腹侧,腹直肌起点处。
止点:
◎ 腹白线。
功能:
◎ 使腹白线紧张。
神经支配:
◎ 肋下神经。

肌肉链

腹直肌

腹直肌在前，髂肋肌、胸最长肌在后，相互平衡胸廓和骨盆的姿势。这为身体直立休息时能保持姿势做出了贡献。

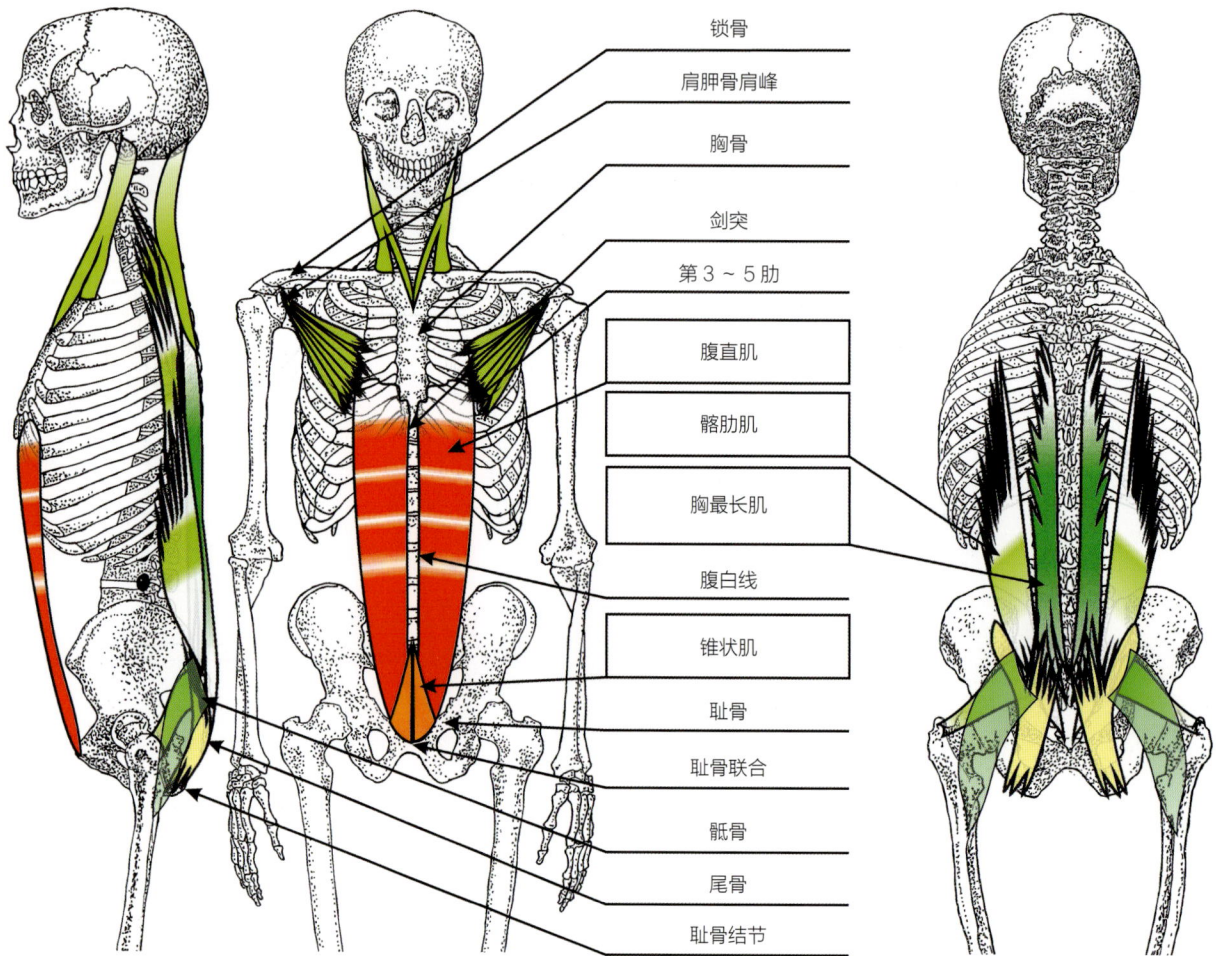

标签
锁骨
肩胛骨肩峰
胸骨
剑突
第 3 ~ 5 肋
腹直肌
髂肋肌
胸最长肌
腹白线
锥状肌
耻骨
耻骨联合
骶骨
尾骨
耻骨结节

肌肉链

腹直肌

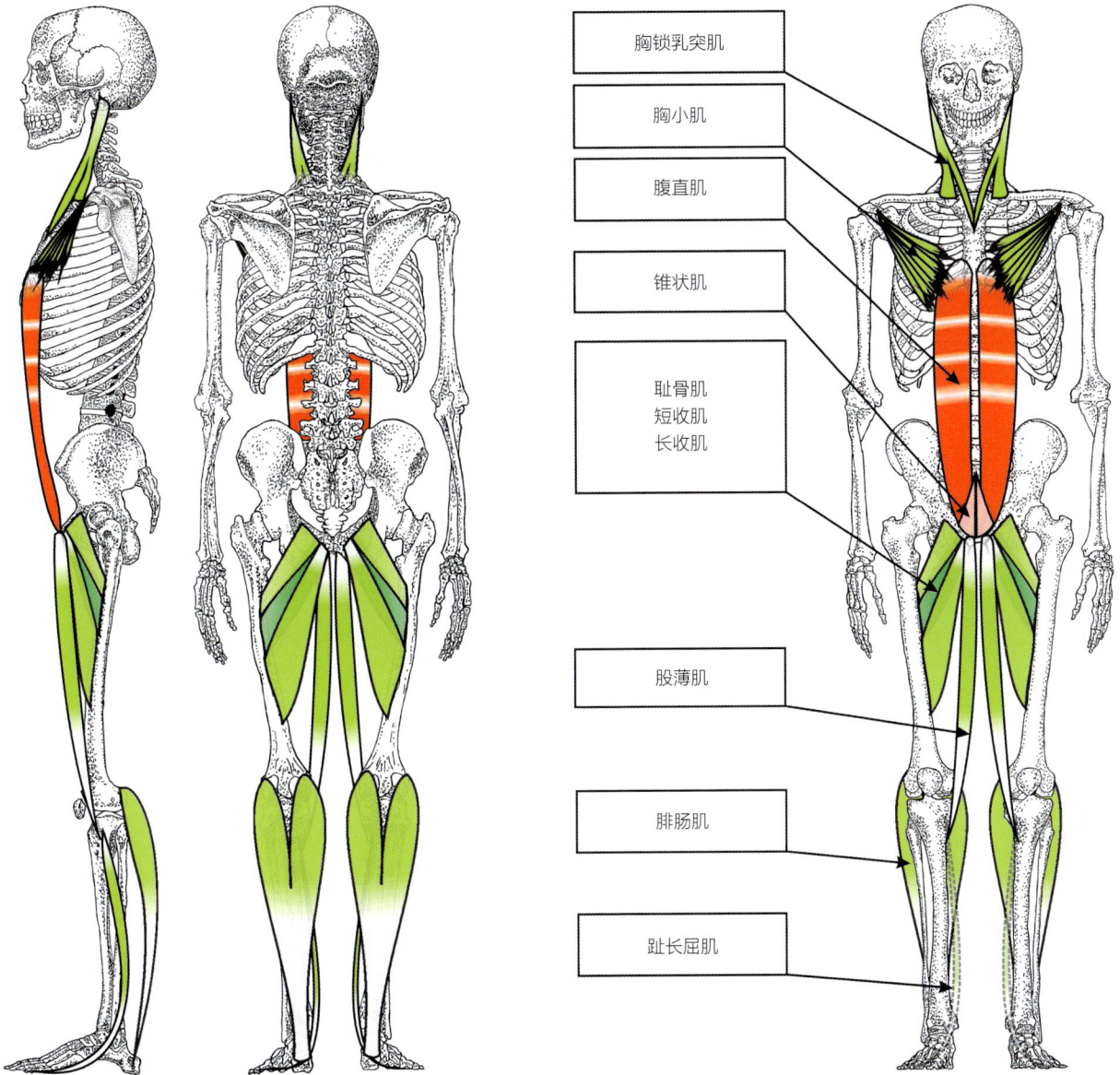

胸锁乳突肌

胸小肌

腹直肌

锥状肌

耻骨肌
短收肌
长收肌

股薄肌

腓肠肌

趾长屈肌

盆带后下肌群

<table>
<tr><td colspan="2" align="center">**要 点**</td></tr>
<tr><td>◎ 臀大肌</td><td></td></tr>
</table>

解剖

臀大肌

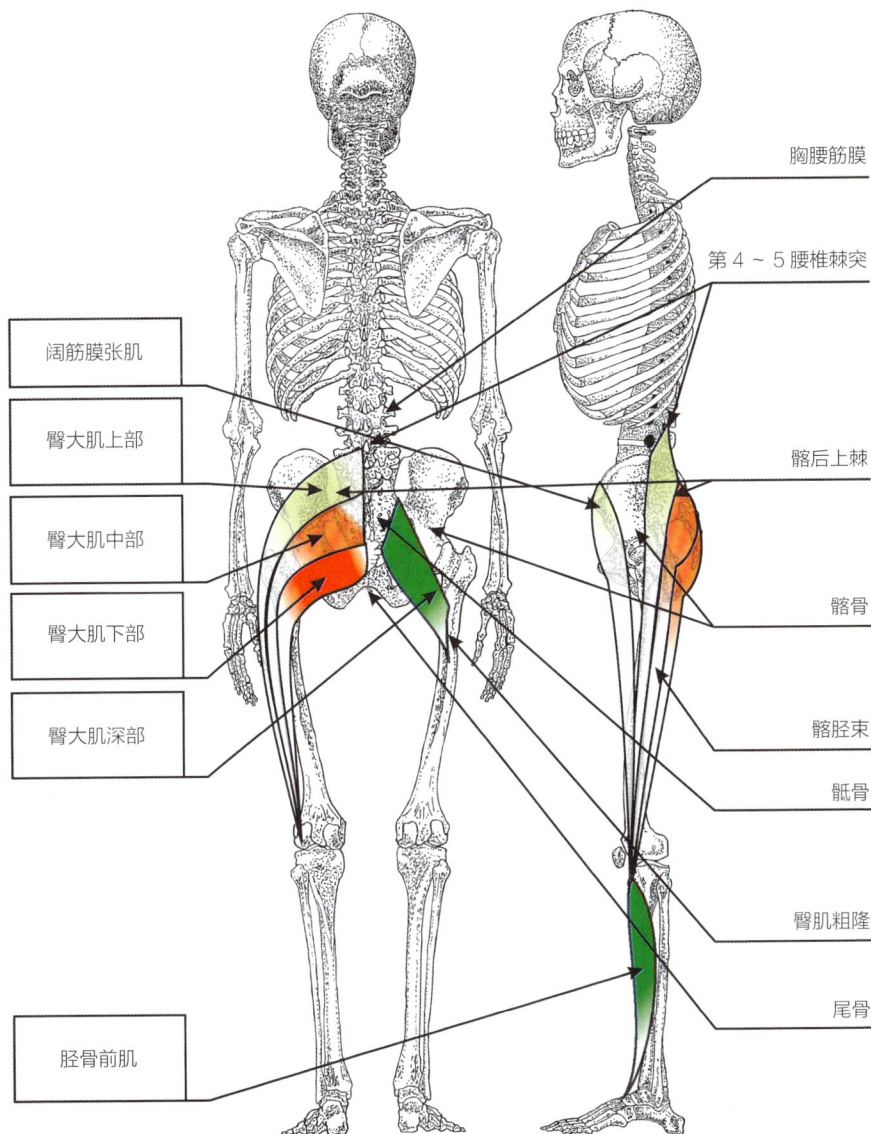

胸腰筋膜

第 4 ~ 5 腰椎棘突

髂后上棘

髂骨

髂胫束

骶骨

臀肌粗隆

尾骨

阔筋膜张肌

臀大肌上部

臀大肌中部

臀大肌下部

臀大肌深部

胫骨前肌

具有内部肌肉失衡倾向的肌群

具有弱化倾向的肌纤维，这些肌纤维需要强化

具有紧张和缩短倾向的肌纤维，这些肌纤维需要放松和牵伸

臀大肌的旋转部分有弱化倾向

放松

牵伸

强化

固定

臀大肌：
 上部：
  ◎ 有紧张和缩短倾向；
 中部：
  ◎ 有弱化倾向；
 下部：
  ◎ 有弱化倾向；
 深部：
  ◎ 有紧张和缩短倾向。
神经支配（所有部位）：
 ◎ 臀下神经（第 4 腰神经至第 2 骶神经）。

臀大肌上部
 起点：
  ◎ 胸腰筋膜；
  ◎ 第 4 ~ 5 腰椎棘突；
  ◎ 髂骨臀面。
 止点：
  ◎ 髂胫束中部；
  ◎ 阔筋膜。
 功能：
  ◎ 髋——伸髋、大腿外展（分开）、大腿外旋、髋部稳定；
  ◎ 骨盆——矫正骨盆前倾（向前下倾斜）；
  ◎ 膝——伸展、外旋、侧向稳定。

臀大肌中部
 起点：
  ◎ 骶骨（与腹内斜肌相连）；
  ◎ 骶结节韧带。
 止点：
  ◎ 髂胫束中部；
  ◎ 阔筋膜。
 功能：
  ◎ 髋——伸髋、大腿外展（分开）、大腿外旋、髋部稳定；
  ◎ 骨盆——使骨盆前倾（向前下倾斜）；
  ◎ 膝——伸展、外旋、侧向稳定。

臀大肌下部
 起点：
  ◎ 尾骨（与肛提肌和盆底肌相连）。
 止点：
  ◎ 髂胫束后部；
  ◎ 阔筋膜。
 功能：
  ◎ 髋——过伸（使髋关节完全伸展，成冲刺姿态）、大腿内收（合并）、大腿外旋、髋部稳定；
  ◎ 骨盆——使骨盆前倾（向前下倾斜）；
  ◎ 膝——伸展、外旋、侧向稳定。

臀大肌深部
 起点：
  ◎ 骶骨（与髂肋肌相连）。
 止点：
  ◎ 臀肌粗隆。
 功能：
  ◎ 髋——伸髋、大腿外展（分开）、大腿外旋、髋部稳定；
  ◎ 骨盆——使骨盆前倾（向前下倾斜）。

肌肉链

螺旋肌肉链——斜方肌（TR）

肩胛骨向后移动（伸展），TR肌肉链激活臀大肌。

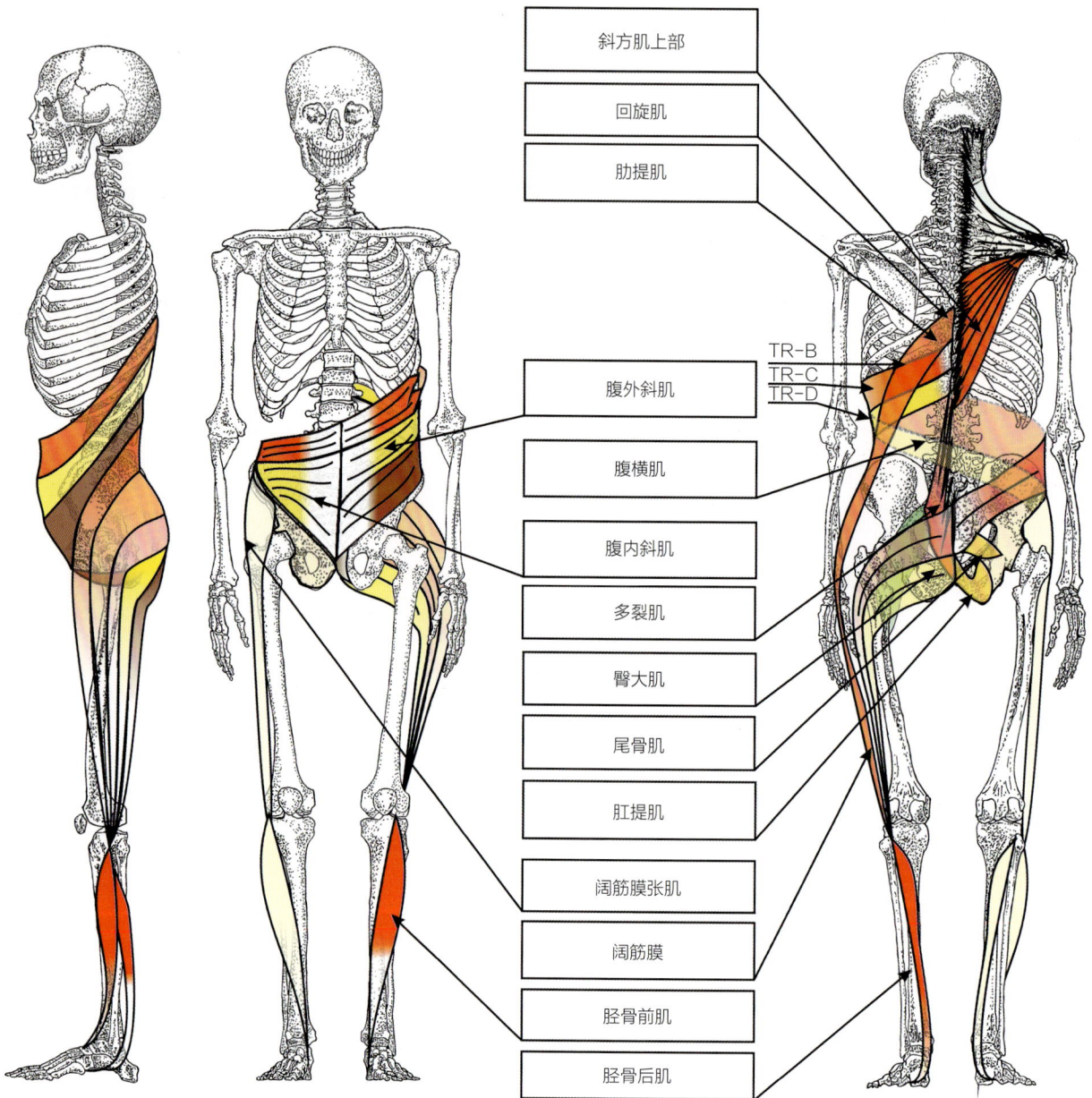

斜方肌上部
回旋肌
肋提肌

腹外斜肌
腹横肌
腹内斜肌
多裂肌
臀大肌
尾骨肌
肛提肌
阔筋膜张肌
阔筋膜
胫骨前肌
胫骨后肌

TR-B
TR-C
TR-D

肌肉链

螺旋肌肉链——背阔肌（LD）

上肢向后移动（伸展），LD肌肉链激活臀大肌。

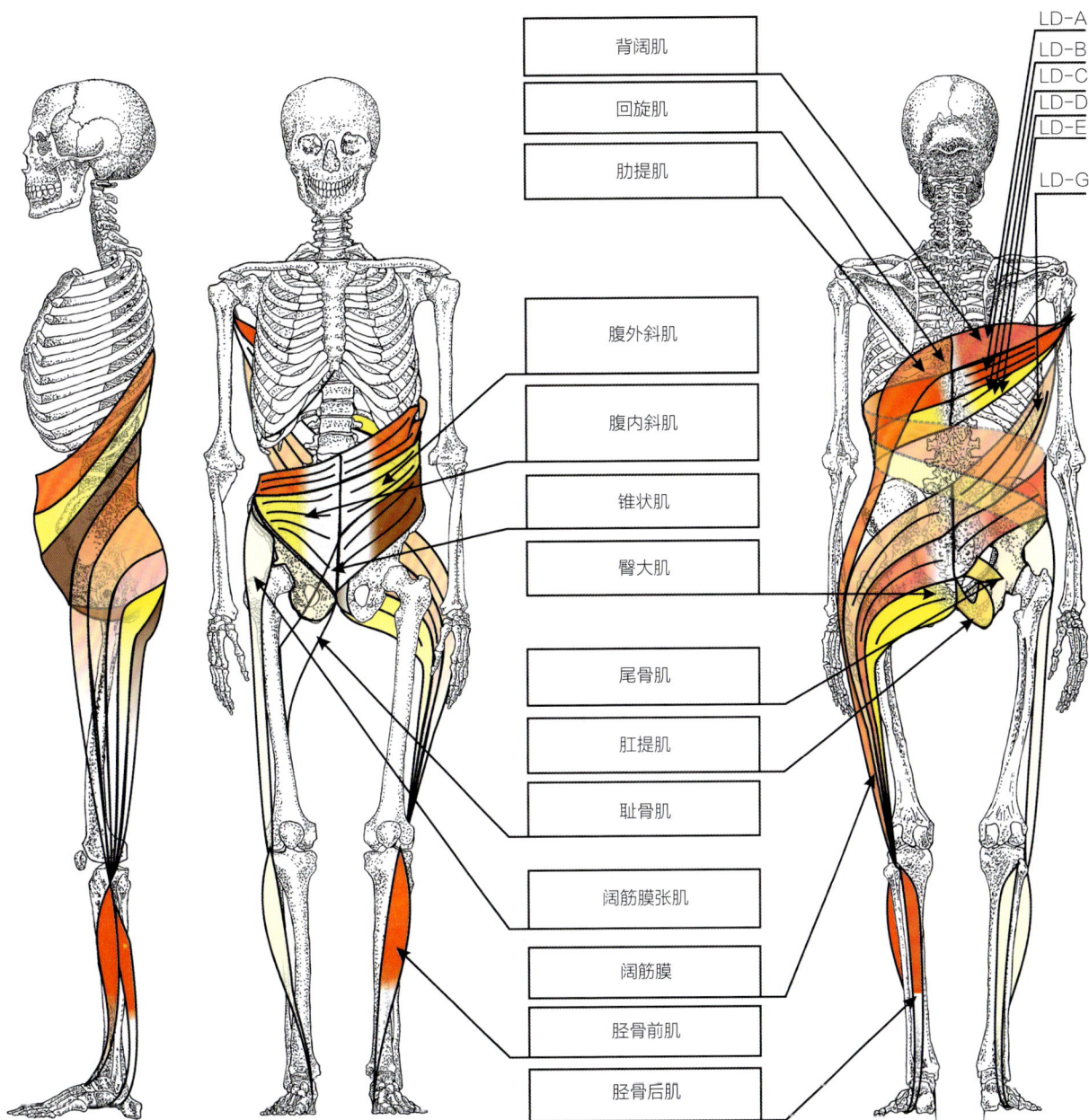

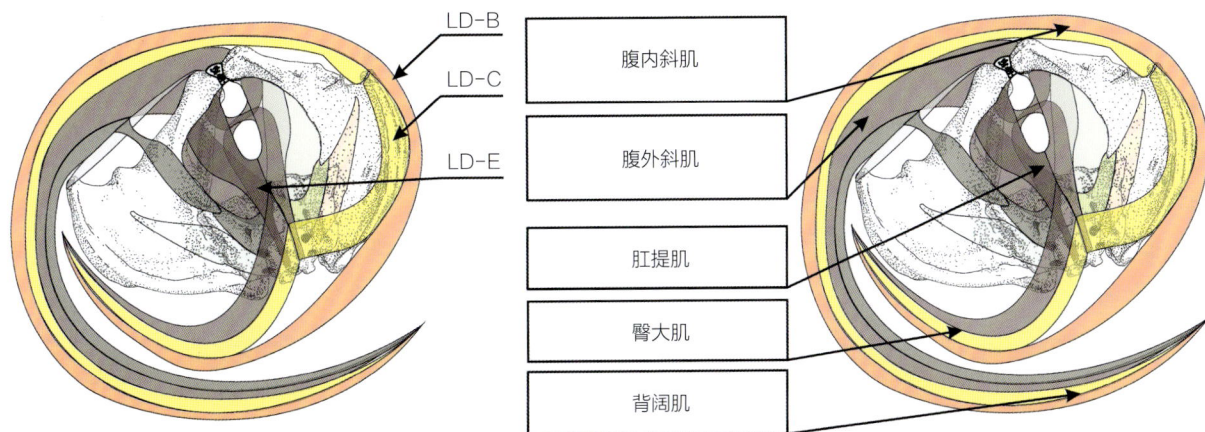

LD-A
LD-B
LD-C
LD-D
LD-E
LD-G

背阔肌
回旋肌
肋提肌

腹外斜肌
腹内斜肌
锥状肌
臀大肌
尾骨肌
肛提肌
耻骨肌
阔筋膜张肌
阔筋膜
胫骨前肌
胫骨后肌

LD-B
LD-C
LD-E

腹内斜肌
腹外斜肌
肛提肌
臀大肌
背阔肌

肌肉链

螺旋肌肉链——背阔肌（LD–E）

上肢向后移动（伸展），LD肌肉链激活臀大肌。

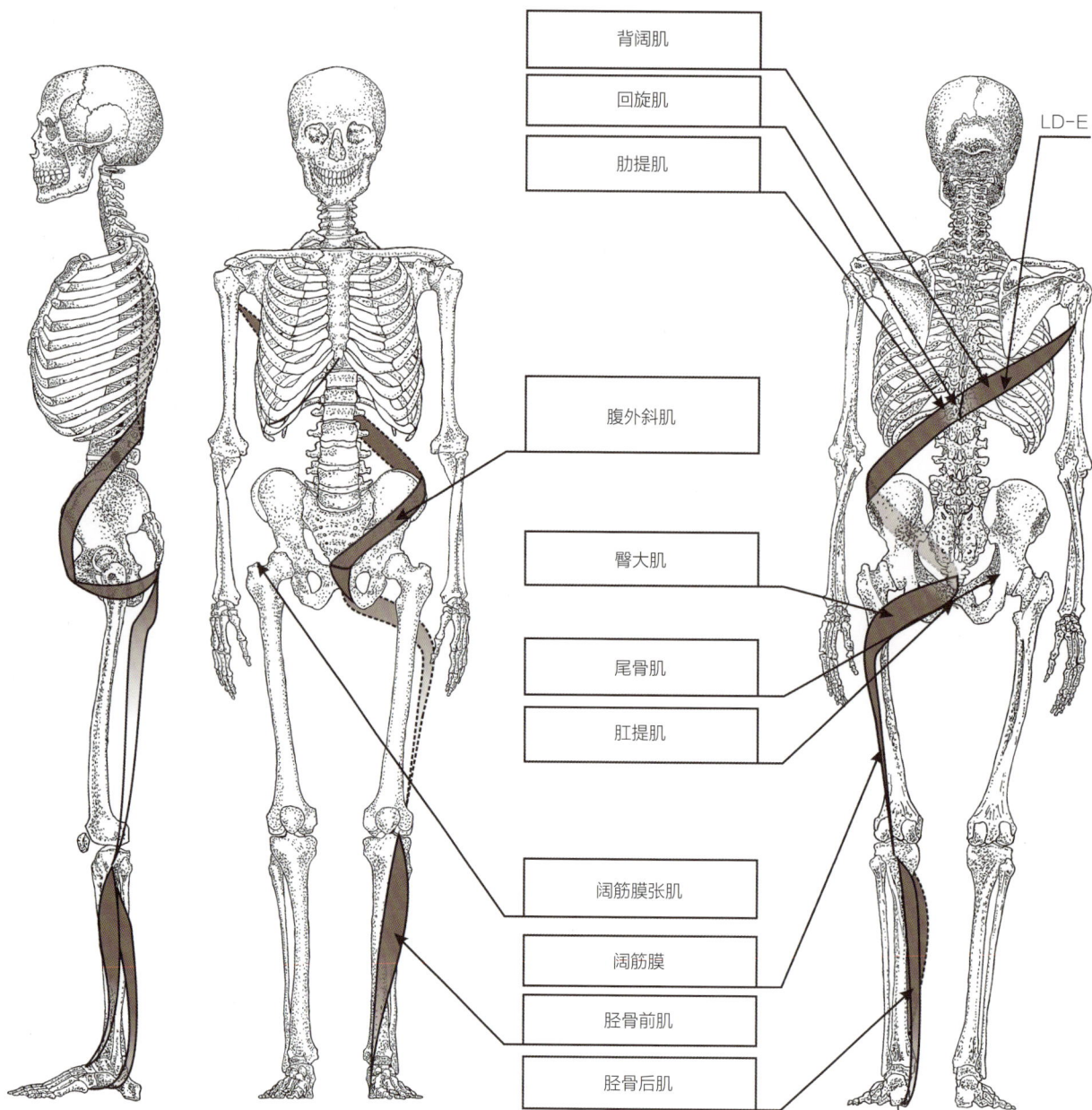

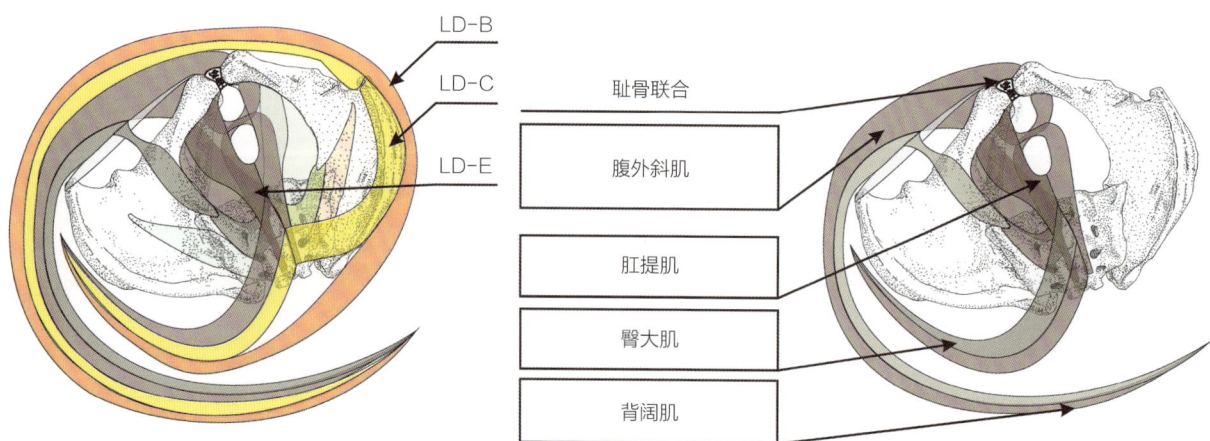

背阔肌

回旋肌

肋提肌

腹外斜肌

臀大肌

尾骨肌

肛提肌

阔筋膜张肌

阔筋膜

胫骨前肌

胫骨后肌

LD–E

LD–B

LD–C

LD–E

耻骨联合

腹外斜肌

肛提肌

臀大肌

背阔肌

肌肉链

螺旋肌肉链——前锯肌（SA）

肩胛骨向前移动（屈曲），SA肌肉链激活臀大肌。

激活的前提条件是动作从之前的伸展状态开始。

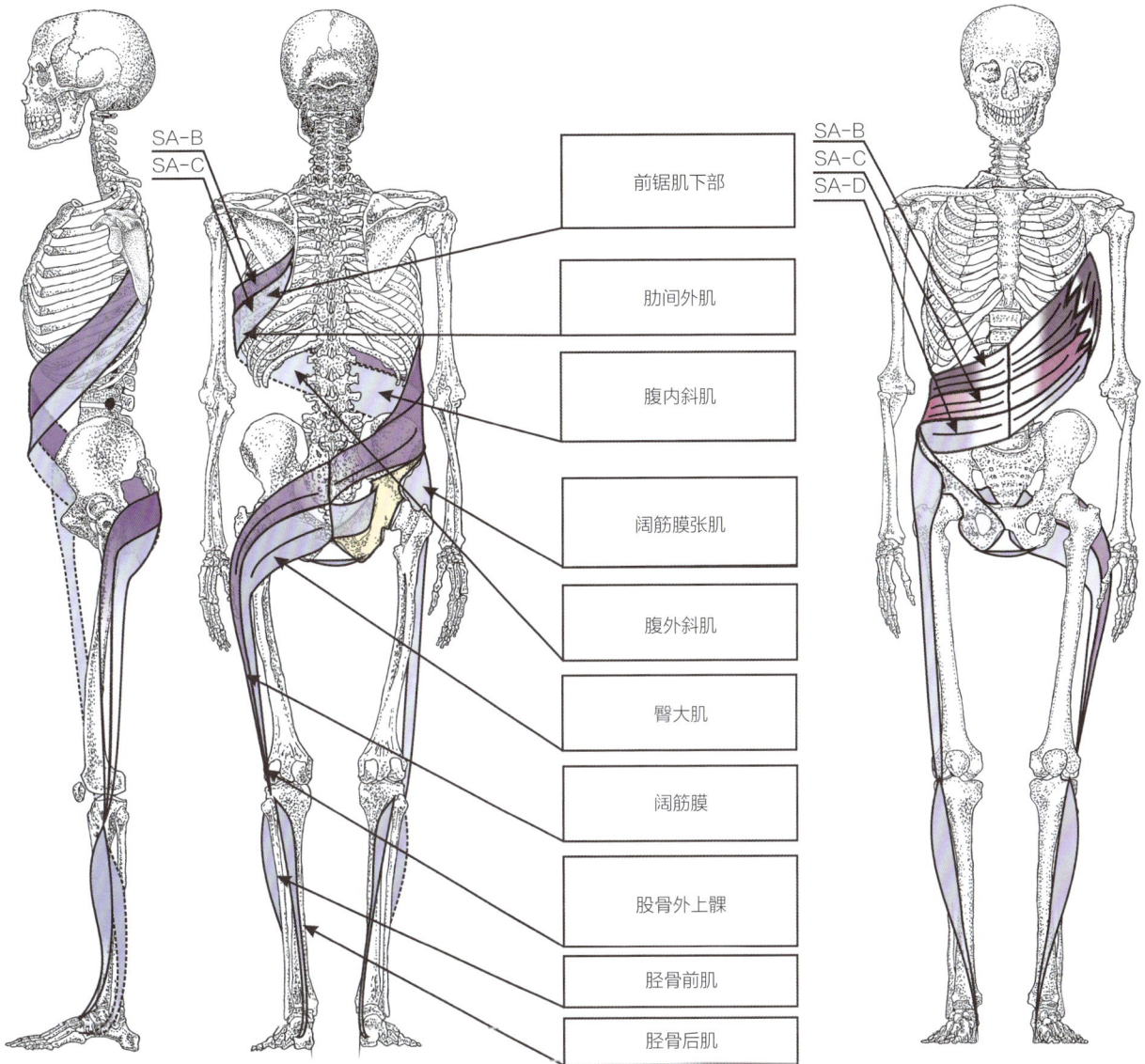

SA-B SA-C	前锯肌下部	SA-B SA-C SA-D
	肋间外肌	
	腹内斜肌	
	阔筋膜张肌	
	腹外斜肌	
	臀大肌	
	阔筋膜	
	股骨外上髁	
	胫骨前肌	
	胫骨后肌	

肌肉链

螺旋肌肉链——胸大肌（PM）

肩胛骨向前移动（屈曲），PM肌肉链激活臀大肌。

激活肌肉的前提条件是动作从之前的伸展开始。

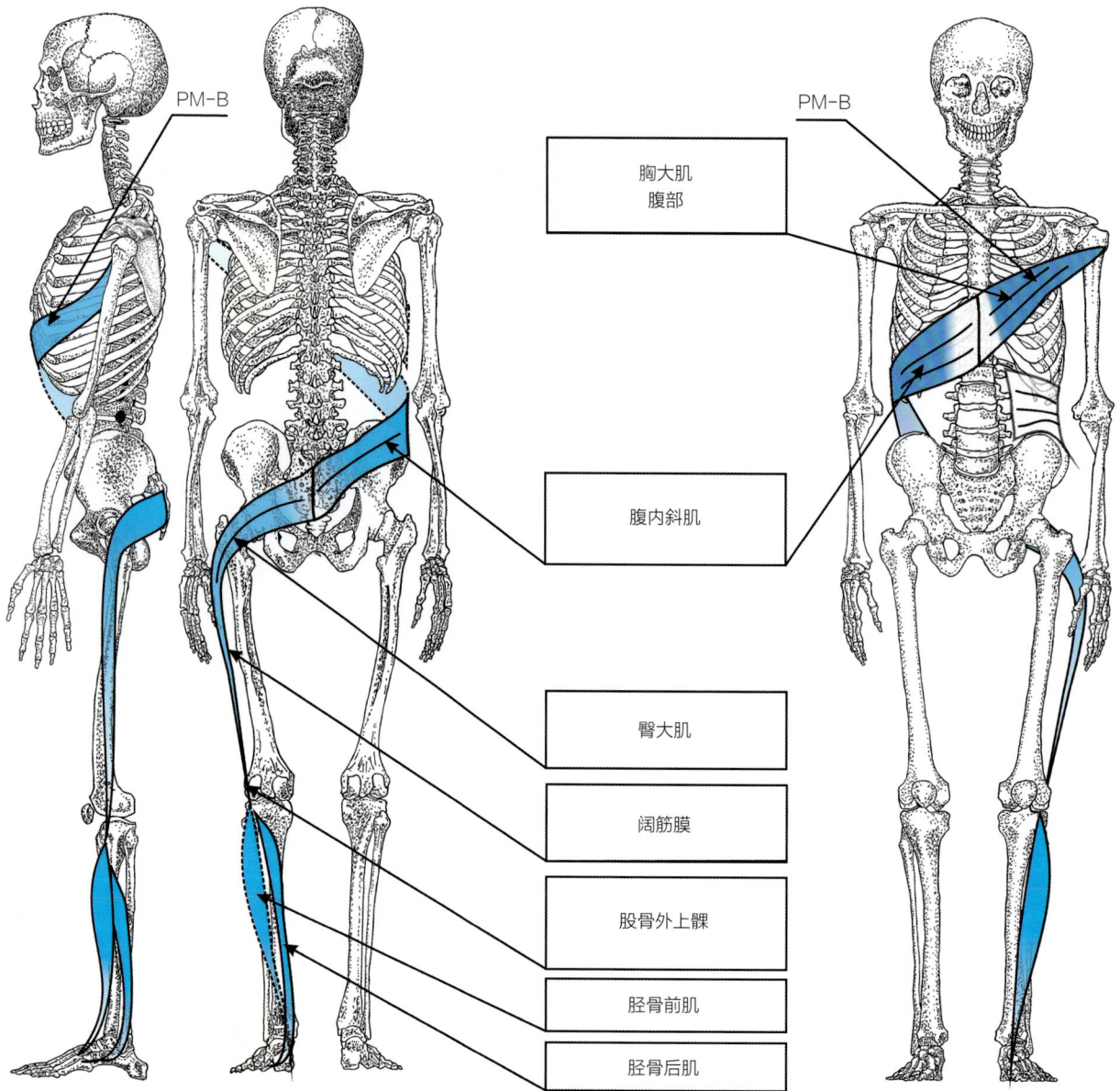

胸大肌
腹部

腹内斜肌

臀大肌

阔筋膜

股骨外上髁

胫骨前肌

胫骨后肌

训练

臀大肌——强化，牵伸。

训练 11　面向弹力绳的固定点方向站立，用上肢肩带伸展和对侧下肢骨盆带伸展的交叉模式运动，能够激活 TR、LD、SA 和 PM 的螺旋肌肉链。

螺旋稳定肌肉链 TR（斜方肌）-C

螺旋稳定肌肉链 LD（背阔肌）-B

螺旋稳定肌肉链 PM（胸大肌）-B

螺旋稳定肌肉链 SA（前锯肌）-B

螺旋稳定肌肉链 TR（斜方肌）-C

螺旋稳定肌肉链 LD（背阔肌）-B

第五章
肌松弛失调

要　点
◎ 消除病理性肌肉紧张
◎ 消除扳机点

肌肉收缩和舒张
肌肉、肌细胞、肌节

骨骼肌是横纹肌

　　肌肉位于韧带层（即肌筋膜）内，被韧带分离为多种肌束。肌内含有大量肌细胞，在肌细胞间有动脉、静脉和神经走行。

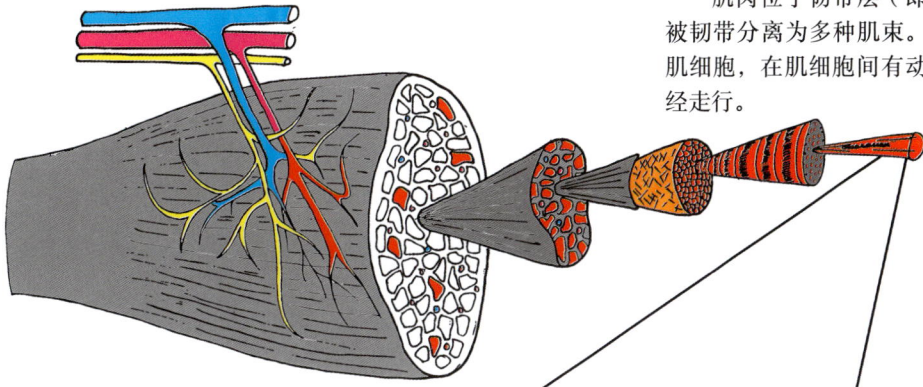

肌细胞（肌纤维）

　　肌细胞中含有大量肌节，是具有收缩和舒张能力的结构单位。

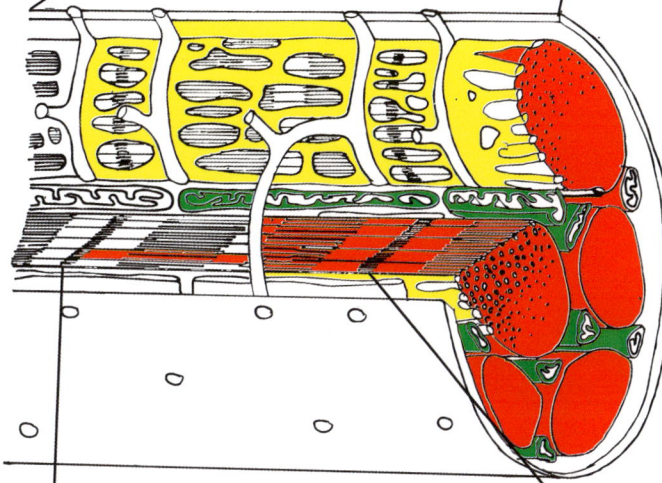

肌节

　　肌节是产生肌肉收缩的单元。肌肉收缩期间，肌动蛋白和肌球蛋白结合。

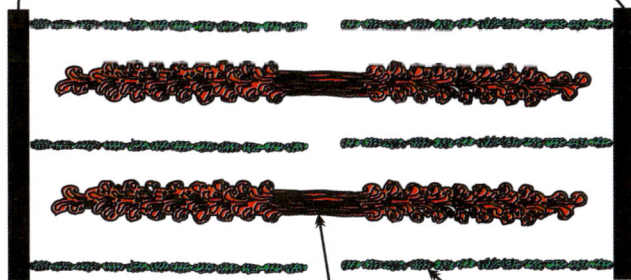

肌动蛋白

肌球蛋白

Z 线
黑线构成横纹肌

肌肉收缩和舒张形成肌肉泵，提供血液供应

血液在肌肉进出，提供物质交换和营养。

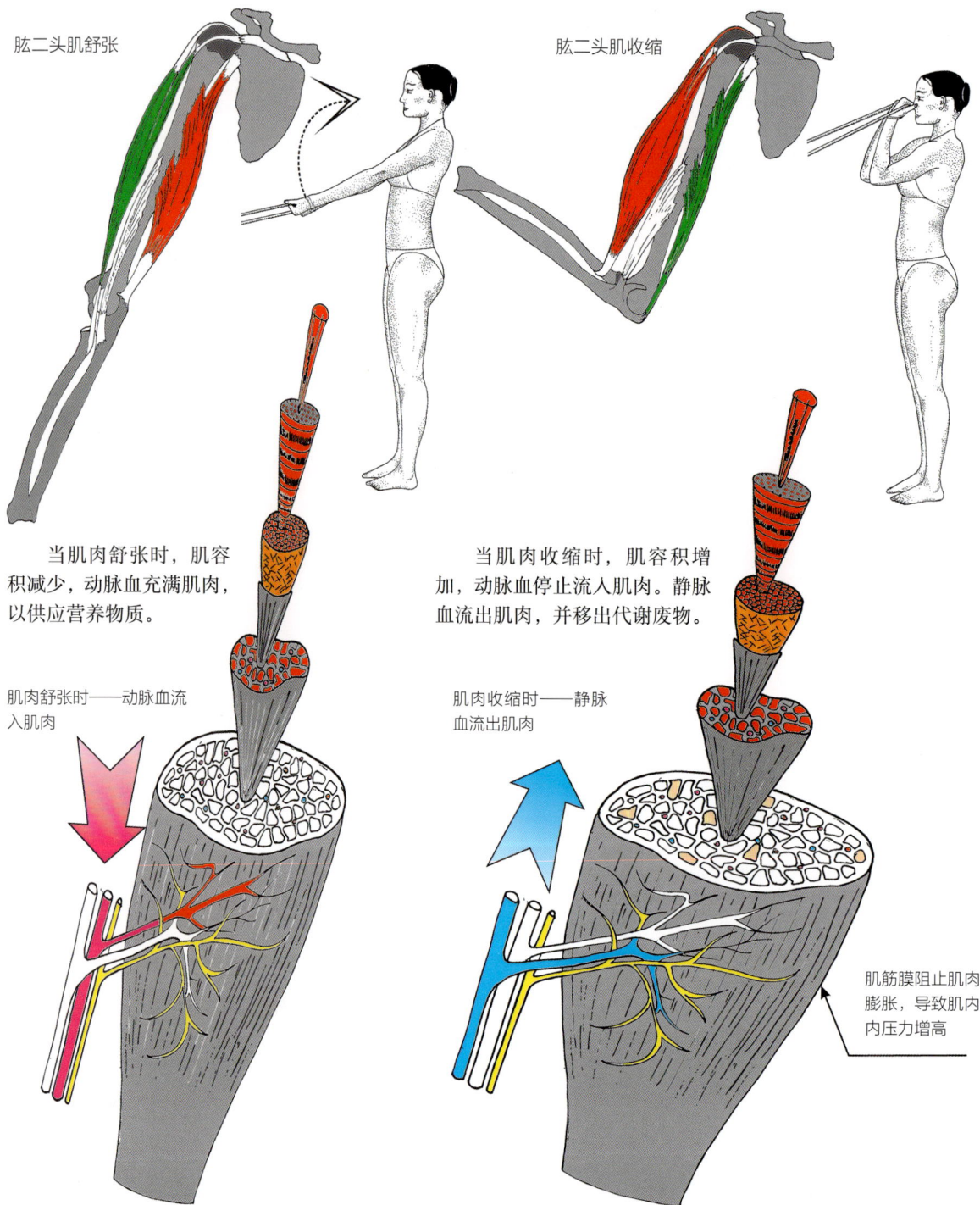

肱二头肌舒张

肱二头肌收缩

当肌肉舒张时，肌容
积减少，动脉血充满肌肉，
以供应营养物质。

当肌肉收缩时，肌容
积增加，动脉血停止流入肌肉。静脉
血流出肌肉，并移出代谢废物。

肌肉舒张时——动脉血流
入肌肉

肌肉收缩时——静脉
血流出肌肉

肌筋膜阻止肌肉
膨胀，导致肌内
内压力增高

　　肌肉需要收缩和舒张交替进行，可以保证血液供应和足够的物质交换。当肌肉持续紧张一段时间，物质交换就会
被中断，肌肉出现能量危机。肌肉中的线粒体没有足够的物质供给进行代谢，就不能产生能量 ATP（三磷酸腺苷），
而这是肌肉舒张的必要条件；那么肌肉永久保持紧张，就会阻止自身良好的血液供应，这样会导致肌肉退变。

当 Z 线相互靠近时，肌节产生肌肉收缩

肌节是由肌动蛋白和肌球蛋白组成的功能单元。

肌节的边缘由黑线界定（条纹线），骨骼肌的外形呈条纹状（横纹肌）。

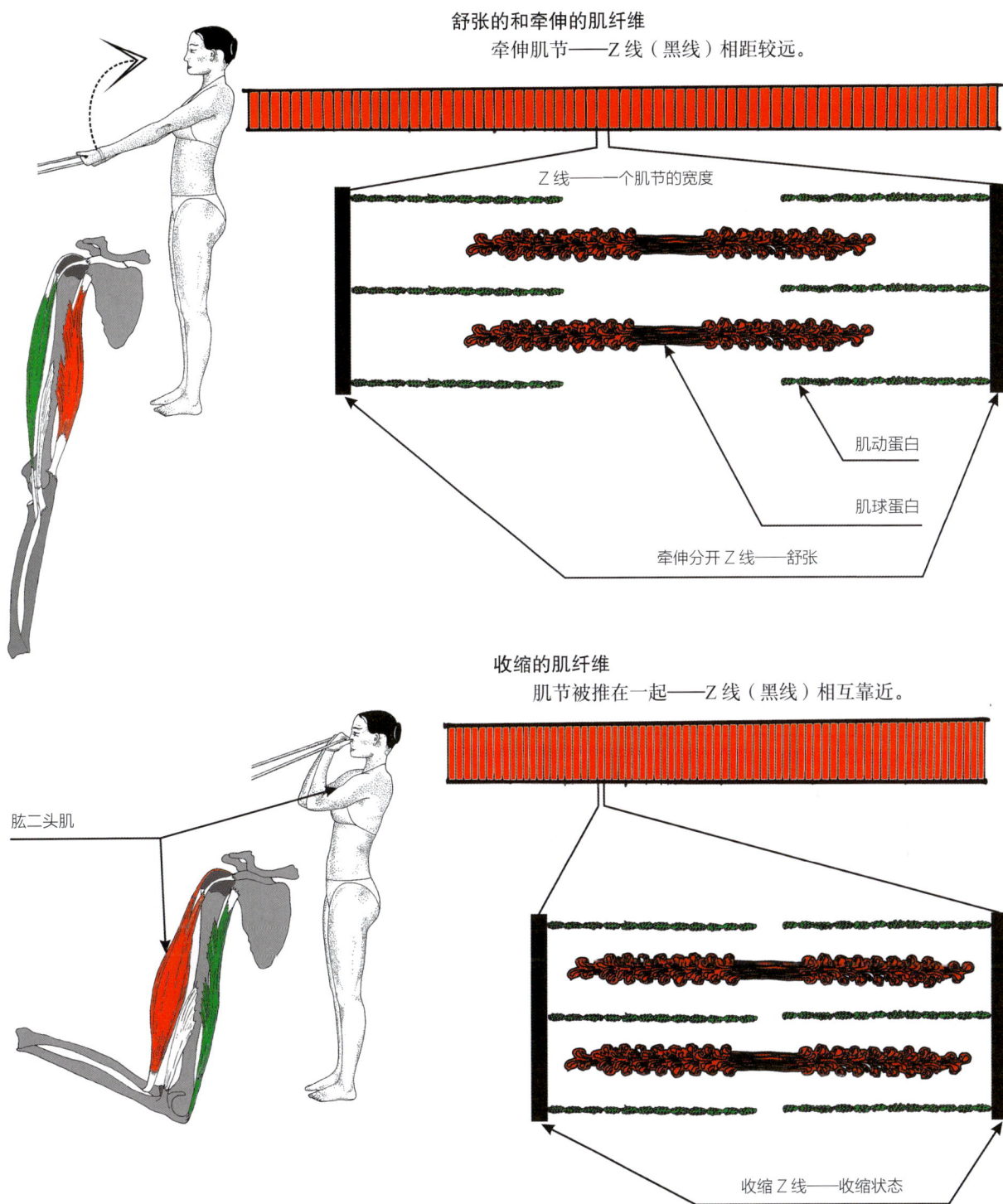

舒张的和牵伸的肌纤维
牵伸肌节——Z 线（黑线）相距较远。

Z 线——一个肌节的宽度

肌动蛋白

肌球蛋白

牵伸分开 Z 线——舒张

收缩的肌纤维
肌节被推在一起——Z 线（黑线）相互靠近。

肱二头肌

收缩 Z 线——收缩状态

当肌节中相邻的 Z 线相互靠近时，肌肉收缩；当肌节中相邻的 Z 线分开时，肌肉舒张。

当肌节中的 Z 线相互靠近时，产生肌肉收缩。Z 线的靠近是通过内质网中 Ca^{2+} 流出进入肌动蛋白和肌球蛋白之间，引起它们化学结合而实现的。

Z 线彼此远离时，肌肉舒张。肌节中 Ca^{2+} 被排出到内质网中，产生舒张。

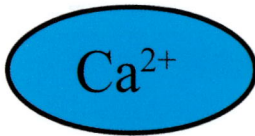
肌肉舒张

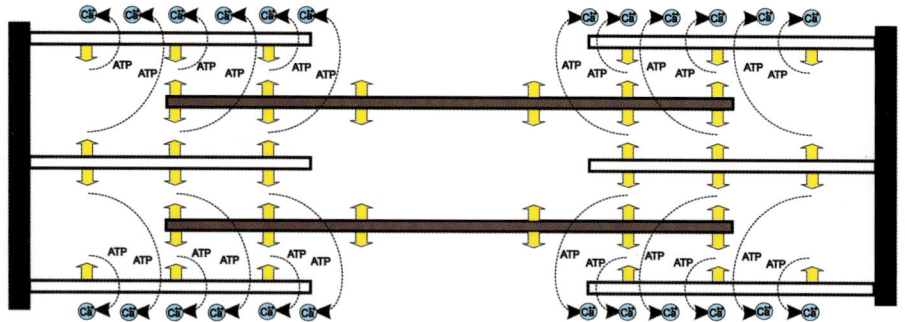

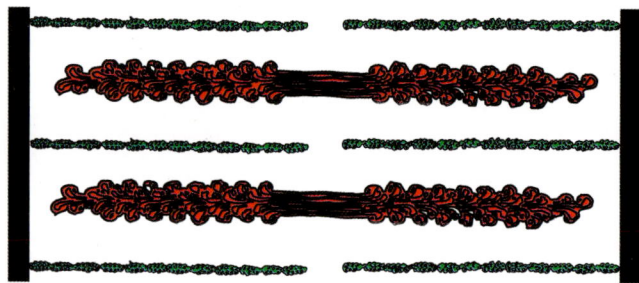
肌肉收缩

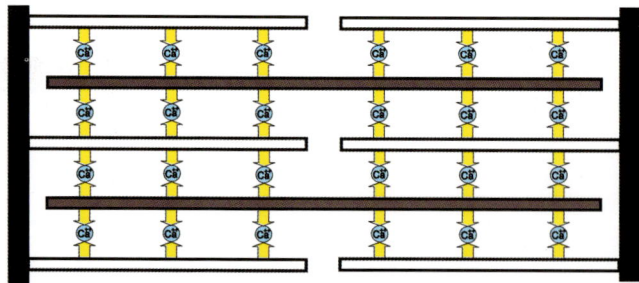

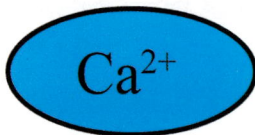

肌肉收缩是因为内质网中 Ca^{2+} 流失，进入肌动蛋白和肌球蛋白的结合区域。肌肉收缩不是能量积累的过程。

肌肉舒张是因为 Ca^{2+} 从肌动蛋白和肌球蛋白的结合区域泵出，进入内质网。这是 Ca^{2+} 泵的主动过程。泵出 Ca^{2+} 需要大量的能量。

举个例子：一个长跑后疲惫的运动员，因没有能量来放松肌肉，而发生肌肉紧张和痉挛。

当肌节中的 Z 线相互靠近时，产生肌肉收缩。Z 线的靠近是通过内质网中 Ca^{2+} 流出进入肌动蛋白和肌球蛋白之间，引起它们化学结合而实现的。

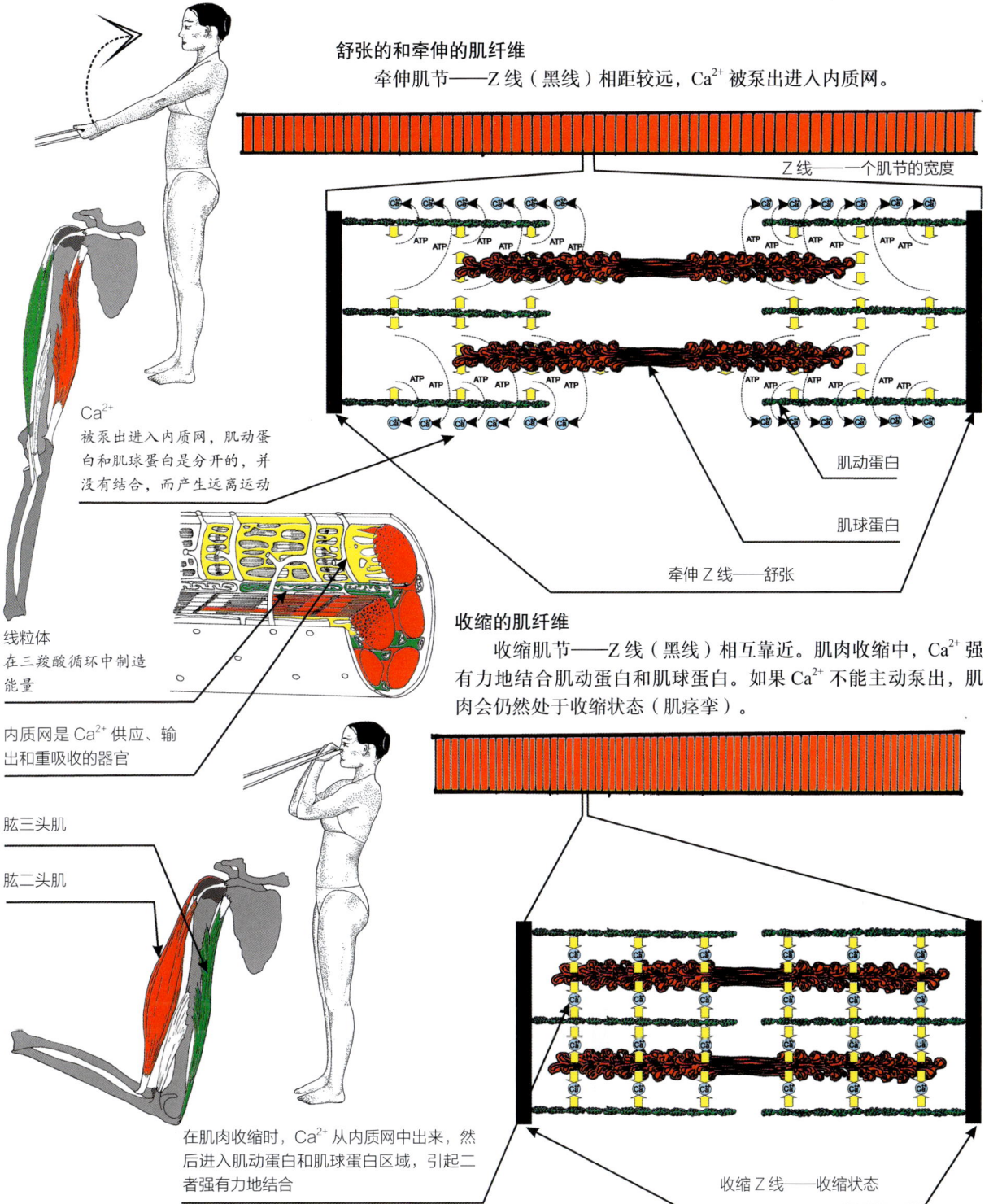

舒张的和牵伸的肌纤维

牵伸肌节——Z 线（黑线）相距较远，Ca^{2+} 被泵出进入内质网。

Z 线——一个肌节的宽度

肌动蛋白

肌球蛋白

牵伸 Z 线——舒张

Ca^{2+}
被泵出进入内质网，肌动蛋白和肌球蛋白是分开的，并没有结合，而产生远离运动

收缩的肌纤维

收缩肌节——Z 线（黑线）相互靠近。肌肉收缩中，Ca^{2+} 强有力地结合肌动蛋白和肌球蛋白。如果 Ca^{2+} 不能主动泵出，肌肉会仍然处于收缩状态（肌痉挛）。

线粒体
在三羧酸循环中制造能量

内质网是 Ca^{2+} 供应、输出和重吸收的器官

肱三头肌

肱二头肌

在肌肉收缩时，Ca^{2+} 从内质网中出来，然后进入肌动蛋白和肌球蛋白区域，引起二者强有力地结合

收缩 Z 线——收缩状态

在肌节中，Z 线拉近，导致肌肉收缩。内质网中 Ca^{2+} 流失，进入肌动蛋白和肌球蛋白区域，二者被 Ca^{2+} 强有力地结合起来，是引起肌肉收缩的原因。

牵伸 Z 线，导致肌肉舒张。Ca^{2+} 泵从肌动蛋白和肌球蛋白中泵出 Ca^{2+}，并进入内质网。Ca^{2+} 泵是大量耗能的过程，需要邻近线粒体产生的 ATP（三磷酸腺苷）。

线粒体需要肌肉有良好的血液供应，从而有足够的物质（葡萄糖、脂肪、氧）供给，产生 ATP。

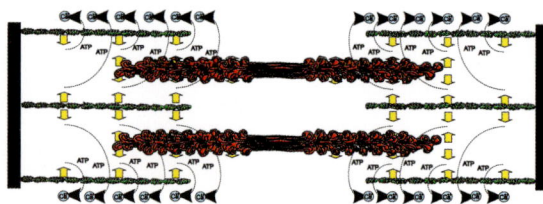

内质网是一个储存 Ca^{2+} 的细胞器。通过神经冲动，Ca^{2+} 实现与肌动蛋白和肌球蛋白的结合，从而引起肌肉收缩。反之，在结合的肌动蛋白和肌球蛋白中，释放 Ca^{2+}，泵回到内质网，引起肌肉舒张。这个过程需要大量的能量，而能量以 ATP 的形式供给

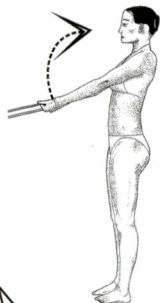

线粒体是一个制造能量的细胞器，它在三羧酸循环中通过生化过程产生能量。在肌肉舒张时，这些能量物质（糖、脂肪、蛋白质）通过血液进行运输。Ca^{2+} 泵需要大量 ATP

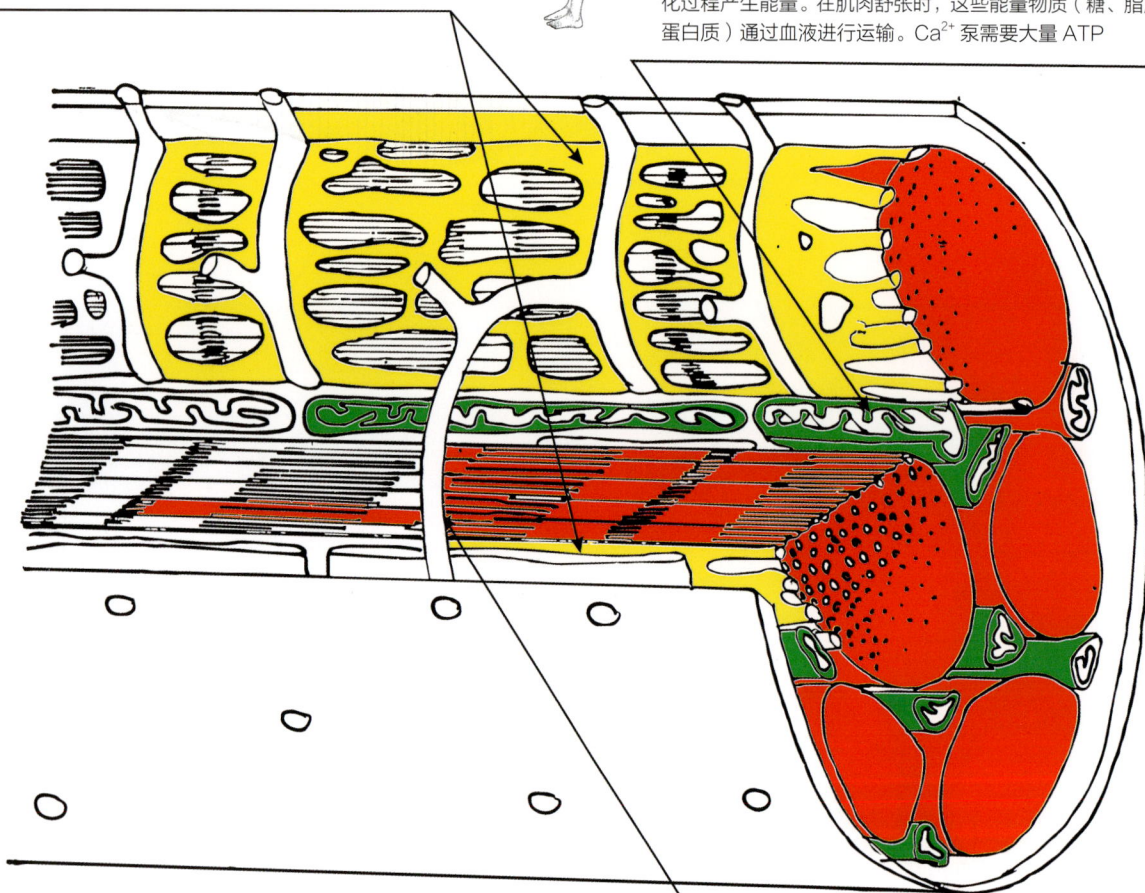

在横小管，通过 K^+ 和 Na^+ 的交换形成膜的去极化。用这种方式，神经兴奋传递到细胞器

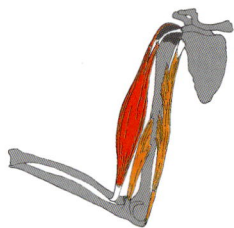

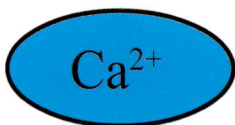

ATP

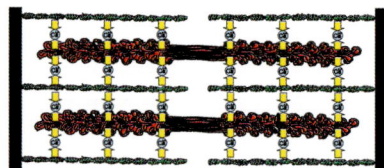

扳机点（TP）

当肌肉得到的血液不足，那么进入肌细胞内的营养物质也不足，就会产生 TP。这是因为血液供应紊乱，中断了物质交换而无法营养肌肉造成的。线粒体没有足够能量物质来制造 ATP，肌肉就会受到影响也没有足够的能量进行肌肉舒张。Ca^{2+} 留在肌动蛋白和肌球蛋白中，肌肉被限制在收缩（紧张）状态下，也就阻止了血液供应肌肉。剧烈的肌肉牵伸会损伤肌肉，因此，在这种情况下就完全不适合做肌肉的牵伸运动。

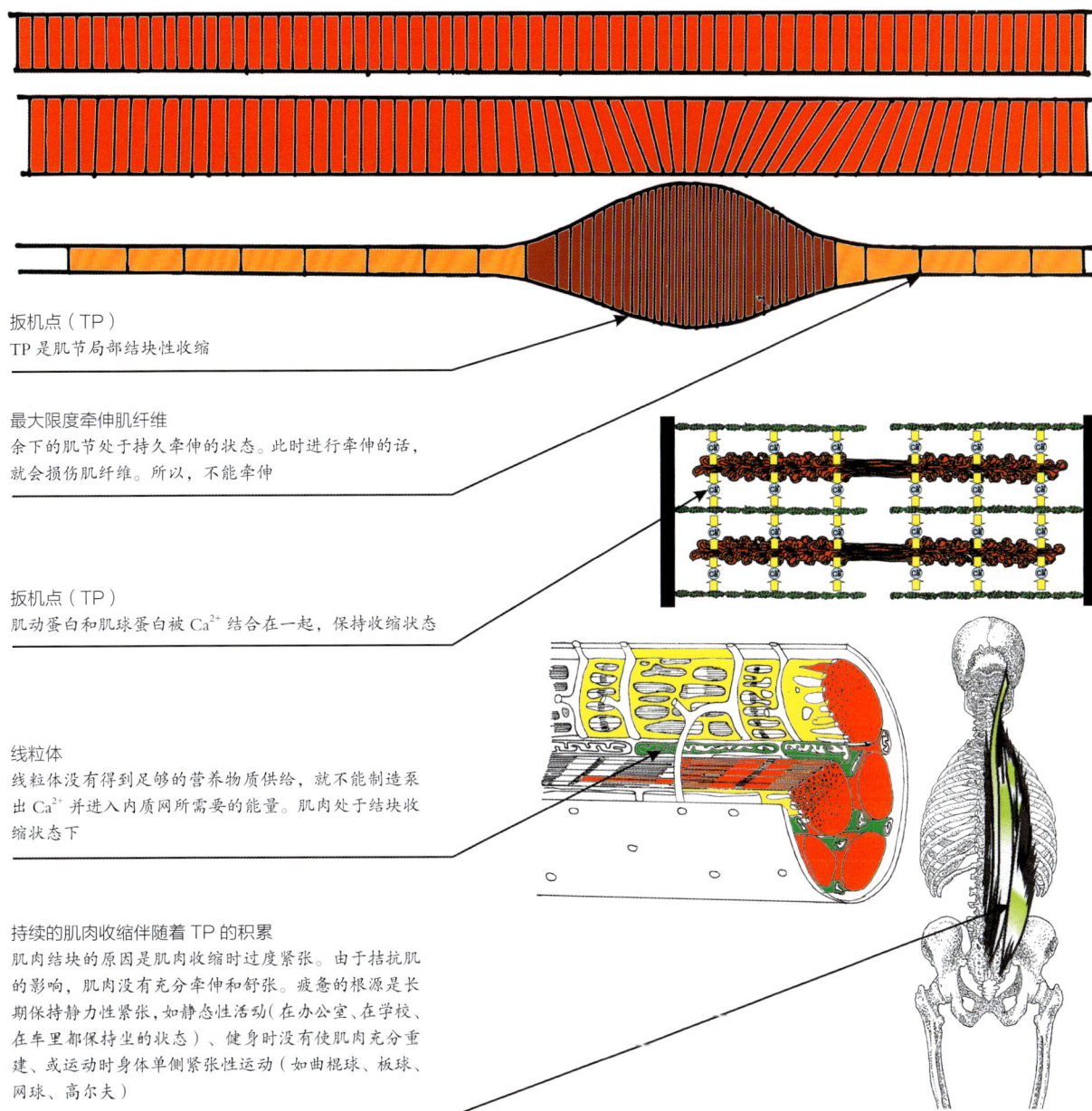

扳机点（TP）
TP 是肌节局部结块性收缩

最大限度牵伸肌纤维
余下的肌节处于持久牵伸的状态。此时进行牵伸的话，就会损伤肌纤维。所以，不能牵伸

扳机点（TP）
肌动蛋白和肌球蛋白被 Ca^{2+} 结合在一起，保持收缩状态

线粒体
线粒体没有得到足够的营养物质供给，就不能制造泵出 Ca^{2+} 并进入内质网所需要的能量。肌肉处于结块收缩状态下

持续的肌肉收缩伴随着 TP 的积累
肌肉结块的原因是肌肉收缩时过度紧张。由于拮抗肌的影响，肌肉没有充分牵伸和舒张。疲惫的根源是长期保持静力性紧张，如静态性活动（在办公室、在学校、在车里都保持坐的状态）、健身时没有使肌肉充分重建、或运动时身体单侧紧张性运动（如曲棍球、板球、网球、高尔夫）

扳机点聚积后引起肌肉僵硬或某处疼痛，肌肉也缺乏有效的牵伸或收缩。患者的移动性会很差，他的工作和运动状态就会呈下滑状态。肌肉紧张的区域是疼痛的。如果确定在不同象限有 18 个疼痛点的话，这种情况就叫做纤维肌痛综合征。患者感觉疼痛，但是依据实验室检查、X 线和 MRI 影像检查却没有病理表现。这种患者常被认为是装病逃避职责的人。在长期的肌肉紧张后，肌肉缺乏营养而萎缩，TPs 就会坏死（肌硬化）；并且肌肉会转换成不活跃的、僵硬的韧带组织，这种组织会使脊柱和关节过度受力而收缩在一起。脊柱区域会发生椎间盘突出，以及脊柱畸形（椎关节强硬）和椎间关节病（脊椎关节病）；在大关节区域，会导致软骨和关节的破坏。僵硬紧张的肌肉没有足够的血液供应，那么线粒体就不能消耗糖和脂肪。这些糖和脂肪堆积在血管中，用实验室检查可以测量出它们的指标含量。含量增加会导致 2 型糖尿病和异常血脂症的发生。解决这个异常状况的正确方式，就是用一种温和的运动计划来激活主动肌，放松拮抗肌，确保血液供应正常。经过几天放松训练，我们就开始轻轻地牵伸肌肉。运动疗法要定期（每天）和长期（终生）去做；并且在放松按摩的辅助下，放松肌肉和改善血液供应。

TP 的积累导致纤维肌痛

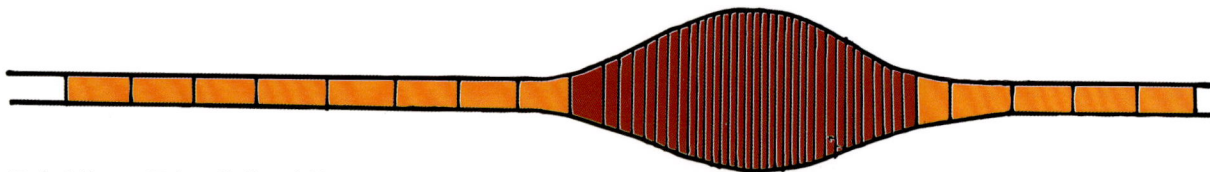

运动系统——肌肉、关节、脊柱

扳机点（TP）。

TPs对肌细胞的影响

长期保持肌肉收缩和牵伸，会造成肌节损伤。这种损伤影响了肌纤维。

扳机点阻止了健康肌纤维的功能发挥，这样就减少了肌肉的性能，疼痛发生。肌纤维牵伸增强和持续收缩被本体感受器接收，进而中枢神经系统持续接收从出现扳机点的肌肉传来的信息，导致疼痛加重。

持续收缩的肌肉伴有血液供应不足，细胞的新陈代谢也是在厌氧的环境下进行的，制造出了酸性代谢产物。酸性环境损害神经末梢，也引起疼痛。

TPs对关节的影响

TPs 增加肌肉紧张，会压迫关节，限制关节的移动度。紧张度增加的肌肉在运动终末会停止运动，并且强烈地压迫关节。关节出现机械性损伤，发生组织缺血。缺血会加重关节的退变：首先表现为软组织损伤（如半月板、关节软骨），随后引起骨质变形或骨赘增生。关节局部的非对称性的紧张肌肉使关节的最合适位置发生变化，关节移位。如果是非对称性定位的关节，承受压力最大的一侧进一步退变。一个有障碍的关节，会引起其他关节的移位。

TPs对脊椎的影响

TPs 损害椎间盘。位于脊椎前面、后面和沿着脊椎的肌肉（椎旁肌）压迫椎间盘，通过扩散导致椎间盘的营养被破坏。椎间盘退变和破裂导致椎间盘突出；随后，椎间关节变形发展为脊椎关节病；同样，椎骨间发生变形发展为椎关节强硬。

TPs对肌肉功能的影响

由于收缩时肌肉阻滞，大量肌纤维收缩减少并且运动能力降低。TPs 妨碍肌肉的有效作用，加快肌疲劳。

TPs对运动控制的影响

TPs 不断向中枢神经系统传递肌肉收缩的信息，扰乱了本体感受器向大脑控制中枢传递的信息。基于这个错误的信息，大脑改变了传统的运动模式。经过一段时间后，这种病态的运动模式就定型了。TPs 使肌肉异常敏感，引起牵张反射防御过早，因此持续阻止肌肉舒张和牵伸，血液供应和营养也会持续减少。恶性循环就形成了。

TPs对整体代谢的影响

TPs 使肌肉营养紊乱。肌肉收缩时，韧带鞘内压力增加，肌出现缺血。代谢废物积聚在肌肉中，其中酸性物质使肌肉过于敏感并增加了肌张力。由于限制了肌供血能力，大量的能量物质积聚在肌肉外的血液中——形成高血糖和高血脂。这就是 2 型糖尿病和异常脂肪代谢的病理基础，是缺血性心脏病的发病因素。

TPs对心血管系统的影响

增加的肌抵抗会导致灌注压升高，引起高血压。肌肉紧张引起血管壁压力提高，自主神经系统激活交感神经系统——交感神经过敏——增加了心脏收缩强度，就显示为高血压。

大脑是一个对营养物质和氧气缺少非常敏感的器官。颈部肌肉紧张和伸头姿势影响椎动脉和颈动脉，抑制了对脑部的血液供应。只有心脏收缩强度大，产生更大的血管压力，大脑才能得到充足的血液供应。这就是高血压病发展的深层次的理由。

TPs对肺系统的影响

在胸部的固定位置，肌肉紧张会挤压肺部。由于髂肋肌、半棘肌和胸小肌的紧张，使胸廓移动度减少。TPs 损耗了肺活量，血液不能充分氧化。肺部的压力迫使右心工作负荷加重，引起超负荷工作。

TPs对中枢神经系统的影响

它的影响是使中枢神经系统血液供应不足，会出现疲惫、抑郁、疲劳综合征和头痛。

全身肌肉紧张的信息不断地传递给大脑，使大脑超负荷运作。处理大量信息必然要增加大脑的活动，而大脑的活动则需要良好的血液供应。

身体出现超负荷的表现。

结论

TPs 是引起 2 型糖尿病、高血压、动脉硬化、缺血性心脏病、肥胖症和代谢综合征的重要原因。正确的解决方式是制订长期的运动计划，使身体的肌肉活动起来。

扳机点——纤维肌痛——病因疗法
扳机点（TP）——血液供应中断、物质交换中断、营养中断，肌肉没有能量达到放松。

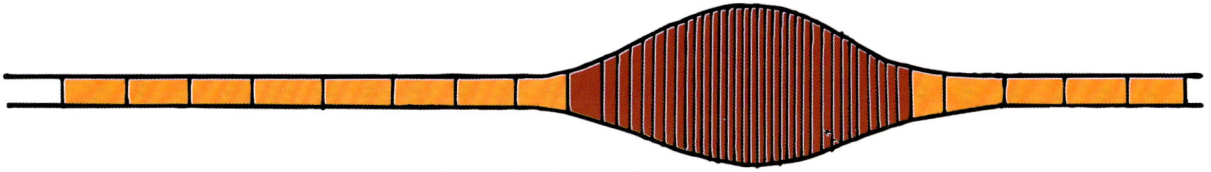

解决方案——肌肉的主动抑制，良好的血液供应，慢而温和的牵伸。

在以下区域进行交互抑制：

◎ 关节；

◎ 肌肉带；

◎ 整体肌肉链——必要的站立训练。

必要的血液供应：

◎ 缓慢收缩与放松交替进行，适当牵伸；

◎ 用少量的力量锻炼肌肉，避免能量消耗。

牵伸：

◎ 在极限位置缓慢完成运动，避免牵张反射；

◎ 首先用轻柔的力量牵伸肌肉，热身运动之后，尽可能牵伸到极限体位；

◎ 大量运动；

◎ 向后与向前流畅的运动训练。在这项训练中，没有固定体位，固定体位不利于血液供应，肌肉也会因固定体位而用力，出现失衡。

肌肉链中最重要的相互关系——抑制拮抗肌，激活主动肌。

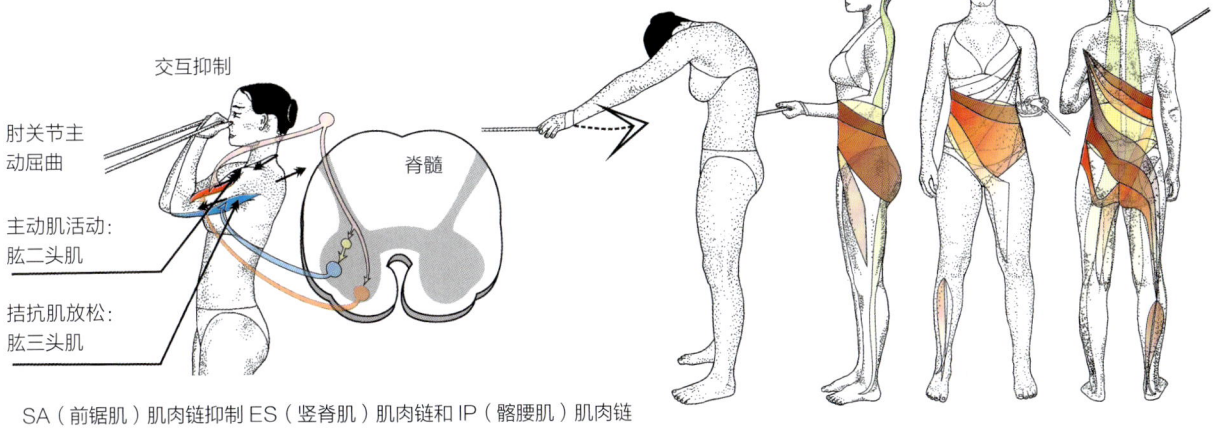

交互抑制

肘关节主动屈曲

主动肌活动：肱二头肌

拮抗肌放松：肱三头肌

脊髓

SA（前锯肌）肌肉链抑制 ES（竖脊肌）肌肉链和 IP（髂腰肌）肌肉链

LD（背阔肌）肌肉链抑制 ES（竖脊肌）肌肉链和 IP（髂腰肌）肌肉链

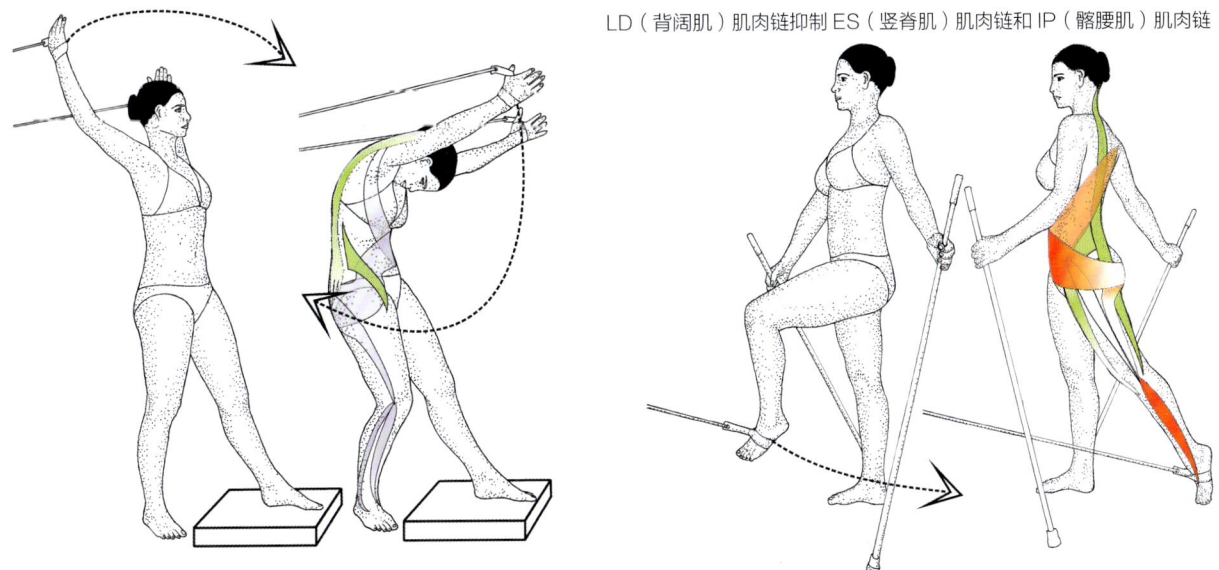

它是恢复肌肉组织和消除扳机点的最佳体能训练形式，也是主要的治疗方式；还可以预防 2 型糖尿病、动脉硬化、缺血性心脏病、肥胖症和代谢综合征。在德国，这个运动项目对纤维肌痛和心血管疾病是有预防性和有疗效的。

第六章
背部手术失败综合征（FBS）

要　点
◎ FBS 的治疗
◎ 消除导致 FBS 的不利因素

脊椎术后腰背痛加重——FBS

前面腹肌无力，后面腰背肌无力——这就是脊椎术后出现腰背痛的临床症状。手术不会强化腹肌，而是需要通过训练来加强。腰痛的治疗方式也是如此。增强腹肌的训练需要与螺旋稳定肌肉链中的其他肌肉配合，同时训练脊柱螺旋稳定性。这样，腰背肌的紧张就会减少，腹横肌和腹部斜肌会被强化，但不包括腹直肌。在站立位，利用腹肌将上下肢联系起来，才能完成这个效果。我们把这个在身体表面联系肌肉活动的方式，称为螺旋稳定性。因为肌肉链是下降螺旋的一种形式，收缩了腰围，产生向上的力量，从而增加了椎体间隙，恢复了椎间盘和关节。

因为治疗师不知道也不使用这项技术，所以脊椎术后的问题就会出现。

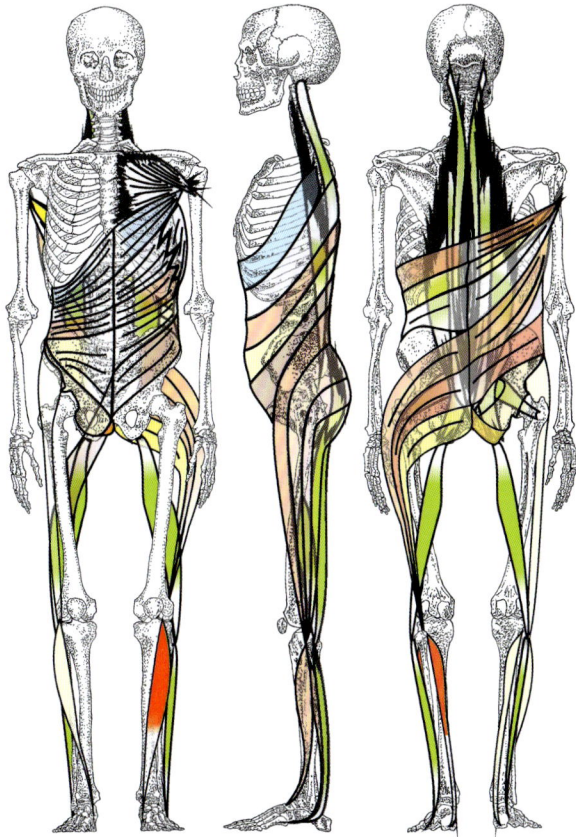

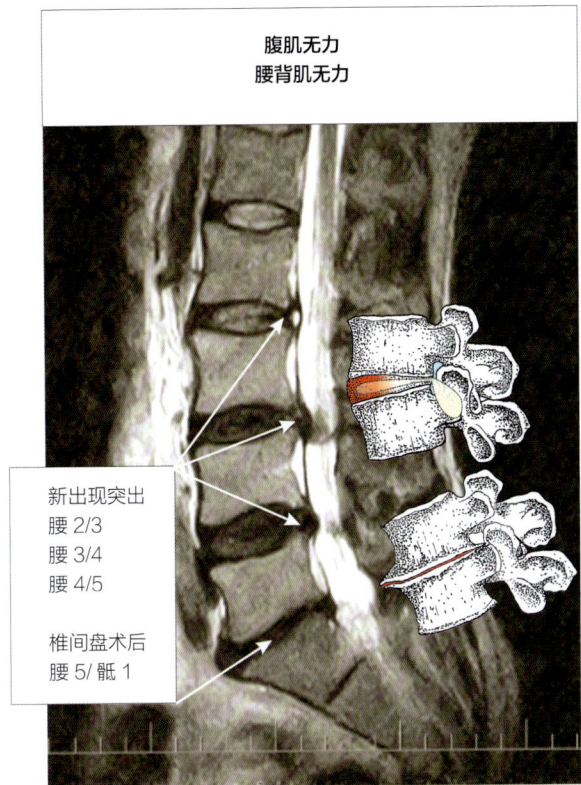

腹肌无力
腰背肌无力

新出现突出
腰 2/3
腰 3/4
腰 4/5

椎间盘术后
腰 5/ 骶 1

FBS 是脊椎手术后出现的一系列问题表现，但原因不是单一的。脊椎手术越多，带来的问题越多。如果不知道如何处理，那么就会导致再次手术治疗。手术以后，患者的健康状态会更加糟糕，因为失能的水平增加了，而问题的原因并没有消除。我们发现，脊椎术后一系列不利因素会导致脊椎承受过应力，影响患者的生活质量。

如果我们设法消除这些不利因素，显著或者彻底治愈患者是有可能的。

X 线和 MRI（磁共振成像）显示在同一节段间盘突出复发，该节段椎间关节应力过载，椎间孔关闭。关节炎、脊柱运动单元过载及其所致的椎关节强硬导致关节前凸和黄韧带折叠，这些都引起椎间孔关闭，瘢痕使神经根挛缩，触碰椎骨突起。

手术破坏了肌肉的结构，而瘢痕则破坏了它的功能。

由于手术部位被限制，对相邻部位的功能就会要求更高，引起应力过载和退变加速。相邻部位大多因局部退变的影响而加速衰变。

我们几乎证实脊柱螺旋稳定障碍是由 TR（斜方肌）肌肉链、LD（背阔肌）肌肉链与交互抑制的 ES（竖脊肌）肌肉链、QL（腰方肌）肌肉链和 IP（髂腰肌）肌肉链障碍造成的。

脊柱螺旋稳定技术是在身体的各个阶段都能同时进行的运动疗法，因此能消除许多不利因素的影响。这就是在多因素疾病中选择螺旋稳定方法的原因。

这本书列出了使脊椎受过应力及导致 FBS 的各种不利因素；同时，在术前和术后康复计划中，我们也提出了消除这些不利因素的方法。

不利因素①　肩带前部肌短缩

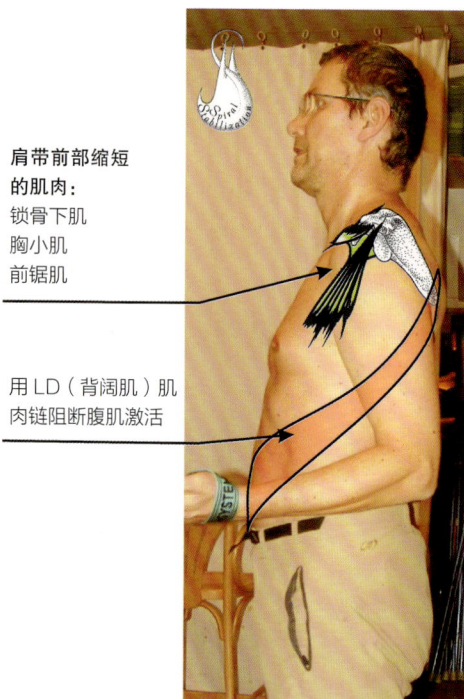

肩带前部缩短的肌肉：
锁骨下肌
胸小肌
前锯肌

用 LD（背阔肌）肌肉链阻断腹肌激活

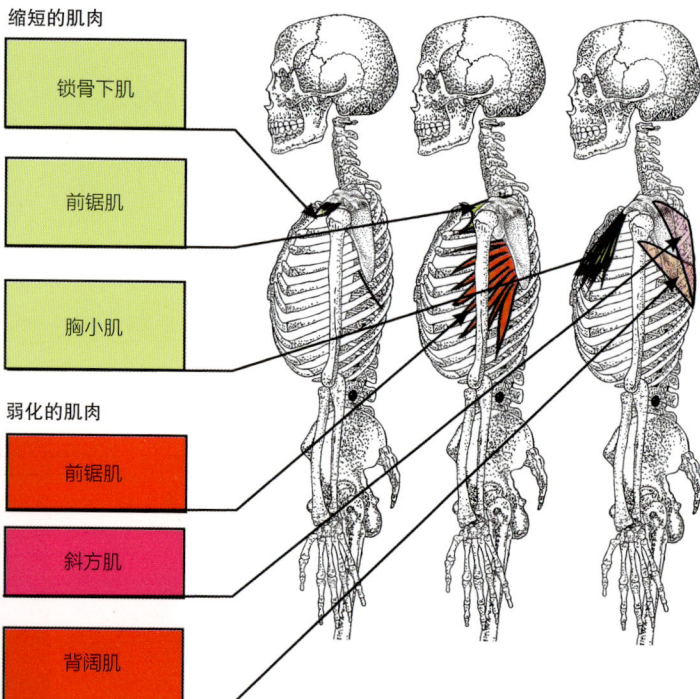

缩短的肌肉

| 锁骨下肌 |
| 前锯肌 |
| 胸小肌 |

弱化的肌肉

| 前锯肌 |
| 斜方肌 |
| 背阔肌 |

训练起始出现的错误

肩胛骨靠前，伸展向上（上提）。这阻止了 TR、LD 肌肉链激活腹肌。

必须停止运动，可以避免腰椎和颈椎的过应力。

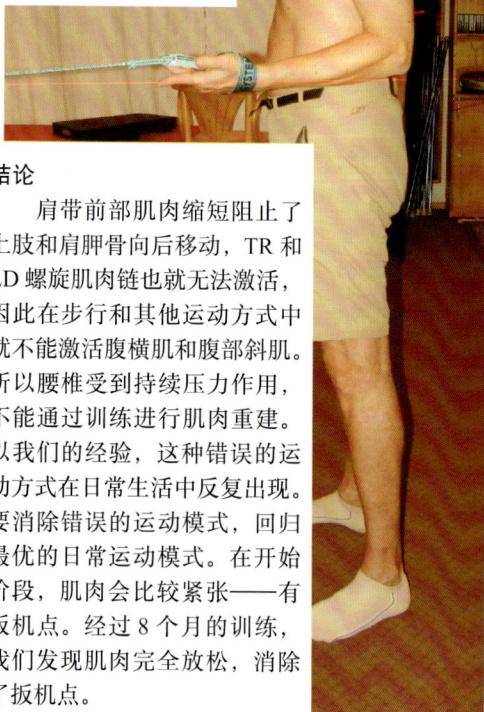

恰当的运动训练

在前部肩带进行放松和牵伸肌肉的训练，通过 TR、LD 肌肉链激活腹部斜肌。

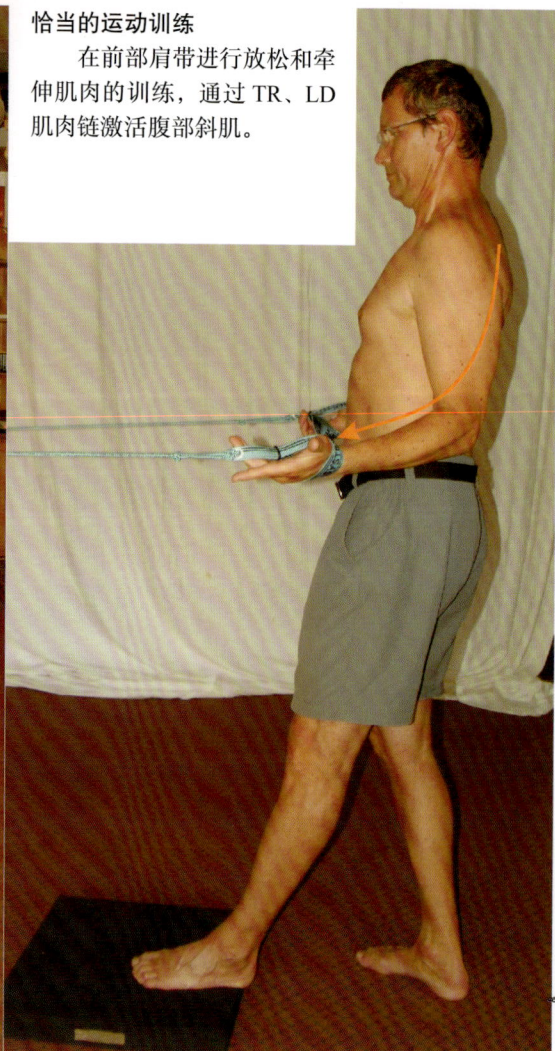

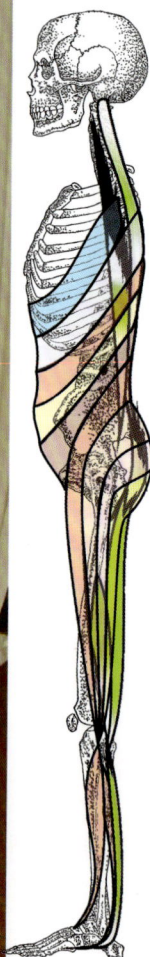

结论

肩带前部肌肉缩短阻止了上肢和肩胛骨向后移动，TR 和 LD 螺旋肌肉链也就无法激活，因此在步行和其他运动方式中就不能激活腹横肌和腹部斜肌。所以腰椎受到持续压力作用，不能通过训练进行肌肉重建。以我们的经验，这种错误的运动方式在日常生活中反复出现。要消除错误的运动模式，回归最优的日常运动模式。在开始阶段，肌肉会比较紧张——有扳机点。经过 8 个月的训练，我们发现肌肉完全放松，消除了扳机点。

不利因素② 骨盆带前部肌短缩

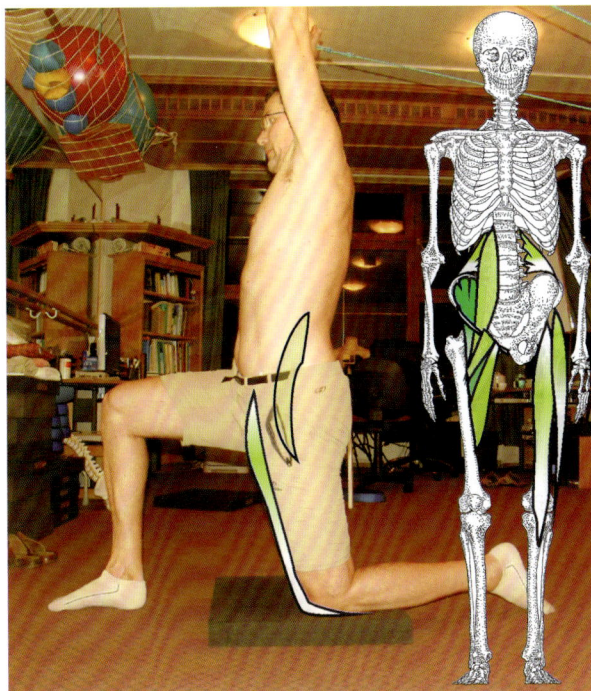

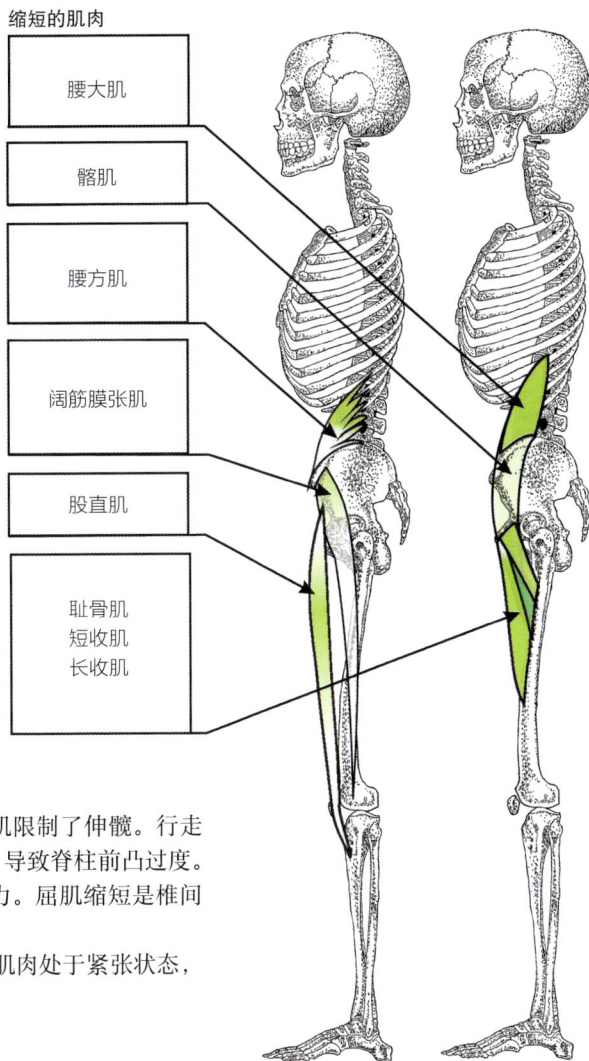

缩短的肌肉

| 腰大肌 |
| 髂肌 |
| 腰方肌 |
| 阔筋膜张肌 |
| 股直肌 |
| 耻骨肌
短收肌
长收肌 |

结论

　　髋屈肌紧张是由于久坐不动或不适当运动造成的。屈肌限制了伸髋。行走过程中，髋屈肌紧张，大腿向后移动停止，腰椎前屈进行补偿，导致脊柱前凸过度。这样会压迫脊椎，引起脊椎损伤；同时，髋关节承受过应力。屈肌缩短是椎间盘病和髋关节病的原因。

　　骨盆带肌和下肢肌是人体最大的肌肉。扳击点的累积使肌肉处于紧张状态，扰乱了人体组织的新陈代谢。

训练起始出现的错误

　　运动不能伸展髋关节，通过骨盆倾斜和脊柱前凸过度代偿进一步的移动。膝盖不在身体轴的后面。

　　这种情况下，治疗必定延期而这种无效有了代偿。这种治疗几乎是不能成功的。

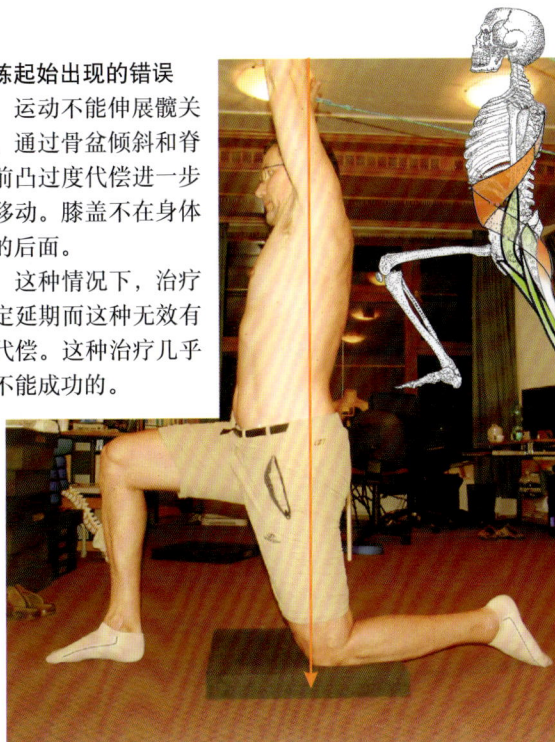

恰当的运动训练

　　放松和牵伸骨盆带前部肌，并激活臀大肌。伸展是放松的，在脊柱没有过应力的情况下可以行走。这个训练通过 TR 和 LD 肌肉链主动稳定。

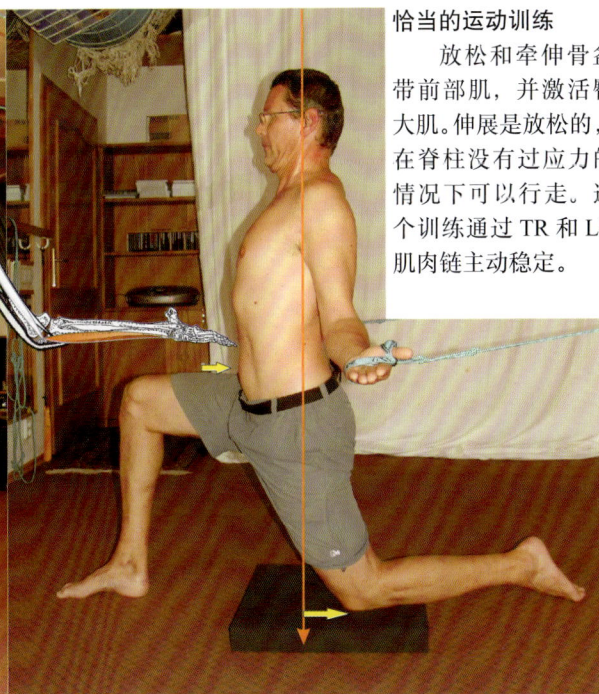

不利因素③ 背部纵行肌短缩

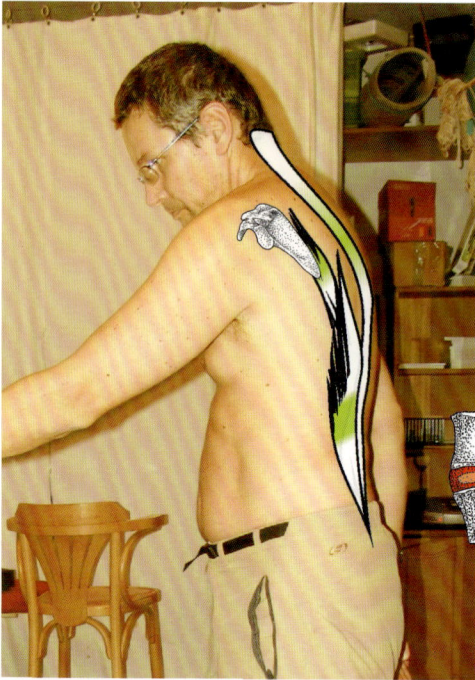

竖脊肌
髂肋肌
胸最长肌
颈最长肌
头最长肌

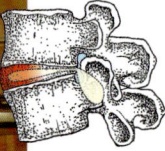

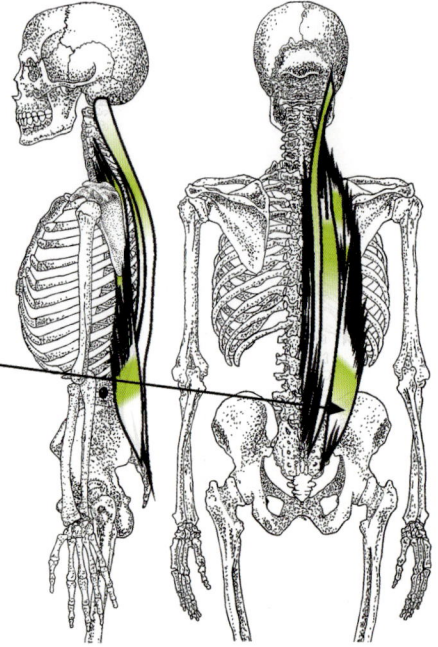

结论

竖脊肌紧张度增加，压迫脊椎，妨碍脊椎恢复。竖脊肌是引起腰背痛的主要肌肉，这块肌肉需要一直放松和牵伸。一些治疗师却错误地强化了这部分肌肉的紧张度，因此导致患者身体状况恶化。应当记住，强化和缩短这块肌肉，是损伤脊椎的。

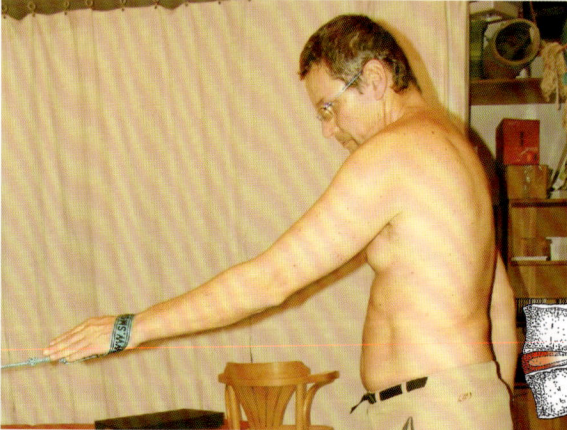

训练起始出现的错误

竖脊肌紧张度增加，患者很难摆脱脊椎前凸过度的病理状态。妨碍脊椎重建，加速脊椎退变。

竖脊肌上充满了扳机点。

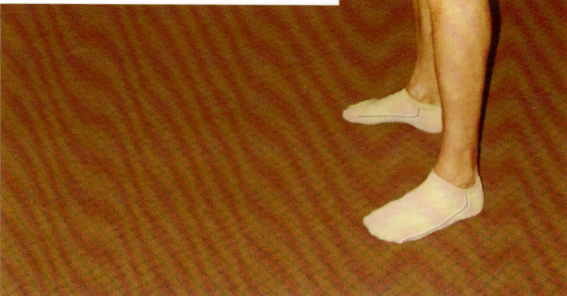

恰当的运动训练

牵伸脊椎为后凸（似猫背状），而竖脊肌也会再次被牵伸。身体不能向前倾斜越过盆底。训练完成到腰5/骶1，展开的脊椎得以重建。通过韧带（棘间韧带、棘上韧带、后纵韧带、关节内韧带、横突间韧带）的被动稳定性来阻止位于骨盆底部的脊椎后凸，使竖脊肌的激活减少到最小。另一方面，背部伸直向前倾斜，会强化竖脊肌收缩，从而对脊椎有过应力，所以我们认识到要完全放松竖脊肌，消除扳机点。

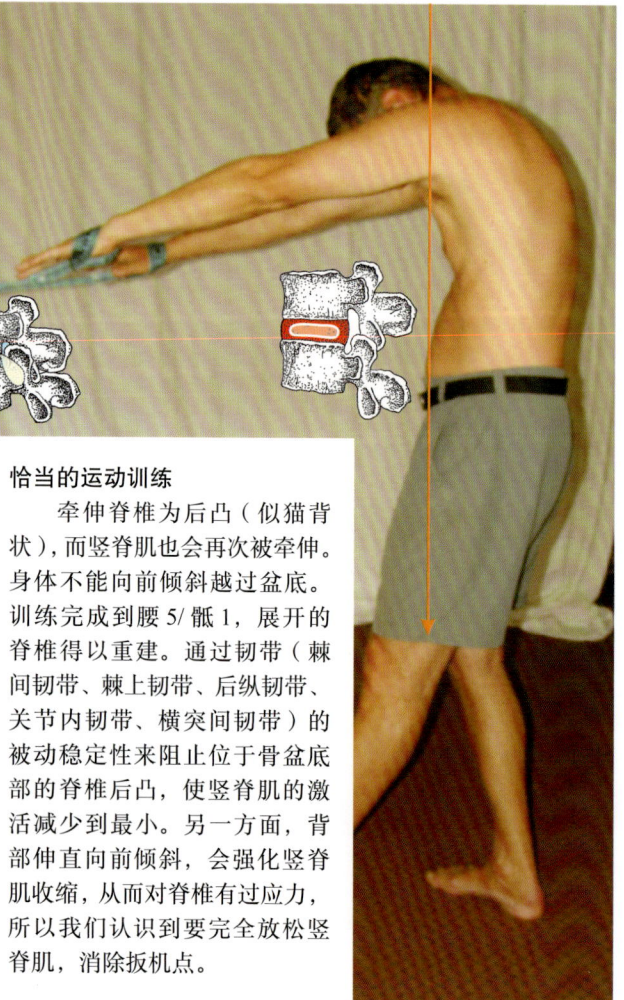

不利因素④　骨盆带后部肌短缩

竖脊肌
髂肋肌
胸最长肌
颈最长肌
头最长肌
棘肌

牵伸股后肌群

大收肌

半膜肌

半腱肌

股二头肌

训练起始出现的错误

　　股后肌群与竖脊肌紧张，在大腿向前移动过程中和身体向前倾斜时，会压迫脊椎。妨碍脊椎重建，加速脊椎退变。牵伸运动必须温和、缓慢地进行。竖脊肌上布满了扳机点。

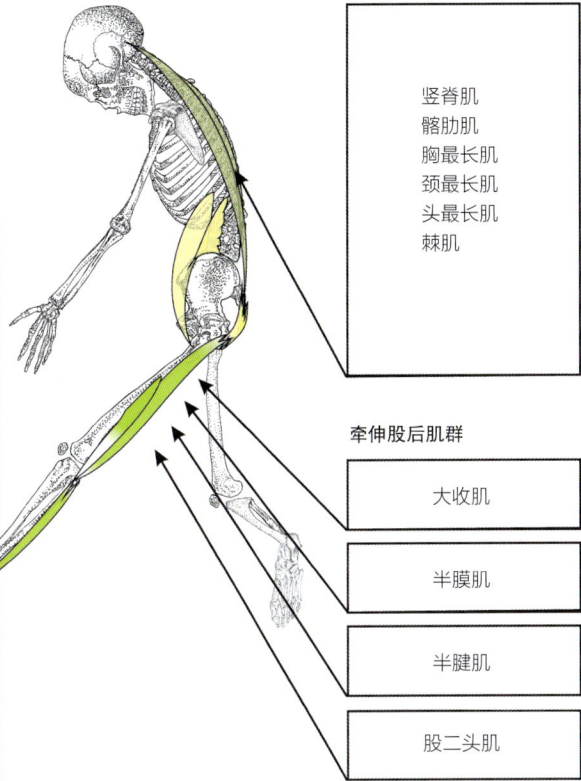

结论

　　举个例子，由于工作时久坐不动，会引起后垂直肌肉链紧张。在工作和跑步期间，通过训练放松后纵肌，可以使脊椎重建。

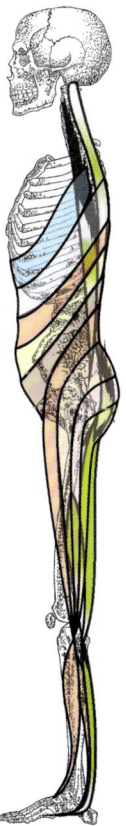

恰当的运动训练

　　像椎旁肌一样牵伸股后肌群。在螺旋稳定训练的主动阶段，交互抑制椎旁肌，提供良好的血液供应，使进一步牵伸成为可能。训练也可以放松后纵肌，消除扳机点。

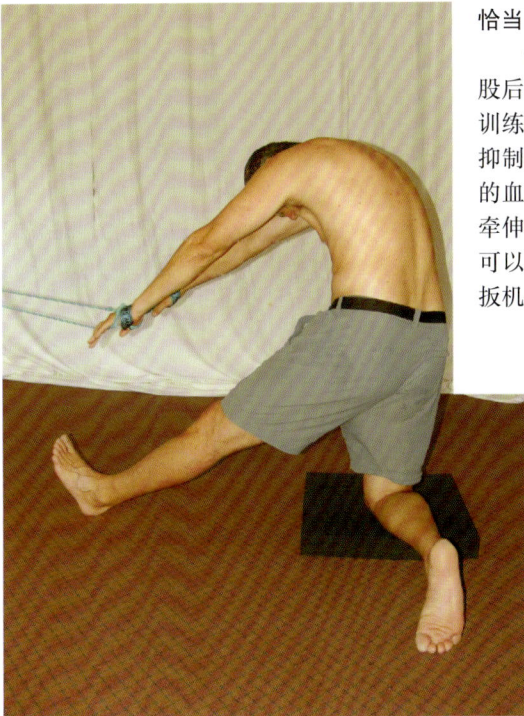

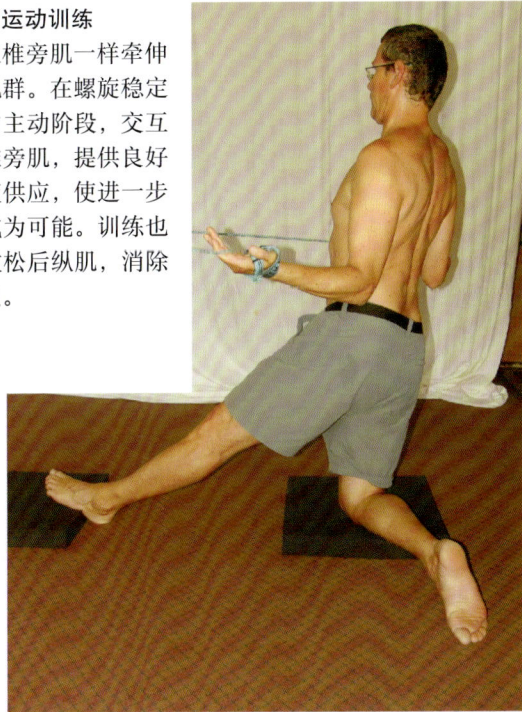

不利因素⑤　颈前肌群和肩带肌短缩

颈前肌群

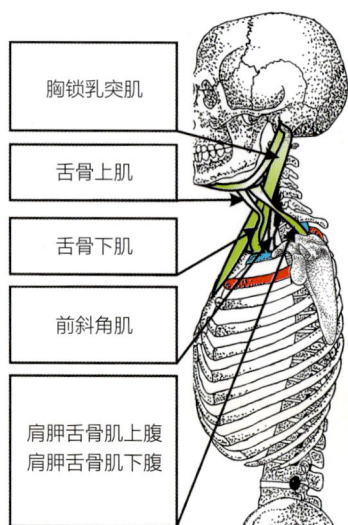

胸锁乳突肌

舌骨上肌

舌骨下肌

前斜角肌

肩胛舌骨肌上腹
肩胛舌骨肌下腹

斜方肌下行肌束

肩胛提肌

颈后肌群

头半棘肌

颈半棘肌

后斜角肌

颈部肌肉紧张，使颈部缩短。这颈部肌肉充满扳机点。颈部肌肉紧张限制了向大脑供血。

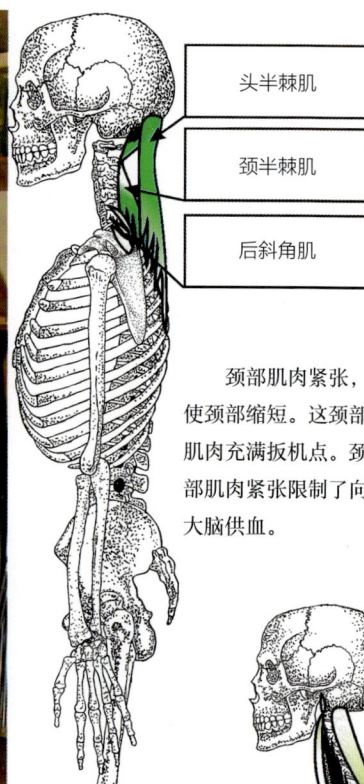

结论

颈部和肩带的前部肌群与激活前垂直肌肉链 RA（腹直肌）有关。它压迫脊椎向前。

颈部和肩带的后部肌群与激活后垂直肌肉链 ES（竖脊肌）有关。它压迫脊椎向后。

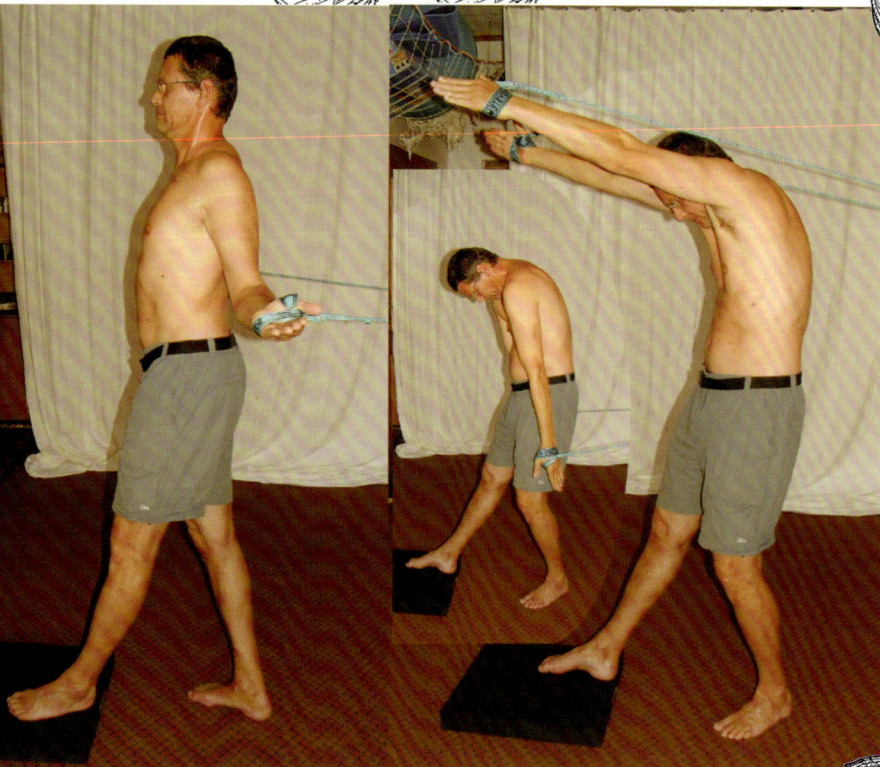

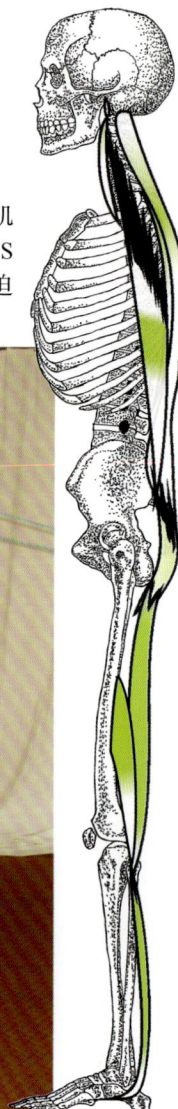

不利因素⑥ LD 肌肉链和 ES 肌肉链之间交互抑制障碍

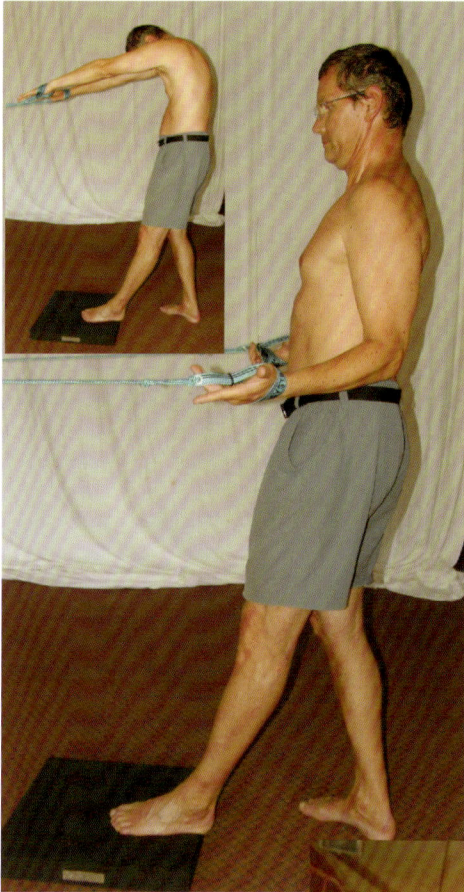

初始状态
背肌短缩，阻碍前屈。

治疗后状态
背肌完全放松和牵伸。

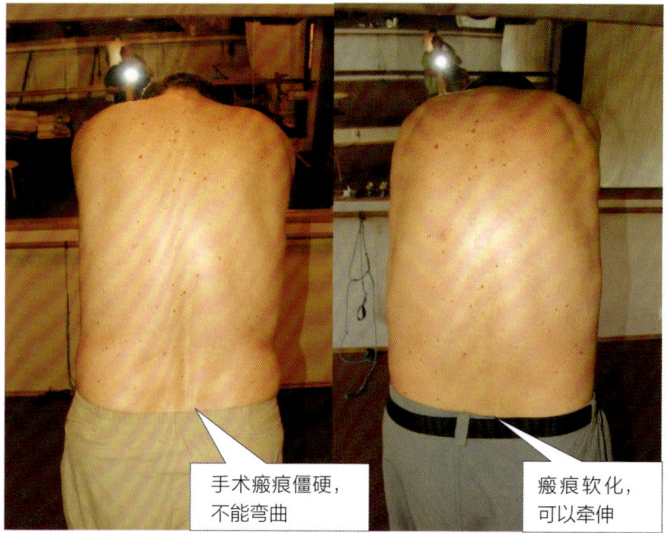

手术瘢痕僵硬，
不能弯曲

瘢痕软化，
可以牵伸

结论

减少 LD 肌肉链（主动肌）和 ES 肌肉链（拮抗肌）之间的交互抑制是非常重要的活疗部分。激活 LD 肌肉链，抑制 ES 肌肉链。于是有一条清晰的思路，通过牵引，使 LD 肌肉链牵伸整个身体向上，重建整个脊椎。在旋转运动中牵引，能使身体的所有部分活动起来，传递到各个节段。在走路时也可以应用此方法。如下图所示，我们可以完全消除扳机点，复合放松 ES 肌肉链抑制了通过 LD 螺旋肌肉链产生的交互抑制。

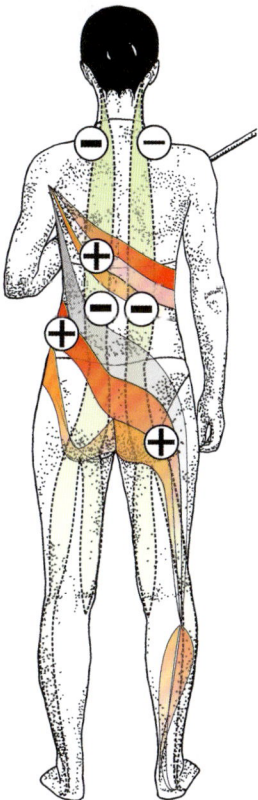

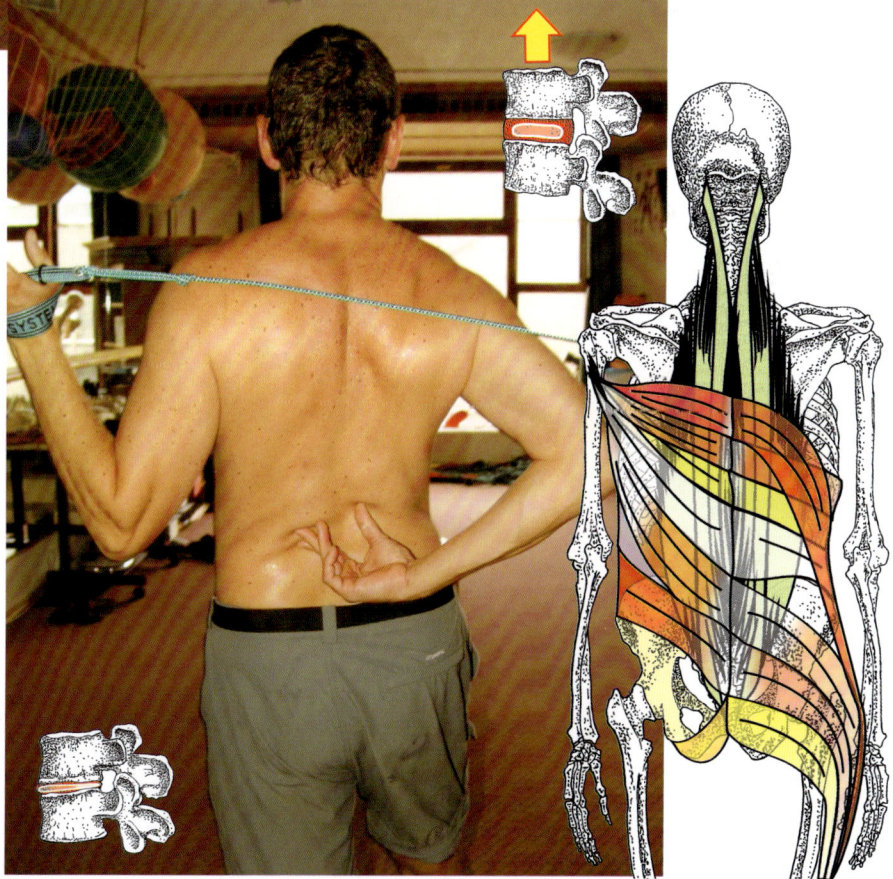

不利因素⑦ 步态的协调稳定障碍

短回旋肌、长回旋肌、半棘肌、多裂肌

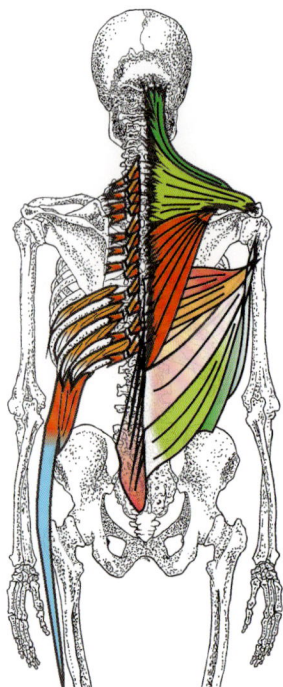

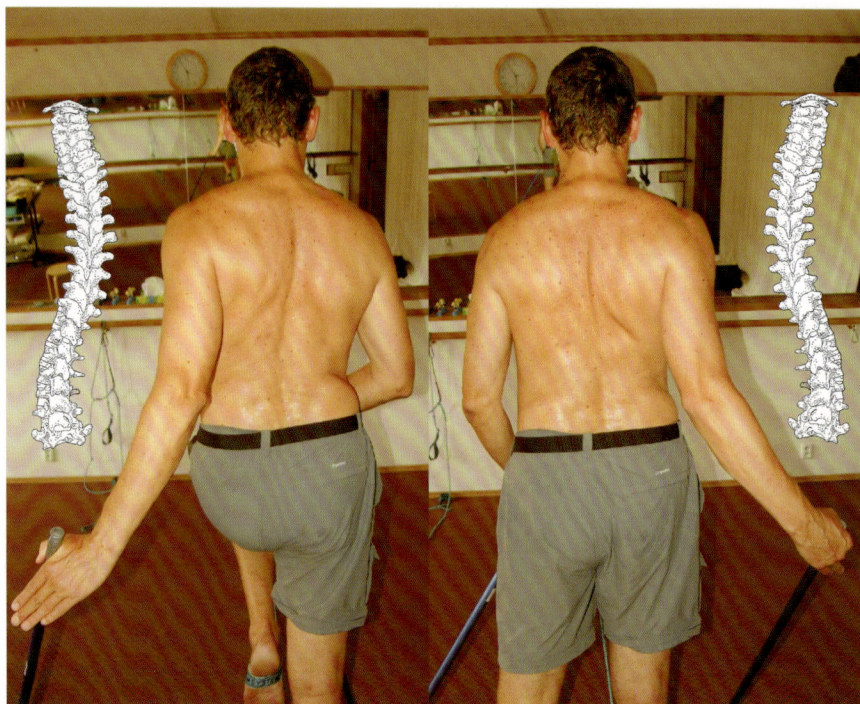

结论

最佳步态协调是在脊柱的轴位实现的。在肩带，上肢向身体后方水平伸展约 30 厘米，与肩胛骨后下运动相结合，脊柱运动随肩胛运动。在骨盆带，伸展髋关节与骶髂关节运动相结合，脊柱运动随下肢和骨盆运动。脊柱会生成双"S"曲线。在脊柱牵引中，两个曲线交替出现，可以用 TR、LD、SA、PM 螺旋稳定肌肉链来调整。"S"曲线通过短的固有旋转肌来实现移动，把运动均匀扩散到脊柱所有节段。肋骨和胸骨也会移动。上肢向后运动确保脊柱的最佳稳定性，上肢能够激活 LD 螺旋肌肉链；肩胛骨向后移动激活 TR 肌肉链；上肢向前运动激活 PM 肌肉链；肩胛骨向前运动激活 RA 肌肉链。在步行时，所有的螺旋肌肉链都同时被激活。

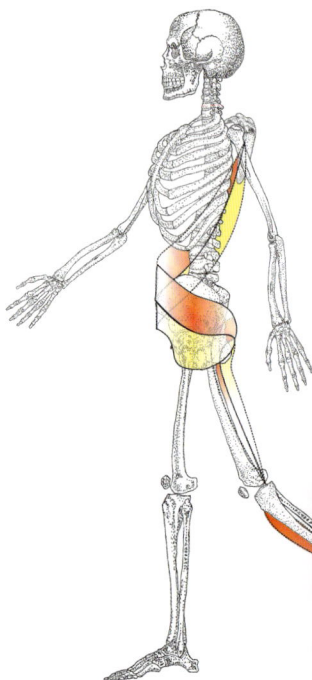

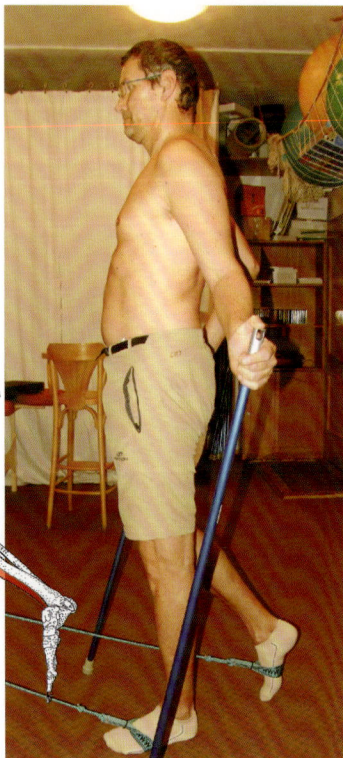

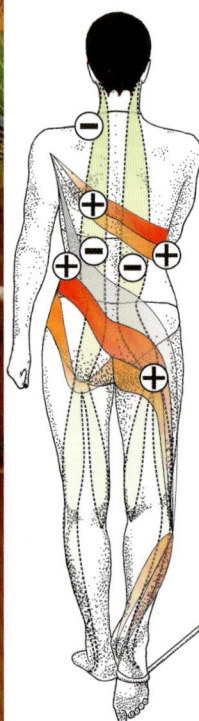

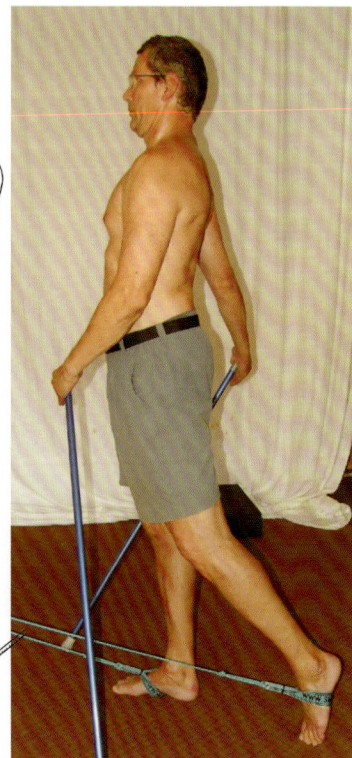

一位患者的治疗历程

病史

我是一名腰背痛患者，并有向下肢放射疼痛。我曾经被诊断为"腰椎间盘突出症（腰 5/骶 1）"，手术后一年没有再疼痛发作；但现在这种疼痛又出现了，并越来越重。像以前那样，这次依然有向下肢放射痛，但又增加了新的疼痛部位——大腿前后都有疼痛。医生不推荐再做手术，康复也不能够治疗这个问题。我不能坐，不能站，每走一步台阶，下肢都有刺痛感。我已经不能继续工作了。

调查研究——发现

位于前部肩带的肌群紧张会阻止肩胛骨向后运动。肩胛骨被固定在向前的位置，不能通过 LD 肌肉链激活腹肌。抑制的腹肌不能放松背部纵肌，背部纵肌紧张则会压迫腰椎间盘，并相互影响；压迫的椎间盘就会退变或突出。对椎间盘突出做手术，降低了腰 5/骶 1 的椎间盘高度，阻碍了节段运动。这个部位的运动要由其他部位来代偿，那些部位已经发生退变。它们不能承受压力，会发生新的椎间盘突出。医生和理疗师都不知道怎么解决这个问题，进一步手术，只能使这种情况更糟糕；而传统的理疗也无效，甚至引起疼痛。患者不能回到工作中去。螺旋稳定的原则是牵引（牵伸）脊椎来阻断患者的疼痛。通过上肢伸展运动（向后运动）牵引脊椎，经由激活 LD 肌肉链再激活腹部斜肌，但它们会受到肌紧张和累积的扳机点的影响。

消除病因，恢复健康的一个新治疗方法——螺旋稳定

如果我们处理了疾病的病因——运动的螺旋稳定障碍，那么疾病就会解决。通过训练和按摩，我们可以减缓前部肩带肌的紧张度；训练肩胛骨向后下运动，通过 LD 螺旋肌肉链激活腹肌；腹肌会带动臀大肌来稳定骨盆和伸直脊柱。LD 螺旋稳定肌肉链收缩腰围，故而上提椎间盘，脊柱就会重建，并且被集中治疗。

患者经过一周的训练和手法牵引技术的集中治疗，症状得到了很大改善；经过三个月的规律训练，他已经从疼痛变成无痛了；六到八个月重新恢复到正常表现，甚至能够做体育运动（如打高尔夫球）。我们的其他患者也有相似的成功，他们对这种方式的治疗给予了高度评价。

结论

从病例上清楚地看到，逐渐消除不利因素的影响对 FBS 的恢复有很大的帮助。当脊柱达到被向上牵伸的状态，就会充分重建。患者感觉不到疼痛，就会开心地生活、工作和运动。我们应该消除不利因素导致的 FBS 加重。

社会因素：
◎ 忽视了成长阶段肌系统的发育和运动协调与稳定之间的关系。父母、护理学校的教员、学校和运动俱乐部教练应对此负责。
◎ 忽视了在工作和体育运动中运动器官的重建，如训练、重建、单侧压力代偿。

主要不利因素：
◎ 肩带部肌失衡；
◎ 盆带部肌失衡；
◎ 躯干肌失衡；
◎ 颈和头部肌失衡；
◎ 腿足肌失衡；
◎ 上肢肌失衡；
◎ 源于那些失衡的休息姿势的紊乱；
◎ 螺旋稳定肌肉链 TR（斜方肌）、LD（背阔肌）、SA（前锯肌）、PM（臀大肌）功能障碍；
◎ 强化激活垂直稳定肌肉链 ES（竖脊肌）、QL（腰方肌）、IP（髂腰肌）、RA（腹直肌）；
◎ 关节、肩盆带、躯干和肌肉链交互抑制障碍；
◎ 姿势反应和运动反应障碍；
◎ 行走和跑步步态的协调和稳定障碍——轴线障碍、肩带和胸部的协调障碍、骨盆带和腰椎的协调障碍；
◎ 在训练和运动中不正确的协调和稳定。

从上面的信息中，我们可以得出结论，不利因素的积累会破坏脊柱螺旋稳定功能和来自这部分的牵引力量，因此阻止了脊柱重建。重建必须在手术前恢复，并在术后继续修复。当然，避免 FBS 的最佳方式就是不手术，积极保守治疗。在 32 年里，我们的康复中心已经治疗了 4000 个椎间盘突出症患者，其中只有 4 人被建议手术治疗。

推荐治疗原则：激活腹部斜肌和纵向背肌

1. 建立 TR、LD 肌肉链的肌紧身带

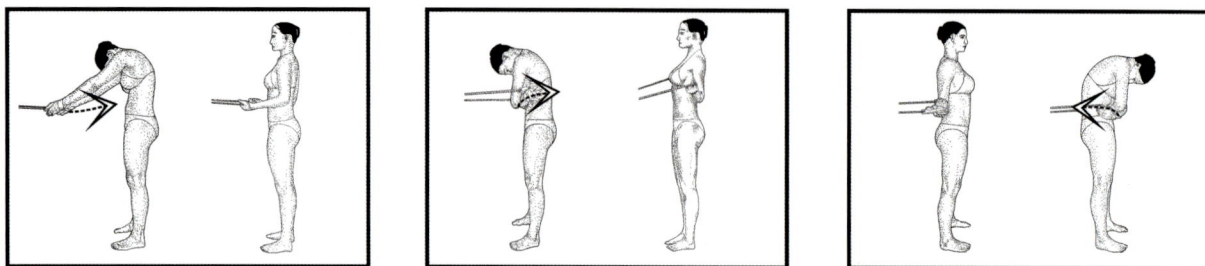

2. 通过 TR、LD 肌肉链牵伸肩带、骨盆带的肌肉，稳定躯干

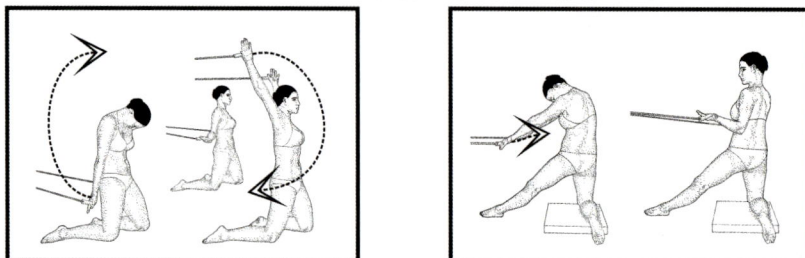

3. 通过 SA 肌肉链牵伸椎旁肌维持稳定

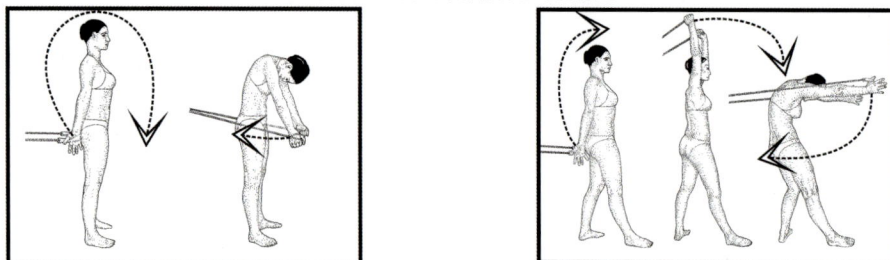

4. 通过 TR、LD 肌肉链调动脊柱，激活固有旋转肌维持稳定

5. 通过 TR、LD、SA、PM 肌肉链强化臀大肌，恢复步态的协调和稳定

6. 通过 TR、LD、SA、PM 肌肉链稳定步态

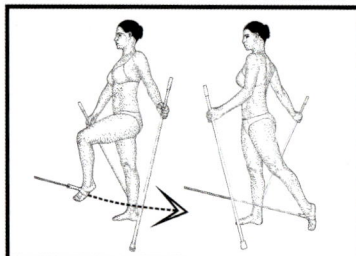

第七章
螺旋稳定紊乱消除

要　点

◎ 消除螺旋稳定障碍
◎ 消除肌肉失衡
◎ 消除病理性肌肉紧张
◎ 消除 TP（扳机点）

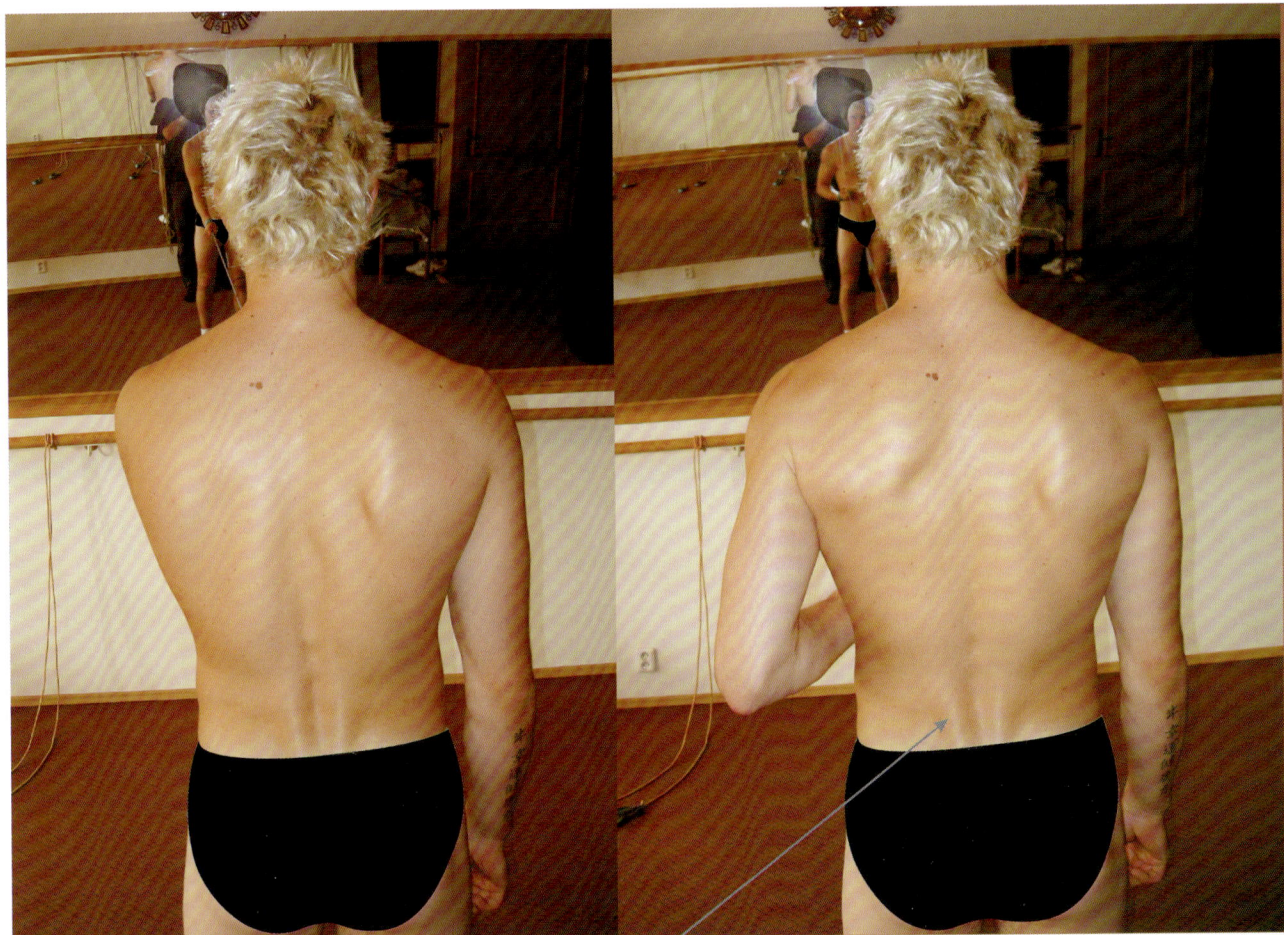

螺旋稳定障碍，TR 和 LD 肌肉链没有被激活，竖脊肌持续紧张（ES 垂直稳定）

经过 3 个月的训练，TR 和 LD 肌肉链被激活，竖脊肌完全放松

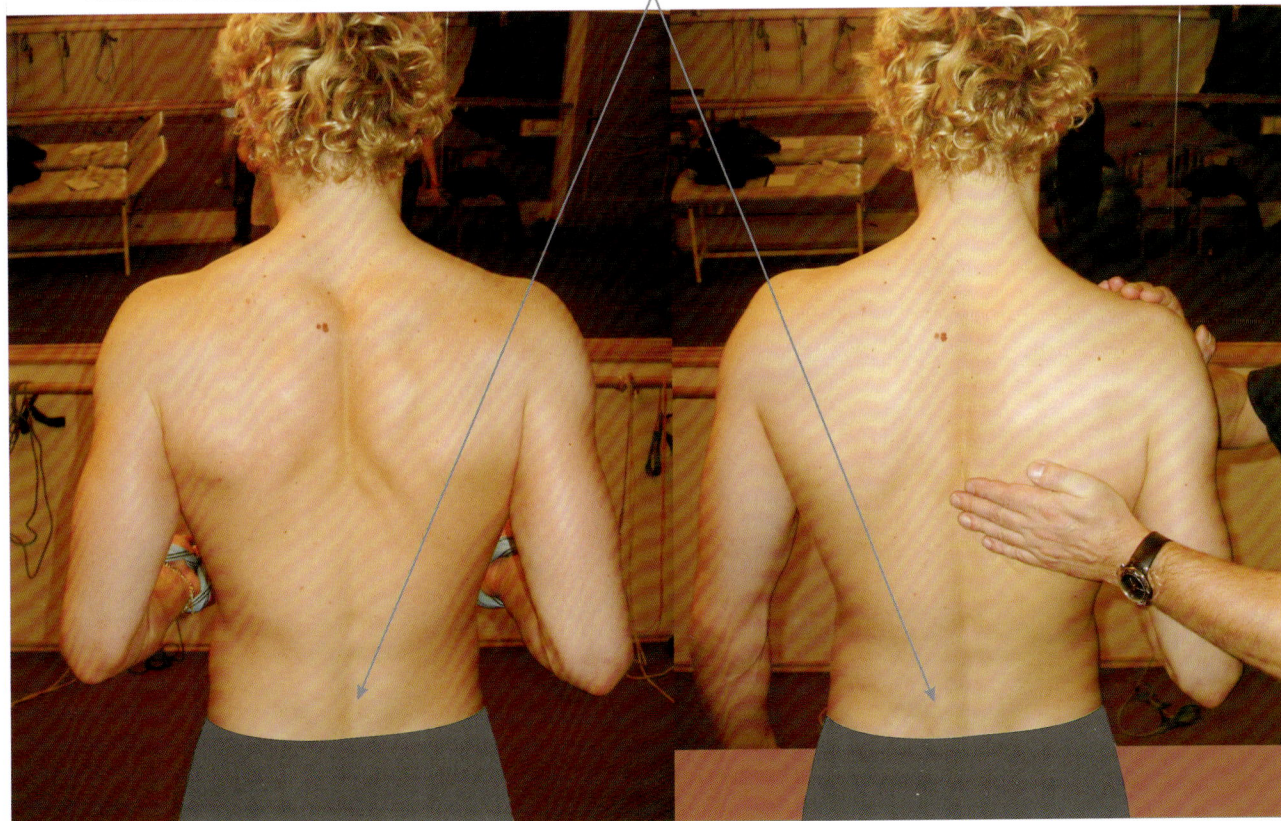

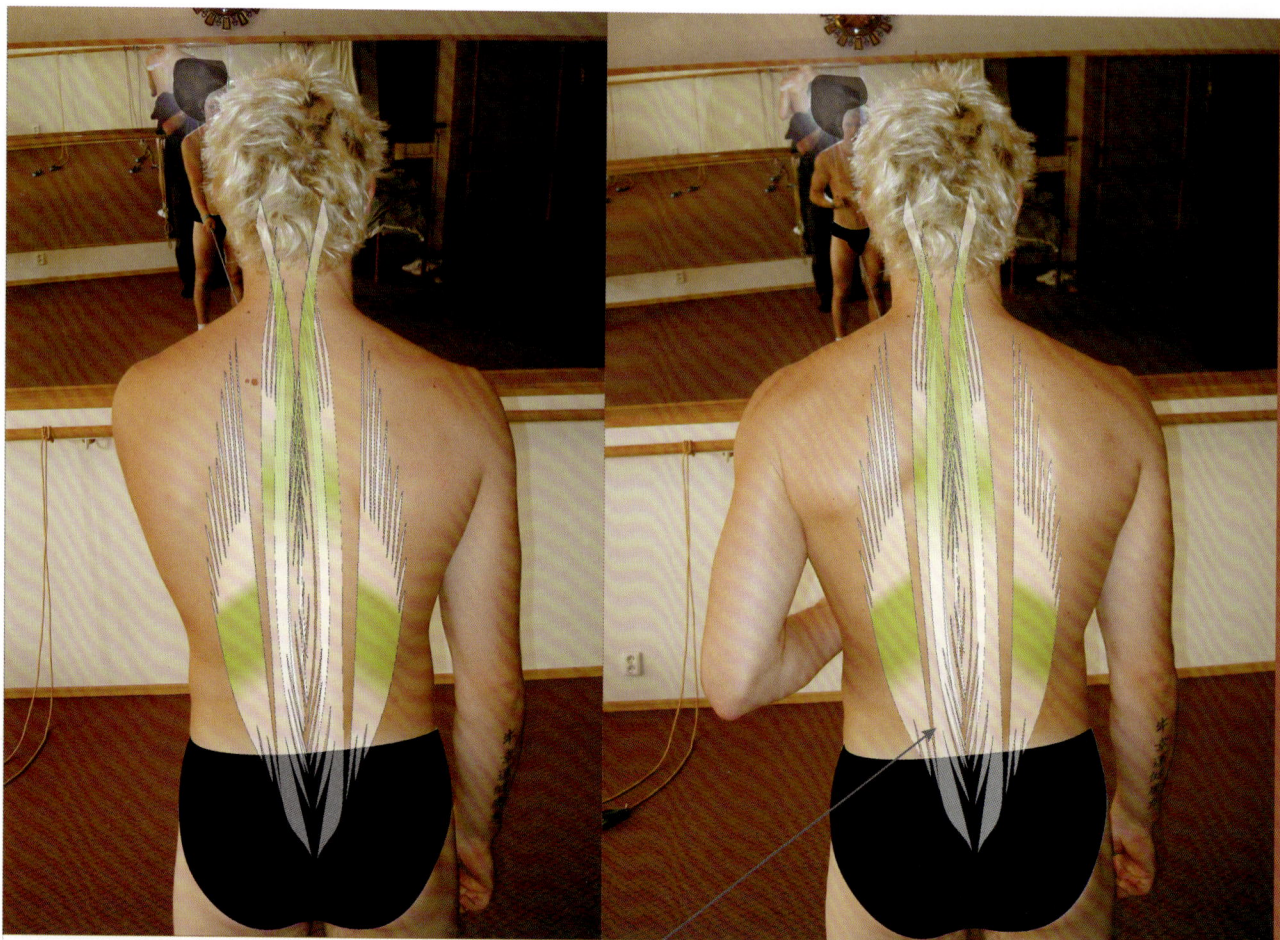

螺旋稳定障碍，TR 和 LD 肌肉链没有被激活，竖脊肌持续紧张（ES 垂直稳定）

经过 3 个月的训练，TR 和 LD 肌肉链被激活，竖脊肌完全放松

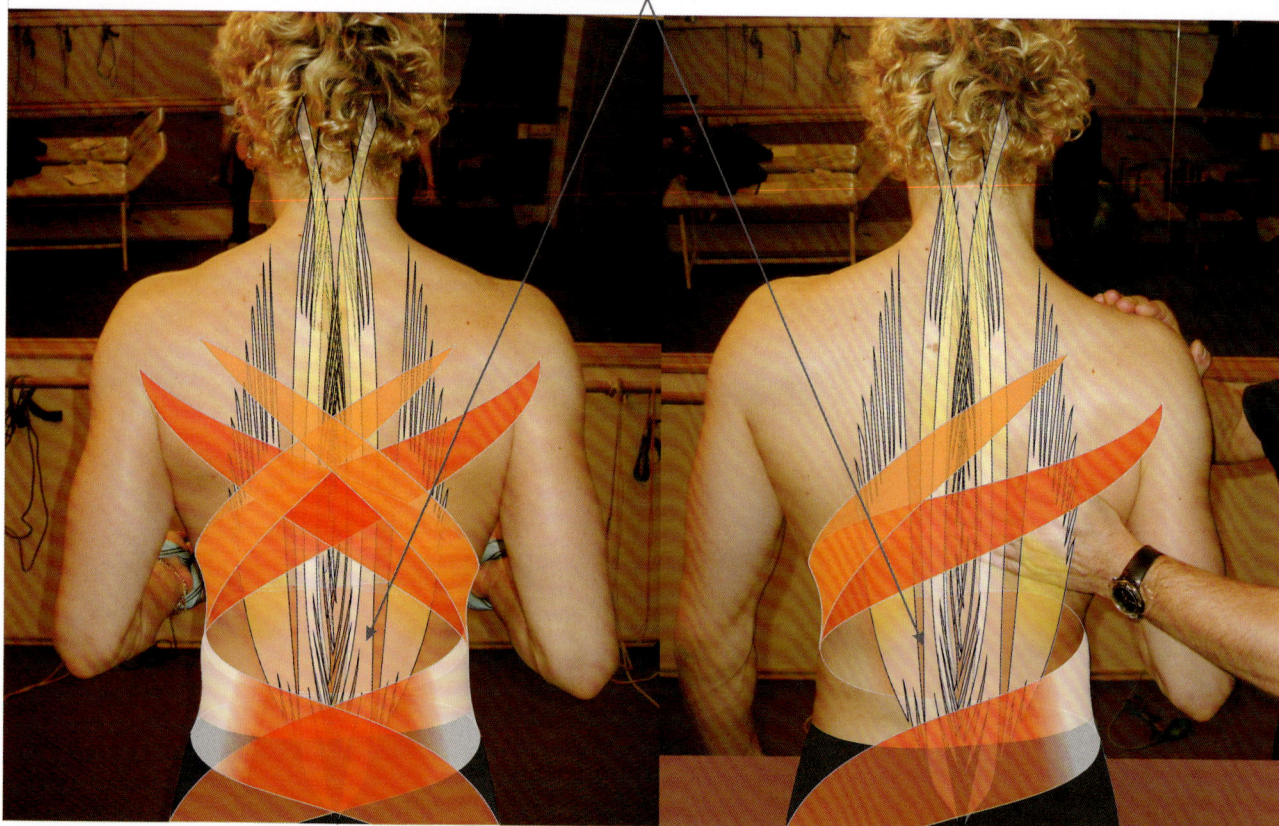

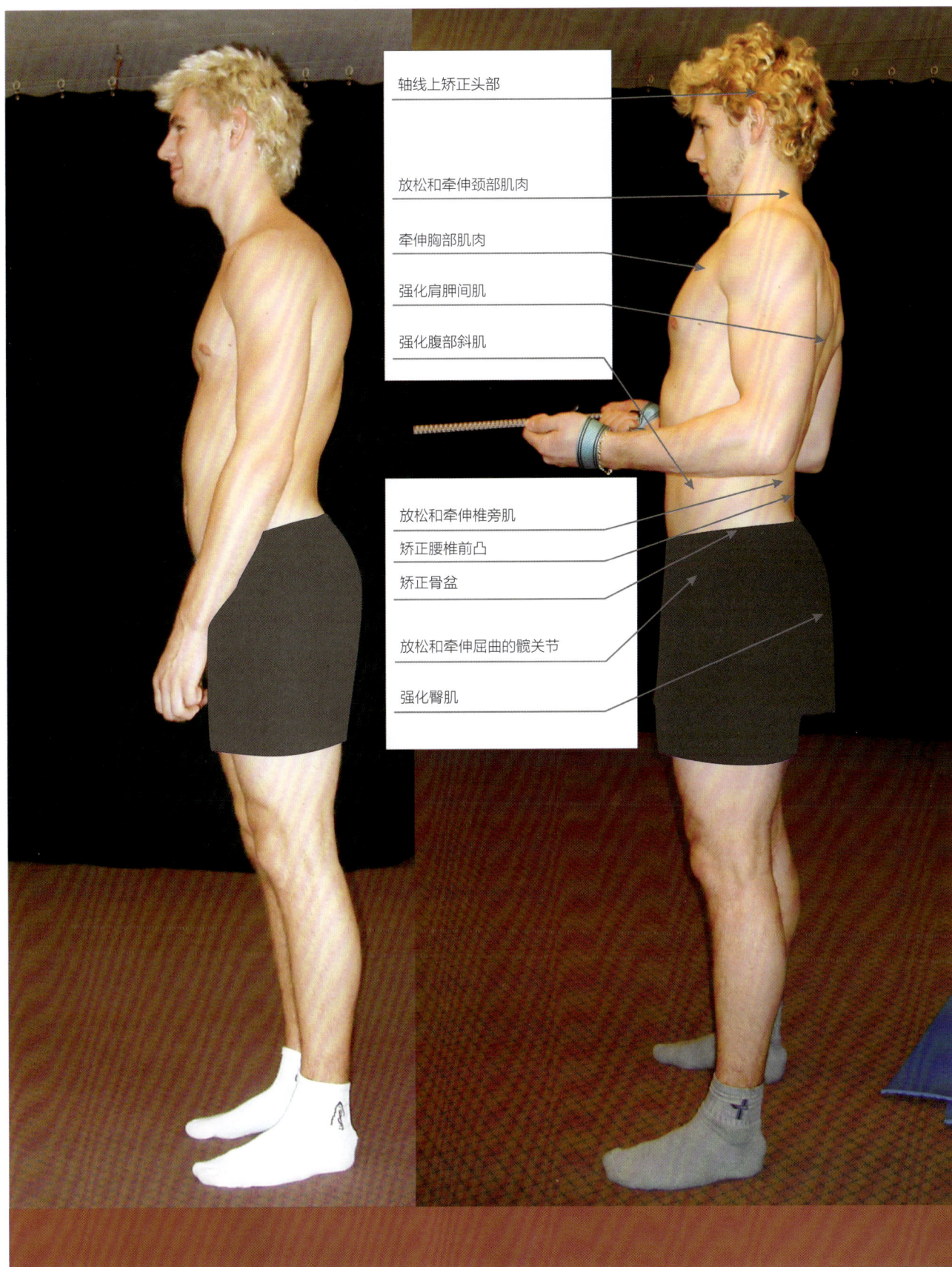

轴线上矫正头部

放松和牵伸颈部肌肉

牵伸胸部肌肉

强化肩胛间肌

强化腹部斜肌

放松和牵伸椎旁肌

矫正腰椎前凸

矫正骨盆

放松和牵伸屈曲的髋关节

强化臀肌

初始状态
垂直稳定。

3个月训练后状态
运动螺旋稳定，垂直肌肉链激活放松。

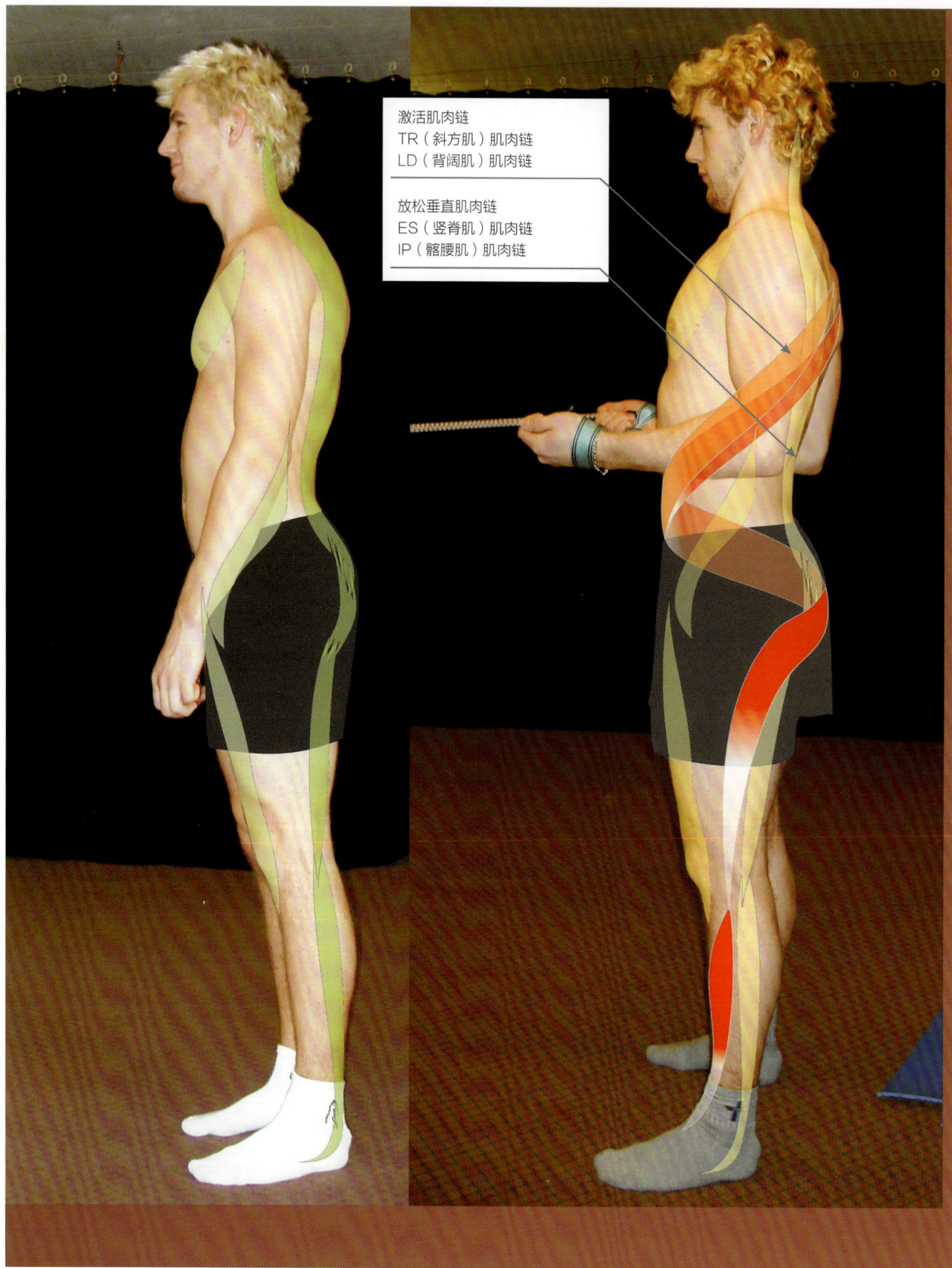

激活肌肉链
TR（斜方肌）肌肉链
LD（背阔肌）肌肉链

放松垂直肌肉链
ES（竖脊肌）肌肉链
IP（髂腰肌）肌肉链

第八章
测量运动范围和
运动协调性的参数

要　点
◎ 最佳的协调运动是调动螺旋肌肉链，抑制垂直肌肉链
◎ 激活螺旋肌肉链，重建脊柱和关节

最重要的参数

参数5：身体轴线与髌骨之间的距离

伸展骨盆带

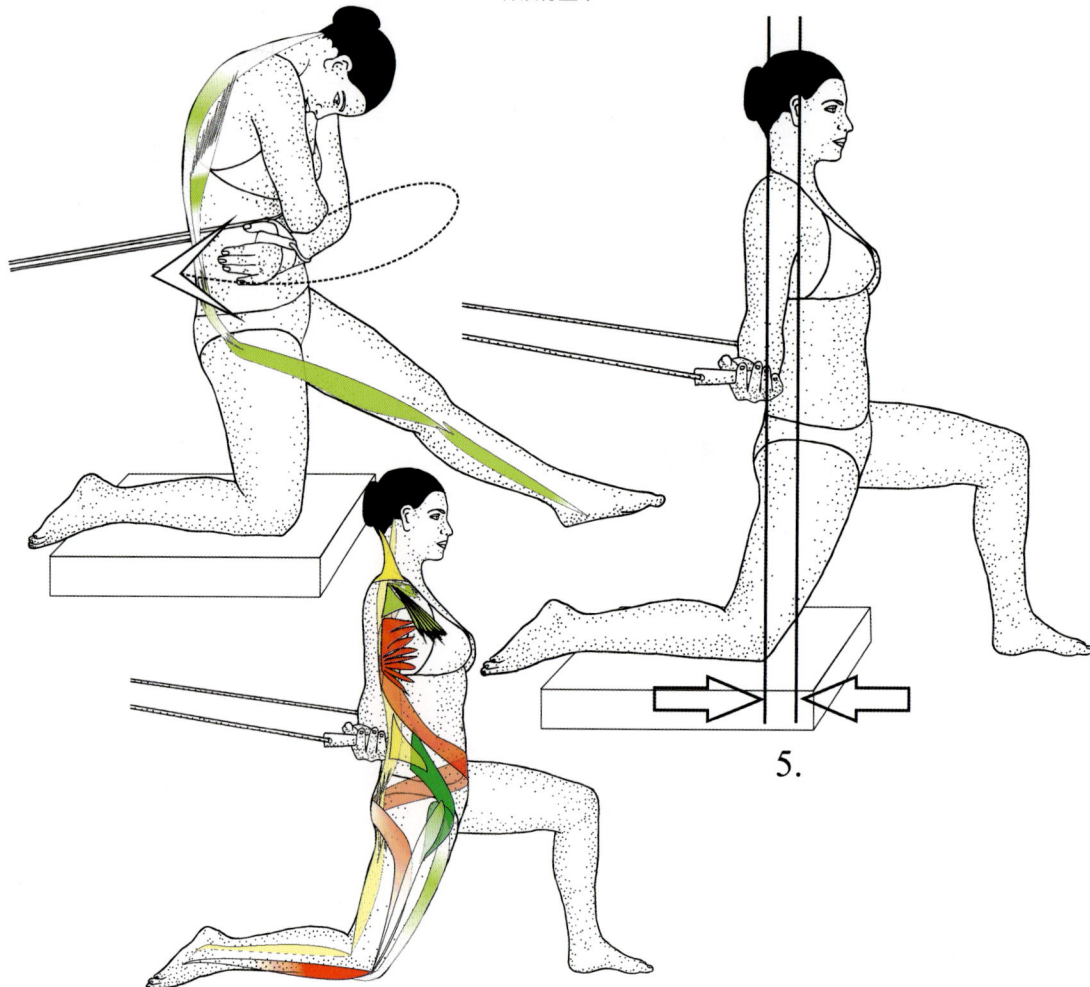

5.

参数5：身体轴线与髌骨之间的距离

运动：螺旋稳定身体，伸展骨盆带。

标准：+20 厘米。

测量身体轴线与髌骨（膝盖）的距离。身体轴线是从外耳垂直于地面（垂直线），并穿过骨盆中心。使用一个杆靠于背部，防止脊柱前凸超过 2.5 厘米（一拇指宽的距离）。参数评估了通过伸髋和骶髂关节跨步的能力。

被牵伸的肌肉

骨盆带：

◎ 髂腰肌；

◎ 臀中肌（前部）；

◎ 阔筋膜张肌；

◎ 股直肌。

肩带：

◎ 锁骨下肌；

◎ 胸小肌；

◎ 胸大肌；

◎ 前锯肌。

放松上部肩带肌：

◎ 斜方肌降部；

◎ 肩胛提肌；

◎ 斜角肌；

◎ 头半棘肌、颈半棘肌等。

被激活的肌肉

强化肩胛间肌：

◎ 斜方肌；

◎ 背阔肌；

◎ 菱形肌。

相联系的肌肉链

训练被螺旋肌肉链 TR（斜方肌）-B、C，LD（背阔肌）-A、B 稳定，垂直肌肉链 ES（竖脊肌）在交互抑制中放松。腹部斜肌和臀大肌是 TR 和 LD 肌肉链中交互抑制髋屈肌的部分，尤其重要的是臀大肌。

参数 1：牵伸外耳到肩峰前缘的距离

后伸肩带

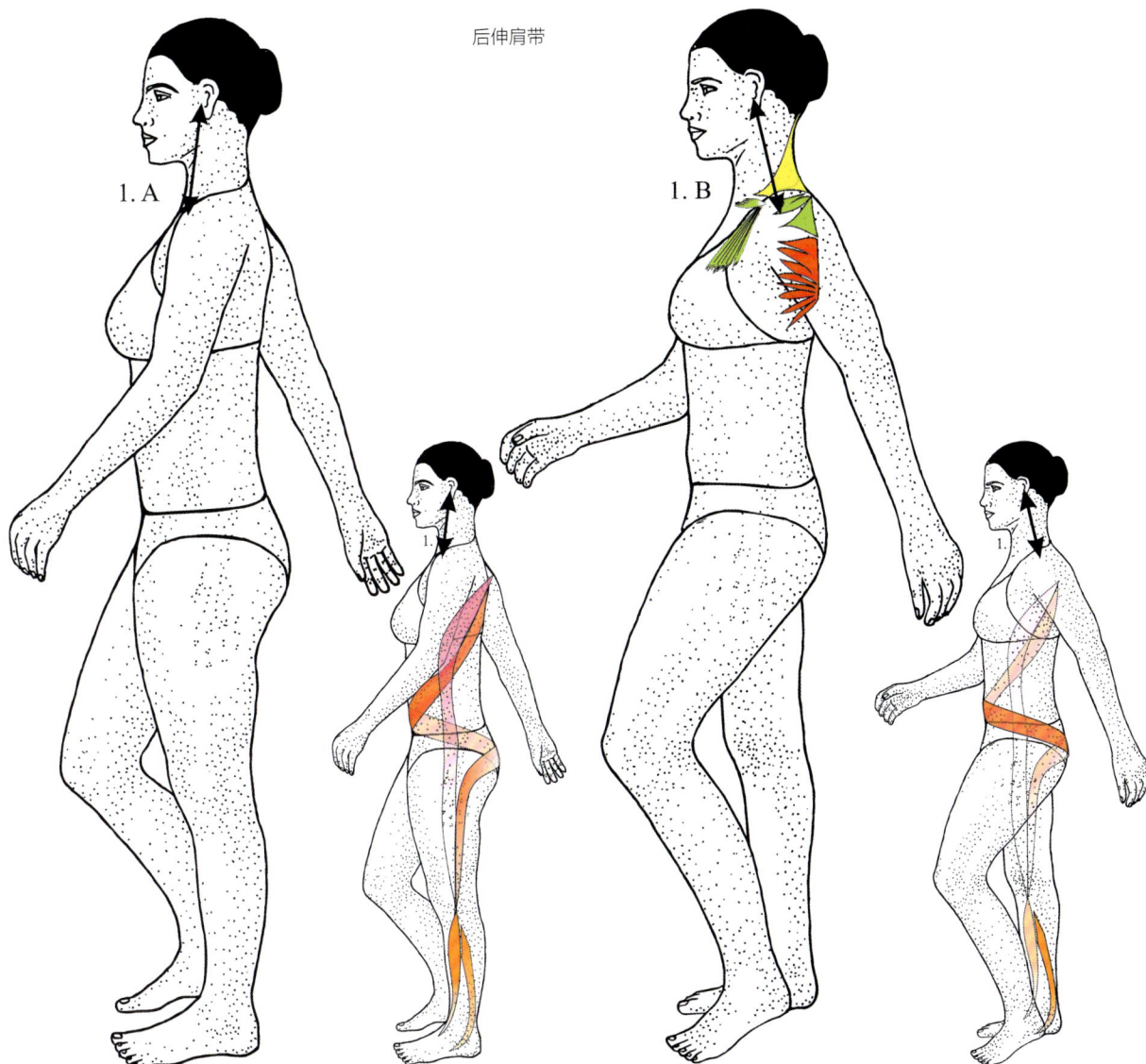

参数1：牵伸外耳到肩峰前缘的距离

运动：低位固定肩胛骨，后伸肩带，原地踏步。

标准：+5 厘米。

测量外耳到肩峰前缘的距离，评估前位和后位的距离改变。参数评估了低位固定肩胛骨的能力，以及激活 TR、LD 螺旋肌肉链的能力；同时，颈椎被牵伸。

被牵伸的肌肉

前部肩带肌被牵伸：

◎ 锁骨下肌；

◎ 胸小肌；

◎ 胸大肌；

◎ 前锯肌。

放松上部肩带肌：

◎ 斜方肌降部；

◎ 肩胛提肌；

◎ 斜角肌；

◎ 头半棘肌、颈半棘肌和其他肌肉。

被激活的肌肉

强化肩胛间肌：

◎ 斜方肌；

◎ 背阔肌；

◎ 菱形肌。

相联系的肌肉链

训练被螺旋肌肉链 TR（斜方肌）-B、C，LD（背阔肌）-A、B 稳定，垂直肌肉链 ES（竖脊肌）在交互抑制中放松。

参数 1：牵伸外耳到肩峰前缘的距离（解剖）

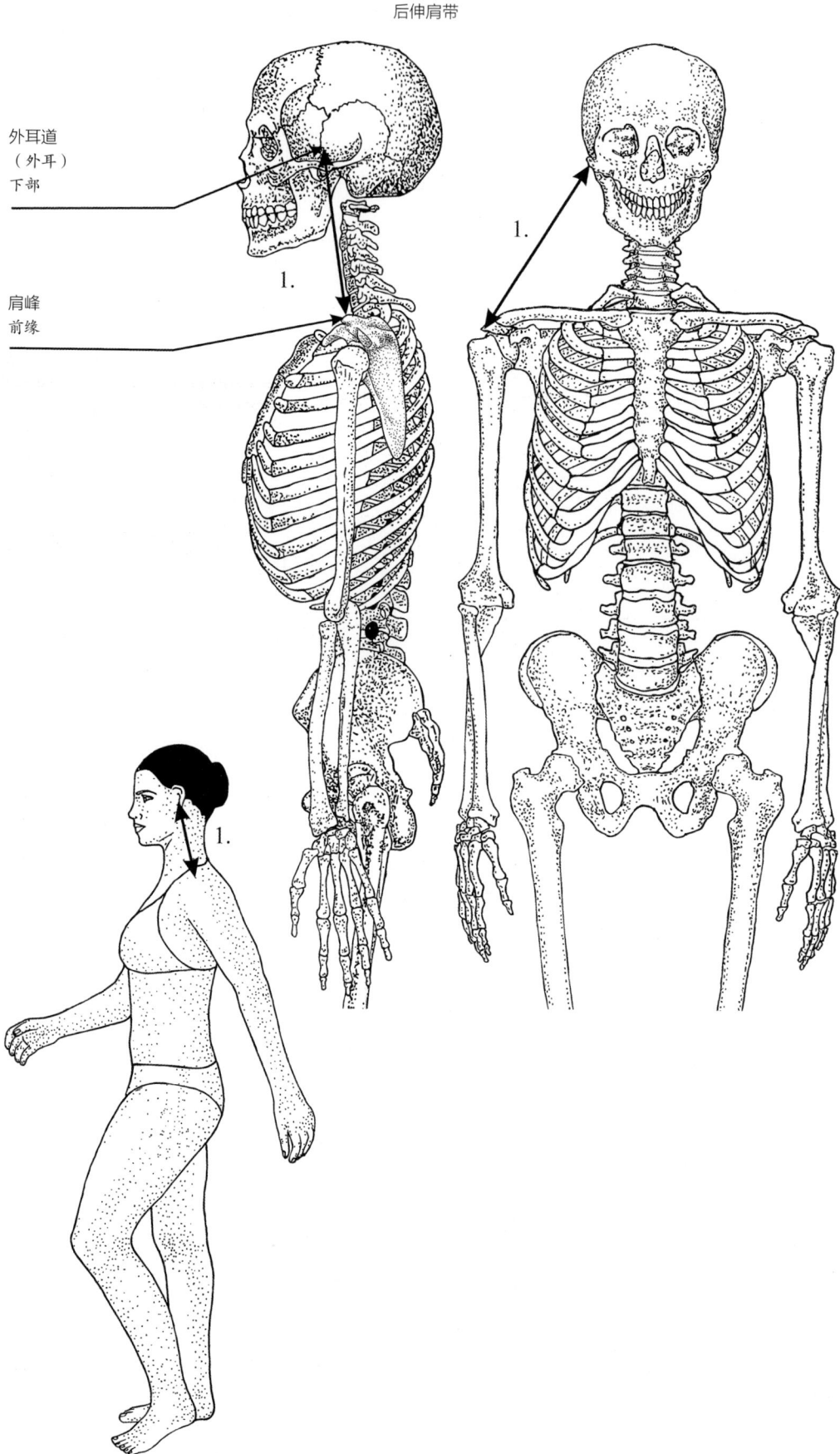

后伸肩带

外耳道
（外耳）
下部

肩峰
前缘

1.

1.

1.

参数 2：手与背部之间的距离

后伸外旋肩带

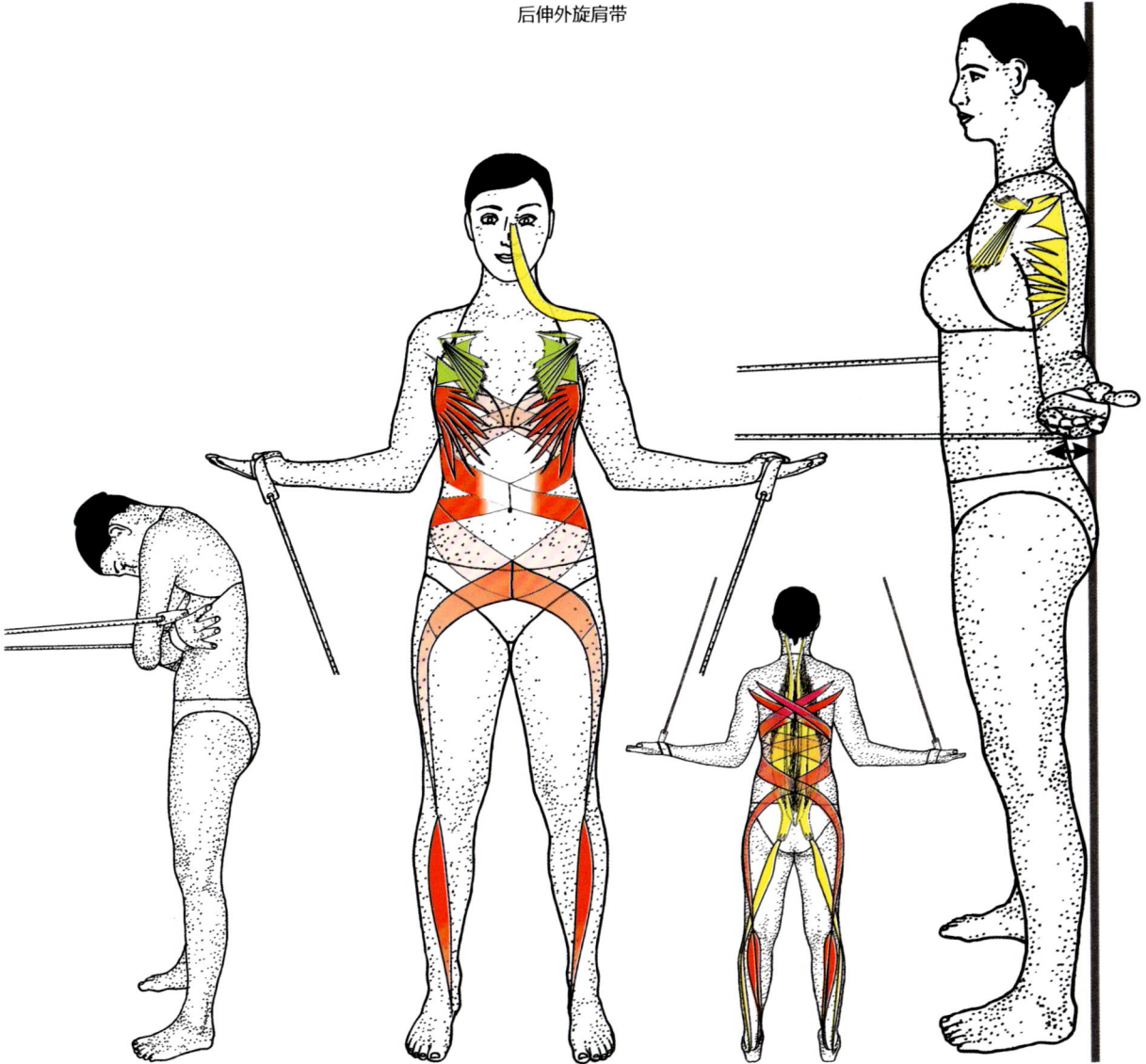

参数 2：手与背部之间的距离

运动：后伸外旋肩带。

标准：0 厘米。

测量上肢与背部的距离，评估上肢前位的距离。参数评估了牵伸前部肩带肌群的能力。

被牵伸的肌肉

前部肩带的肌肉被牵伸：

◎ 锁骨下肌；

◎ 胸小肌；

◎ 胸大肌；

◎ 前锯肌；

◎ 肩胛下肌。

放松上部肩带肌：

◎ 斜方肌降部；

◎ 肩胛提肌；

◎ 斜角肌；

◎ 头半棘肌、颈半棘肌和其他肌肉。

被激活的肌肉

强化肩胛间肌：

◎ 斜方肌；

◎ 背阔肌；

◎ 菱形肌。

相联系的肌肉链

训练被螺旋肌肉链 TR（斜方肌）-B、C，LD（背阔肌）-A、B 稳定，垂直肌肉链 ES（竖脊肌）在交互抑制中放松。

参数3：减少腰围

伸展肩带，激活腹部斜肌，呼气

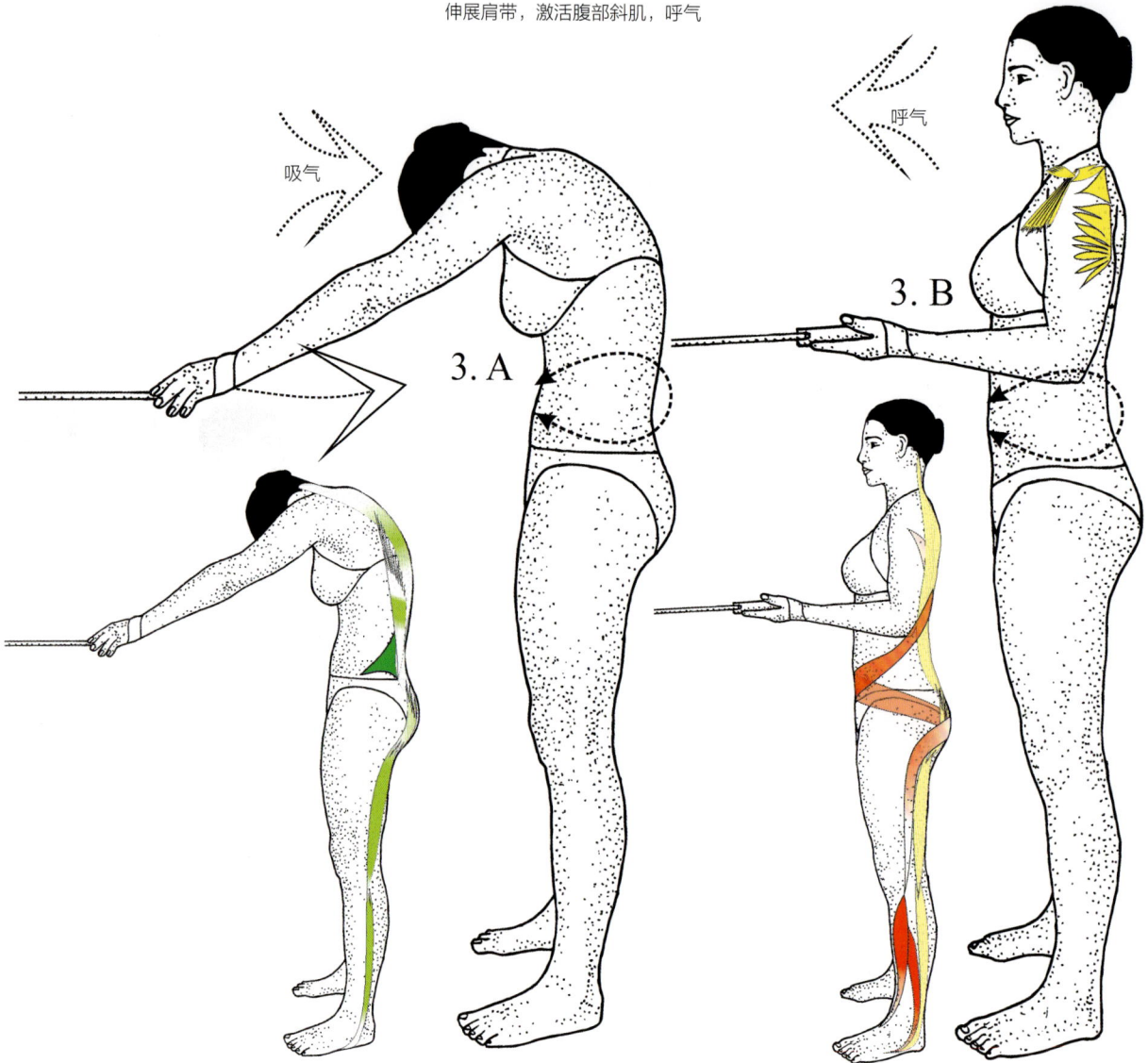

参数3：减少腰围

运动：低位固定肩胛骨，伸展肩带。

标准：5 厘米。

改变肚脐区域周径。参数评估了收缩腰围的能力，通过螺旋肌肉链 TR 和 LD 激活腹部斜肌和腹横肌。

被牵伸的肌肉

前部肩带肌被牵伸：

◎ 锁骨下肌；

◎ 胸小肌；

◎ 胸大肌；

◎ 前锯肌。

放松上部肩带肌：

◎ 斜方肌降部；

◎ 肩胛提肌；

◎ 斜角肌；

◎ 头半棘肌、颈半棘肌和其他肌肉。

被激活的肌肉

强化肩胛间肌：

◎ 斜方肌；

◎ 背阔肌；

◎ 菱形肌。

相联系的肌肉链

训练被螺旋肌肉链 TR（斜方肌）-B、C，LD（背阔肌）-A、B 稳定，垂直肌肉链 ES（竖脊肌）在交互抑制中放松。腹部斜肌是 TR、LD 肌肉链中收缩腰围的部分。

参数 4：牵引腰椎

伸展肩带，激活腹部斜肌和臀大肌

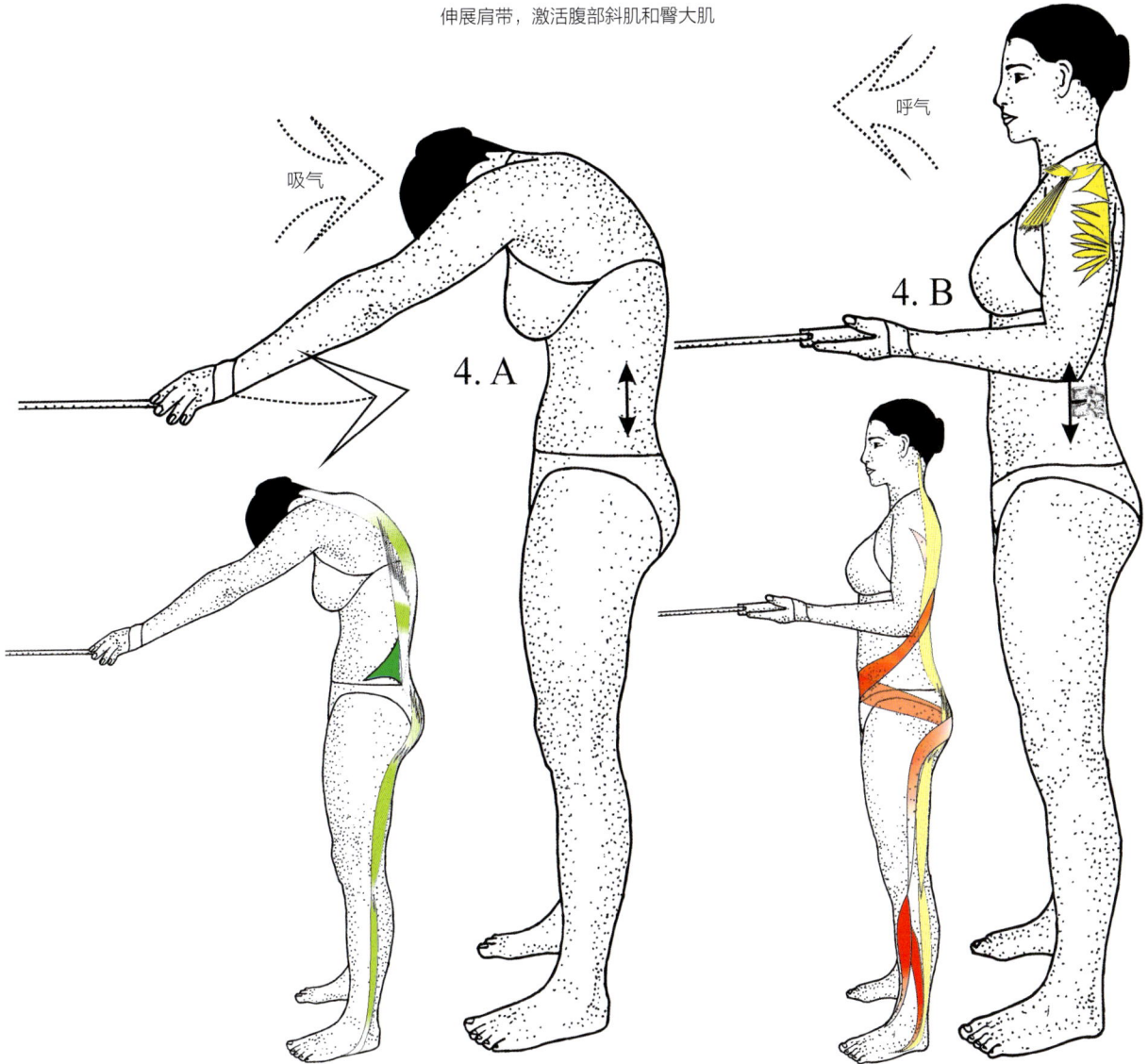

参数 4：牵引腰椎

运动：低位固定肩胛骨，伸展肩带。

标准：1～2 厘米。

骨盆和第 10 肋之间上提。在距离躯干后缘 8 厘米处测量，在脊柱前面进行。参数评估了矫正脊椎前凸、牵伸椎间盘和关节的能力。

被牵伸的肌肉

前部肩带肌被牵伸：

◎ 锁骨下肌；

◎ 胸小肌；

◎ 胸大肌；

◎ 前锯肌。

放松上部肩带肌：

◎ 斜方肌降部；

◎ 肩胛提肌；

◎ 斜角肌；

◎ 头半棘肌、颈半棘肌和其他肌肉。

被激活的肌肉

强化肩胛间肌：

◎ 斜方肌；

◎ 背阔肌；

◎ 菱形肌。

相联系的肌肉链

训练被螺旋肌肉链 TR（斜方肌）-B、C，LD（背阔肌）-A、B 稳定，垂直肌肉链 ES（竖脊肌）在交互抑制中放松。腹部斜肌和臀大肌是 TR、LD 肌肉链中提升胸部的部分。

参数4：牵引腰椎（解剖）

伸展肩带，激活腹部斜肌和臀大肌

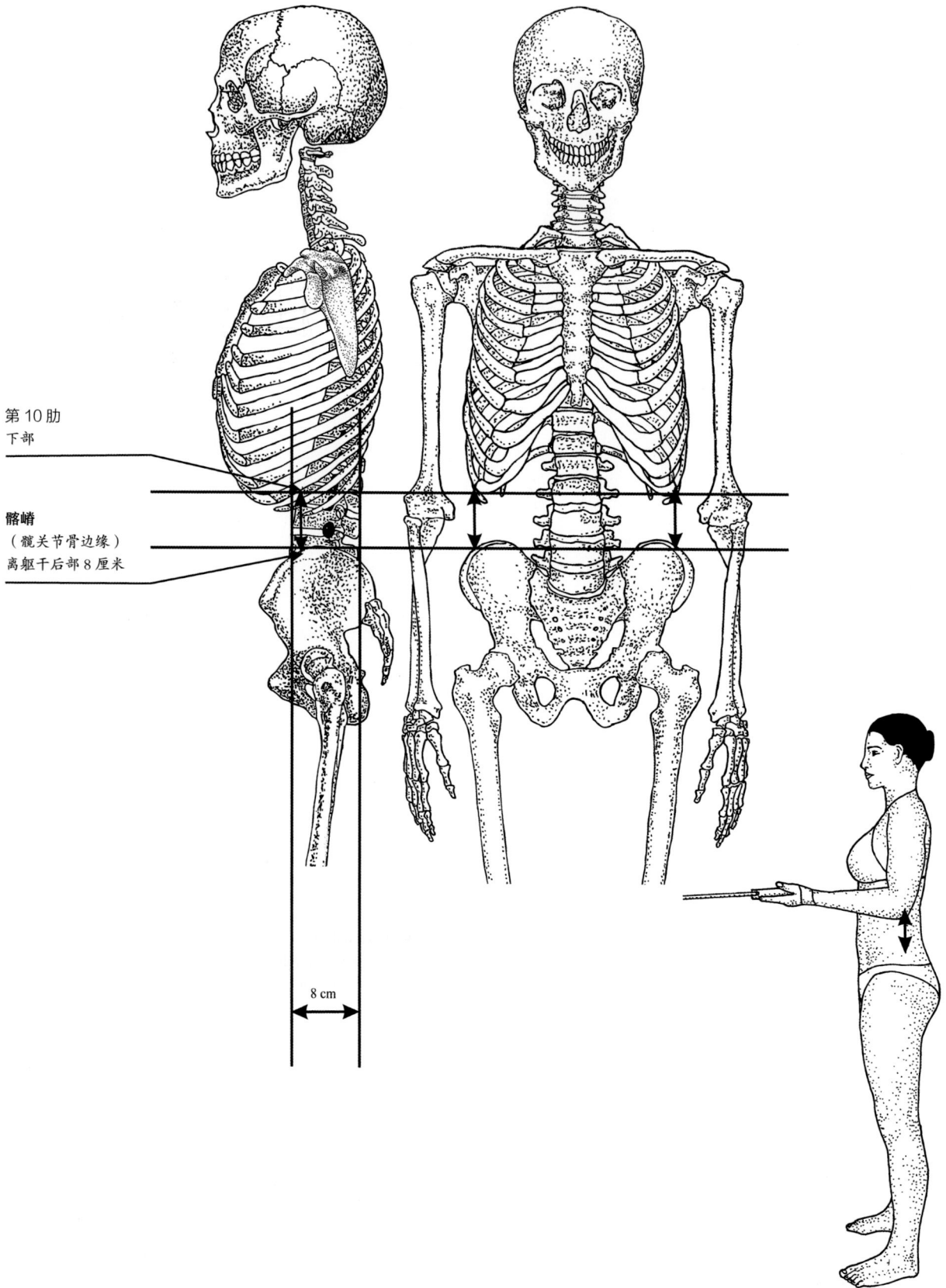

第10肋
下部

髂嵴
（髋关节骨边缘）
离躯干后部8厘米

8 cm

参数 5：身体轴线与髌骨之间的距离

伸展骨盆带

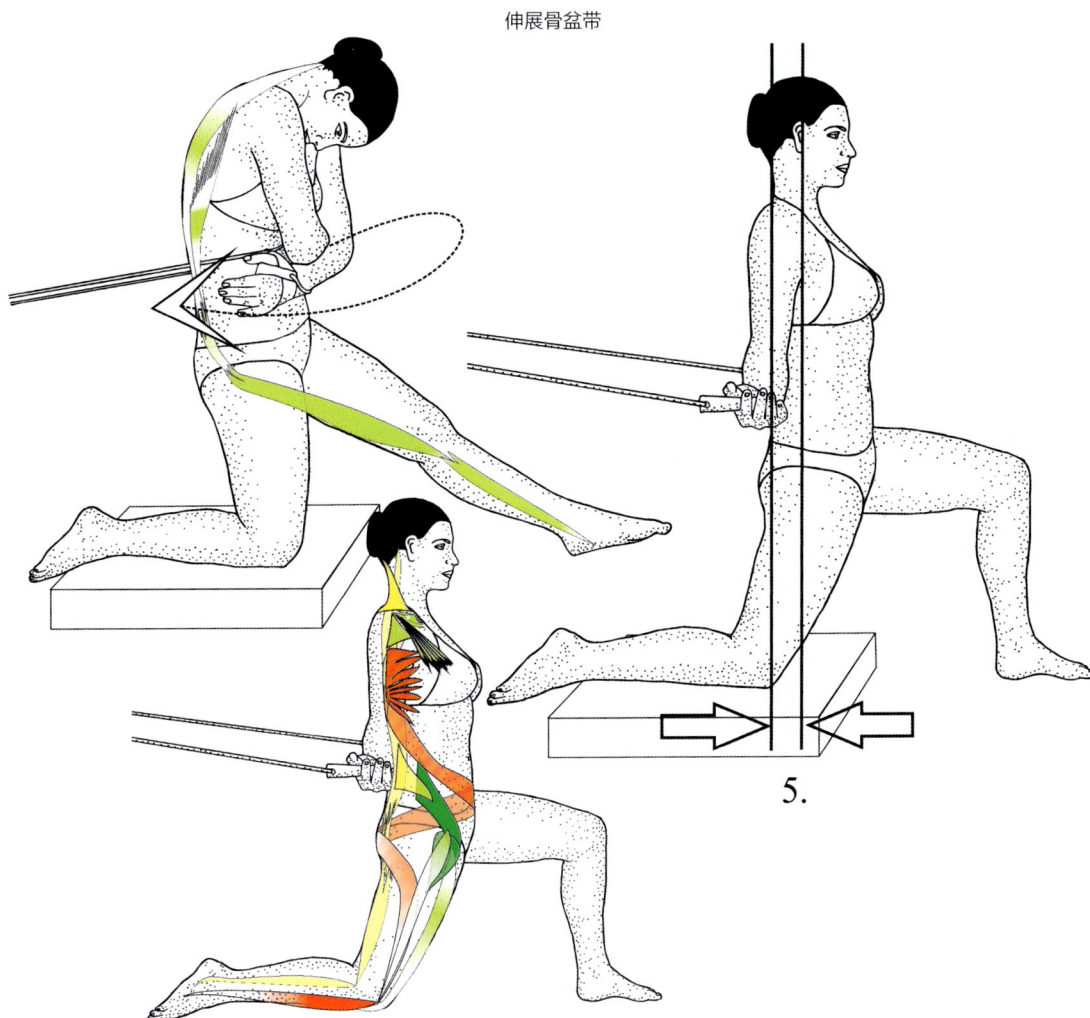

参数5：身体轴线与髌骨之间的距离

运动：螺旋稳定身体，伸展骨盆带。

标准：+20 厘米。

测量身体轴线与髌骨（膝盖）的距离。身体轴线是从外耳垂直于地面（垂直线），并穿过骨盆中心。使用一个杆靠于背部，防止脊柱前凸超过 2.5 厘米（一拇指宽的距离）。参数评估了通过伸髋和骶髂关节跨步的能力。

被牵伸的肌肉

骨盆带：

◎ 髂腰肌；

◎ 臀中肌（前部）；

◎ 阔筋膜张肌；

◎ 股直肌。

肩带：

◎ 锁骨下肌；

◎ 胸小肌；

◎ 胸大肌；

◎ 前锯肌。

放松上部肩带肌：

◎ 斜方肌降部；

◎ 肩胛提肌；

◎ 斜角肌；

◎ 头半棘肌、颈半棘肌等。

被激活的肌肉

强化肩胛间肌：

◎ 斜方肌；

◎ 背阔肌；

◎ 菱形肌。

相联系的肌肉链

训练被螺旋肌肉链 TR（斜方肌）-B、C，LD（背阔肌）-A、B 稳定，垂直肌肉链 ES（竖脊肌）在交互抑制中放松。腹部斜肌和臀大肌是 TR 和 LD 肌肉链中交互抑制髋屈肌的部分，尤其重要的是臀大肌。

参数 6：鼻根与髌骨之间的距离

躯干屈曲伴一侧下肢伸展

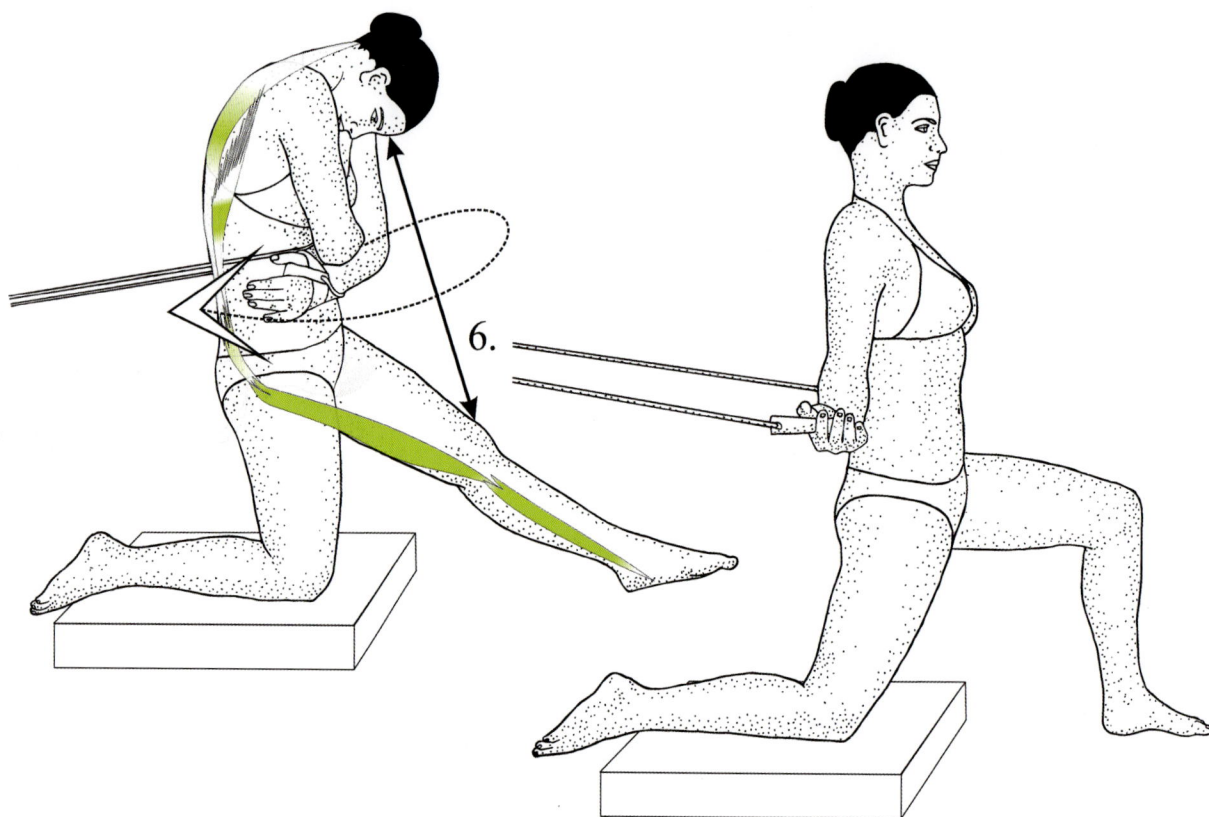

参数 6：鼻根与髌骨之间的距离

运动：跪膝位，一侧下肢前伸，前屈躯干。

标准：+30 厘米。

测量鼻根与髌骨（膝盖）之间的距离。这个参数评估了牵伸背部肌肉和大腿后肌群的能力。

被牵伸的肌肉

背部肌肉：

  ◎ 竖脊肌；

  ◎ 腰方肌；

  ◎ 多裂肌。

大腿后肌群：

  ◎ 股二头肌；

  ◎ 半腱肌；

  ◎ 半膜肌；

  ◎ 大收肌。

参数 7：牵伸第 7 颈椎与第 1 骶椎棘突之间的距离

牵伸背部

参数7：牵伸第7颈椎与第1骶椎棘突之间的距离

运动：站立位，躯干前屈，一侧下肢前伸。

标准：+10 厘米。

测量第 7 颈椎与骶骨上部第 1 骶椎的距离。这个参数评估了牵伸背部肌肉和部分人腿后肌群的能力。

被牵伸的肌肉

背部肌肉：

◎ 竖脊肌；

◎ 腰方肌；

◎ 多裂肌。

大腿后肌群：

◎ 股二头肌；

◎ 半腱肌；

◎ 半膜肌；

◎ 大收肌。

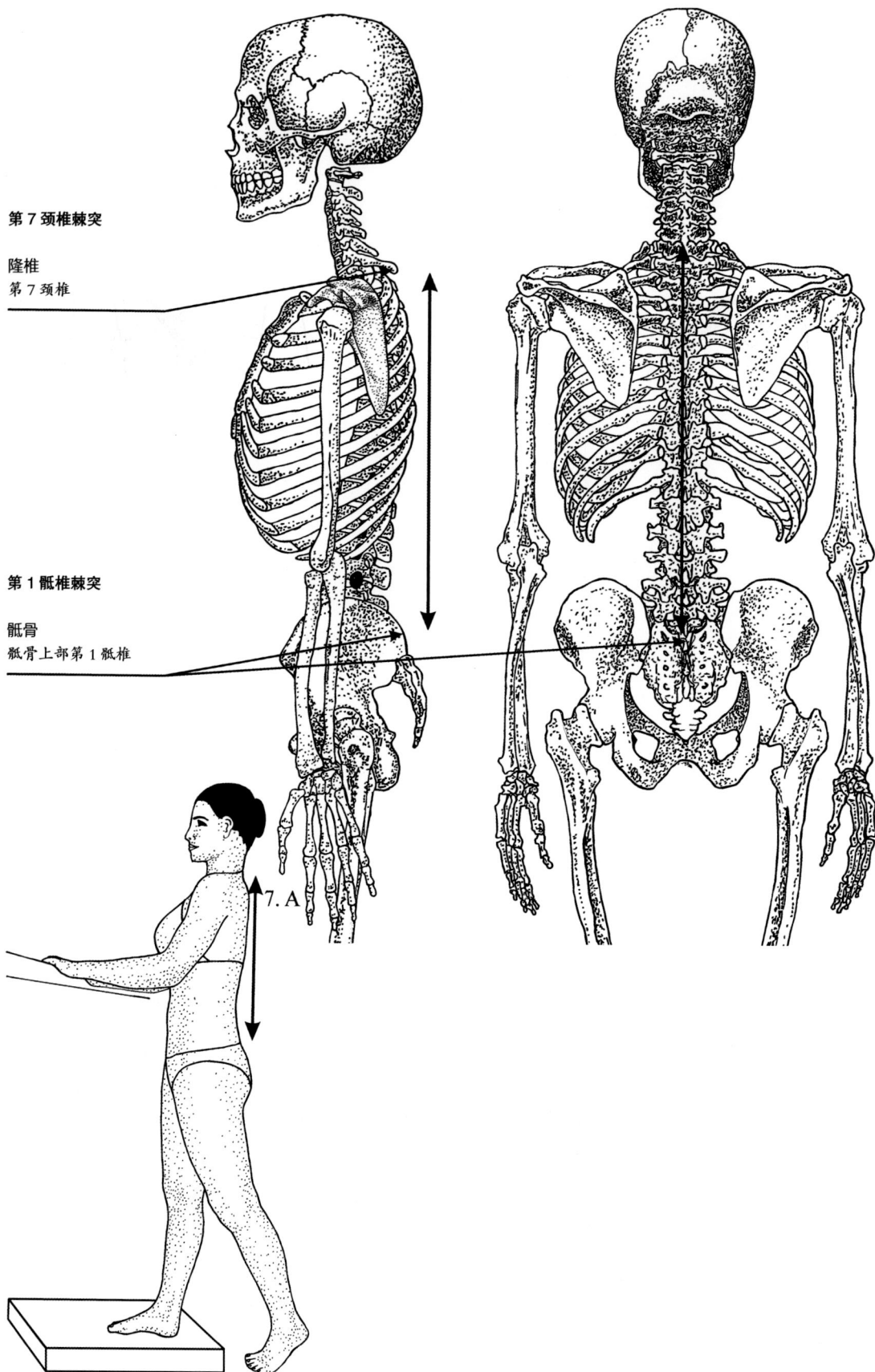

参数 7：牵伸第 7 颈椎与第 1 骶椎棘突之间的距离（解剖）

牵伸背部

第 7 颈椎棘突

隆椎
第 7 颈椎

第 1 骶椎棘突

骶骨
骶骨上部第 1 骶椎

7.A

参数 8：第 5 胸椎棘突侧向移动

原地踏步时胸部移动

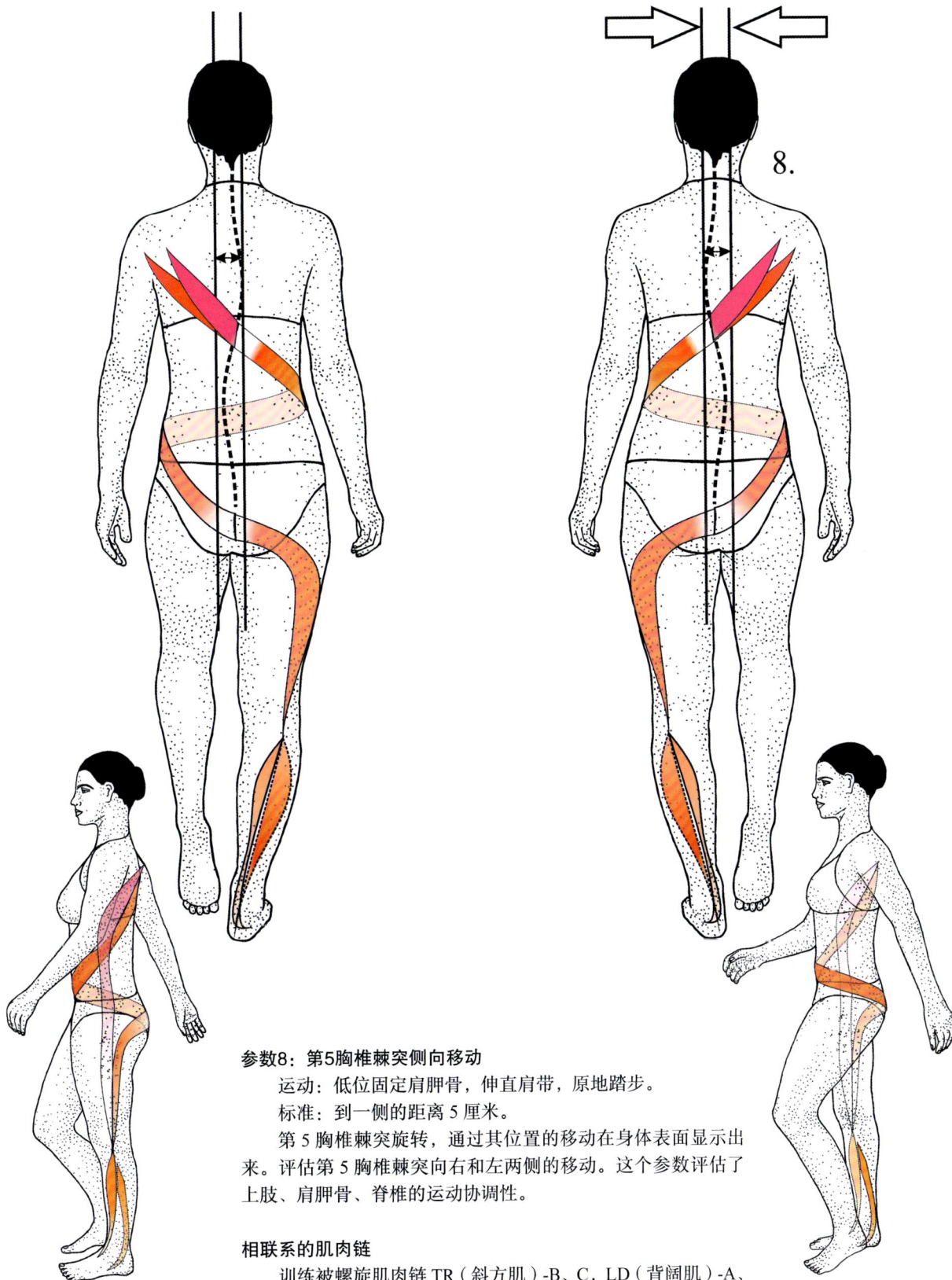

参数8：第5胸椎棘突侧向移动

运动：低位固定肩胛骨，伸直肩带，原地踏步。

标准：到一侧的距离5厘米。

第5胸椎棘突旋转，通过其位置的移动在身体表面显示出来。评估第5胸椎棘突向右和左两侧的移动。这个参数评估了上肢、肩胛骨、脊椎的运动协调性。

相联系的肌肉链

训练被螺旋肌肉链 TR（斜方肌）-B、C，LD（背阔肌）-A、B 稳定，垂直肌肉链 ES（竖脊肌）在交互抑制中放松。

参数 9：上肢和下肢伸展训练时移动胸部和骨盆

相对骨盆，旋转胸部

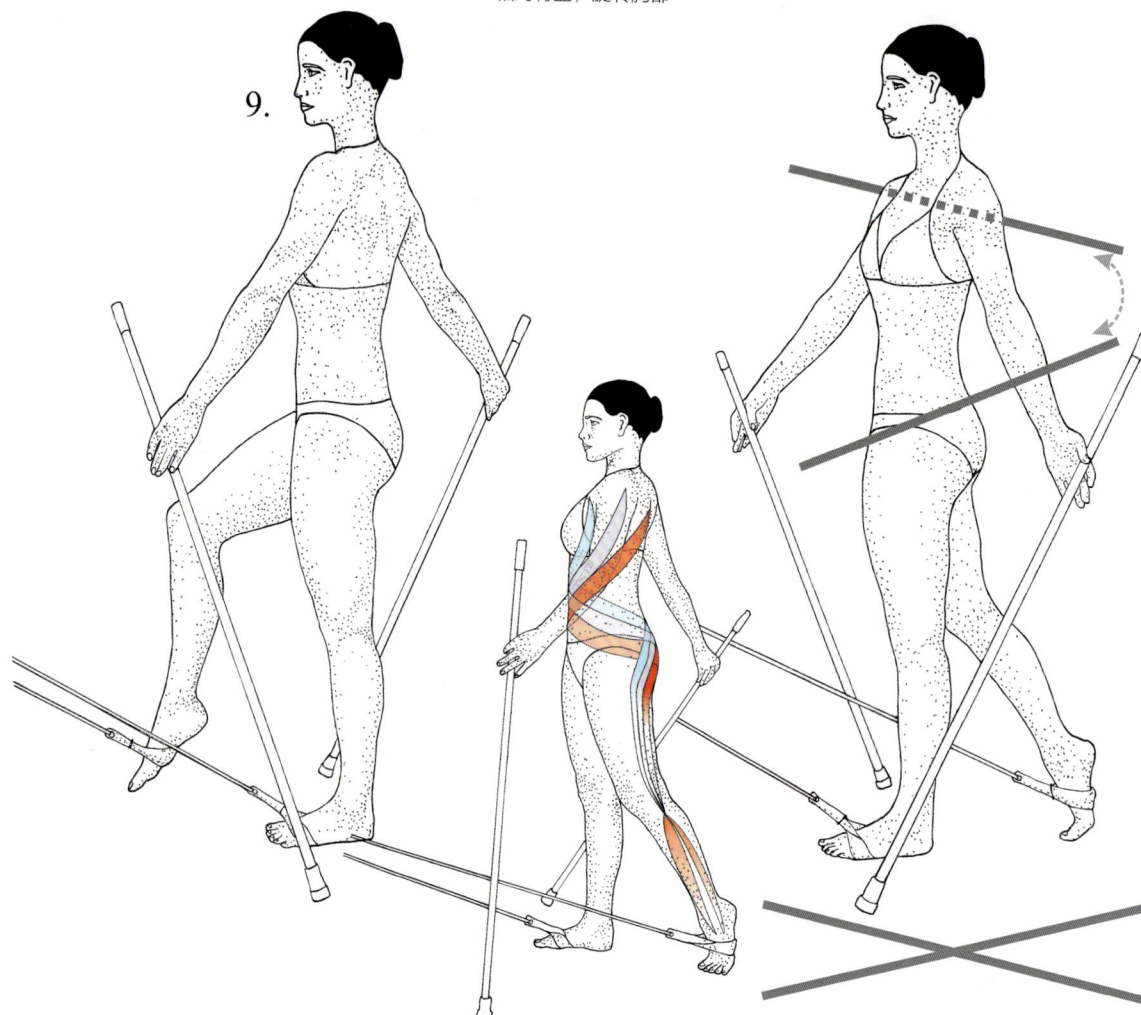

参数9：上肢和下肢伸展训练时移动胸部和骨盆

运动：相对骨盆，旋转胸部。

标准：90°。

肩带与骨盆带之间形成夹角。从上面观察肩带和骨盆带的运动，测量两个杆之间的夹角。这个参数评估了通过旋转骨盆扩展步长的能力。正确旋转的先决条件是激活四个螺旋肌肉链（TR、LD、SA、PM），并且抑制垂直肌肉链。

被牵伸的肌肉

骨盆带：

◎ 髂腰肌；

◎ 臀中肌（前部）；

◎ 阔筋膜张肌；

◎ 股直肌。

肩带：

◎ 锁骨下肌；

◎ 胸小肌；

◎ 胸大肌；

◎ 前锯肌。

放松上部肩带肌：

◎ 斜方肌降部；

◎ 肩胛提肌；

◎ 斜角肌；

◎ 头半棘肌、颈半棘肌等。

被激活的肌肉

强化肩胛间肌：

◎ 斜方肌；

◎ 背阔肌；

◎ 菱形肌。

相联系的肌肉链

训练被螺旋肌肉链 TR（斜方肌）-B、C，LD（背阔肌）-A、B，SA（前锯肌）-B，PM（胸大肌）-B 稳定，垂直肌肉链 ES（竖脊肌）在交互抑制中放松。腹部斜肌和臀大肌是 TR 和 LD 肌肉链中交互抑制髋屈肌的部分，尤其重要的是臀大肌。

心血管训练

综合性的全身整体运动计划——椎内脏互联，心身因素

主要意义

1. 恢复升高的肌张力，有利于：
   ◎ 减少血液血流阻力，增加肌肉的血液供应，改善肌肉营养；
   ◎ 改善肌肉中线粒体的新陈代谢；
   ◎ 减少紧张肌肉中的本体感觉信息传入（增加的不必要的本体感觉会占用中枢神经系统的分析资源，导致紧张）。
2. 提高胸和腹部的活动度，有利于：
   ◎ 提高膈的移动性；
   ◎ 增加肺活量，提高血氧饱和度；
   ◎ 产生胸部负压，促进静脉回流和淋巴回流。
3. 摆正头部，使其处于身体轴线位置上，有利于：
   ◎ 恢复升高的颈肌张力；
   ◎ 增加中枢神经系统血流量。
4. 动员心交感神经区域，即第 1～5 胸交感神经节和颈部神经节（颈上、中、下神经节），应做到：
   ◎ 放松该区域的肌肉；
   ◎ 采用躯干和头部均位于身体轴位的体位；
   ◎ 在旋转运动中调动颈部运动。
5. 交替激活和放松大肌肉群，有利于改善肌肉的血液供应和新陈代谢（肌肉泵）。
6. 交替运用下肢、上肢、颈和躯干肌，有利于：
   ◎ 提升肌肉泵的活性；
   ◎ 促进静脉回流，促进淋巴回流。
7. 姿势平衡训练，有利于开放腹股沟和腋窝的血流。
8. 适当的、可控的、长期的、综合的训练，有利于控制运动的力量和范围，控制心血管压力。
9. 重建脊柱和大关节，应做到：
   ◎ 脊椎——牵引、共轴、稳定、移动；
   ◎ 关节——强化和牵伸与关节功能相联系的肌肉、通过快速收缩稳定关节的肌肉而稳定关节、在无应力运动中活动关节。
10. 在下列情况下使用止痛药，消除疼痛：
    ◎ 肌肉、椎间盘、关节区域的疼痛；
    ◎ 精神痛苦，运动缺乏。
11. 运动对精神意志的积极影响，预防脑退化：
    ◎ 消除发生心身疾病的风险；
    ◎ 产生内啡肽冲动；
    ◎ 促进脑部良好的血管供应、营养和氧供应，促进新陈代谢；
    ◎ 重建中枢神经系统和周围神经系统；
    ◎ 消除紧张、压抑和疲劳综合征；
    ◎ 提供能够解决问题的清晰概念。

主要目的

1. 改善肌肉中线粒体的新陈代谢。
2. 消除患缺血性心脏病的风险：
   ◎ 高血压症；
   ◎ 高血糖；
   ◎ 异常脂蛋白血症；
   ◎ 肥胖症。
3. 对运动系统施加积极影响。

主要途径

1. 应用全身动态的螺旋肌肉链。
2. 在交互抑制中放松垂直静止位置的肌肉链，并牵伸它们。
3. 终生的规律运动计划。

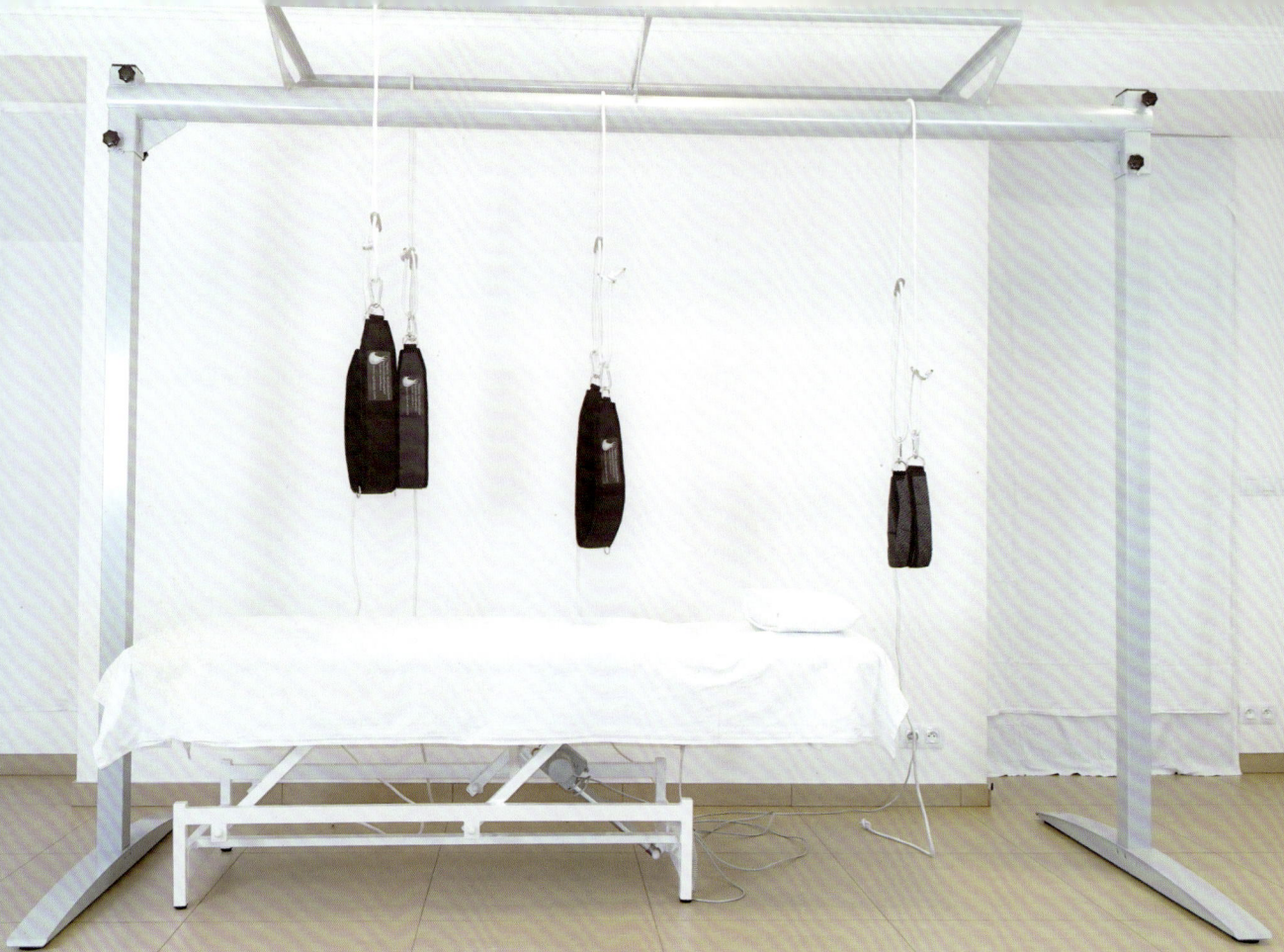

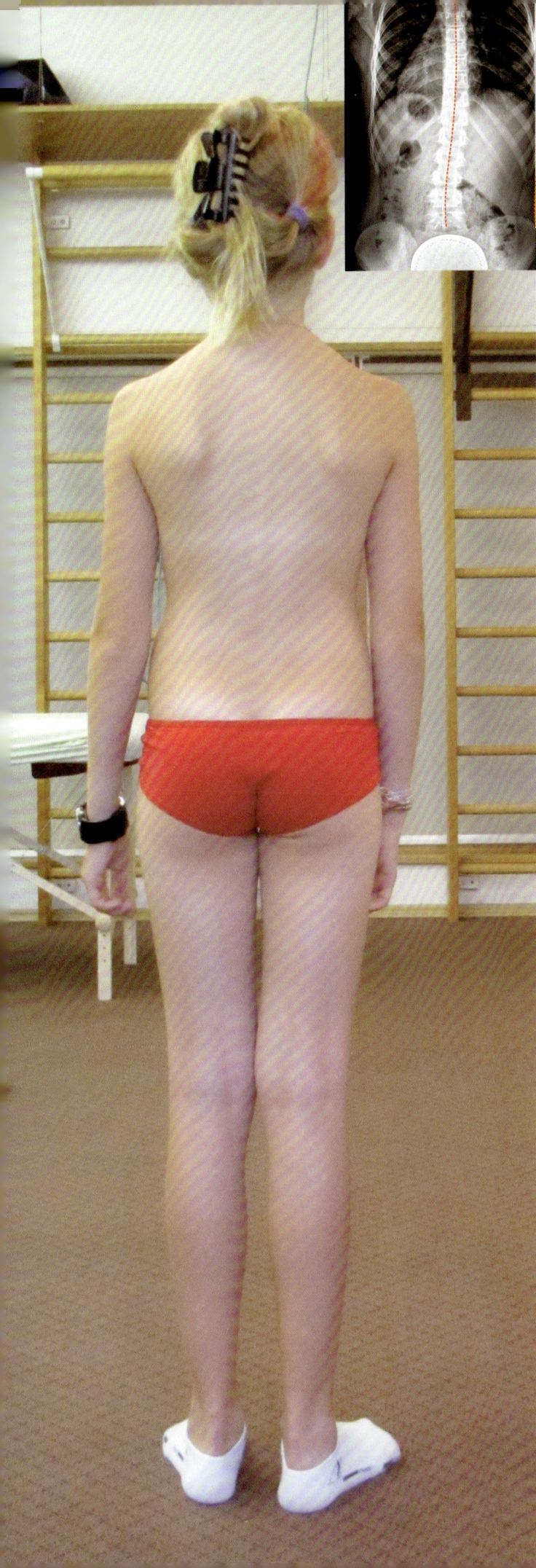

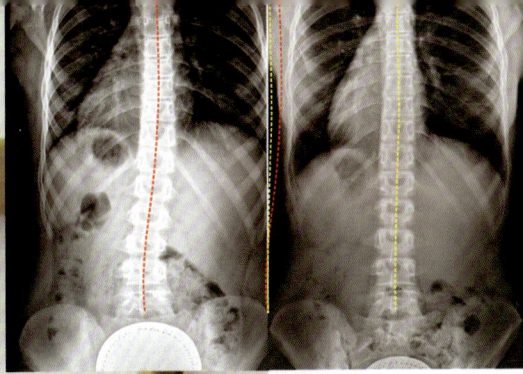

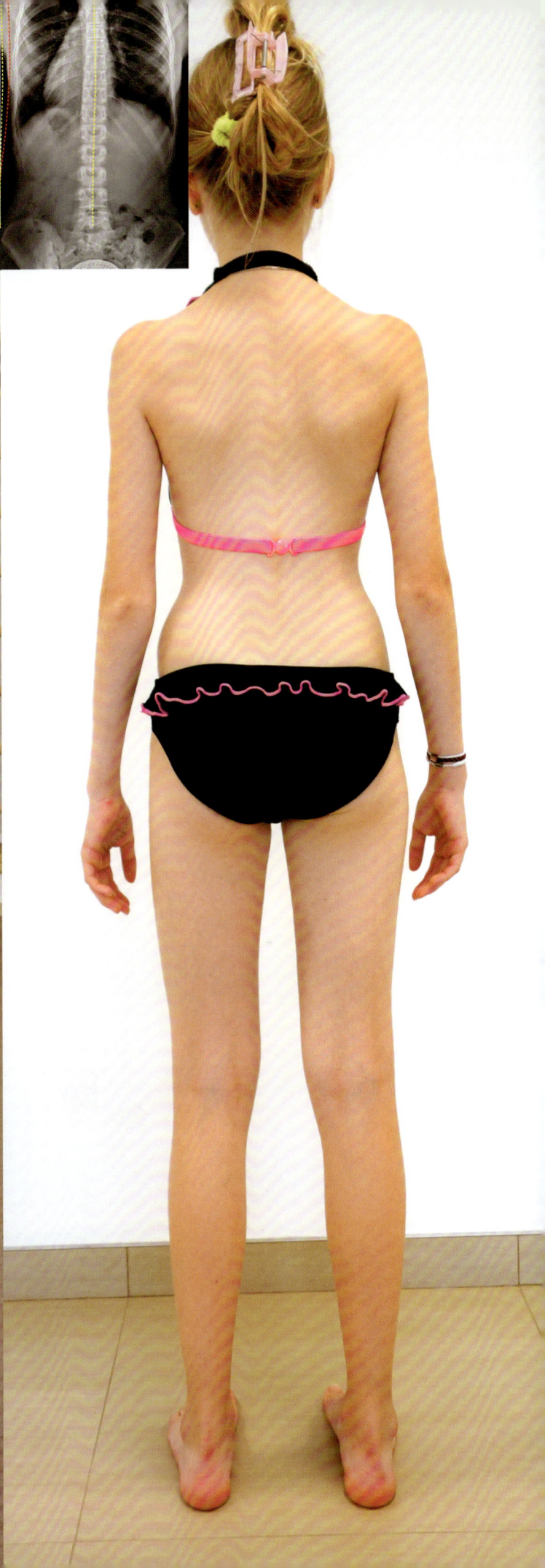

2016 年运用螺旋链方法治疗脊柱侧弯学习班
2016.1.29—2016.2.3
主办 이화여자대학교 건강과학대학 체육과학부 · 사회체육교육센터　　主办 다빈치아카데미

版权贸易合同登记号　图字：01-2018-5114

图书在版编目（CIP）数据

肌肉链：脊柱的螺旋稳定/（捷克）理查德·施米西科，（捷克）凯瑟琳·施米西科娃，（捷克）苏珊·施米西科娃著；隋鸿锦等译. —北京：电子工业出版社，2018.9

书名原文：muscle chains

ISBN 978-7-121-34783-2

Ⅰ．①肌…　Ⅱ．①理…　②凯…　③苏…　④隋…　Ⅲ．①健身运动－运动训练　Ⅳ．①G883.2

中国版本图书馆CIP数据核字（2018）第168340号

策划编辑：郝喜娟
责任编辑：郝喜娟
印　　刷：北京盛通印刷股份有限公司
装　　订：北京盛通印刷股份有限公司
出版发行：电子工业出版社
　　　　　北京市海淀区万寿路173信箱　　邮编：100036
开　　本：880×1230　1/16　印张：15　　字数：480千字
版　　次：2018年9月第1版
印　　次：2024年12月第16次印刷
定　　价：118.00元

凡所购买电子工业出版社图书有缺损问题，请向购买书店调换。若书店售缺，请与本社发行部联系，联系及邮购电话：（010）88254888，88258888。

质量投诉请发邮件至zlts@phei.com.cn，盗版侵权举报请发邮件至dbqq@phei.com.cn。

本书咨询联系方式：haoxijuan@phei.com.cn